CIVIL PROCEDURE LAW

CASE NOTE
민사소송법

김상수

박영사

서 문

이 책은 민사소송법에 관한 기본판례를 항목별로 정리하여 알기 쉽게 설명한 것이다. 최근의 변호사시험 그 밖의 국가고시에서의 민사소송법 출제형태와 맞물려 판례의 중요성은 법학을 공부하는 많은 학생들에게 더한층 중요해졌다고 할 수 있다. 이 책은 초학자들에게 민사소송법 판례에 관한 적절한 교재가 되는 것을 목표로 하였다. 판례를 통해 민사소송법을 이해할 수 있도록 도와주는 책이라고 할 수 있다.

이 책은 다음과 같은 특징을 갖고 있다. 기존의 대부분의 교과서가 많은 분량으로 되어 있어 초학자에게는 쉽게 접근하기 어려웠음을 부정할 수 없다는 점에서 분량을 콤팩트하게 조절하여 한 항목(하나의 기본판례)당 4,000자 이내(2쪽 이내)가 되도록 하였다. 분량은 콤팩트하지만 각 항목에서 다루게 되는 판례는 기본적인 중요한 판례를 엄선하였다.

각 항목의 구성은 다음의 [일러두기]에서 보듯이 판례의 사안과 판결요지, 그리고 그 해설 등으로 이루어져 있고 민사소송법의 판례를 체계적으로 이해할 수 있도록 구성되어 있다. 물론 그 반면으로 판례에 대한 비판 등 학술적 부분에서는 많은 부분을 할애할 수밖에 없었다. 전원합의체판결에서의 반대의견이나 보충의견 등 충분히 소개하지 못한 부분이 있고 또한 학설에 대해서도 그 취지를 충분히 설명하지 못한 경우가 있다. 콤팩트한 분량을 추구하기 위해 어쩔 수 없이 희생한 것으로 이러한 사정을 양해하여 주기 바라는 바이다.

민사소송법에 대해 지금까지 적합한 판례교재를 찾기 힘든 상황이었지만, 이 책을 통해 법학도들이 판례를 이해함에 조금이라도 도움이 된다면 다행이다.

이 책의 집필 과정에서는 저자가 소속된 서강대학교 법학전문대학원 8기생(김상식, 김세은, 윤종훈, 채영재)의 도움을 받았다. 감사를 표하며 장래 훌륭한 인재가 되기를 기원한다.

이 책의 출판을 허락한 박영사(특히 조성호 이사님, 이승현 과장님, 정수정 씨 등)에도 사의를 표하는 바이다.

2019년 2월
저자 김상수

일러두기

이 책은 다음과 같은 포맷으로 구성되어 있다.

[사안]

대상이 된 대법원판례의 사실관계를 정리한 부분이다. 사안에는 문제의 쟁점 내지 논점이 담겨 있다. 우리 판결문은 사실관계가 필요적 기재사항이 아닌 관계로 판례를 보아도 사실관계를 정확히 이해하기 어려운 경우가 많다. 저자는 가능한 관련 자료를 정리하여 또한 필요에 따라 숫자 등을 알기 쉽게 바꾸면서 사실관계를 사안으로 정리하였다. 사안은 각종 시험의 논술형 시험문제가 되는 부분이기도 하다. 정독함으로써 논점을 용이하게 추출하는 능력도 습득할 수 있을 것이다.

[판결요지]

사안의 쟁점과 논점에 대한 대법원판례의 핵심판단 부분이다. 판례의 입장을 쉽게 알 수 있게 하는 부분이고 동시에 선택형 문제에서의 지문이 되는 경우도 많다. 특히 판결요지 중의 엑기스 부분에는 다시 밑줄로 강조하였다. 다만, 지면 관계상 매우 콤팩트하게 인용한 경우가 많다는 점에 유의하기 바란다.

[해설]

판례의 의의를 알기 쉽게 설명한 부분이다. 초학자에게는 [사안]과 [판결요지]만으로 왜 그러한 판단이 내려졌는지, 유사한 사안에서는 어떠한 결론이 될지 이해하기 어려울 수도 있을 것이다. 이를 위해 여기서는 쟁점과 논점의 설명, 판례의 흐름, 유사판례의 내용, 나아가 필요에 따라 학설의 주장도 설명하였다. 지면관계상 거의 문헌의 인용이 불가능하였다. 현재 특정 판례에 대한 보다 자세한 문헌에 대해서는 대법원홈페이지 등 각종 사이트에서 쉽게 찾아볼 수 있을 것이다.

[분량]

판례 한 항목 당 4,000자 이내로 작성하여 2쪽 이내로 수록되도록 하였다. 이러한 분량을 지향한 관계로 본문 중 괄호 안 부분은 1포인트 작은 글자로 표시하였다. 조문의 인용에서도 필요한 약어사용을 하였다.

[부록]

아울러 2016년부터 이 책 간행 시까지의 중요판례를 부록으로 본서 말미에 정리하였다. 최신판례로서 시험출제비중이 높은 판례이다. 또한 각 항목의 본문 말미에서는 관련되는 최신 중요판례가 있을 때 그것이 무엇인지 표시하였다. 각 항목의 내용을 충분히 이해하면 관련 최신판례도 쉽게 이해할 수 있을 것이다.

[법률약어]

민사소송법 --- 법
민사소송규칙 --- 규칙
민사집행법 --- 민집
채무자회생 및 파산에 관한 법률 --- 채무자회생

차 례

제 1 장 민사소송법총론

제 2 장 법원과 관할

제 3 장 소의 제기

제 4 장 당사자 및 대리인과 대표자

제 5 장 소의 이익

제 6 장   소송의 심리 – 당사자의 소송행위와 변론

제 7 장   증명책임과 증거조사

제 8 장   당사자에 의한 소송의 종료

제 9 장   재판과 판결 일반

제10장   기판력

제11장 소의 객관적 병합 - 복수청구소송

제12장 소의 주관적 병합 - 다수당사자소송

제13장   상소와 재심

부 록

제1장

민사소송법총론

[1-1] 소송과 비송

[대상결정] 대결(전) 1994.5.13, 92스21

[사안] 甲과 乙은 합의이혼을 하고 자(子)인 A는 甲이 양육하여 왔다. 그 후 甲과 乙 사이에 A의 양육에 관한 분쟁이 발생하여, 甲은 乙을 상대로 A의 양육비를 청구하는 소를 제기하였다. 양육비청구는 합의이혼 후 이 청구까지의 과거의 양육비와 그 이후의 장래의 양육비로 나누어진다. 장래의 양육비청구는 민법 제837조, 가사소송법 제2조 1항 2호 (나)목 마류 3)호에 의해 비송으로 처리하도록 되어 있지만, 과거의 양육비 청구에 대해서는 민법 등에 명확한 규정이 없다. 법원은 甲의 청구를 비송으로 처리하여야 하는가?

[판결요지] 〈다수의견(비송)〉 "한 쪽의 양육자가 양육비를 청구하기 이전의 과거의 양육비 모두를 상대방에게 부담시키게 되면 상대방은 예상하지 못하였던 양육비를 일시에 부담하게 되어 지나치고 가혹하며 신의성실의 원칙이나 형평의 원칙에 어긋날 수도 있으므로, 이와 같은 경우에는 반드시 이행청구 이후의 양육비와 동일한 기준에서 정할 필요는 없고, 부모 중 한 쪽이 자녀를 양육하게 된 경위와 그에 소요된 비용의 액수, 그 상대방이 부양의무를 인식한 것인지 여부와 그 시기, 그것이 양육에 소요된 통상의 생활비인지 아니면 이례적이고 불가피하게 소요된 다액의 특별한 비용(치료비 등)인지 여부와 당사자들의 재산 상황이나 경제적 능력과 부담의 형평성 등 여러 사정을 고려하여 적절하다고 인정되는 분담의 범위를 정할 수 있다."

〈반대의견(소송)〉 "이혼한 당사자의 아이의 양육에 관하여 가정법원이 비송사건으로서 행하는 심판은 어디까지나 아이의 현재와 장래의 양육에 관한 사항을 정하거나 이미 정하여진 사항을 변경하는 절차이지, 지나간 과거에 마땅히 이행되었어야 할 부양에 관한 사항을 다시 정하거나 이미 지출된 비용의 분담에 관한 사항을 결정하는 절차가 아니기 때문이다."

〈보충의견(비송)〉 "이혼한 부부 각자가 분담하여야 할 과거의 양육비의 비율이나 금액을 장래에 대한 것과 함께 정하는 것도 민법 제837조 제2항에 규정된 자의 양육에 관한 처분에 해당하는 것으로 보아, 가정법원이 자의 연령 및 부모의 재산상황 등 기타 사정을 참작하여 심판으로 정하여야 할 것이지, 지방법원이 민사소송절차에 따라 판정할 것은 아니라고 해석함이 상당하다."

[해 설]

① 비송의 필요성

법원은 민사분쟁을 소송으로만 처리하지 않고 비송이라는 특별절차로도 해결한다. 비송이 필요한 이유는 소송이라는 절차를 통해서는 적절히 해결할 수 없는 민사분쟁이 존재하기 때문이다. 소송의 절차상의 주된 특징은 당사자의 자기책임을 기조로 하는 변론주의로 대표되는 것들이다. 대립하는 당사자가 존재한다는 분쟁의 쟁송성, 요건사실 존부를 확정할 필요성, 변론주의 등이 그것이다. 반대로 비송의 특징은 법원이 후견적으로 개입하여 분쟁을 신속히 해결한다는 목적에서 그 절차의 특징이 소송절차와 정반대의 성격을 갖는다.

② 판례와 학설

대상(전원합의체)결정(다수의견)은 다수의 이익을 위해 법원의 합목적적 재량에 의한 신속한 처리가 요구된다면 비송으로 처리해야 한다는 해석이다(대결 1984.10.5, 84마카42 참조). 반대로 반대의견은 권리의 존부를 판단해야 하므로 비송이 아닌 소송으로 처리해야 한다는 해석이다. 보충의견은 민법837조에서 말하는 양육에 관한 사항에 과거의 것도 포함되므로 당연히 비송이 된다는 해석이다.

학설은 먼저 소송사건은 법규를 적용하여 분쟁을 해결한다는 사법작용이지만, 비송사건은 국가가 사인 간의 생활관계에 개입하여 명령처분을 한다는 민사행정이라는 본질적 차이가 있다는 점에서, 구별의 기준을 원칙적으로 국가작용의 성질에서 찾는 입장이 있다. 다음으로 명확히 구별하는 것을 포기하고 실정법의 형식적 구분에 따라, 비송사건절차법의 적용 또는 준용가능성에 의해 구별한다고 주장하는 입장이 있다. 그러나 어느 설에 의하건 실정법에 비송사건으로 규정되어 있는 사건을 소송사건으로 구분하지는 않는다.

③ 비송의 특징

비송의 특징에서 본다면, 비송사건이란 사인 간의 계속적 생활관계의 유지·진행에 적합한 법원의 재량적 판단이 신속히 요구되는 사건이다. 이 사안에서 甲의 과거의 양육비청구는 결국 권리의 존부에 관한 사건으로 보아야 할 것이다. 손해배상으로서의 의미를 부정할 수 없기 때문이다. 달리 말하면 甲으로서는 미리 청구하는 것도 가능했으므로(아니면 합의이혼 시 당사자 간에 양육에 관한 합의도 가능했을 것이다) 원상회복을 요구하는 형태가 되기 때문이다. 이 점에서는 반대의견이 타당하다.

그러나 반대의견에 따르더라도 과거의 양육비의 구체적인 금액은, 과거의 양육비이건 장래의 양육비이건 소송으로 처리하는 것이 적합하지 않다. 양육비의 금액을 정하는 것은 법원의 합목적인 재량이 필요함을 부인할 수 없고, 반대로 과거의 양육비의 구체적인 금액도 소송이라고 한다면, 장래의 양육비청구도 비송이 아닌 소송사건이 된다고 보아야 하기 때문이다. 그렇다면 하나의 분쟁인 과거의 양육비청구를, 그 권리의 존부는 소송으로, 그 구체적인 금액은 비송으로 나누어 처리한다는 문제가 발생한다.

④ 소송과 비송의 조화

특정 사건을 소송 또는 비송 중 어느 쪽으로 처리하는지는, 결국 그 사건을 어느 방법으로 처리하는 것이 당사자나 법원에게 가장 적합한가를 토대로 해결할 수밖에 없을 것이다. 이때 중요한 것은 소송과 비송이라는 이분법적인 틀에 구애받을 필요는 없다는 점이다. 왜냐하면 어차피 명확하게 구분할 수 없는 경우가 있다면, 그 처리 형태도 소송과 비송의 어느 한쪽으로 명확히 대처할 수 없다는 논리가 되기 때문이다. 따라서 양자의 중간적인 형태의 처리방법도 고안할 수 있다. 즉, 변형된 제3의 절차도 생각할 수 있다.

과거의 양육비청구도 실질적으로 양육비에 관한 것이므로, 과거의 것과 장래의 것을 전체로서 하나의 절차에서 해결하는 것이 타당함은 당연하다. 그렇다면 비

송절차 내에서 과거의 양육비를 청구할 권리가 甲에게 인정되는지 여부에 한해서만은, 소송적인 면을 도입하여 해결하는 방법을 생각할 수 있다. 요컨대 법원이 당해 권리의 존부에 한해서만은 당사자에게 변론을 요구하여, 그에 따라 권리의 존부를 명확히 한 다음, 그 금액을 비송으로 정한다는 절차를 이용하는 것이다. 이러한 예는 혼인무효의 소와 그에 따른 손해배상청구의 소를 병합하여 심리하는 경우, 손해배상의 금액 등 민사소송사건 특유의 쟁점에 대해서는 변론주의가 적용된다는 점에서 찾을 수 있다.

그 밖에 장래의 양육비청구는 당연히 가정법원이 처리해야 하고, 과거의 양육비도 가정법원에서 위와 같은 절차적 배려를 통해 해결하는 것이 타당한데, 甲이 만일 지방법원에 제소하였다면 그 지방법원은 법34조1항에 의해 가정법원으로 이송해야 한다(대결 1980.11.25, 80마445).

성년의 자에 대한 과거의 부양료의 구상청구는 가사비송사건으로 청구할 수 있다(대결 1994.6.2, 93스11). 반대로 투병 중인 아들의 병원비 등을 부담한 어머니가 아들의 배우자인 며느리를 상대로 한 부양료 구상청구는 소송사건이다(대판 2012.12.27, 2011다96932).

[1-2] 소송상의 신의칙

[대상판결] 대판 1981.7.7, 80다2064

[사안] 甲은 A와 공동으로 부동산 X를 매수하였고, 다시 X를 B에게 명의신탁하였다. 이때 B에게 명의신탁을 하게 된 것은, A의 언니인 乙이 B가 자신의 남편에게 다액의 채무가 있다는 것을 알고, 이 채권을 확보할 목적으로 A에게 B를 소개하여 명의신탁절차를 적극적으로 주선했기 때문이다. 명의신탁이 성립하자 乙은 B를 상대로 남편의 채권이 자신의 채권인 양 대여금청구소송을 제기하여 승소판결(B의 결석으로 자백간주로 판결됨)을 받았다. 이 승소판결로 乙이 甲에 대해 강제집행을 신청하자, 甲은 乙을 상대로 제3자이의의 소를 제기하였다. 乙의 강제집행신청은 인정되는가?

[판결요지] "채권자가 채권을 확보하기 위하여 제3자의 부동산을 채무자에게 명의신탁하도록 한 다음 동 부동산에 대하여 강제집행을 하는 따위의 행위는 신의칙에 비추어 허용할 수 없다 할 것인바, 원심이 같은 견해에서 Y의 甲에 대한 강제집행은 신의칙에 반하고 권리남용이나 반사회적 행위에 해당되어 허용할 수 없다."

[해 설]

① 소송상의 신의칙의 의의

원래 신의칙은 민법, 특히 채권법에서 발달한 일반조항으로, 민사소송의 영역에서도 적용되어 민사소송법 제1조로 규정되었다. 당사자는 신의칙에 따라 소송을 수행해야 함과 동시에, 그에 위반한 소송수행은 당사자가 의도한 본래의 효력을 갖지 못한다. 민사소송법의 규정에는 신의칙을 그대로 반영한 것이 있다. 즉, 법149조나 법349조 등이다. 신의칙은 명문의 규정이 있는 경우에는 그 필요성을 뒷받침하는 도구(설명적 개념)로서, 그리고 명문의 규정이 없는 경우에는 직접 적용되는 것(실천적 개념)으로 보충적인 의미를 갖는다. 그 밖에 권리남용과 협의의 신의칙은 구별되지만 보통 광의의 신의칙으로 권리남용을 포함하여 사용된다. 판례에서도 대상판결에서 보듯이 보통 신의칙과 권리남용이 동시에 사용된다.

② 소송상의 신의칙의 필요성

대상판결은 소송상의 신의칙이 적용되어 당사자의 소송상 권리행사가 제약된다고 판시하였다. 乙이 강제집행을 신청하는 소송행위를 하는 것이 신의칙에 의해 허용될 수 있는지 문제된다. 즉, 乙이 소송상의 권리를 행사했다고 할 수 있는 강제집행의 요구를 신의칙을 통해 부정하였다. 이 사안에서 乙의 이득을 통해 甲은 손해를 볼 수 있는 입장에 있다. A는 乙과 자매간이고 공모의 가능성이 높다. B 또한 자신이 X의 실질적인 소유자도 아니고, 강제집행이 종료하면 자신의 채무가 소멸하게 된다. A와 B는 乙의 B에 대한 소송과 강제집행절차에서 특별한 자신의 권리를 주장할 필요 없이 소극적으로 일관하게 될 것이다(B의 결석을 통해서 이를 쉽게 이해할 수 있다).

甲은 사안에서 자신의 권리를 어떻게 보호할 수 있을까? 만일 소송상 신의칙이 적용되지 않는다면, 강제집행의 문제가 되지만 X의 소유자는 자신이라는 점을 내세워 X라는 재산이 집행재산이 될 수 없음을 다툴 수밖에 없다(甲은 X의 소유권을 확보하는 것이 중요하지 B 등에게 대가에 상당하는 손해배상을 청구하는 것은 차선책이다). 물론 이것으로도 사실관계상 결과적으로 甲은 자신의 권리를 보호할 수 있겠지만 어려운 법리를 동원해야 한다. 이 경우 대상판결에서와 같이 단순 명확하게 신의칙을 동원한다면 쉽게 자신의 권리를 보호받을 수 있게 된다.

대상판결이 중요시한 점은 乙의 행위, 즉 채권을 확보하기 위해 甲의 부동산을 B에게 명의신탁하도록 한 다음 X를 대상으로 한 강제집행을 요구한 행위이다. 이러한 乙의 행위가 소송상 효력을 발휘할 수 없음을 강조한 것이다. 왜 乙의 행위는 인정되지 않을까? 이에 대해 대상판결은 특별히 설명하고 있지 않지만, 기망을 통해(乙은 B에 대한 명의신탁이 적절한 것이라고 甲에게도 권유한 것이므로) 타인(甲)에게 손해를 입혀 그만큼 이득을 얻으려는 행위이므로, 이런 것을 인정하면 불법이 조장된다는 점을 고려했을 것이다.

③ 소송상의 신의칙의 발현

ⅰ) 소송형태의 부당형성의 배제

소송당사자 중의 일방이 자신에게 유리한 소송형태를 만들기 위해 공시최고 또는 관할을 부당하게 이용한 경우, 그러한 부당행위는 허용되지 않는다. 대상판결의 사례는 소송형태의 부당형성에 해당된다고 할 수 있다. 그 밖에도 일방 당사자가 다른 청구에 관하여 관할만을 발생시킬 목적으로 본래 제소할 의사 없는 청구를 병합한 것이 명백한 경우에는 관할선택권의 남용으로서 신의칙에 위배되어 허용될 수 없다(대결 2011.9.29, 2011마62).

ⅱ) 금반언

소송경과 중 당사자가 일정한 주장을 하거나 태도를 취함에 따라 상대방이 일정한 신뢰를 갖게 된 뒤, 앞선 주장이나 태도와 모순되는 거동을 보이는 것은 상대방의 신뢰를 부당히 저버리는 자기모순행위이므로 허용되지 않는다(신의칙이 적용된 사례를 보면 금반언과 다음에서 보는 소송상의 권능의 남용이 대부분이다).

금반언에 해당한다고 볼 수 있는 사례로는, "자신의 친딸로 하여금 그 소유의 대지상에 건물을 신축하도록 승낙한 자 위 건물이 친딸의 채권자에 의한 강제경매신청에 따라 경락되자 경락인에 대하여 그 철거를 구하는 행위"(대판 1991.6.11, 91다9299), "부적법한 당사자추가신청이 법원에 의해 받아들여져 제1심 첫 변론기일부터 새로운 원고와 피고 사이에 변론이 진행되어 판결이 선고된 후 당사자추가신청의 적법 여부를 문제삼는 것"(대판 1998.1.23, 96다41496), "근저당권자가 담보로 제공된 건물에 대한 담보가치를 조사할 당시 대항력을 갖춘 임차인이, 그 사실을 부인하고 임차보증금에 대한 권리주장을 않겠다는 내용의 확인서를 작성해준 경우, 그 후 그 건물에 대한 경매절차에 참가하여 배당요구를 하는 것"(대판 1997.6.27, 97다12211. 유사 예로 대판 1993.12.24, 93다42603), "항소심이 추후보완항소를 받아들여 심리 결과 본안판단에서 그 항소가 이유 없다고 기각하자, 추후보완항소를 신청했던 당사자 자신이 상고이유에서 그 부적법을 스스로 주장하는 것"(대판 1995.1.24, 93다25875) 등이다.

ⅲ) 권능의 실효

당사자 일방이 권리가 있음에도 불구하고 장기간 상대 당사자에게 그 권리를 행사하지 않아 상대방이 권리의 불행사를 신뢰한다는 기대권이 생긴 후에 권리를 행사하여 상대방에게 청구하는 것은 허용되지 않는다. 이러한 형태로는 판결이유 중의 판단의 구속력으로서 신의칙이 적용되는 경우가 있다. 판례는 이에 대해 명확히 인정하고 있지 않지만, 이전등기말소청구소송에서 패소한 자가 다시 진정명의회복을 원인으로 한 이전등기청구소송을 제기한 경우의 기판력의 객관적 범위에 관하여, 대판(전) 2001.9.20, 99다37894(후술 [10-8])의 별개의견은 기판력이 미치지는 않지만 신의칙에 의해 후소가 허용되지 않는다는 해석을 하였다.

ⅳ) 소송상의 권능의 남용

당사자가 정당한 이유 없이 재판의 지연을 목적으로 기피권을 남용하거나 소권을 남용하는 등의 권리의 남용은 허용되지 않는다. 소송상의 권능의 남용으로는 소권의 남용이 주요 대상이고, 예를 들어 "채권자는 스스로 공동불법행위자임에도 불구하고 무효인 약정을 바탕으로 하고 또 스스로 불법행위를 자행한 자로서 약정에 의한 또는 부당이득에 의한 금원의 지급을 구하거나 소송사기에 의하여 채무자가 소송수탁자에 대하여 갖는 손해배상채권의 양도를 내세워서 손해의 배상을 구하는 것"(대판 1983.5.24, 82다카1919), "노동조합가입을 이유로 해임된 교사가 해고무효확인의 전소를 제기하였다가 취하한 후 정부의 구제방침에 따라 그 조합을 탈퇴하고 교사로 신규임용된 경우, 그 후 다시 제기한 해고무효확인의 후소"(대판 1996.10.15, 96다12290) 등이 있다.

④ 발현형태 구분의 의의

대상판결의 사안은 소송형태의 부당형성의 배제에 해당한다. 그러나 분류는 그다지 중요하지 않다. 결론은 신의칙을 적용하여 당사자의 행위를 봉쇄했다는 점에 있기 때문이다. 신의칙은 결국 소송상 당사자의 행위(작위 또는 부작위)가 선행되고 이에 따라 상대방은 그러한 행위를 신뢰하게 되며, 그럼에도 불구하고 상대방의 정당한 신뢰를 저버리고 상대방의 손해를 야기하여 자신의 이득을 얻으려는 행위를 금지시키는 데 의의가 있다.

제2장

법원과 관할

[2-1] 외국국가에 대한 민사재판권

[대상판결] 대판(전) 1998.12.17, 97다39216

[사안] 한국인 甲은 한국에 있는 미합중국 乙 산하의 비세출자금기관인 '육군 및 공군 교역처'(The United States Army and Air Force Exchange Service)에 고용되어 미군 2사단 소재 캠프 케이시(Camp Cacey)에서 근무하였다. 甲은 乙이 정당한 이유 없이 자신을 해고하였다고 주장하면서, 乙을 상대로 하여 위 해고의 무효확인과 위 해고된 날로부터 자신을 복직시킬 때까지의 임금의 지급을 구하는 소를 한국의 법원에 제기하였다. 이 경우 한국의 법원은 乙에 대해 민사재판권을 갖는가?

[판결요지] "국제관습법에 의하면 국가의 주권적 행위는 다른 국가의 재판권으로부터 면제되는 것이 원칙이라 할 것이나, 국가의 사법적(私法的) 행위까지 다른 국가의 재판권으로부터 면제된다는 것이 오늘날의 국제법이나 국제관례라고 할 수 없다. 따라서 우리나라의 영토 내에서 행하여진 외국의 사법적 행위가 주권적 활동에 속하는 것이거나 이와 밀접한 관련이 있어서 이에 대한 재판권의 행사가 외국의 주권적 활동에 대한 부당한 간섭이 될 우려가 있다는 등의 특별한 사정이 없는 한, 외국의 사법적 행위에 대하여는 당해 국가를 피고로 하여 우리나라의 법원이 재판권을 행사할 수 있다고 할 것이다."

[해 설]

① 재판권의 인적 범위

대상판결은 전원합의체 판결로서 외국국가에 대해 우리나라의 민사재판권이 미치는지를 다루고 있다. 외국국가에 대한 민사재판권은 국제법에 의한 제약이 해결의 기준이 된다(그 밖에 외국국가 이외에도 민사재판의 인적 한계가 문제되는 것은 그러한 제약이 적용되는 외교관, 국제기관이나 그 직원 등이다). 대상판결은 우리 법원이 미국이라는 외국국가에 대해 민사재판권을 갖는다는 판단을 내렸다. 절대면제주의(이를 취하는 학설은 없다)에서 제한면제주의(통설)로 판례를 변경하게 된 것이다.

② 절대면제주의와 제한면제주의

원래 외국국가에 대해 민사재판권이라는 주권을 면제한 것은 외국국가에 대한 외교적인 배려에서 비롯된 것이다. 즉, 주권의 면제라는 국제법에 의한 제약이 필요한 이유는 국제관행상 대외관계에 대한 배려가 요구되기 때문이다. 따라서 외국국가에 대한 민사재판권의 문제는 현재의 국제관행 내지는 국제법의 문제가 되고, 과거의 재판례는 이에 해당하지 않는 것이 될 것이다.

외국국가에 대해서는 19세기에 재판권면제(주권면제)가 인정되었고, 특별한 예외(대상판결에 의해 변경되기 전의 판례에서 보듯이 면제특권의 포기, 조약의 다른 규정 그리고 법정지소재지의 부동산에 관한 소송)를 제외하고는 재판권이 면제된다는 점에서 이러한 입장을 절대면제주의라고 부른다. 그러나 20세기에 들어와 국가가 사적 거래의 일방 당사자가 되는 경우가 증가하여, 국가의 사법(私法)적 행위에 대해서는 재판권 면제를 인정하지 않는 제한면제주의로 이행되고, 현재는 이러한 제한면제주의가 대상판결에서 보듯이 국제적 관습이라고 말할 수 있다.

③ 제한면제주의의 타당성

대상판결은 기존의 판례(대결 1975.5.23, 74마281)를 변경하였다. 변경 전 판례는 "본래 국가는 국제관례상 외국의 재판권에 복종하지 않게 되어 있으므로 특히 조약에 의하여 예외로 된 경우나 스스로 외교상의 특권을 포기하는 경우를 제외하고는 외국국가를 피고로 하여 우리나라가 재판권을 행사할 수는 없는 것이라 할 것이다."라고 판시하고 있었다. 이러한 입장은 외국국가는 원칙적으로 우리나라의 민사재판권에 포함되지 않는다는 절대면제주의에 선 입장이다.

그러나 대상판결은 절대면제주의에서 제한면제주의(통설)로 판례의 입장을 변경한 것이다. 이러한 판례의 변경은, 국가 간의 경계가 애매해지고 국가의 활동이 다양해짐에 따라 외국국가가 자국 내에서 민사적 또는 상업적인 활동을 하는 예가 늘어나고 있는 점을 감안

한다면 타당할 뿐만 아니라 국제적 기준에도 어울리는 판단이다. 외국국가가 민사적 또는 상업적 활동을 하는 경우에는, 그 행위의 특성상 외국국가도 사적인 지위에서 한 것이므로, 절대면제주의가 아닌 그러한 한도에서 주권면제가 인정되지 않는다는 대상판결의 해석은 매우 바람직하다.

한편, 채권압류 및 추심명령에 관한 재판권에 대하여는 별도의 고려가 필요하다. 예를 들어 대한민국에 거주하면서 주한미군사령부에서 근무하는 甲의 채권자 乙이 우리나라 법원에서 제3채무자를 미합중국으로 하여 甲이 미합중국에 대하여 가지는 퇴직금과 임금 등에 대하여 채권압류 및 추심명령을 받은 후 추심금의 지급을 구한 최근의 사례에서, 판례(대판 2011.12.13, 2009다16766)는 미합중국이라는 외국국가를 상대로 하는 소송에 대한 우리나라의 재판권을 인정하지 않았다.

제3채무자를 외국으로 하는 채권압류 및 추심명령에 대한 재판권 행사는 외국을 피고로 하는 판결절차의 재판권 행사보다 더욱 신중히 행사될 것이 요구되고, 우리나라 법원이 명하는 강제집행의 대상이 될 수 있다는 점에 대해 명시적으로 동의하였거나, 우리나라 내에 그 채무의 지급을 위한 재산을 따로 할당해 두는 등 우리나라 법원의 압류 등 강제조치에 대해 재판권 면제 주장을 포기한 것으로 볼 수 있는 경우 등에 한해 해당 국가를 제3채무자로 하는 채권압류 및 추심명령을 발령할 재판권을 가진다.

④ 재판권 면제의 구체적인 예

단, 대상판결에서는 甲과 乙의 산하 기관인 '육군 및 공군 교역처'가 체결한 고용계약이 문제됐는데, 우리 재판권에 속하는 외국국가의 사법행위에 해당되는지(판결요지에서 말하는 특별한 사정의 존부)에 관해서는 언급되어 있지 않다. 앞으로 재판례를 통해 외국국가의 사법행위에 관한 그 구체적인 기준설정이 주목된다. 2004년 12월에 채택된 "국가 및 그 재산의 재판권으로부터의 면제에 관한 국제연합조약"(UN국가면제조약)에서는 상업적 행위(10조), 고용계약(11조), 인신의 손해와 재산의 손해(12조), 재산권(13조), 지적재산권(14조), 기업체의 구성원으로서의 지위(15조), 국유선박(16조), 중재합의가 있는 경우(17조)에 관하여 재판권 면제가 인정되지 않는다고 하고 있다. 일본도 2009년에 '외국 등에 관한 일본의 민사재판권에 관한 법률'을 제정하여 위 조약을 받아들였다.

[2-2] 국제재판관할권

[대상판결] 대판 2008.5.29. 2006다71908, 71915

[사안] 대한민국 회사 甲은 일본 회사 乙에게 러시아에서 선적한 냉동청어를 중국에서 인도하기로 하고 그 대금은 선적 당시의 임시검품 결과에 따라 임시로 정하여 지급하되 인도지에서 최종검품을 하여 최종가격을 정한 후 위 임시가격과의 차액을 정산하기로 한 매매계약을 체결하였다. 그 후 甲은 乙에게 목적물을 인도하였지만 정산금액에 대해 다툼이 발생하여 대한민국의 법원에 정산금의 지급을 구하는 소를 제기하였다면 법원은 관할권을 갖는가?

[판결요지] "국제사법 제2조가 규정하고 있으므로, 당사자 간의 공평, 재판의 적정, 신속 및 경제를 기한다는 기본이념에 따라 국제재판관할을 결정하여야 하고, 구체적으로는 소송당사자들의 공평, 편의 그리고 예측가능성과 같은 개인적인 이익뿐만 아니라 재판의 적정, 신속, 효율 및 판결의 실효성 등과 같은 법원 내지 국가의 이익도 함께 고려하여야 하며, 이러한 다양한 이익 중 어떠한 이익을 보호할 필요가 있을지 여부는 개별 사건에서 법정지와 당사자의 실질적 관련성 및 법정지와 분쟁이 된 사안과의 실질적 관련성을 객관적인 기준으로 삼아 합리적으로 판단하여야 할 것이다.

이 사건 소송은 매매계약에 따라 정해진 임시가격과 최종가격의 차액 정산, 즉 매매대금의 지급과 관련된 분쟁으로서, 甲이 乙에게 러시아에서 선적한 냉동청어를 중국에서 인도하고, 인도지인 중국에서 청어 더미의 일정 수량을 해동시켜 최종적으로 검품을 한 결과에 따라 임시가격과 최종가격의 차액을 정산하기로 하였기 때문에, 중국에서 이 사건 청어에 대하여 최종적인 검품이 이루어졌는지 여부 및 그 결과가 무엇인지가 주로 문제되고 있으므로 분쟁이 된 사안과 가장 실질적 관련이 있는 법원은 이 사건 청어의 인도지로서 최종 검품의 예정지였던 중국 법원이었다고 할 것이나, 앞서 본 바와 같이 乙이 甲을 상대로 하여 중국 법원에 제기한 소가 각하되었고, 청어에 포함된 성자(성자)의 비율을 직접 확인할 수 있는 증거인 이 사건 청어가 더

이상 존재하지 않으며, 乙이 이 사건 청어를 인도받고 처분해 버린 시점으로부터 약 5년이 경과하여 이제 와서 대한민국 법원의 국제재판관할을 부정한다면 당사자의 권리구제를 도외시하는 결과를 야기할 수 있는 점, 乙이 이 사건 본소에 대하여 반소를 제기하고 있으므로, 甲과 乙 사이의 분쟁을 종국적으로 일거에 해결할 필요성이 있는 점, 甲이 대한민국 회사로서 우리나라에서 계약의 체결과 관련된 서류를 팩스로 전송받는 방법으로 이 사건 계약을 체결하였고, 이 사건 정산금을 송금받기로 한 곳이 대한민국인 점 등을 고려할 때, 대한민국에도 당사자 또는 분쟁이 된 사안과 실질적 관련이 있다고 할 것이고, 따라서 대한민국 법원에 국제재판관할권을 인정할 수 있다."

[해 설]

① 국제재판관할권의 의의

국제재판관할권이란 하나의 사건에 대해 우리의 법원만이 아니라 외국의 법원도 당해 사건에 대해 관할권이 있는 경우, 우리의 법원이 갖는 관할권을 의미한다. 원래 국제재판관할권에 관해서는 국제사법2조가 도입되기 전에 국제적으로 확립된 기준은 없었고, 보통 해석적으로 다음과 같은 입장이 주장되고 있었다.

첫째, 역추지설은 사실상 국제관할과 국내관할을 구분하지 않는 입장으로, 특정 사건에 대해 국내의 법규에 따라 관할권이 발생한다면 그에 대해 국내법원이 관할권을 갖는다고 주장한다. 국내법원의 당해 국제사건에 대한 토지관할의 유무를 판단함으로써 역으로 국제관할을 추지해 나간다는 입장에서 역추지설로 불린다. 둘째, 관할배분설은 국제적 기준에서 토지관할의 분배의 문제를 고찰해야 한다는 점에서 법원의 이익, 당사자의 이익 등을 고려하여 당해 국제사건에 대한 국내법원의 관할권의 유무를 판단해야 한다고 주장한다. 셋째, 수정역추지설은 역추지설에 기초하면서 관할배분설에 의한 고려를 한다는 주장이다('특단의 사정설'이라고도 부른다).

② 판례의 입장

판례는 대판 1972.4.20, 72다248에서 역추지설을 취하였다. 단, 대판 1992.7.28, 91다41897에서는 관할배분설적인 입장을 반영하였다. 그런 후 대판 2000.6.9, 98다35037에서는 수정역추지설과 유사한 입장을 취하고 있다.

판례 중에는 관할배분설적 입장을 취하고 있는 것도 있다. 그러나 역추지설의 입장에서도 예외를 전혀 인정하지 않는 입장이 아니고 조리를 통한 합리적인 결론을 도출하려고 하는 이상, 판례의 견해를 역추지설인지 관할배분설인지로 명확하게 구분하는 것은 타당하지 않다. 이러한 상황에서 국제사법2조가 도입되고, 국제재판관할의 유무를 결정하는 기준으로 '실질적 관련성'을 적용하게 되었다. 그런데 실질적 관련성의 유무를 판단함에 있어서 사용되는 구체적인 고려요소는 이미 판례에서 논의되어진 것임을 알 수 있다. 즉, 실질적 관련성의 유무는 당사자 간의 공평, 재판의 적정, 신속을 기한다는 기본이념에 따라 조리에 의해 결정된다는 점이다. 대상판결도 이러한 점을 고려하여 합리적으로 당해 사건에 관할권을 갖는 것은 어느 나라 법원인지 여부를 판단하고 있고, 이것이 국제사법2조의 입장이기도 하다.

최근의 판례(대판 2010.7.15, 2010다18355)도 먼저 "법원이 국제재판관할권의 유무를 판단함에 있어서 당사자 간의 공평, 재판의 적정, 신속 및 경제를 기한다는 기본이념에 따라 국제재판관할을 결정하여야 하고, 구체적으로는 소송당사자들의 공평, 편의, 그리고 예측가능성과 같은 개인적인 이익뿐만 아니라 재판의 적정, 신속, 효율 및 판결의 실효성 등과 같은 법원 내지 국가의 이익도 함께 고려하여야 하며, 이러한 다양한 이익 중 어떠한 이익을 보호할 필요가 있을지 여부는 개별 사건에서 법정지와 당사자의 실질적 관련성 및 법정지와 분쟁이 된 사안과의 실질적 관련성을 객관적인 기준으로 삼아 합리적으로 판단하여야 한다."라고 한 다음, 2002년 김해공항 인근에서 발생한 중국 항공기 추락사고로 사망한 중국인 승무원의 유가족이 중국 항공사를 상대로 대한민국 법원에 손해배상청구소송을 제기한 사안에서, 민사소송법상 토지관할권, 소송당사자들의 개인적인 이익, 법원의 이익, 다른 피해유가족들과의 형평성 등에 비추어 위 소송은 대한민국과 실질적 관련이 있다고 보기에 충분하므로 국제재판관할권을 인정할 수 있다고 하였다. 위와 같은 판례의 해석은 실질적 관련성을 여러 고려요소를 감안하여 판단하는 것으로 타당하다고 할 수 있지만, 한편으로 관할권 유무를 예측할 수 없고 법원의 지나친 재량이 개입한다는 비판을 제기할 수 있다.

③ 국제이혼소송의 경우

이혼소송에 관한 대판 1988.4.12, 85므71에서는 "우리나라의 법률이나 조약 등에는 섭외(국제)이혼사건의 국제재판관할에 관한 규정을 찾아 볼 수 없으므로 섭외이혼사건에 있어서 위 규정에 의한 외국법원의 재판관할권의 유무는 섭외이혼사건의 적정, 공평과 능률적인 해결을 위한 관점과 외국판결 승인제도의 취지 등에 의하여 합리적으로 결정되어야 할 것인바, 섭외이혼사건에 있어서 이혼판결을 한 외국법원에 재판관할권이 있다고 하기 위하여는 그 이혼청구의 상대방이 행방불명 기타 이에 준하는 사정이 있거나 상대방이 적극적으로 응소하여 그 이익이 부당하게 침해될 우려가 없다고 보여지는 예외적인 경우를 제외하고는 상대방의 주소가 그 나라에 있을 것을 요건으로 한다고 하는 이른 바, 피고주소지주의에 따름이 상당하다고 보아야 할 것이다."라고 판시하고 있다.

국제이혼사건에 관한 위와 같은 판례의 태도는 당해 사건을 둘러싼 제요소를 고려하여 관할권의 유무를 판단해야 한다는 이론이고 물론 타당하다. 다만, 그와 같은 고려요소를 적용한 결과 항상 피고의 주소지를 관할하는 법원에만 관할권이 발생한다고는 할 수 없다. 따라서 일률적으로 피고주소지주의를 강조한 점에 대해서는 약간의 재고가 필요할 것이다.

[2-3] 제척사유로서의 전심관여

[대상판결] 대판 1962.7.12, 62다225

[사안] A판사는 제1심 소송에서 변론과 증거조사에 관여하였다. 그러나 변론종결 후의 제1심 판결에 있어서는 A판사가 아닌 다른 판사에 의해 판결의 평의와 판결서의 작성이 이루어졌다. 제1심 판결이 선고된 후 당사자가 이 제1심 판결에 대해 항소를 제기하였는데, 당해 항소심 사건을 담당하게 된 법관의 한 명으로 제1심에서 변론과 증거조사에 관여한 A판사가 정해졌다. 이 경우 A판사에게는 법41조5호가 규정하는 제척사유가 있는가?

[판결요지] "민사소송법 제37조(법41조) 제5호가 법관이 직무집행에서 제척되는 사유 중의 하나로서 규정한 이른바 「법관이 사건에 관하여 불복신청이 된 전심재판에 관여한 때」라 함은 그 재판의 내용결정인 평의 및 재판서의 작성에 관여하는 것을 말하는 것이고 다만 그 기본 되는 변론에 관여하고 혹은 성립된 판결의 선고에만 관여한 경우에는 이에 해당하지 아니한다 할 것인바 본건에 있어서 논지가 말하는 A는 제1심 변론에만 관여하였고 불복신청이 된 제1심 재판의 평의와 재판서의 작성에는 관여하지 아니한 것이 기록에 의하여 분명하니 A가 원심판결에 관여하였다 하여도 아무런 위법이 될 바 없다."

[해 설]

① 제척의 의의

대상판결은 제척사유로서 재판에 관여했다는 의미에 대해, 실질적으로 재판의 결론에 관여했다는 것을 의미하므로 보통 평결과 판결서의 작성에 관여한 것을 말한다고 해석한 것이다. 사건의 당사자나 사건의 내용에 특별한 관계를 갖고 있는 법관이라면, 적정하고 공평한 재판을 기대할 수 없으므로 재판의 공정을 위하여 그가 재판을 하는 것을 방지해야 한다. 이러한 재판의 공정성을 확보하기 위해서 구체적인 사건에 따라 법관의 관여(직무집행)를 배제하는 제도가 있는데, 그중에 하나가 제척이다.

제척은 그 사유가 있는 법관이 당연히 직무집행에서 배제되는 것이다. 따라서 당사자의 신청에 의해 배제되는 기피나, 법관 스스로 직무집행에서 탈퇴하는 회피와 차이가 있다(제척·기피·회피는 재판의 공정을 위하여 법관이 아닌 법원사무관 등의 법원직원에게도 준용된다[법50조]). 제척사유에 대해서는 법41조 각 호가 규정하고 있다.

② 제척사유

제척사유는 직무집행의 배제라는 제척의 성격과 당사자의 신청이 필요한 기피사유와의 관계에서 볼 때 한정열거적인 것이다. 제척사유 중, 법41조1호 내지 3호는 법관이 사건 당사자와 관계가 있는 경우에 해당하는 사유이다. 여기서 말하는 당사자는 직접 재판의 영향(효력)을 받는 소송담당의 경우의 이익귀속주체와 보조참가인을 포함하지만, 대리인은 포함되지 않는다(법41조4호 참조). 물론 자연인을 염두로 한 것인데, 법인의 경우에도 유추적용할 수 있다.

위의 제척사유와는 달리 법41조4호와 5호는 법관이 사건의 심리에 관계를 갖고 있는 경우에 해당하는 사유이다. 이 경우에 문제되는 것은 이 사안에서와 같이 같은 조 5호에서 말하는 '전심'이란 무엇을 가리키는가이다. 먼저 전심에 관여한 법관을 배제하는 이유는, 동일한 법관에게 불복신청에 대해서도 판단하게 하는 것으로 심급제도를 무의미하게 한다는 점에 있다. 물론 다른 법원으로부터 촉탁을 받고 전심에 관여한 경우에는 제척사유가 되지 않는다(법41조5호단서).

③ 전심의 의의

여기서 말하는 전심이란 일반적으로 말한다면 직접·간접의 하급심을 말하고(상고심에서 보았을 때 항소심은 직접적인 하급심이고, 제1심은 간접적인 하급심이다), 중간판결("법관의 제척원인이 되는 전심관여라 함은 최종변론과 판결의 합의에 관여하거나 종국판결과 더불어 상급심의 판단을 받는 중간적인 재판에 관여함을 말하는 것이다"[대판 1997.6. 13, 96다56115])이나, 불복할 수 있는 종국판결 전의 재판을 포함한다("부동산경락허가결정에 대한 항고의 대상인 당해 결정"은 전심재판에 해당한다[대결 1972.5.10, 72마387]). 2개의 절차가 동일한 소송절차에 해당하지 않는 전심의 재판은 제외된다. 예를 들면, 각각 청구이의소송과 그 대상이 된 집행권원에 해당하는 재판, 본안소송과 그에 앞선 보전절차에서의 재판, 조정절차와 그것이 성공하지 못해 제기된 경우의 소 등이다. 파기환송·이송(법436조1항)에 의해 다시 심리하게 되는 경우에도 원판결이 동일심급의 판단이므로 전심관여에 해당하지 않지만, 예외적으로 선입견을 가진 원판결에 관여한 법관을 배제하고 있다(법436조3항).

한편 재심소송과 그 대상이 된 확정판결의 경우에, 판례(대결 1978.7.6, 78마147)는 전심에 해당하지 않는다고 해석한다. 그러나 재심은 불복신청수단으로서 상소와 실질적으로 동일하다는 점에서 본다면 전심이라 해석해야 한다. 특히 재심에도 불이익변경금지원칙을 적용한 판례(대판 2003.7.22, 2001다76298)를 보아도 그러하다.

사안에서 재판에 관여했다는 의미를 실질적으로 재판을 하였다고 할 수 있는 평결과 재판서의 작성에 관여한 것을 말한다고 해석한 것은 학설에서도 이론이 없고 타당한 해석이다(그 밖에 대판 1971.2.23, 70다2938; 대판 1994.8.12, 92다23537; 대판 1997.6.13, 96다56115). 따라서 기피신청사건의 재판에 관여한 경우(대결 1991.12.27, 91마631), 판결의 선고만 관여한 경우, 변론준비절차나 증거조사만을 한 경우, 평결에 관여하지 않는 법원사무관의 경우에는 문제되지 않고, 대상판결의 사안의 경우 A판사에게는 법41조5호의 제척사유가 없다. 단, 제척사유가 없더라도 기피사유가 될, 또는 A판사가 스스로 회피할 여지가 있다.

④ 제척의 효과

제척사유가 있는 법관은 당해 사건에서 당연히 배제된다(다만, 전술하였듯이 수탁판사로서 직무집행을 하는 것은 가능하다[법41조5호]). 당사자의 주장을 필요로 하지 않고, 당사자나 법관의 지·부지를 묻지 않으며, 이의권의 상실도 문제되지 않는다.

제척사유를 간과하고 법관이 당해 사건에 관여하면 신청이나 직권에 의해 제척의 재판을 한다. 제척신청을 각하하는 결정에 대해서는 즉시항고를 할 수 있지만(법47조2항), 제척신청을 인용하는 결정에 대해서는 당사

자에 의한 특정 법관의 선택을 방지하기 위해 불복할 수 없게 되어 있다(법47조1항). 제척신청이 각하되면 그 재판이 확정되기 전이라도 직무집행이 가능하다(법48조 단서). 제척사유가 있는 법관이 한 소송행위는 무효이고, 그 판결은 상고이유(법424조1항2호)·재심사유(법451조1항2호)에 해당된다.

[2-4] 기피신청의 간이각하

[대상결정] 대결 1981.2.26, 81마14

[사안] 당사자가 정당한 기피사유도 없이 2차에 걸쳐 재판장에 대한 기피신청을 하고, 또 새로 바뀐 재판부에 대해서도 2차 변론기일에 이르러(1차 변론기일은 연기) 그 재판부 전체에 대해 기피신청을 한 경우, 법원은 이러한 기피신청을 어떻게 처리할 수 있는가?

[판결요지] "본건 기피신청은 오직 소송의 지연 내지 재판의 저해를 목적으로 하고 있음이 분명하므로 이는 기피제도의 근본 취지에 반하여 동 제도를 남용하는 것이 분명하여 동 제도의 정상적인 절차에 따라서 처리해야 할 가치조차 없다 할 것이어서 이러한 경우에는 기피제도의 정상적인 절차를 밟을 필요 없이 당해 법관이 스스로 이를 각하하는 것도 소송제도의 적정한 운영을 위하여 필요하다고 해석함이 상당하다."

[해 설]

① 기피제도의 의의

대상결정은 기피신청에 대해 간이각하로 처리할 수 있음을 판시하였다. 원래 당사자가 기피를 신청하면 그 신청에 대한 재판(결정)이 내려지기까지 절차가 정지되어, 소송절차를 지연시킬 목적으로 기피권이 남용되는 사례가 많았다. 이러한 기피신청에 대해 실무적 차원에서 채택된 대책이 바로 대상결정에서도 말하는 간이각하로서 기피신청을 받은 법관이 바로 각하하는 것이다.

기피는 법관에게 재판의 공정을 기대하기 어려운 사정(법43조1항)이 있는 때(보통 "당사자가 불공평한 재판이 될지도 모른다고 추측할 만한 주관적인 사정이 있는 때가 아니고, 통상인의 판단으로서 법관과 사건과의 관계로 보아 불공정한 재판을 할 것이라는 의혹을 갖는 것이 합리적이라고 인정될 만한 객관적인 사정이 있는 때"[대결 1992.12.30, 92마783]), 당사자의 서면 또는 구술에 의한 신청과 이에 대한 재판으로 당해 사건에서 배제되는 것을 말한다(단, 기피를 인용하는 재판은 제척과는 달리 소급효가 없다).

실제로 기피신청이 받아들여진 사례는 찾기 힘들고, 보통 기피신청이 인정되지 않는 경우가 대부분이다. 예를 들면 법관이 다른 당사자 사이의 동일한 내용의 다른 사건에서 당사자에게 불리한 법률적 의견을 표시하였다는 사정(대판 1993.6.22, 93재누97), 소송당사자 일방이 재판장의 변경에 따라 소송대리인을 교체하였다는 사정(대결 1992.12.30, 92마783), 재판장이 본건 소송과 동일 내용의 다른 사건에 관하여 그 사건의 피고들에게 패소판결을 하였다는 사정(대판 1984.5.15, 83다카2009), 소송의 이송신청에 대한 가부의 판단 없이 소송을 진행한 사정(대결 1982.11.5, 82마637)은 기피사유가 되지 않는다.

② 기피신청의 간이각하

간이각하를 인정한 판례의 태도가 결국 후에 법45조가 되었다. 이와 같이 기피권의 남용을 막는 대책이 인정되는 근거는 소송상의 권능의 남용금지라는 신의칙이다. 간이각하를 하려면 대상결정이나 법45조1항과 같이 신청방식을 준수하지 않은 경우 이외에, "오직 소송의 지연 내지 재판의 저해를 목적으로 하고 있음이 분명한 경우"에 해당되어야 한다. 결국 소송지연을 목적으로 한 경우인데, 그 구체적인 예로 대상결정의 사안과 같은 경우(특별한 기피사유 없이 기피신청을 반복), 그 밖에 "이미 한 기피신청과 같은 내용으로 다시 한 기피신청"(대결 1991.6.14, 90두21)이 있다. 또한 "직근 상급법원이 없는 대법원에 계속 중인 사건에 관하여 대법원판사 전원에 대한 기피신청(대결 1966.3.15, 64주1)", "대법원이 그 제척 또는 기피신청에 대하여 재판할 법원조직법 제7조 제1항 본문으로 정한 합의체를 구성할 수 없는 수의 대법원판사를 동시에 기피하는 신청"(대결 1966.6.2, 64주2)의 경우가 있다.

간이각하에서도 그 재판에 대한 즉시항고가 인정되지만, 그 즉시항고에는 집행정지효(즉시항고의 대상이 된 재판의 효력발생을 저지하는 효력으로 이 경우에는 소송절차[본안절차]가 진행되는 것을 정지시키는 효력)가 없으므로(법47조3항), 보통의 기피신청의 각하와는 달리 소송절차가 정지되지 않는다(보통의 기피신청의 경우에는 그 재판이 확정될 때까지 절차가 정지되고[법48조] 당해 재판에 대해 즉시항고를 하면 집행정지효가 있다). 따라서 기피신청이 있어도 간이각하를 할 수 있다면 소송절차는 정지되지 않고, 이것이 간이각하를 인정한 중요한 이유이다.

③ 기피신청과 집행정지효

한편, 기피신청이 각하된 때에는 소송절차가 정지되지 않는다는 법48조단서에는 약간의 문제점이 있다. 즉, 원래 기피신청에 대한 간이각하가 아닌 통상 각하의 경우에는 즉시항고에 의해 집행정지의 효력이 있고(법47조3항의 반대해석) 소송절차가 정지된다(따라서 기피신청에 대한 각하결정 전에 이루어진 변론기일의 진행은 절차상 흠결이 있고, 특별한 사정이 없는 한 그 후 당해 기피신청을 각하하는 결정이 확정되었다는 사정만으로 절차 위반의 흠결이 치유되지 않고[대판 2010.2.11, 2009다78467, 78474], 기피신청을 한 당사자는 상소·재심에 의해 당해 판결의 취소를 구할 수 있다[법424조2항, 법451조1항1호]). 다만, 기피신청이 각하된 때 또는 종국판결을 선고하거나 긴급행위(예를 들면 증거보전, 집행정지명령, 보전명령 등)를 하는 경우에는 위와 같은 제한이 없다(법48조단서).

그러나 '기피신청이 각하된 때'라는 부분은 간이각하를 대상으로 하는 것으로서 굳이 규정할 필요는 없는 부분이다. 원래 기피신청에 대해 간이각하라면 그 성질상 신청을 받은 법관이 바로 재판하는 것이므로 신청부터 각하재판까지 소송절차의 정지는 문제되지 않는다. 또한 간이각하의 취지를 살린다면 간이각하재판에 대한 즉시항고에 집행정지효를 부여하지 않는 것이 타당하며 실제로도 그와 같이 규정되어 있다(법47조3항). 반대로 기피신청에 대해 간이각하를 하지 않는다면 그 재판은 기피신청을 받은 법관의 소속법원 합의부 또는 상급법원이 하므로 소송절차의 정지 여부가 문제되고, 간이각하가 아니라는 점에서 소송절차의 정지가 의미를 갖는다. 또한 간이각하가 아닌 기각결정 또는 각하결정에 대해 즉시항고를 제기한다면 소송절차의 정지효에서 보았듯이 집행정지효가 발생한다고 해석해야 한다(법447조 및 47조3항의 반대해석). 통상의 각하결정에 대한 즉시항고에 집행정지효를 부여하지 않는 해석도 물론 가능하지만, 간이각하가 아니라는 점에서는 집행정지효를 부여하는 해석이 타당하다. 그렇다면 법48조단서에서 '기피신청이 각하된 때'라는 부분

은 간이각하를 가리키는 것으로 해석해야 하고, 간이각하의 경우에는 그러한 취지가 이미 규정되어 있으므로 굳이 규정할 필요는 없을 것이다.

또한 법48조단서에서 말하는 긴급행위 이외의 경우, 항상 본안절차를 정지해야 하는지 아니면 추후에 있을 기피신청기각 또는 각하결정이 확정된 경우에는 치유되는지 문제된다. 기피신청이 이유 있다고 받아들여지면 물론 관여해서는 안 될 법관이 한 행위이므로, 그러한 행위는 위법하고 치유될 수 없다. 반대로 기피신청이 이유 없다고 결정되는 경우에 판례(대판 1978.10.31, 78다242)는 하자가 치유된다고 판단하였다. 기피남용에 대한 대책은 절차의 신속을 꾀하기 위한 것이므로, 재판의 공정보다도 절차의 신속을 위해 종국판결을 하였다면 당연히 기피신청이 이유 없다는 재판의 확정에 의해 하자가 치유되고 결론적으로 판례의 입장이 타당하다.

④ 기피신청에 대한 기각과 각하의 차이

참고로 기피신청 등 소가 아닌 당사자의 신청을 받아들이지 않는 재판(결정)에 관하여 법은 기각결정이라고 하거나(법39조, 법68조5항, 법243조1항 등), 각하라고 하거나(법149조1항, 법230조1항 등), 명확히 표시하지 않거나(법47조2항, 법73조2항, 법348조 등) 또는 각하와 기각을 같이 규정하는 경우(민집281조2항)가 있다. 판례는 결정에 실체적 확정력이 없기 때문에 각하와 기각을 엄격히 구별할 이유가 없다고 한다(대결 1960.7.21, 4293민항137). 우리와 유사한 일본법에서는 신청각하로 통일되어 있는데, 우리는 1960년 민사소송법 도입 시 위와 같이 규정에 따라 기각이라는 용어를 각하와 함께 사용하게 되었다. 용어사용에 있어 차이가 있다고 할 수 있지만, 신청에 대한 각하결정이나 기각결정에는 실질적으로 차이가 없으므로 굳이 입법상 구별할 필요는 없을 것이다.

[2-5] 소송목적의 값의 산정방법

[대상결정] 대결 1969.12.30, 65마198

[사안] 甲은 자신이 점유하는 대지 X의 사용을 乙이 방해한다는 이유로 乙을 피고로 그 방해행위의 금지를 요구하는 소를 제기하였다. 이때 甲은 자신의 청구에 관한 소송목적의 값(구법상 '소가'로 불리었다)으로서, 그 소송물은 법23조2항의 가액을 산정할 수 없는 때에 해당하는 것이므로, 민사소송인지법(현 「민사소송 등 인지법」)에 따라 그에 상당한 인지만을 첨부하였다. 이러한 소송목적의 값의 산정은 정당한가?

[판결요지] "작위나 부작위 명령을 구하는 소송에 있어서의 소송목적의 값은 작위나 부작위 자체의 소송목적의 값이 아니고 그 작위나 부작위의 명령을 받음으로써, 원고가 받는 이익을 표준으로 하여 소송목적의 값을 산정하여야 할 것이라고 풀이됨으로 본건에 있어서의 소송목적의 값은 甲이 구하는 乙에 대한 부작위 명령이 있을 때에 甲이 X에 관하여 얻는 이익, 즉 甲의 X에 관한 점유사용권의 가액이 민사소송법 제23조(법 26조)의 이른바, 위 소송목적물의 가액이 된다고 할 것이고 한편 대지에 관한 점유사용권의 가액은 결국 그 대지의 임대가격이었다고 할 것이다."

[해 설]

① 소송목적의 값의 의의

소송목적의 값의 산정에 대해서는 그 가액의 산정을 둘러싸고 이 사안에서와 같은 문제가 발생한다. 방해금지청구소송의 경우 그 소송목적의 값을 산정할 수 없는 것에 해당하는지의 문제이다. 대상결정은 방해금지청구소송에서도 소송목적의 값을 산정해야 하는데, 그 가액에 관하여 대지에 관한 점유사용권의 가액은 그 대지의 임대가격이 된다고 판단하였다.

소송목적의 값이란 원고가 제소를 통해 얻으려는 이익을 금전으로 환산한 가액을 말한다. 따라서 소송목적의 값은 원고가 소로써 주장하는 이익을 기준으로 산정된다(법26조1항). 이러한 이익이란 소제기 시를 기준으로 원고가 소송물에 대해 전부승소판결을 얻었을 때

직접적으로 받게 되는 객관적 이익을 말한다. 반대로 가액을 산정할 수 없을 때에는 민사소송 등 인지법에 의한다(법26조2항).

소송목적의 값은 사물관할의 기준이 된다는 점에서, 또한 소장에 첨부할 인지액의 기준이 된다는 점에서 중요한 의의를 갖는다. 이러한 소송목적의 값의 산정을 위한 구체적 기준에 관해서는 민사소송 등 인지규칙에 규정되어 있다. 만일 당사자가 소송목적의 값의 산정에 대해 이의를 하면, 그것이 소송목적의 값에 따른 관할의 문제라면 이송의 재판에 대한 불복신청(법39조)에 의해, 금액에 관한 문제라면 소장각하에 대한 불복신청(법254조3항)으로서 처리된다.

② 소송목적의 값의 산정방법

한편, 소송목적의 값을 산정할 수 없는 경우도 있는데, 이에 대해서는 보통 비재산상의 청구(가사관계에 관한 청구권, 인격권, 회사소송 등에서의 결의의 효력에 관한 청구)라면 물론 불가능하다는 것이 명백하다. 그러나 대상결정에서와 같이 재산상의 청구이면서도 가액산정이 불가능한 경우가 있을 수 있는지가 문제된다.

법26조2항은 단순히 "가액을 산정할 수 없는 때"라고만 규정한다. 이 조문의 해석에 대해서는 소송목적의 값의 산정이 특별히 곤란한 경우라도 가능한 소송목적의 값을 산정해야 하는 것으로 이해하는 것이 타당하다. 왜냐하면 재산상의 청구라는 점을 부정할 수 없으므로, 법원은 모든 사정을 고려하여 재량으로 소송목적의 값을 산정해야 하기 때문이다. 따라서 소송목적의 값을 산정해야 하고, 그 가액에 대해 대지에 관한 점유사용권의 가액은 결국 그 대지의 임대가격이라 한 대상결정은 타당하다.

③ 청구의 병합 시 소송목적의 값을 합산하는 경우

한편, 소송목적의 값의 산정 시 문제가 되는 것으로 청구병합의 경우가 있다. 청구를 병합하였을 때 소송목적의 값을 어떻게 산정해야 하는지에 대해서는 기본적

으로 병합된 청구의 소송목적의 값을 합산한다(법27조1항). 원고가 제기한 청구의 병합에 한하고, 피고에 의한 병합(반소나 중간확인의 소)이나 법원에 의한 변론의 병합의 경우에는 합산하지 않는다. 예를 들어 대결 1966.6.18, 66마323에서는 "민사소송법 제30조(법33조)의 규정에 의하여 법원의 관할은 제소한 때를 표준으로 하여 정하는 것이므로 이미 제소된 단독판사가 심리하여야 할 사무관할에 속한 수 개의 사건을 법원이 병합심리를 한다 하여도 이미 결정된 사물관할에 변동이 생기는 것이 아니다."라고 판시하였다.

또한 청구의 병합에는 소의 객관적 병합 이외에 주관적 병합을 포함한다. 전부승소에 따라 원고는 합산된 이익을 얻게 되기 때문이다.

④ 청구병합 시 소송목적의 값을 합산하지 않는 경우

그러나 청구가 병합되더라도 결과적으로 얻을 수 있는 이익이 공통된 경우, 예를 들면 인도청구와 대상청구의 병합, 보증인과 주채무자 또는 복수의 연대채무자의 병합의 경우에는 합산하지 않는다. 또한 소송의 부대목적이 되는 청구, 과실, 손해배상("민사소송법 제24조(법27조) 제2항에 의하여 소송의 목적의 가액에 산입하지 아니하는 소송의 부대목적이 되는 손해배상이라 함은 주된 청구의 이행을 지연하였기 때문에 생기는 지연배상을 의미한다"[대결 1992.1.7, 91마692]), 위약금 또는 비용의 청구는 알기 쉬운 소송목적의 값의 산정을 위해 산입되지 않는다(법27조2항).

[2-6] 관할합의의 효력

[대상결정] 대결 1994.5.26, 94마536

[사안] 甲은 자신이 소유하고 있던 부동산 X에 대해 자신을 채무자로 하고 乙회사를 채권자로 하는 근저당권설정계약을 체결한 후, 丙 명의로 같은 해 매매를 원인으로 한 소유권이전등기를 경료하였다. 그런데 위 근저당권설정계약에는 甲과 乙 사이에서 위 근저당권에 관련된 소송이 발생하면 그 제소법원을 乙의 주소지 관할법원으로 하기로 하는 취지의 합의가 체결되어 있었다. 이러한 경우 위 관할합의의 효력은 丙에게도 미치는가?

[판결요지] "관할의 합의의 효력은 부동산에 관한 물권의 특정승계인에게는 미치지 않는다고 새겨야 할 것인바, 丙이 甲의 위 근저당권의 채무자 겸 근저당권설정자로서의 지위를 인수하였음을 알 수 있는 자료가 없는 이 사건에 있어서, 丙은 이 사건 부동산에 관하여 위 근저당권 부담부의 소유권을 취득한 특정승계인에 불과할 뿐이므로(근저당권 부담부의 부동산의 취득자가 그 근저당권의 채무자 또는 근저당권설정자의 지위를 당연히 승계한다고 볼 수는 없다), 甲과 乙 사이에 이루어진 위 관할합의의 효력은 丙에게 미치지 않는다고 할 것이다."

[해 설]

① 관할합의의 의의

관할의 합의는 당사자 간의 합의에 의해, 제1심에 한해 특정한 법원에 관할권을 발생시키는 합의를 말한다(법29조). 당사자 간의 합의로 관할을 정하는 것이므로, 당사자가 합의할 수 있는 사항이어야 하고, 전속관할(직분관할과 전속관할이라는 규정이 있는 경우의 사물관할)이 아닌 임의관할의 경우에 인정된다. 보통 관할의 합의가 이루어지는 예는 토지관할로서의 법정관할을 합의에 의해 변경하는 경우이다. 당사자가 합의할 수 있는 사항이라는 점에서 보듯이 법원의 이익이라는 공익적 요구보다는 당사자 간의 편의를 도모하는 목적이 있다.

관할의 합의는 법정관할의 변경을 초래한다는 점에서 소송법상의 효과 발생을 주요 목적으로 하는 소송행위라 할 수 있다. 관할의 합의는 제1심 관할에 한해 할 수 있다는 요건 이외에, 일정한 법률관계에 관한 합의이어야 하는 점, 서면으로 하여야 하는 점(법29조2항), 그리고 관할법원을 특정해야 한다는 요건을 갖추어야 한다.

② 관할합의 효력의 주관적 범위

대상결정에서 보듯이 특정승계인이 승계한 관할합의가 포함된 권리의무관계가 어떠한 것이냐에 따라서 승계인에게 관할합의의 효력이 미치는지 결정된다. 사안에서 丙은 근저당권이 부착된 소유권을 취득함에 불과하고 채무자의 지위를 취득하였다고 할 수 없으므로(단순히 물상보증인에 불과), 그러한 관할합의의 의무를 승계하였다고는 볼 수 없다고 판단되었다.

관할합의의 대상이 된 권리의무관계를 포괄적으로 승계하는 경우(상속이나 합병 그 밖에 파산관재인 등)라면 당사자의 권리의무를 포괄적으로 승계한 이상, 당사자와의 동일성을 인정할 수 있으므로 당연히 관할합의의 효력도 승계인에게 미치고, 그에 따른 의무를 승계하는 것도 당연하다고 할 수 있다. 한편 제3자라면 당연히 합의의 효력은 미치지 않는다(대판 1988.10.25, 87다카1728은 특별한 이유가 설시되지 않았지만 합의의 당사자가 아닌 제3자에게는 합의의 효력이 미치지 않는다고 판단하였다).

③ 특정승계

관할합의의 대상이 된 권리의무관계를 특정적으로 승계하는 경우, 승계인이 취득한 권리의무관계가 채권이라면 그러한 권리의무의 내용에 대해서는 당사자 간에 자유로이 정할 수 있다. 따라서 승계인도 관할합의라는 의무가 부착된 권리의무를 승계한 것으로 볼 수 있으므로, 결국 관할합의의 효력이 미친다(민법451조 참조). 승계인은 관할의 합의가 부착된 유효한 채권을 승계한 이상, 그 권리의무를 감수해야 한다. 지명채권의 특정승계인도 여기에 해당한다(대결 2006.3.2, 2005마902).

반대로 물권을 승계한 경우, 물권의 내용은 법으로 정형화되어 있고 그 권리의무의 내용을 당사자가 자유롭게 변경할 수 없다. 물권의 절대권적 측면을 고려할 때, 관할합의라는 의무가 부착된 물권을 당사자 간에 자유로이 정하는 것은 불가능하기 때문이다(민법185조 참조).

따라서 근저당권 부담부의 소유권을 취득한 것은 물권을 취득한 것이므로 승계인인 丙은 정형화된 내용의 물권을 취득한 것이고, 따라서 관할합의의 효력이 미치지 않게 되고 결국 대상결정의 해석은 타당하다. 더 나아가 설사 채권이라도 그 권리의 내용이 정형화되어 있다면 동일하게 해석해야 할 것이다. 그 예로는 어음채권이 있다. 어음의 경우 피배서인은 수취인의 특정승계인이 아니고 발행인과 수취인 간의 관할합의의 효력이 피배서인에게 미치지 않는 것은 당연하다. 따라서 어음채권의 권리의 내용은 정형화되어 있고 그 내용을 당사자가 자유롭게 정할 수 없으므로, 물권의 경우와 동일하다.

④ 관할합의의 해석

그 밖에 관할의 합의의 해석으로 당사자가 명확히 합의하지 않은 경우 그것을 전속적 합의로 볼 것인지 아니면 부가적 합의로 볼 것인지 문제된다. 이러한 논쟁은 약관 등을 통한 관할합의의 효력을 어떤 식으로 처리하는지와 관련되어 문제되었다. 즉, 거래약관에는 A지방법원이 제1심 관할법원으로 되어 있었지만, 특히 소비자의 이익을 위해 B지방법원으로 이송하는 것이 타당한 경우, 그 관할의 합의를 부가적인 것으로 본다면 관할의 합의가 있어도 A법원에서 B법원으로 쉽게 이송할 수 있게 된다. 따라서 부가적으로 보려는 견해는, 가능한 한 관할합의의 효력을 유효한 것으로 보면서 당사자 간의 이익고량을 통해 이송을 인정하려는 입장이다. 이에 비해 전속적으로 보려는 견해는, 특별한 사정이 없는 한 관할의 합의를 했다는 당사자의 의사를 고려한다면 전속적인 관할합의를 한 것으로 보아야 하고 당사자 간의 불평등에 관한 문제는 관할합의 자체를 무효로 함으로써 해결하려는 입장이다.

판례는 사업자와 고객 사이에서 사업자의 영업소를 관할하는 지방법원으로 전속적 관할합의를 하는 내용의 약관조항이 고객에 대하여 부당하게 불리하다는 이유로 무효라고 보기 위해서는 그 약관조항이 고객에게 다소 불이익하다는 점만으로는 부족하고, 사업자가 그 거래상의 지위를 남용하여 이러한 약관조항을 작성·사용함으로써 건전한 거래질서를 훼손하는 등 고객에게 부당하게 불이익을 주었다는 점이 인정되어야 한다고 해석한다. 그리고 전속적 관할합의 약관조항이 고객에게 부당한 불이익을 주는 행위인지 여부는, 그 약관조항에 의하여 고객에게 생길 수 있는 불이익의 내용과 불이익 발생의 개연성, 당사자들 사이의 거래과정에 미치는 영향, 관계 법령의 규정 등 제반 사정을 종합하여 판단하여야 한다고 해석한다(대결 2008.12.16, 2007마1328). 이에 따라 변호사선임 위임계약의 약관조항 중 변호사 사무실이 소재하는 지방법원을 전속적 합의관할로 한다는 관할합의는 무효가 아니라고 판단하였다.

반대로 주택분양보증계약상의 합의관할이 사업자의 영업소를 관할하는 지방법원을 전속적 합의관할로 하는 약관조항에 대해서는, "사업자가 그 거래상의 지위를 남용하여 사업자의 영업소를 관할하는 지방법원을 전속적 관할로 하는 약관조항을 작성하여 고객과 계약을 체결함으로써 건전한 거래질서를 훼손하는 등 고객에게 부당하게 불이익을 주는 것으로서 무효인 약관조항이라고 볼 수밖에 없다."고 하여 무효로 판단하였다(대결 2009.11.13, 2009마1482).

[2-7] 국제재판관할의 합의

[대상판결] 대판 1997.9.9, 96다20093

[사안] 우리나라 법인 甲과 乙은 우리나라에 주된 사무소를 두고 있다. 甲으로부터 특정 물품의 운송의 의뢰를 받은 乙은 같은 물품을 자신의 대리점을 통해 미합중국 텍사스주의 보세창고업자에게 보관시켰으나, 같은 보세창고업자가 복합운송증권을 소지하지 않은 제3자에게 인도하여 줌으로써 운송물이 멸실되었다. 이에 당해 복합증권 상의 송하인(送荷人) 甲은, 같은 운송증권의 소지인으로서 운송인인 乙에게 불법행위로 인한 손해배상을 청구하는 소를 우리나라의 법원에 제기하였다. 그런데 그 복합운송증권의 이면약관 제24조는, "이 증권에 기한 소는 모두 미합중국 뉴욕주 법원에 제기하여야 한다. 다만, 운송인은 위와 다른 법원에 소를 제기할 수 있다."라고 규정하고 있다. 乙은 이러한 소는 재판관할권이 없는 법원에 제기되어 부적법하다고 주장할 수 있는가?

[판결요지] "대한민국 법원의 관할을 배제하고 외국의 법원을 관할법원으로 하는 전속적인 국제관할의 합의가 유효하기 위하여는, 당해 사건이 대한민국 법원의 전속관할에 속하지 아니하고, 지정된 외국법원이 그 외국법상 당해 사건에 대하여 관할권을 가져야 하는 외에, 당해 사건이 그 외국법원에 대하여 합리적인 관련성을 가질 것이 요구된다고 할 것이고, 한편 전속적인 관할합의가 현저하게 불합리하고 불공정한 경우에는 그 관할합의는 공서양속에 반하는 법률행위에 해당하는 점에서도 무효라 할 것이다.

이 사건이 미합중국 뉴욕주 법원과 관련성을 갖는다고 볼만한 점은, 乙이 뉴욕주에도 영업소(지점)를 가지고 있다는 점과 乙을 위하여 운송물 인도 업무를 담당하였다가 운송물을 멸실시킨 보세창고업자가 미국인이고 그 운송물이 멸실된 곳이 미합중국의 텍사스주라는 것 정도라 할 것인데, 한편 甲과 乙은 모두 대한민국에 주된 사무소를 두고 대표자 및 사원들이 한국인들로 구성된 대한민국의 법인인데다가, 운송물의 목적지는 텍사스주로서 뉴욕주와는 전혀 관련이 없고, 운송물이 멸실된 경위에 관하여 甲과 乙 사이에 전혀 다툼이 없어서 이 사건의 심리에 필요한 중요한 증거방법은 모두 대한민국 내에 있는 한국인 증인들이거나 문서들이며, 운송인의 책임 범위나 면책요건에 관한 미합중국의 법이 대한민국의 법보다 운송인인 乙에게 더 유리하다고 볼 만한 자료도 없고, 그 밖에 이 사건 소송물의 가액이 극히 소액인 점 등에 비추어 보면, 뉴욕주 법원에서 소송을 수행하는 것이 乙에게도 여러 가지로 불편할 뿐이므로, 이 사건 전속적 관할합의는 사건이 그 지정된 외국법원에 대하여 합리적인 관련성을 결여함으로써 전속적 관할합의가 유효요건을 구비하지 못하여 무효라고 할 것이다."

[해 설]

① 국제관할합의의 의의

국제재판관할의 합의는 우리의 법원이 아닌 외국의 법원을 관할법원으로 한다는 당사자 간의 합의이다. 국제거래 시 많이 이용되고, 관할합의와 유사한 중재합의가 폭넓게 인정되고 있는 점에서 그 효력을 부정할 필요가 없다. 그러나 국내관할합의와는 동일하다고 할 수 없어, 구체적으로 어떠한 경우에 국제재판관할의 합의로서 효력이 인정되는지 문제되는 것이다.

② 국제관할합의의 유효요건

대상판결은 국제관할합의의 유효요건으로서 다음과 같은 점을 제시하고 있다. 첫째는 당해 사건이 대한민국 법원의 전속관할에 속하지 않아야 한다는 점이다. 이 요건은 국내합의관할의 연장선에서 보았을 때 충분히 이해할 수 있는 부분이다. 둘째는 지정된 외국법원이 그 외국법상 해당 사건에 대해 관할권을 가져야 한다는 점이다. 셋째는 해당 사건과 그 외국법원 사이에 합리적인 관련성이 있어야 한다는 점이다. 당해 합의가 현저하게 불합리하고 불공정해서는 안 된다는 점은 이 합리적 관련성의 구체적인 예에 해당한다. 학설도 이러한 판례의 입장에 따르는 것이 통설이다.

국제적인 관할의 합의라는 점에서 국내관할의 경우와는 차이가 있음을 부정할 수 없다. 외국의 전속적 관할을 합의하는 경우이므로, 당해 외국의 법원이 자국의 법률에 따라 관할을 인정할 필요가 있고, 또한 합의의 효력의 부당성을 판단하기 위한 고려요소로서 법정지와 사건과의 합리적인 관계의 존재가 요구되는 것이다.

③ 합리적 관련성이라는 요건

합리적 관련성이라는 요건은 어떻게 보면 매우 막연하다고도 할 수 있다. 그러나 국제거래에서의 합의형성 과정의 형해화를 방지하기 위해서도, 또한 국제적 규모로 재판거절을 실질적으로 발생시키는 사태를 방지하기 위해서도 무엇인가의 제한이 필요하다. 따라서 이 경우의 기준을 합리적 관련성이라는 요건을 통해 구체적 사건의 내용에 따라 규율한다는 대상판결의 입장은 타당하다.

합리적 관련성에 관해 대상판결은 사건의 발생지, 당사자의 주된 사무소의 소재, 증거의 소재, 법정지법의 내용, 소가를 기준으로 합리적 관련성이 없다고 판단하였다. 이러한 판단은 구체적인 비교형량으로 매우 타당하다.

④ 소송의 이송과의 관계에서 본 합리적 관련성의 판단

국내합의관할과 국제합의관할의 중요한 차이의 하나로 후자의 경우 소송의 이송이 불가능하다는 점을 생각할 수 있다. 송달이나 증거조사의 촉탁의 경우와는 달리 사건의 모든 해결을 외국에 맡기는 것이고, 제도의 차이가 존재하기 때문이다. 그러나 국제관할합의에 있어 소송의 이송의 가능성이 전적으로 배제된다고 단정할 수는 없다. 국제관할합의에 의해 제기된 소에 대해 외국법원에 이송하여 심리하는 것이 타당하다면 결국 합의된 법정지와 사건과의 합리적 관련성은 없다고 말할 수 있다.

예를 들면 우리나라의 법원을 관할로 하는 합의에 의해 우리 법원에 소가 제기되어도, 우리의 민사소송법에 의해 당해 소송을 외국의 법원에 이송하여 심리해야 한다면 사건과 우리 법원과의 합리적 관련성은 없을 것이다. 반대로 외국의 법원을 관할로 하는 합의가 있음에도 우리 법원에 소가 제기된 경우, 이를 합의된 외국의 법원으로 이송해야 한다면 그러한 합의는 유효이고, 그 역이라면 무효라고 할 수 있을 것이다.

⑤ 국제관할합의가 문제된 사례

국제관할합의를 유효라고 판단한 판례(대판 2011.4.28, 2009다19093)는 "甲이 乙에게서, 乙이 특허권자 또는 출원인으로 된 일본국 내 특허권 또는 특허출원과 그 특허발명들에 대응하는 일본국 외에서의 특허출원 및 등록된 특허권 일체와 관련한 모든 권리를 무상양도받기로 하는 계약을 체결하면서, 위 양도계약과 관련한 분쟁이 발생할 경우 관할법원을 대한민국 법원으로 하기로 약정한 사안에서, 위 양도계약에 기하여 특허권의 이전등록 또는 특허출원인 명의변경을 구하는 소는 주된 분쟁 및 심리의 대상이 위 양도계약의 해석 및 효력의 유무일 뿐 위 특허권의 성립, 유·무효 또는 취소를 구하는 것과 무관하므로 위 특허권의 등록국이나 출원국인 일본국 등 법원의 전속관할에 속한다고 볼 수 없고, 또한 대한민국법상 당사자 사이에 전속적 국제관할 합의를 하는 것이 인정되고 당해 사건이 대한민국 법원과 합리적 관련성도 있으며, 달리 위 전속적 국제관할합의가 현저하게 불합리하거나 불공정하여 공서양속에 반한다고 볼 수 없으므로, 위 전속적 국제관할합의가 유효하다."라고 하였다.

반대로 무효라고 판단한 판례(대판 2004.3.25, 2001다53349)는, 한국의 신용장개설은행인 원고와 일본에 본점을 둔 운송업자인 피고 간에는 원고와 피고 사이의 분쟁은 일본국 도쿄지방재판소에서 처리한다는 국제적 관할의 합의가 있었는데, 이 합의의 효력이 문제되었다. 여기서는 당사자나 증인은 대개 한국인인 점, 운송의 목적지는 대한민국 울산항인 점, 사건의 심리에 필요한 중요한 증거방법이 모두 대한민국 내에 있는 점, 운송인의 책임 범위나 면책 요건에 관한 일본국의 법이 대한민국의 법보다 운송인인 피고에게 더 유리하다고 볼 만한 자료도 없는 점, 반대로 일본의 도쿄지방재판소와 관련성을 갖는다고 볼 만 한 점은 사건 화물의 수출자가 일본에 본점을 둔 운송업자인 피고라는 점을 고려하여, 합리적 관련성을 가진 법원은 일본의 법원이 아닌 한국의 법원이라고 판단되어, 국제적 관할합의의 효력을 부정하였다.

[2-8] 이송결정의 기속력

[대상결정] 대결 1995.5.15, 94마1059, 1060

[사안] 甲은 항고장이 각하된 것에 불복하여 A지방법원을 항고법원으로 표시한 즉시항고를 제기하였다. 이에 대해 항고법원인 A지방법원은 위 즉시항고가 항고법원의 관할에 속하지 아니한다는 이유로 사건을 대법원으로 이송하였다. 이러한 이송결정은 대법원을 구속하는가?

[판결요지] "이송결정의 기속력은 당사자에게 이송결정에 대한 불복방법으로 즉시항고가 마련되어 있는 점이나 이송의 반복에 의한 소송지연을 피하여야 할 공익적 요청은 전속관할을 위배하여 이송한 경우라고 하여도 예외일 수 없는 점에 비추어 볼 때 당사자가 이송결정에 대하여 즉시항고를 하지 아니하여 확정된 이상 원칙적으로 전속관할의 규정을 위배하여 이송한 경우에도 미친다고 할 것이다.

그러나 심급관할을 위배하여 이송한 경우에도 이송결정의 기속력이 이송받은 상급심 법원에도 미친다고 한다면 당사자의 심급의 이익을 박탈하여 부당할 뿐만 아니라, 이송을 받은 법원이 법률심인 대법원인 경우에는 직권조사사항을 제외하고는 새로운 소송자료의 수집과 사실확정이 불가능한 관계로 당사자의 사실에 관한 주장, 입증의 기회가 박탈되는 불합리가 생긴다고 할 것이므로 심급관할을 위배한 이송결정의 기속력이 이송받은 상급심 법원에는 미치지 않는다고 보아야 할 것이다. 한편 심급관할을 위배한 이송결정의 기속력이 이송받은 하급심 법원에는 미치지 않는다고 한다면 사건이 하급심과 상급심 법원 간에 반복하여 전전 이송되는 불합리한 결과를 초래하게 될 가능성이 있어 이송결정의 기속력을 인정한 취지에 반하는 것일 뿐더러 민사소송의 심급의 구조상 상급심의 이송결정은 특별한 사정이 없는 한 하급심을 구속하게 되는바, 이와 같은 법리에도 반하게 되므로 심급관할을 위배한 이송결정의 기속력은 이송받은 하급심 법원에는 미친다고 보아야 할 것이다. 결국 심급관할을 위배한 이송결정의 기속력은 이송받은 같은 심급의 법원과 하급심 법원에만 미치고, 상급심 법원에는 미치지 않는다고 해석함이 타당하다고 할 것이다."

[해 설]

① 이송결정의 의의

소송의 이송이란 일단 계속된 소를 직권이나 당사자의 신청에 따라 수소법원의 재판에 의해 다른 법원으로 이동시키는 것을 말한다(법34조, 35조, 36조). 이송을 하는 이유는 소를 각하하기보다는 관할권이 있는 법원에서, 또는 그 밖의 적절한 법원에서 소를 처리하게 하는 것이 소송경제나 소송촉진 등에 이바지하고, 법원이나 당사자에게 있어서도 불이익이 되지 않기 때문이다. 특히 당사자는 재소에 따른 수수료나 소송비용을 면할 수 있고, 기간의 준수나 시효중단의 이익을 그대로 유지할 수 있다. 또한 법원의 입장에서도 소액사건, 지방법원단독사건 그리고 지방법원합의사건 간의 사물관할의 탄력화를 위해서도 필요하다.

② 이송결정의 효력

이송을 받은 법원이 그 사건을 자신이 처리하는 것이 적합하지 않다고 다시 당해 사건을 이송한다면, 계속 이송이 반복될 염려가 있고 소송의 촉진을 위해 이송을 한다는 제도의 취지와 모순될 수 있다. 이러한 이유에서 민사소송법은 이송결정이 일정한 기속력을 갖는다고 규정하여 이송을 받은 법원은 다른 법원에 전송할 수 없다고 정하고 있다(법38조).

이러한 기속력은 다음과 같은 경우로 이어진다. 즉, 일단 이송이 결정되면 그것이 설사 전속관할에 위반된 이송이라고 하여도, 이송받은 법원은 당사자가 원하는 신속한 소송의 진행을 위해 그러한 기속력을 받고, 따라서 이송받은 법원이 그에 대해 재판을 해야 한다(통설). 이와 같이 해석한다면 전속관할위반에 따른 원판결의 취소를 규정하는 조문(법411조, 424조1항3호)은 제한적으로 해석하게 된다. 그러나 이송결정 확정 후에 새로운 사유에 의해 재이송하는 것은 가능하다.

③ 기속력의 내용

위와 같은 이송결정의 기속력이 대법원에도 미치는지가 문제된다. 사안은 지방법원이 대법원에 사건을 이송하였던 경우이다. 이송결정의 기속력을 그대로 인정한다면, 당연히 대법원이 다시 다른 법원으로 전송하지 않고 그대로 심판해야 한다는 결론이 된다. 이 점은 최상급심이며 법률심인 대법원의 성격에서 본다면 타당하다고 할 수는 없다. 이러한 점에서 대상결정은 기속력은 인정되지만, 상급심의 경우에는 기속력이 미치지 않는다는 논리를 전개하고 있다.

④ 상급심에 대한 기속력의 유무

먼저 대상결정은 전속관할위반의 이송의 경우에도 기속력이 있음을 명확히 하고 있다. 이것은 기존의 다수 학설의 입장을 반영한 것이고, 또한 사실적인 측면으로서 우리나라는 동일한 소송법규에 의해 재판이 진행되는 점, 동일한 임용요건과 근무지를 대상으로 하는 법관에 의해 재판이 진행된다는 점을 고려한 것으로 타당하다.

한편 기속력을 인정한다 하더라도 상급심의 경우에는 그러하지 않다고 한다. 그 이유는 당사자의 심급의 이익(3심제의 보장)과 대법원이라는 관계에서 비롯되는 당사자의 절차권의 보장이 충분하지 않다는 점이고 타당하다.

⑤ 하급심에 대한 기속력의 유무

대상결정은 위에서 보듯이 심급위반의 이송결정의 기속력이 상급심에는 미치지 않지만 하급심에는 미친다는 해석을 하고 있다. 이러한 해석에는 다음과 같은 문제제기가 있다(조관행, 판례평석, 민사재판의 제문제(이시윤박사화갑기념)(하), 84면). 이 문제제기는 하급심에게도 기속력이 없다고 해야 한다는 주장이다. 하급심에게도 기속력이 없어야 하는 이유로는, 3심제의 보장뿐만 아니라 4심제를 강요해서는 안 된다는 것과 유사한 이유로 1심의 재판에 대해 불복하여 2심 법원에 제기된 사건을 2심 법원이 1심 법원으로 이송한 경우 1심 법원에 기속력이 있다면 1심 법원은 그것을 어떻게 처리해야 하는지 문제된다는 점을 든다. 또한 판결요지에서 말하는 하급심에 기속력이 없으면 재차 이송이 반복될 염려가 있다는 점에 대해서는, 그러한 현상이 발생할

가능성이 희박하다고 주장한다.

그러나 위와 같은 문제제기에서 언급된 두 가지 현상, 즉 4심제가 강요될 염려가 있다는 점(상급심이 잘못하여 하급심으로 이송하는 경우)이나 상급심으로부터 이송을 받은 하급심이 다시 이송을 반복한다는 현상은 모두 발생할 가능성이 희박한 것이 아닌가 생각된다. 그렇다면 위와 같은 문제제기에서 말하는 문제점은 그리 심각한 것이라고는 말할 수 없을 것이다.

따라서 일반적인 원칙, 즉 상급심의 판단은 하급심을 구속한다는 것을 존중할 필요가 있는 것이 아닌가 생각된다. 물론 그와 같이 해석한다고 하더라도 위 문제제기에서 주장하는 것과 같은 상급심이 잘못하여 하급심으로 이송결정을 하는 일을 배제할 수 없다. 그러나 이러한 사태가 발생한다면(실제적인 가능성은 희박하겠지만) 심급제도가 존재하는 이상, 즉 상급심의 판단에 하급심이 따를 수밖에 없을 것이다.

참고판례 18-[판례1]

제3장

소의 제기

[3-1] 경계확정소송

[대상판결] 대판 1993.11.23, 93다41792, 41808

[사안] 甲은 乙을 상대로 토지의 경계확정을 구하는 소를 제기하였다. 이 소송에서 감정인 A의 감정결과에 의해 인정되는 경계와 乙이 주장하는 경계에 차이가 발생했는데, 법원은 A의 감정결과만에 의해 경계를 확정하는 판결을 하였다. 이 판결에는 심리를 제대로 하지 아니한 채 채증법칙을 위반하여 사실을 오인한 위법이 있는가?

[판결요지] "토지경계확정의 소는 인접한 토지의 경계가 사실상 불분명하여 다툼이 있는 경우에 재판에 의하여 그 경계를 확정하여 줄 것을 구하는 소송으로서, 토지소유권의 범위의 확인을 목적으로 하는 소와는 달리, 인접한 토지의 경계가 불분명하여 그 소유자들 사이에 다툼이 있다는 것만으로 권리보호의 필요가 인정된다. 법원으로서는 원·피고 소유의 토지들 내의 일정한 지점을 기초점으로 선택하고 이를 기준으로 방향과 거리 등에 따라 위치를 특정하는 등의 방법으로 지적도상의 경계가 현실의 어느 부분에 해당하는지를 명확하게 표시할 필요가 있다. 법원은 당사자 쌍방이 주장하는 경계선에 기속되지 아니하고 스스로 진실하다고 인정하는 바에 따라 경계를 확정하여야 하는 것으로서, 관계증거를 기록과 대조하여 검토하여 보면 원심이 A의 감정결과 등에 의하여 … 토지의 경계를 위와 같이 확정한 것은 정당한 것이다."

[해 설]

① 형식적 형성소송

형성소송은 법률관계를 형성하기 위한 구체적 기준(형성요건)이 법률에 규정되어 있다. 그러나 보통의 형성소송에서처럼 법률관계의 형성을 위해 소의 제기와 그에 따른 판결이 필요함에도, 법률에 형성요건에 관한 규정이 없는 경우(소송물인 형성원인 또는 형성권의 부존재)에는 법원이 재량적으로 판단할 수밖에 없다. 소의 제기라는 신청은 있지만 소송상의 청구 또는 소송물을 관념할 수 없는 경우이다.

이러한 형태의 소송을 형식은 (형성)소송이면서, 실질은 권리관계의 확정을 목적으로 하지 않고 법원의 재량에 맡겨져 있는 비송이라는 점에서, 형식적 형성소송이라 부른다. 정책적으로 형성을 해야 하는 법률관계의 중요성 때문에 소송절차로 된 것이다. 형식적 형성소송에 해당하는 예로는 사안에서 문제된 ⅰ) 경계확정소송 이외에, ⅱ) 공유물분할의 소(민법269조) 그리고 ⅲ) 부(父)를 정하는 소(민법845조)가 있다.

단, 경계확정소송에 대해서는 형식적 형성소송이 아니라는 견해도 생각할 수 있다. 즉, 경계확정소송은 소유권의 범위를 정하려는 사인 간의 다툼으로 소유권확인의 소라는 견해, 소유권의 범위확인을 포함하는 특수한 형태의 소라는 견해가 그것이다. 그러나 공법상의 토지의 경계는 소유권의 범위와는 별개의 기준에 의해야 하는 법률관계이고, 따라서 독자적으로 확정할 필요가 있기 때문에 형식적 형성소송이라 해석하는 것이 타당하다.

② 경계확정소송의 의의

경계확정소송은 대상판결에서 보듯이 인접한 토지의 경계가 사실상 불분명하여 다툼이 있는 경우에 재판에 의해 그 경계를 확정하여 줄 것을 요구하는 소이다. 반면에 사적자치의 영역에 속하는 건물소유권의 범위를 확정하기 위해서는 소유권확인소송에 의해야 할 것이고, 공법상 경계를 확정하는 경계확정소송에 의할 수는 없다(대판 1997.7.8, 96다36517).

법원은 판결로써 1필의 토지와 1필의 토지의 경계(지번의 경계)를 구체적으로 정한다. 이에 따라 토지의 경계가 확정되는데, 이로써 소유권 범위도 사실상 확정되지만, 전술하였듯이 소유권 범위의 확인이 목적이 되는 것은 아니다. 따라서 직접적으로 토지의 경계 확정과 관련이 없는 사항으로서 취득시효 항변의 성부는 문제되지 않는다. 토지경계확정의 소는 인접하는 토지의 경계확정을 구하는 소이고 그 토지에 관한 소유권의 범위나 실체상 권리의 확인을 목적으로 하는 것이 아니기 때문이다(대판 1993.10.8, 92다44503). 또한 경계확정소송의 당사자적격은 취득시효의 성부와는 분리하여 결정할 수 있다. 즉, 인접토지의 소유관계가 인정되는 한 당사자적격을 갖는다.

물론 원고가 경계확정에 따른 소유권의 확인을 구하는 청구를 병합하면 소유권의 확인도 동시에 다루어지고, 그에 대한 판결에 의해 소유권의 범위에 관해 기판력이 발생한다. 즉, 단순히 인접된 토지의 경계를 형성하여 달라는 것만이 아니고, 소유권에 기하여 인접지 간의 경계의 확정을 형성하여 달라고 함과 동시에 그 경계선 내의 토지소유권의 범위를 확정하여 달라는 소를 제기하면, 그 확정판결의 기판력은 소유권의 범위에까지 미치고, 피고라면 반소를 통해 소유권의 확인을 청구할 수 있다("원, 피고 간의 확정판결의 내용에 의하면 피고의 반소청구는 피고가 단순히 상린된 토지의 경계를 형성하여 달라는 것이 아니고 피고의 소유권에 기하여 상린지 간의 경계의 확정을 형성하여 달라고 함과 동시에 그 경계선 내의 토지소유권의 범위를 확정하여 달라는 소송으로서 그 확정판결은 피고의 소유권의 범위에 관하여 기판력이 있다"[대판 1970.6.30, 70다579]).

③ 경계확정소송의 특징

경계확정소송은 형식적 형성의 소로서 특별한 심리원칙이 적용된다. 사안에서와 같이 당사자 쌍방이 제각기 특정 경계선을 주장한다 하여도 법원은 그것에 구속되지 않는다(그 밖에 대판 1996.4.23, 95다54761 등). 원고는 청구의 취지로서 단순히 인접토지의 경계를 정하는 판결을 구하면 충분하다. 특정의 경계선을 제시할 필요도 없다. 전술하였듯이 소송물인 권리관계가 존재하지 않기 때문에 처분권주의와 이하에서 보는 바와 같이 변론주의도 적용되지 않는다. 대상판결의 판단은 이러한 경계확정소송의 특징을 확인한 것으로 타당하다.

토지의 경계는 공법적 성격을 갖고 당사자의 합의에 의해 변동하는 것이 아니므로, 그러한 합의만으로 경계를 확정할 수 없다. 따라서 당사자의 자백, 소송상의 화해, 청구의 포기·인낙은 인정되지 않는다.

법률관계를 기초 짓는 요건사실이 존재하지 않고 그에 관한 진의불명이 있을 수 없기 때문에, 법원은 토지의 경계선이 불명이라 하여 청구기각판결을 내릴 수 없다. 법원은 구체적인 사안에 따라 상식적으로 보아

가장 타당한 경계선을 합리적으로 판단하여 경계를 확정해야 한다. 일반적으로는 지적공부에 등록된 각 필지에 있어 그 토지의 소재, 지번, 지목, 지적, 경계는 이 등록으로 특정되므로, 인접한 토지 사이의 경계의 확정을 구하는 소송에서의 경계를 확정함에 있어서도 지적도가 기술적 착오로 잘못 작성되었다는 등의 특별한 사정이 없는 한 지적도상의 경계에 의한다(대판 1969. 5.27, 69다140).

제1심 판결에 의해 확정된 경계에 대해 항소가 제기되면, 항소심은 불이익변경금지의 원칙(법415조)을 적용받지 않게 되어, 독자적으로 제1심 판결에서보다 항소인에게 불리한 새로운 경계를 확정할 수도 있다.

[3-2] 채권자취소소송의 특징

[대상판결] 대판 2001.6.12, 99다20612

[사안] 甲에게 다액의 채무를 지고 있는 A는 자신의 유일한 재산인 부동산 X에 근저당권을 설정하였다. 근저당권 설정 후에 A는 乙 앞으로 X에 대해 증여를 원인으로 한 소유권이전등기를 하였고, 근저당권도 말소되었다. 이에 甲은 乙을 피고로 위 증여가 사해행위라고 하여, 위 증여계약의 취소와 소유권이전등기 말소등기절차의 이행을 구하는 채권자취소소송을 제기하였다. 이에 대해 법원은 위 증여계약 일부를 취소하고 가액배상을 명하는 판결을 내릴 수 있는가?

[판결요지] "저당권이 설정되어 있는 부동산이 사해행위로 이전된 경우에 그 사해행위는 부동산의 가액에서 저당권의 피담보채권액을 공제한 잔액의 범위 내에서만 성립한다고 보아야 하므로, 사해행위 후 변제 등에 의하여 저당권설정등기가 말소된 경우 그 부동산의 가액에서 저당권의 피담보채무액을 공제한 잔액의 한도에서 사해행위를 취소하고 그 가액의 배상을 구할 수 있을 뿐이고, 특별한 사정이 없는 한 변제자가 누구인지에 따라 그 방법을 달리한다고 볼 수는 없는 것이며, 甲이 사해행위인 계약 전부의 취소와 부동산 자체의 반환을 구하는 청구취지 속에는 위와 같이 일부취소를 하여야 할 경우 그 일부취소와 가액배상을 구하는 취지도 포함되어 있다고 보아, 청구취지의 변경이 없더라도 바로 가액반환을 명할 수 있다."

[해 설]

① 채권자취소소송의 의의

채권자취소권의 법적 성질에 대한 논리적 귀결에 따라 채권자취소소송의 절차도 달라질 수 있는데, 판례는 그러한 법적 성질론에 대한 명확한 입장을 제시하기보다는 개별 사건에서 적절하고 타당한 판단을 하고 있다. 사안의 경우 대상판결은 당사자의 의도를 반영하여 청구취지의 변경이 없어도 청구취지의 탄력적인 해석을 할 수 있다고 판단하고 있다.

② 소송요건

ⅰ) 피고적격

채권자취소의 소에 있어 상대방은 채무자가 아니라 그 수익자나 전득자이다(대판 1988.2.23, 87다카1586).

ⅱ) 제척기간

채권자취소소송은 채권자가 취소원인을 안 때로부터 1년 이내에 제기하여야 한다(민법406조). 이 기간의 준수 여부는 법원의 직권조사사항이다. 제척기간의 기산점인 채권자가 '취소원인을 안 날'은 채무자가 채권자를 해함을 알면서 사해행위를 하였다는 사실(구체적인 사해행위의 존재를 알고 채무자에게 사해의 의사가 있었다는 사실)을 안 날을 의미하고, 이때 그 제척기간 도과에 관한 증명책임은 피고에게 있다(대판 2000.9.29, 2000다3262). 소송 도중에 청구취지를 원물반환에서 가액배상으로 변경하여도 동일한 청구를 한 것으로 볼 수 있다면 제척기간을 준수한 것이 된다(대판 2005.5.27, 2004다67806).

ⅲ) 소의 이익

어느 한 채권자가 동일한 사해행위에 대해 채권자취소소송을 하고 승소확정판결을 받았다는 것만으로 그 후에 제기된 다른 채권자의 동일한 청구가 소의 이익이 없어지게 되는 것은 아니다. 그러나 그에 따라 재산이나 가액의 회복을 마친 경우에 비로소 다른 채권자의 채권자취소소송은 그와 중첩되는 범위 내에서 소의 이익이 없다(대판 2003.7.11, 2003다19558).

③ 주장과 입증

ⅰ) 수익자에 의한 소멸시효의 주장

피고는 채권자의 채권이 소멸시효되었음을 주장할 수 있다(대판 2007.11.29, 2007다54849).

ⅱ) 수익자의 상계의 항변

수익자가 채무자의 채권자인 경우 수익자가 가액배상을 할 때에 자신도 사해행위취소의 효력을 받는 채권자 중의 1인이라는 이유로 취소채권자에 대해 총 채권액 중 자기의 채권에 대한 안분액의 분배를 청구하거나, 수익자가 취소채권자의 원상회복에 대해 총 채권액 중 자기의 채권에 해당하는 안분액의 배당요구권으로써 원상회복청구와의 상계를 주장하여 그 안분액의 지급을 거절할 수 없다(대판 2001.2.27, 2000다44348).

iii) 수익자의 악의의 증명

수익자가 악의라는 점은 항변으로써 수익자 스스로 선의임을 증명할 책임이 있다(대판 1991.2.12, 90다16276).

iv) 자력회복에 관한 증명

처분행위 당시에는 채권자를 해하는 것이었지만 그 후 채무자가 자력을 회복하여 사해행위취소권을 행사하는 사실심의 변론종결시에는 채권자를 해하지 않게 된 경우, 책임재산 보전의 필요성이 없어지게 되어 채권자취소권이 소멸하고 그러한 사정변경은 피고가 증명해야 한다(대판 2007.11.29, 2007다54849).

v) 재산분할과 사해행위

이미 채무초과 상태에 있는 채무자가 이혼과 동시에 배우자에게 재산분할로 일정한 재산을 양도한 경우, 이 재산분할이 민법 제839조의2 제2항 규정의 취지에 따른 상당한 정도를 벗어나는 과대한 것이라고 인정할 만한 특별한 사정이 없는 한 사해행위가 되지 않고, 특별한 사정이 있다는 점에 관한 증명책임은 채권자에게 있다(대판 2000.7.28, 2000다14101).

④ 판결

i) 판단의 기준시

채무자의 재산처분행위가 사해행위가 되는지 여부는 처분행위 당시를 기준으로 판단한다(대판 2002.11.8, 2002다41589). 또한 금전의 지급을 사해행위로서 취소하여 원상회복으로 금전의 지급을 구하는 경우 원금 외에 지연배상금의 지급도 구할 수 있고, 지연배상금의 기산점은 상대방이 실제로 금전을 지급받은 때이다(대판 2006.10.26, 2005다76753).

ii) 청구취지와 판단방법

대상판결에서 보듯이 원고가 청구취지로 사해행위의 전부취소와 원상복귀를 구하는 청구를 하여도, 사해행위의 일부취소를 해야 하는 경우라면 법원은 청구취지의 변경 없이 그 일부취소와 가액배상을 명할 수 있다. 또한 채권자가 사해행위의 취소를 청구하면서 그 보전하고자 하는 채권을 추가하거나 교환하는 것은, 그 사해행위취소권을 이유 있게 하는 공격방법에 관한 주장

이고 소의 변경이 아니다(대판 2003.5.27, 2001다13532).

iii) 가액배상

사해행위의 취소에 따른 원상회복은 원칙적으로 그 목적물 자체의 반환이다. 그것이 불가능하거나 현저히 곤란한 경우, 채권자는 원상회복방법으로 수익자 또는 전득자를 상대로 배당 또는 변제로 수령한 금전의 지급을 가액배상의 방법으로 청구할 수 있다(대판 1998.5.15, 97다58316). 가액배상액을 산정할 때의 가액은 수익자가 전득자로부터 실제로 수수한 대가와는 상관없이 사실심 변론종결시를 기준으로 객관적으로 평가해야 한다(대판 2006.9.28, 2004다35465).

사해행위 후 변제 등에 의해 저당권설정등기가 말소된 경우, 그 부동산의 가액에서 저당권의 피담보채권액을 공제한 잔액의 한도에서 사해행위를 취소하고 그 가액의 배상을 명할 수 있을 뿐이다(대판 1996.10.29, 96다23207). 공동저당권인 경우에도 마찬가지이다(대판 2005.5.27, 2004다67806).

여러 명의 채권자가 개별적으로 사해행위취소 및 원상회복청구의 소를 제기한 경우, 수익자 또는 전득자가 해야 하는 가액배상은 수익자 등이 반환해야 할 가액 범위 내의 각 채권자의 피보전채권액 전액이다(대판 2005.11.25, 2005다51457).

사해행위(매매예약)에 의해 수익자 앞으로 소유권이전청구권가등기가, 전득자 앞으로 그 가등기이전의 부기등기 및 그 가등기에 기한 본등기가 이루어지고, 채권자가 수익자를 상대로 매매예약의 취소와 가액배상을 구한 경우, 수익자는 원물반환의무(가등기말소의무)의 이행이 불가능하게 되어 가등기 및 본등기에 의해 발생된 공동담보 부족에 관하여 가액배상의무를 진다(대판(전) 2015.5.21, 2012다952).

iv) 판결효의 범위

사해행위의 취소와 원상회복을 명하는 판결은 원고와 피고 사이에서만 효력이 있다(상대적 효력)(대판 1962.2.15, 4294민상378).

참고판례 16-[판례5], 17-[판례7]

[3-3] 중복된 소제기의 금지 – 당사자의 동일성 –

[대상판결] 대판 1974.1.29, 73다351

[사안] 甲은 乙을 상대로 특정 부동산의 말소등기를 청구하는 소를 제기하였다. 그러나 당해 부동산에 관해서는 이미 A가 乙을 상대로 甲을 대위하여 甲과 乙 간의 소송과 청구취지 및 청구원인을 같이 하는 내용의 소를 제기하여 상고심에 계속 중에 있었다. 이러한 경우 甲이 제기한 소는 중복제소에 해당하는가?

[판결요지] "A가 민법 제404조 제1항 소정의 채권자대위권에 의하여 甲을 대위한 위 소송과 甲의 본건 소송과는 비록 그 당사자는 다르다 할지라도 실질상으로는 동일 소송이라고 할 것이므로, 본건 소송은 민사소송법 제234조(법259조) 소정의 이른바 중복소송금지 규정에 저촉되는 것이라고 아니할 수 없다."

[해　설]
① 중복제소금지의 의의와 필요성

중복되어 제기되는 소를 금지하는 이유는 먼저 당사자의 입장(중복제소가 되는 후소의 피고) 때문이다. 이미 계속된 사건과 동일한 사건에서 피고가 된다는 것은, 원래 부담할 필요가 없는 응소의무를 강요당하는, 달리 말하면 변호사의 선임을 포함하는 주요 공격방어방법의 중복제출을 강요당하는 것이다. 중복제소가 아니라도 제소 자체가 피고에 대한 불법행위가 되는 경우가 있음을 상기할 필요가 있다. 다음은 법원의 입장이다. 법원도 사건을 처리해야 하는 부담이 과중되고, 재판제도의 운영면에서 전소와 후소의 판결이 모순되는 경우, 재판(판결)에서는 동일한 권리관계에 관하여 쌍방 당사자를 권리자와 의무자로 명확히 구분하는 것인데, 결과적으로 쌍방 당사자가 권리자인 동시에 의무자가 된다면 재판은 아무런 효용이 없게 된다.

② 중복제소금지의 요건

첫째로 소송계속이다. 중복제소의 금지는 소제기의 소송법상의 효과(엄밀히 말하자면 소제기의 효과가 아니라 소송계속의 효과)이다. 소송계속을 전제로 한 효과로서 중복제소의 금지가 존재하고 있다. 중복제소금지는 소송계속으로 인해 당연히 발생하는 소송요건의 하나로서 이미 동일한 사건에 관하여 전소가 제기되었다면, 설령 그 전소가 소송요건을 흠결하여 부적법하다고 할지라도 후소의 변론종결시까지 취하·각하 등에 의해 그 소송계속이 소멸되지 아니하는 한 후소는 중복제소금지에 위배하여 각하를 면치 못한다(대판 1998.2.27, 97다45532).

둘째로 사건의 동일성이다. 중복제소의 금지에 해당하려면 양 소송의 사건의 내용이 동일해야 한다. 이에 대해서는 다음 항목에서 다룬다.

셋째로 당사자의 동일성이다. 중복제소의 금지에서 문제되는 것은 당사자의 동일성이고, 법원(수소법원)의 동일성은 문제되지 않는다. 당사자의 동일성은 전소와 후소에서 당사자로서의 동일성을 의미하므로, 원고 또는 피고라는 지위는 문제가 되지 않는다. 즉, 전소의 피고가 후소에서 전소의 원고를 상대로 제소하는 경우에도 당사자의 동일성 요건을 충족시킨다.

③ 소송담당과 중복제소 – 채권자대위소송

사안에서와 같이 채권자가 제기하여 계속된 채권자대위소송과 그 피대위자인 채무자가 제기한 동일한 내용의 소송이 중복제소에 해당하는지 문제된다. 대상판결은 결론적으로 중복제소가 된다고 판단하였지만, 중복제소금지의 요건인 당사자의 동일성에 관해서는 형식적으로 부정하였다. 대상판결은 채권자대위소송 계속 중에 채무자가 동일한 제3채무자를 상대로 제소하면 중복제소에 해당된다고 판시하였는데, 사건의 동일성에 관한 언급 없이 단지 동일 소송이므로 중복제소에 해당한다고 설시하였다(단, "청구취지 및 청구원인을 같이 하는 내용의 소"이라고 하여 소송물이 같으므로 동일 소송이라고 인정하면서, 당사자가 다른 것은 형식상 다른 것에 불과하고, 채무자에 대한 통지나 대위소송 계속사실의 지·부지는 문제로 하지 않는 것이다).

사안은 채권자대위소송이 선행하였는데, 반대의 경우인 채무자의 제3채무자에 대한 소의 계속 중에 채권자가 채무자를 대위하여 동일한 내용의 대위소송을 제기한 경우에도 판례(대판 1981.7.7, 80다2751)는 중복소송 금지에 해당된다는 해석이다. 채권자대위소송 계속 중에 또 다른 채권자에 의한 같은 내용의 대위소송의 경우에도 마찬가지이다(대판 1988.9.27, 87다카1618).

위와 같이 판례는 채권자대위소송의 중복, 채권자대위소송과 당해 채무자에 의한 제소의 중복(그 선후를 불문하고)은 중복제소에 해당된다고 해석한다. 형식적으로 당사자가 다르더라도 사건(소송물)의 동일성을 중시한 해석이라고 말할 수 있다.

④ 소송담당과 중복제소 – 채권자취소소송과 추심소송

채권자대위소송과 유사한 채권자취소소송이 복수의 채권자에 의해 동일한 채무자와 제3채무자 간의 사해행위의 취소를 구하며 제기된 경우에도 채권자대위소송에서처럼 중복제소가 되는지 문제된다.

판례(대판 2003.7.11, 2003다19558)는 중복제소가 아니라고 해석한다. 채권자취소소송은 채권자의 고유적격에 의한 소라는 해석으로서 채권자대위소송과는 다르게 판단하고 있다. 이러한 해석은 동일한 사유를 들어 동일한 사해행위의 취소를 구하는 소송이지만, 중복제소가 되는 것은 아니라는 해석이다. 즉, 당사자의 동일성을 인정할 수 없다는 것으로 풀이할 수 있다. 채권자취소소송은 법정소송담당인 채권자대위소송과는 달리 위 판례에서 보듯이 개별적 제소가 가능하다고 해석해야 할 것이다.

채권자취소권의 효력은 모든 채권자의 이익을 위하여 존재하는 것이고(민법407조), 채권자취소소송을 제기한 다른 채권자도 수익자 명의의 재산에 대한 집행에서 민사집행법의 요건에 따라 배당가입을 할 수 있다(민집88조, 215조, 247조에 의하여 채무자에 대한 집행권원이 필요하다). 동일한 피고를 상대로 동일한 사해행위의 취소를 구하는 채권자취소소송의 중복의 경우에는, 판례에서 보듯이 당사자의 동일성이 없으므로 사건의 동일성도 인정할 수 없으며, 결국 중복제소가 아니다.

추심소송의 경우에도, 채무자가 제3채무자를 상대로 먼저 제기한 이행의 소가 법원에 계속되어 있는 상태에서, 압류 및 추심명령을 받은 압류채권자가 제3채무자를 상대로 나중에 제기한 추심의 소는 중복제소가 아니다(대판(전) 2013.12.17, 2013다202120).

⑤ 중복제소의 처리

중복제소가 되면 후소는 각하된다. 각하하는 것은 그렇게 함으로써 중복제소금지의 취지를 살릴 수 있기 때문이다. 반대로 중복제소라도 그 취지를 살릴 수 있는 각하 이외의 처리방법이 있다면, 그러한 방법을 이용함으로써 중복제소로서 각하되는 것을 방지할 수 있다.

학설 중에는 중복제소가 아님에도 당사자 또는 법원에 의한 사건의 병합을 해야 한다거나 그렇게 하는 것이 바람직하다는 견해가 있다. 즉, 중복제소라면 병합되어도 중복제소가 되고, 중복제소가 되지 않아도 병합을 하여야 한다는 해석이다. 그러나 별개의 절차로 계속되면 중복제소가 되는 경우라도 하나의 절차로 사건이 병합됨으로써 중복제소가 되지 않는 점에 유의해야 한다. 또한 굳이 변론의 병합을 해야 한다는 것 자체가 바로 중복제소에 해당됨을 간접적으로 시인하는 것이다. 그러하지 않다면 법률상의 의미로서 개별사건에 대해 판결을 내릴 수 있는 경우에 왜 사실상의 의미로서 변론의 병합을 해야 하는지 알 수 없다(주주대표소송 계속 중에 회사는 원고측에 공동소송참가를 할 수 있고, 이것은 중복제소금지에 해당되지 않는다는 판례[대판 2002.3.15, 2000다9086]에서도 알 수 있다). 즉, 중복제소의 처리방법으로는 중복의 방지를 도출하기 위해 각하를 하거나 사건의 병합 및 절차의 중지 등을 해야 한다. 각하라는 처리방법은 다른 수단을 이용할 수 없는 경우에 마지막으로 취할 수밖에 없는 수단이 된다.

만일 중복제소임에도 각하나 병합이 없이 전소와 후소판결이 내려지는 경우, 아직 확정 전이라면 후소판결은 상소에 의해 취소시킬 수 있다. 확정된다면 전소와 후소의 문제가 아닌 확정의 전후의 문제(중복제소금지의 원칙에 위배되어 제기된 소에 대한 판결이나 그 소송절차에서 이루어진 화해라도 확정된 경우에는 당연무효가 아니다[대판 1968.4. 16, 68다122])로서, 두 확정판결의 기판력이 저촉되면 후확정판결이 재심에 의해 취소된다(법451조1항10호).

[3-4] 중복된 소제기의 금지 – 사건의 동일성 –

[대상판결] 대판 1960.4.21, 59다310

[사안] 甲은 乙을 피고로 乙 명의로 경료된 부동산 X에 대해 소유권이전등기가 원인무효인 등기임을 이유로 하여 그 등기의 말소를 청구하는 소를 제기하였다. 이 말소청구소송의 계속 중에 乙은 X에 대한 소유권을 전제로 甲이 이를 권원 없이 점거하고 있다고 하여 甲을 피고로 그 인도를 구하는 소를 제기하였다. 후소인 인도청구소송은 중복제소에 해당하는가?

[판결요지] "민사소송법 제231조(법259조)는 어떤 소송물(청구원인이 된 권리 또는 법률관계)에 대한 소송이 계속 중 기 당사자 간에 동일 소송물에 대한 별소가 제기되므로 인한 심리의 중복을 피하고 동일사항에 대한 판결의 모순 저촉으로 인한 혼란을 방지하기 위하여 이중 제소를 금지하는 규정으로 동조의 적용에는 같은 당사자 간에 동일 소송물에 관하여 2개의 소송이 전후하여 제기되고 기 전소가 현에 계속 중임을 요하는 것이므로 본건에서 원고가 주장하는 본건 부동산에 대한 원피고 간의 가옥명도 청구소송과 같이 기히 확정판결로서 종결된 소송은 설사 그 소송물이 본소의 소송물과 동일하였다 할지라도 차를 본소의 전소라 하여 우 그 법조를 적용할 수 없을 것이고 더욱이 본소는 원고가 피고 명의로 종료된 본건 부동산에 대한 소유권 이전등기가 무원인등기임을 이유로 하여 동 등기의 말소를 청구하는 것인바 성립에 다툼이 없는 을 제6호증의 1, 2, 3(판결 정본)의 각 기재내용에 의하면 전기 가옥명도 청구소송은 피고(동 소송의 원고)가 본건 부동산에 대한 소유권을 전제로 하여 차를 권원 없이 점거하고 있는 원고(동 소송의 피고)에 대하여 기 명도를 구한 것이었으니 우 양 소송의 소송물을 동일하다고도 할 수 없다."

[해 설]

① 소송물론과 중복제소금지

대상판결은 소송물의 동일성 여부로써 중복제소금지의 요건인 사건의 동일성을 판단한다. 따라서 판례가 따르는 구소송물론에 의해 소송물이 다르면 중복제소가 아니라는 해석이다. 예를 들어 동일한 부동산에 대한 가등기말소청구소송과 이전등기청구소송(대판 1969.6.24, 69다502), 동일한 부동산에 대해 시간적으로 구분된 불법점거에 의한 손해배상청구소송(대판 1975.5. 27, 74다264), 동일한 행정처분에 대한 무효확인소송과 취소소송(대판 1992.3.10, 91누5273)의 경우, 모두 소송물이 다르다고 하여 중복제소에 해당하지 않는다고 판시하였다.

사안에서는 전소가 동일한 부동산에 관한 말소등기청구소송, 후소가 동일한 부동산의 인도청구소송이고, 구소송물론에 의하면 양 소송의 소송물이 다르므로 중복제소가 되지 아니한다는 것이 대상판결의 해석이다.

학설에서도 중복제소의 해당성을 소송물을 기준으로 판단하는 것이 보통이다. 학설은 왜 소송물이 기준이 되는지 특별한 설명 없이 소송물을 당연한 전제로서 판단하는 것이라 할 수 있는데, 그 입장에는 차이가 없지 않다. 먼저 소송물의 기준을 청구취지라 보고 청구취지가 다르면 중복제소에 해당하지 않는다는 견해가 있다. 반대로 청구원인에 의해 소송물인 권리관계가 동일하다면 청구취지가 달라도 중복제소가 된다는 견해도 있다.

② 중복제소금지 범위의 확대

위에서 보았듯이 우리의 판례나 대부분의 학설은 소송물론(특히 통일적 소송물론)에 사로잡혀 소송물론을 기준으로 중복제소의 해당 여부를 판단하려고 한다. 그러나 소송물을 반드시 통일적으로만 판단해야 하는 것은 아니다. 소송물이라는 용어는 조문에도 없고 해석에 의해 만들어진 것이다. 해석의 다양성을 받아들이려고 하지 않는 통일적 소송물론만을 고집하는 것은 타당하지 않다.

그렇다면 통일적 소송물론에서 벗어나 사건의 동일성 여부(중복제소에서 정해야 하는 소송물의 범위)는 소송물이 동일하다면 물론 매우 명확하게 중복제소로서 사건이 동일하지만, 소송물이 달라도 사건의 동일성을 인정할 수 있다는 점을 수긍해야 할 것이다. 그 기준은 결국 소송물인 권리관계의 기초가 되는 사회생활관계가 동일하고, 주요한 법률요건사실을 공통으로 하는 경우라고 말할 수 있다. 달리 말하면 분쟁의 핵심이 되는 주요 요건사실(핵심 요건사실)이 동일하다면 사건의 동일성을 인정해야 한다. 이러한 기준에 의하면 대상판결에서 문제된 사안의 경우 소송물은 모두 다르지만 중복제소를 인정해야 할 것이다.

사건의 동일성을 인정할 수 없는 예로서 별개의 피해자에 의한 보험금지급청구소송의 중복의 경우에는 중복제소가 되지 않는다(대판 1992.5.22, 91다41187). 이것은 동일 사고의 복수의 피해자가 각각 보험금청구를 한 것이므로 소송물이 다를 뿐만 아니라 각 피해자에 따라서 보험금청구권이 성립하고 이에 관한 주요사실도 다르다. 또한 당사자도 다르고 실질적으로 당사자의 동일성을 인정하기도 곤란하다. 따라서 중복제소가 되지 않는다는 판례의 견해는 타당하다.

또한 동일한 부동산에 대한 재산분할청구소송과 이전등기청구소송의 중복의 경우에도 마찬가지로 소송물뿐만 아니라 주요사실도 다르므로 중복제소가 되지 않는다(서울고판 2004.9.16, 2004나9796). 동일한 배당절차를 둘러싼 배당이의소송과 부당이득반환청구소송의 중복의 경우에도 중복제소가 되지 않는다(서울고판 2000.9.27, 2000나16789. 이 사례는 중복제소에 해당하는지에 관하여, 소송물의 동일성을 직접적으로 논하지는 않았다는 점에서 기존의 판례의 입장에서 진일보한 것이라고 할 수 있다).

③ 일부청구소송과 잔부청구소송의 중복

한편, 일부청구와 잔부청구의 중복에 대해, 판례(대판 1985.4.9, 84다552)는 명시적 일부청구의 경우 잔부청구와 동시에 계속되어도 서로 소송물이 다르고 나아가 일부청구의 기판력은 잔부청구에 미치지 아니하므로, 중복제소에 해당하지 않는다고 해석한다. 학설은 중복제소에 해당된다는 입장이 있다. 반대로 소송물이 다르므로 중복제소가 되지 않는다는 입장이 있고, 중복제소가 되지 아니하지만 변론의 병합으로 처리하는 것이 바람직하다는 입장도 있다.

그러나 위에서 본 바와 같은 기준에 의한다면, 일부청구와 잔부청구는 형식적으로 소송물이 다르다고 할 수 있지만, 동일한 권리를 주장하는 것에 불과하고 핵심 요건사실이 동일하므로 사건의 동일성을 인정해야 할 것이다. 특히 소송물 자체와 관련하여서도 명시된 일부청구와 잔부청구는 소송물이 동일하다고 해석하는 것이 타당하다. 이러한 점은 일부청구의 기각판결에서 잘 나타난다. 법원이 원고의 일부청구를 기각하려면 청구권 자체가 존재하지 않음을 판단해야 한다. 이것은 원고가 일부청구임을 명시하느냐 아니냐와는 관계없다. 전체로서 하나의 청구권의 존재가 인정되지 않을 때 비로소 일부청구도 기각할 수 있기 때문이다(후술 [10-3] 참조).

[3-5] 중복된 소제기의 금지
– 동일한 채무를 대상으로 하는 확인소송과 이행소송의 중복 –

[대상판결] 대판 2001.7.24, 2001다22246

[사안] 甲이 A의 甲에 대한 채무를 인수한 乙을 피고로 하여 제기한 채무이행을 구하는 소가 계속되고, 다시 乙이 甲을 피고로 A의 甲에 대한 채무가 존재하지 아니한다는 확인의 소를 제기한 경우, 후소는 중복제소가 되는가?

[판결요지] "이 사건 소는 A의 甲에 대한 채무가 존재하지 아니한다는 확인의 소이고, 甲이 乙을 피고로 제기한 위 채권확정의 소는 乙이 A의 甲에 대한 채무를 병존적으로 인수하였음을 이유로 한 금전채무이행의 소로서, 그 청구취지와 청구원인이 서로 다르므로, 원심이 이 사건 소가 중복제소에 해당한다고 판단한 것은 잘못이다. 그러나 이 사건 근저당권설정등기와 관련하여 乙이 A의 채무를 병존적으로 인수하였다고 하여 乙을 상대로 1억 원의 지급을 구하는 甲의 채권확정의 소가 이미 계속되어 있고, 乙은 그 소송에서 청구기각의 판결을 구함으로써 甲이 乙이나 A에 대하여 1억 원의 채권을 가지고 있지 아니함을 다툴 수 있으므로, 이와는 별도로 甲을 상대로 A의 甲에 대한 1억 원의 채무가 존재하지 아니한다는 확인을 구할 이익이 없다. 따라서 乙의 이 사건 채무부존재확인의 소는 확인의 이익이 없어 부적법하다."

[해 설]

① 판례의 해석

사안에서 원심은 중복제소가 되어 확인의 소를 각하하였지만, 대상판결은 "그 청구취지와 청구원인이 서로 다르므로, 원심이 이 사건 소가 중복제소에 해당한다고 판단한 것은 잘못"이라고 하면서도, 전소에서 청구기각의 판결을 구함으로써 다툴 수 있으므로 확인의 이익이 없어 후소를 각하해야 한다고 판시하였다. 형식적으로 중복제소의 요건, 즉 소송물의 동일성을 강조하여 중복제소가 되지 않지만, 결과적으로는 후소가 확인의 이익이 없어 중복제소에서와 같이 각하된다고 판단한 점에 의의가 있다.

한편 사안과 유사한 케이스로서 전소인 채무부존재확인소송이 제기되고 그 반소로서 채무이행소송이 제기된 경우가 있다(대판 1999.6.8, 99다17401, 17418). 여기서 원심은 "교통사고와 관련한 손해배상채무의 부존재확인을 구하는 원고의 이 사건 본소에 관하여, 소의 이익의 존부는 사실심 변론종결시를 기준으로 판단하여야 하는바, 피고들이 원고에 대하여 반소를 제기하여 위 손해배상채무의 이행을 구하고 있는 이상 본소의 목적은 반소청구에 대한 기각을 구하는 방어로써 충분히 달성할 수 있으므로 본소는 소의 이익이 없어 부적법하다고 하여 이를 각하"하였다.

그러나 대법원은 "소송요건을 구비하여 적법하게 제기된 본소가 그 후에 상대방이 제기한 반소로 인하여 소송요건에 흠결이 생겨 다시 부적법하게 되는 것은 아니므로, 원고가 피고들에 대하여 위 교통사고와 관련한 손해배상채무의 부존재확인을 구할 이익이 있어 본소로 그 확인을 구하였다면, 피고가 그 후에 그 손해배상채무의 이행을 구하는 반소를 제기하였다 하더라도 그러한 사정만으로 본소청구에 대한 확인의 이익이 소멸하여 본소가 부적법하게 된다고 볼 수는 없다."고 하여 본소가 각하되는 것은 아니라고 판시하였다(이 판례에 대해서는, "기초를 이루는 권리관계가 동일한 경우에는 청구의 취지가 다르더라도 심리의 중복과 판결의 모순저촉을 방지하고자 하는 중복제소금지의 취지에 비추어 확인소송과 이행소송의 선후를 묻지 않고 어느 경우라도 별개의 소송절차를 인정할 필요는 없고 중복제소로 된다고 생각한다."는 평석[전병서, 판례월보 제361호 11면]이 있다).

마찬가지로 원고가 피고에 대해 손해배상채무의 부존재확인을 구할 이익이 있어 본소로 그 확인을 구한 후 피고가 그 손해배상채무의 이행을 구하는 반소를 제기하면, 본소청구에 대한 확인의 이익이 소멸하는지에 대해서도 판례(대판 2010.7.15, 2010다2428, 2435)는 "소송요건을 구비하여 적법하게 제기된 본소가 그 후에 상대방이 제기한 반소로 인하여 소송요건에 흠결이 생겨 다시 부적법하게 되는 것은 아니고, 민사소송법

제271조는 본소가 취하된 때에는 피고는 원고의 동의 없이 반소를 취하할 수 있다고 규정하고 있고, 이에 따라 원고가 반소가 제기되었다는 이유로 본소를 취하한 경우 피고가 일방적으로 반소를 취하함으로써 원고가 당초 추구한 기판력을 취득할 수 없는 사태가 발생할 수 있는 점을 고려하면, 반소가 제기되었다는 사정만으로 본소청구에 대한 확인의 이익이 소멸한다고는 볼 수 없다."고 하여 본소가 각하되지 않는다고 판단하였다.

② 학설의 해석

사안(이행소송 후의 확인소송)의 경우에 소의 이익의 문제로서 각하해야 한다는 견해도 있지만, 대개의 학설은 중복제소에 해당한다는 해석이다. 한편, 확인소송 후의 이행소송의 경우, 또는 본소가 아닌 반소로 후소가 제기된 경우에 대해서도 중복제소가 된다는 견해가 있다. 반대로 중복제소에 해당하지 않고 전소를 소의 이익의 상실로서 처리하자는 견해가 있다.

③ 중복제소의 해당성

그러나 사안의 경우나 그 밖에 판례에서 다루어진 사안의 어느 경우에나 당사자가 동일하고 채권의 효력이라는 핵심 요건사실이 동일하여 사건의 동일성이 인정되므로, 중복제소에 해당된다고 해석해야 할 것이다. 중복제소금지는 넓은 의미에서 볼 때 소의 이익의 문제, 즉 특별규정과 일반규정의 관계이고, 중복제소가 된다는 이유나 소의 이익이 없다는 이유는 근본적으로 차이가 없다. 따라서 대상판결도 직접적으로 중복제소에 해당함을 인정하는 것이 보다 적절하였다고 할 수 있다.

중복제소에 해당한다고 하면 채권자는 독립한 후소 대신 반소로 이행청구를 하는 것으로 각하를 회피할 수 있다(이행소송 후 채무자가 확인청구를 반소로 제기하는 것은 반소 자체의 요건(후술 [11-5] 참조)인 제소로서의 요건을 갖추지 못해 각하된다). 이때 본소인 확인의 소가 소의 이익이 없어지는지에 대해 앞서 본 판례는 이를 부정하였다. 학설은 대부분 본소(확인소송)의 이익이 상실된다는 점을 강조한다. 동일한 채무를 둘러싸고 채무부존재확인의 본소와 채무이행의 반소가 병합심리되는 경우라면, 본소의 이익이 상실되는 점은 인정하지 않을 수 없다.

단, 본소의 구체적인 처리방법으로, 본소각하하는 반

소청구와 하나의 전부판결로써 판단해야 한다. 동일한 권리관계에 관한 것이므로 양립할 수 없고 모순 없이 판단해야 하기 때문에, 또한 만일 본소가 각하되면 반소원고는 본소원고의 동의 없이 반소를 취하할 수 있게 되기 때문이다(법271조는 본소가 취하되면 반소원고는 본소원고의 동의 없이 반소를 취하할 수 있다고 규정하는데, 본소각하의 경우에도 동일하게 해석될 것이다).

[3-6] 상계의 항변과 중복된 소제기의 금지

[대상판결] 대판 1965.12.1, 63다848

[사안] 甲이 乙을 피고로 제소한 소송에서 乙은 상계의 항변을 제출하였다. 그러나 그 상계의 항변의 대상인 반대채권(자동채권)은 이미 乙이 甲을 피고로 하여 별도로 제기한 손해배상청구소송의 대상이었고, 이 별소에서는 제1심에서 乙이 승소판결을 받고 항소심에서 심리 중에 있다. 이러한 경우 乙의 상계의 항변에 대해 중복제소금지의 원칙을 적용할 수 있는가?

[판결요지] "별소로 계속 중인 채권을 자동채권으로 하는 소송상 상계의 주장은 허용된다."

[해 설]

① 판례의 해석

이미 반대채권으로 소를 제기하였음에도 불구하고 이와 별개의 소에서 피고가 된 원고가 당해 계속 중인 소구채권을 반대채권으로 하여 후소에서 상계의 항변을 제출한 경우(별소선행형), 또는 반대로 이미 상계의 항변으로 제출된 반대채권을 소구채권으로 하여 별소를 제기하는 경우(항변선행형), 중복제소금지의 원칙이 적용될 수 있는지 문제된다. 사안은 별소선행형에 해당되는데, 대상판결은 상계의 항변이 어디까지나 소가 아닌 항변이라는 점에서 중복제소금지의 원칙이 적용될 리 없으므로, 상계는 허용된다고만 판시한 것이다. 한편 항변선행형에 관하여는 아직 판례가 나와 있지 않다.

판례는 아마도 특별한 고려(별다른 근거) 없이 상계의 항변은 소가 아닌 항변이라는 점에서, 상계의 항변에는 중복제소의 금지의 원칙이 적용될 리가 없고, 따라서 별소로 제소 중인 채권을 상계의 항변으로 행사하는 것도 허용된다는 입장이라고 말할 수 있다. 이에 대해서는 이미 당시에 나온 평석(이재성, 채권자대위소송과 중복제소, 민사재판의 이론과 실제 1권(1976), 210면)에서 "형평의 견지에서 볼 때에도 상계를 못하게 하는 근거는 그 당사자가 이미 별소로 그 채권의 이행을 청구하고 있기 때문인 것이므로 그 당사자의 불이익으로 처리하는 것은 무방하지만 상계를 허용하여 그 당사자를 후하게 보호하고 반대로 책잡을 것이 없는 상대방을 불리하게 하는 것은 공평하지 못하다고 생각된다."고 언급하고 있었다.

이러한 평석에도 불구하고 판례는 그 후에도 계속하여 같은 입장을 따르고 있다(대상판결을 따르는 대판 1975.6.24, 75다103에서도 특별한 언급 없이 선례로 인용하고 있을 뿐이다). 예를 들어 대판 2001.4.27, 2000다4050에서는, "같은 기회에 심리·판단하기 위하여 이부, 이송 또는 변론병합 등을 시도함으로써 기판력의 저촉·모순을 방지함과 아울러 소송경제를 도모함이 바람직하였다고 할 것이나, 그렇다고 하여 특별한 사정이 없는 한 별소로 계속 중인 채권을 자동채권으로 하는 소송상 상계의 주장이 허용되지 않는다고 볼 수는 없다."고 판시하고 있다.

② 학설의 해석

학설은 기본적으로 판례에 찬성하며 별소선행형인지 항변선행형인지 관계없이 중복제소가 되지 아니한다는 견해, 판례와는 달리 별소선행형인지 항변선행형인지에 관계없이 중복제소가 된다는 견해, 예외적으로 중복제소가 된다는 견해가 있다. 또한 중복제소가 되지 않는다 하여도 위 판례에서 보았듯이 2개의 절차의 병합을 도모할 필요가 있다고도 주장된다.

③ 상계의 항변에 대한 중복제소금지원칙의 적용가능성

상계의 항변은 물론 하나의 소도 아니고, 따라서 어느 입장에 의하건 소송물이 같다고는 할 수 없다(상계의 항변 자체에 소송물을 관념할 수 없다). 따라서 소송물을 기준으로 기판력의 범위를 판단하는 입장에서는 기판력의 저촉가능성도 생각하기 힘들고, 기판력이 저촉된다고도 할 수 없다. 그렇다면 이러한 상계의 항변의 형식성으로 말미암아 중복제소에 해당하지 않는 것일까.

그러나 상계의 항변으로 제출한 채권은 이미 별소로 제기된 것이다. 사안에서 乙이 별소로 또는 상계의 항변으로 그 권리의 실현을 주장한 채권은 전적으로 동일한 것이다. 또한 乙이 별소에서도 승소하고 상계의 항변도 관철되는 경우를 상정한다면 동일한 채권의 이중사용을 인정하는 것이 된다. 이와 같이 해석한다면 앞의 항목([3-4])에서 본 중복제소금지의 요건에서도 보듯이 乙의 별소와 상계의 항변은 사건이 동일하다고 해석해야 할 것이다.

한편, 甲이나 법원의 입장을 비교하여 본다면, 즉 상계의 항변과 별소라는 두 개의 절차로 병행하여 같은 청구를 처리할 때 甲이나 법원의 입장은 어떠할까 문제된다. 두 개의 절차에서의 주요 주장·증명사실에 대해 심리를 중복해야 하는 당사자나 법원이 불이익을 입게 되는 것은 용이하게 추측할 수 있을 것이다.

결국 상계의 항변의 경우에도 중복제소의 금지원칙을 유추적용할 수 있다고 해석해야 할 것이다. 판례에서도 말하듯이 그 사건이 동일하고 당사자가 동일한 이상, 형식적으로 소가 아닌 상계의 항변이라고 하여도 乙의 상계의 항변은 부적법각하해야 한다. 또한 이러한 원칙은 별소에서 주장된 채권을 상계의 항변으로 주장하는 것(별소선행형)인데, 반대로 상계의 항변으로 주장한 채권을 다시 별소로 주장하는 것(항변선행형)의 경우에도 동일하게 적용될 것이다. 별소선행형이나 항변선행형 모두 권리관계는 동일하고 동일한 권리의 이중사용이며, 그 행사방법에 차이가 있는 것에 불과하기 때문이다.

[3-7] 제소와 시효중단

[대상판결] 대판 1999.6.11, 99다16378

[사안] 甲은 乙에게 금전을 대여함과 동시에 담보로서 약속어음을 교부받았다. 乙이 채무를 이행하지 않자 甲은 약속어음금의 지급을 구하는 소를 제기하였다. 이러한 제소에 의해 어음채권만이 아닌 원인채권인 대여금채권의 소멸시효도 동시에 중단되는가?

[판결요지] "이 사건과 같이 원인채권의 지급을 확보하기 위한 방법으로 어음이 수수된 경우에 원인채권과 어음채권은 별개로서 채권자는 그 선택에 따라 권리를 행사할 수 있고, 원인채권에 기하여 청구를 한 것만으로는 어음채권 그 자체를 행사한 것으로 볼 수 없어 어음채권의 소멸시효를 중단시키지 못하는 것이지만, 다른 한편, 이러한 어음은 경제적으로 동일한 급부를 위하여 원인채권의 지급수단으로 수수된 것으로서 그 어음채권의 행사는 원인채권을 실현하기 위한 것일 뿐만 아니라, 원인채권의 소멸시효는 어음금청구소송에 있어서 채무자의 인적항변사유에 해당하는 관계로 채권자가 어음채권의 소멸시효를 중단하여 두어도 채무자의 인적항변에 따라 그 권리를 실현할 수 없게 되는 불합리한 결과가 발생하게 되므로, 채권자가 어음채권에 기하여 청구를 하는 반대의 경우에는 원인채권의 소멸시효를 중단시키는 효력이 있다고 봄이 상당하고, 이러한 법리는 채권자가 어음채권을 피보전권리로 하여 채무자의 재산을 가압류함으로써 그 권리를 행사한 경우에도 마찬가지로 적용된다고 할 것이다."

[해 설]

① 소제기에 따른 실체법상의 효과

소의 제기에 의해 시효가 중단된다는 실체법상의 효과가 발생한다(법265조. 기타 민법168조에도 규정이 있고, 제소에 의해 시효중단효가 발생하게 되는 것은, 권리의 재판상 청구에 해당하는 것이므로, 제소가 아니라도 재판상의 청구에 해당하는 (가)압류의 경우에도 동일하게 시효중단효가 발생한다. 대상판결의 방론은 이 점을 지적한 것이다). 시효중단은 제소 시에 소급하여 발생하고 소각하나 소의 취하에 의해 소멸된다. 이 시효중단의 범위는 기본적으로 소송물로 주장된 권리관계에 대해 발생한다. 그러나 반드시 이에 국한되는 것은 아니다.

② 어음채권과 원인관계채권의 시효중단효

시효중단의 대상은 소송물이 된 청구를 기준으로 하는 것이 일반적이므로, 만일 양 채권이 같은 경우 어느 하나의 채권에 의한 제소는 다른 채권의 소멸시효의 중단을 초래하지만, 사안에서와 같이 반대의 경우 어음채권을 이유로 한 제소의 소멸시효중단효는 다른 채권인 원인관계채권에는 영향을 미치지 않는 것이 될 것이다. 그러나 대상판결은 어느 일방의 채권에 의한 제소가 다른 일방의 채권의 소멸시효를 중단시키는지에 차이가 발생하는 경우가 있다는 점을 판시하였다.

먼저 대상판결은 원인관계채권으로만 제소를 한다면 어음채권의 소멸시효는 중단되지 않는다고 해석한다. 이것은 기존의 판례의 입장(대판 1967.4.25, 67다75; 대판 1994.12.2, 93다59922 등)에 따른 것이다. 그 이유는 두 개의 채권은 별개의 권리이고, 원인관계채권의 행사가 바로 어음채권의 행사로 볼 수는 없다는 점이다.

그러나 반대의 경우, 대상판결은 어음채권으로 제소하면 원인관계채권의 소멸시효도 중단된다고 해석한다. 이 점도 기존의 입장(대판 1961.11.9, 4293민상748)에 따른 것이다. 그 이유는 기존의 입장에는 없던 것을 새롭게 제시한 것인데, 대상판결이 말하는 논거는 다음의 2가지로 요약할 수 있다.

첫째, 어음채권은 원인관계채권의 실현하기 위한 것이라는 점, 둘째, 어음관계채권에 의한 제소 시에는 원인관계채권의 소멸시효를 중단시킬 실제상의 필요가 있다는 점이다. 이러한 점은 물론 수긍할 수 있지만, 그 구분(어음채권에 의한 제소는 원인관계채권의 소멸시효중단을 동반하지만 그 반대의 경우에는 그렇지 않다는 점)의 이유에 대해서는 보다 명확한 논거제시가 필요할 것이다.

이하에서도 보는 바와 같이 판례는 소송물에 국한하

지 않고 폭넓게 시효중단을 인정하고 있다. 어음이 따로 존재함에도 불구하고 굳이 원인관계채권을 주장하는 것은 별개의 채권으로서 사용가능한 권리를 행사하지 않는 것으로서, 어음채권의 시효중단을 도출할 필요는 없다. 반대로 어음채권의 경우에는 그 권리의 실현이 어차피 원인채권의 실현에 있는 것이므로, 어음채권의 행사는 결국 원인관계채권에 기한 권리의 행사를 포함하는 것으로 풀이할 수 있다. 따라서 두 개의 권리의 성격에 기인하여 소송물만이 아닌 부분에까지 시효중단효가 미치는 것이다. 단, 이미 어음채권의 소멸시효가 완성된 후에는 그 채권이 소멸되고 시효중단을 인정할 여지가 없으므로, 시효로 소멸된 어음채권을 청구채권으로 하여 채무자의 재산을 압류한다 하더라도 이를 어음채권 내지는 원인채권을 실현하기 위한 적법한 권리행사로 볼 수 없어, 그 압류에 의하여 그 원인채권의 소멸시효가 중단되지 않는다(대판 2010.5.13, 2010다6345).

③ 그 밖의 시효중단의 범위 – 인정되는 예

첫째로 당사자가 소송물로 주장하는 권리에는 그와 선결적 또는 파생적인 권리관계가 있고, 이 경우에도 그러한 선결적 또는 파생적 권리관계에 시효중단효가 미친다는 것이 판례이다. 예를 들면, 파면처분의 효력정지 가처분신청 및 무효확인의 소의 제기에 따른 보수금청구채권의 시효중단(대판 1978.4.11, 77다2509; 유사한 예에 관한 것으로 대판 1994.5.10, 93다21606)이 그것이다. 또한 공격방어방법으로 주장한 권리에 대해서도 시효중단을 인정한다. 예를 들면 소유권의 시효취득을 중단시키는 재판상의 청구라 함은 시효취득의 대상인 목적물의 인도 내지는 소유권존부확인이나 소유권에 관한 등기청구소송은 말할 것도 없고, 소유권 침해의 경우에 그 소유권을 기초로 하여 하는 방해배제 및 손해배상 또는 부당이득반환청구소송도 이에 포함된다(대판 1979.7.10, 79다569; 유사한 예로 대판 1997.3.14, 96다55211 등이 있다).

둘째로 피고의 응소로서 민법168조1호, 170조1항에서 시효중단사유의 하나로 규정하고 있는 재판상의 청구에는, 시효를 주장하는 자가 원고가 되어 소를 제기한 데 대하여 피고로서 응소하여 그 소송에서 적극적으로 권리를 주장하고 그것이 받아들여진 경우도 포함된다(대판(전) 1993.12.21, 92다47861).

셋째로 채권자대위소송을 제기한 채권자가 채무자로부터 당해 피대위채권 자체를 양도받아 채권자대위권에 기한 청구에서 양수금청구로 소를 교환적으로 변경한 경우, 종전 채권자대위소송에 의한 소멸시효중단의 효과는 양수금청구에도 미친다(대판 2010.6.24, 2010다17284). 즉, 변경 후의 청구는 실질적으로 변경 전의 청구와 동일한 청구를 주장한 것이 되기 때문이다.

그 밖에 지급명령신청이 각하된 후 6월 내에 다시 소를 제기한 경우 민법170조2항이 적용되어 최초 지급명령을 신청한 때에 소멸시효가 중단된 것으로 본다(대판 2011.11.10, 2011다54686. 지급명령사건이 채무자의 이의신청으로 소송으로 이행되는 경우에도 같다(대판 2015.2.12, 2014다228440)). 또한 채권자대위권 행사의 효과는 채무자에게 귀속되는 것이므로 채권자대위소송의 제기로 인한 소멸시효중단의 효과 역시 채무자에게 생긴다(대판 2011.10.13, 2010다80930).

④ 그 밖의 시효중단의 범위 – 부정되는 예

일부청구는 나머지 부분(잔부청구)에 대한 시효중단의 효력이 없고, 나머지 부분에 대해서는 소를 제기하거나 그 청구를 확장(청구의 변경)하는 서면을 법원에 제출한 때에 비로소 시효중단의 효력이 생긴다(대판 1975.2.25, 74다1557).

또한 원고가 피고에게 부당이득반환청구의 소를 제기함으로써 원고의 피고에 대한 채무불이행으로 인한 손해배상청구권의 소멸시효도 중단되는지에 대해, 판례(대판 2011.2.10, 2010다81285)는 부당이득반환청구의 소를 제기하였다고 하여 이로써 원고의 피고에 대한 채무불이행으로 인한 손해배상청구권의 소멸시효가 중단될 수는 없다고 하였다.

제4장

당사자 및 대리인과 대표자

[4-1] 당사자의 확정과 표시의 정정

[대상판결] 대판 1986.9.23, 85누953

[사안] 소장의 원고 표시란에 원고는 〈주식회사 A백화점〉, 주소는 〈전주시 중앙동 2가 26의 1 대표이사 B〉로 기재되었고, 첨부서류로 제출된 회사등기부등본의 기재에도 회사 본점소재지와 대표이사가 위와 같이 등기되어 있었다. 이때 원고의 표시를 〈주식회사 A백화점 대표자 B〉에서 개인 〈B〉로 정정하는 것은 인정되는가?

[판결요지] "당사자는 소장에 기재한 표시만에 의할 것이고 청구의 내용과 원인사실을 종합하여 확정하여야 하는 것이며 당사자 선정에 착오를 일으켰다 하여 당사자정정신청을 하는 경우에도 실질적으로 당사자가 변경되는 것은 허용할 수 없다 할 것이다."

[해 설]

① 당사자의 확정

소송의 진행에 있어서는 누가 당사자(원고, 피고 또는 참가인)인지를 확정할 필요가 있다. 소송을 수행하는 주체는 당사자이고 또한 당사자에게 판결의 효력이 미치기 때문이다. 당사자는 일단 원고나 피고로서 소장에 반드시 기재되어야 하는데, 원고나 피고로 기재된 자가 반드시 당사자라고는 할 수 없는 경우에 당사자확정의 문제가 의의를 갖는다.

당사자의 확정에 대해서는 표시설이라는 입장이 있다. 즉, 소장에 표시된 것을 기준으로 당사자를 확정하자는 이론이다. 여기서 표시된 것이 당사자란의 표시만을 의미한다는 것이 형식적 표시설이고, 청구의 취지나 원인의 기재도 고려한다는 것이 실질적 표시설이며, 이것이 통설이다. 대상판결도 위에서 보듯이 실질적 표시설이다.

표시설 이외에도 원고의 의사에 의해 당사자를 확정한다는 의사설, 당사자로 행동하는 자를 당사자로 한다는 행동설, 그 밖에 규범분류설이나 분쟁주체특정책임설이 주장되고 있다. 그러나 이러한 견해의 대립은 그다지 실익이 있는 논의가 아니다. 판례와 통설이 실질적 표시설을 취하고 있고, 실질적 표시설 자체가 매우 타당하기 때문이기도 하다(이하 실질적 표시설을 단순히 표시설이라 한다). 특히 소송개시 시, 법원이 소장의 당사자기재란에 따라 소송을 개시할 수밖에 없다는 점은 표시설의 타당성을 보여주는 중요한 근거이다.

② 당사자의 표시의 정정

당사자의 동일성을 변경함이 없이 당사자를 변경하는 것을 당사자의 표시의 정정이라 한다(반대로 동일성이 변경되면 임의적 당사자변경. [12-16] 참조). 당사자의 표시의 정정을 위해서는 당사자를 확정해야 하는데, 확정하지 않으면 표시의 정정이 되는지, 아니면 임의적 당사자변경이 되는지 정할 수 없기 때문이다. 표시설에 따라 확정된 당사자의 동일성이 변경되면 표시의 정정이 인정되지 않는다.

따라서 대상판결에서와 같이 당사자를 A법인대표자 B로 표시하였다가 개인 B로 표시를 정정하는 것은 당사자가 법인에서 개인으로 변경되는 경우이므로(대판 1957.5.25, 4289민상612, 613; 대판 1996.3.22, 94다61243; 대판 1998.1.23, 96다41496도 동일한 예이다), 또 당사자를 종중이라는 성격의 문중에서 종중 유사의 단체로 변경하는 경우 당사자가 그 성격을 달리하는 별개의 인격체이므로(대판 1994.5.10, 93다10866. 공동선조를 달리 하는 종중으로의 변경도 같다. 대판 1994.10.11, 94다19792), 당사자의 표시의 정정에 해당되지 않는다.

반대로 당사자를 〈학성 이씨 월진파 종중〉에서 〈학성 이씨 월진파 시진공 종중〉이라고 정정하는 것은 당사자의 인격에 변함이 없이 그 명칭을 정확히 정정하는 것으로 당사자의 표시의 정정에 해당된다(대판 1967.11. 28, 67다1737).

판례는 나아가 원고가 피고의 사망사실을 모르고 사망자를 피고로 표시하여 소를 제기한 경우에, 청구의 내용과 원인사실, 당해 소송을 통하여 분쟁을 실질적으로 해결하려는 원고의 소제기 목적 내지는 사망사실을 안 이후의 원고의 피고표시정정신청 등 여러 사정을 종합하여 볼 때, 실질적인 피고는 당사자능력이 없어 소송당사자가 될 수 없는 사망자가 아니라 처음부터 사망자의 상속인이고, 다만 그 표시에 잘못이 있는 것에 지나지 않는다고 인정된다면, 사망자의 상속인으로 피고의 표시를 정정할 수 있다고 해석한다(대결 2006.7.4, 2005마425 등).

③ 상소심에서의 표시의 정정

당사자의 표시의 정정을 상고심에서도 할 수 있는지에 대해서는 약간의 논란이 있을 수 있다. 그러나 표시의 정정은 소송절차에 아무런 영향도 없는 것이므로 소송계속 중 언제라도 가능하고, 따라서 원칙적으로는 상고심에서도 가능하다. 단, 상고심에 이르러 표시의 정정을 할 필요가 있는 예는 매우 드물 것이다. 판례(대판 1978.8.22, 78다1205; 대판 1996.10.11, 96다3852)는 항소심에서도 표시의 정정이 가능하다는 점을 강조하고 있는데, 반대로 상고심에서는 불가능하다고 한 것이 아니므로 인정하는 것이라고 말할 수 있다. 실제로는 상고심 판결이 내려졌을 때 집행이 불가능하게 되는 경우에 상고심에서도 표시의 정정을 인정하고 있다. 그러나 다음과 같은 특수한 경우에는 상고심에서 표시의 정정이 불가능해질 수 있다. 즉, "민사소송에서 소송당사자의 존재나 당사자능력은 소송요건에 해당하고, 이미 사망한 자를 상대로 한 소의 제기는 소송요건을 갖추지 않은 것으로서 부적법하며, 상고심에 이르러서는 당사자표시정정의 방법으로 그 흠결을 보정할 수 없다."(대판 2012.6.14, 2010다105310)는 경우이다.

④ 표시의 정정과 시효중단효

표시의 정정이 인정되면 시효중단효가 그대로 유지된다(임의적 당사자변경이라면 변경시). 표시의 정정이 인정됨에도 형식적으로 임의적 당사자변경신청을 한 경우, 시효중단효는 소멸되는지에 대해 판례(대판 2009.10.15, 2009다49964)는 "변경 전후 당사자의 동일성이 인정됨을 전제로 진정한 당사자를 확정하는 표시정정의 대상으로서의 성질을 지니는 이상 비록 소송에서 피고의 표시를 바꾸면서 피고경정의 방법을 취하였다 해도 피고표시정정으로서의 법적 성질 및 효과는 잃지 않는다."고 하여 시효중단효가 지속된다는 점을 명확히 하였다.

⑤ 표시의 정정과 판결의 효력

표시의 정정을 할 수 있음에도 하지 않고 내려진 판결의 효력에 대해 판례(대판 2011.1.27, 2008다27615)는 "소송계속 중 당사자표시정정이 이루어지지 않아 잘못 기재된 당사자를 표시한 본안판결이 선고·확정된 경우라 하더라도 그 확정판결을 당연무효라고 볼 수 없을 뿐더러, 그 확정판결의 효력은 잘못 기재된 당사자와 동일성이 인정되는 범위 내에서 위와 같이 적법하게 확정된 당사자에 대하여 미친다고 보아야 하므로" 동일한 당사자로 인정되는 자에게도 그 효력이 미친다고 판시하였다.

반대로 제1심 법원이 제1차 변론준비기일에서 부적법한 당사자표시정정신청을 받아들이고 피고도 이에 명시적으로 동의하였다면 표시정정의 무효를 주장할 수 없다. 예를 들어 제1심 제1차 변론기일부터 정정된 원고인 회사와 피고 사이에 본안에 관한 변론이 진행된 다음 제1심 및 원심에서 본안판결이 선고되었다면, 당사자표시정정신청이 부적법하다고 하여 그 후에 진행된 변론과 그에 터잡은 판결을 모두 부적법하거나 무효라고 하는 것은 소송절차의 안정을 해칠 뿐만 아니라, 그 후에 새삼스럽게 이를 문제삼는 것은 소송경제나 신의칙 등에 비추어 허용될 수 없다(대판 1998.1.23, 96다41496; 대판 2008.6.12, 2008다11276).

[4-2] 성명모용소송

[대상판결] 대판 1964.3.31, 63다656

[사안] 甲과 乙은 소송상 화해를 하고 이어서 화해조서가 작성되었다. 그런데 乙은 당해 소송상 화해는 물론 그 전제가 된 소에 전혀 관여하지 못하였고, 소외 A가 乙을 참칭하여 그 성명을 모용하고 자신이 乙인 것처럼 피고로 행세하여 소송상 화해를 한 것으로 판명되었다. 이러한 경우에 乙은 성명모용을 이유로 재심의 소를 제기할 수 있는가?

[판결요지] "원래 피고의 지위는 원고의 소에 의하여 특정되는 것으로서 그 지위의 취득에는 피고의 태도는 아무런 관계가 없는 것임으로 그 후 제3자가 피고라고 참칭한다 하여도 이로 인하여 원고의 소가 이 사람에 대하여 그 방향이 변경되는 것은 아니며 당해 소송의 피고는 어디까지나 원고에 의하여 지명된 그 사람이고 피고의 성명을 함부로 사용하는 모용자는 소송에 관계없는 소외인임으로 법원은 심리 중에 이를 발견하였을 때에는 그 소송관여를 배척할 것이며 만일 이것을 간과하여 판결을 하였을 때에는 그 지명인은 당연히 피고 그 사람이고 따라서 판결의 효력도 피모용자인 지명된 피고에게 대하여 발생하는 것이요, 오직 피고는 상소로써 그 취소를 요구할 수 있고 또 판결이 확정된 후에는 재심의 소로써 불복을 신청할 수 있는 동시에 이를 할 필요가 있는 것이며 이 상소 또는 재심의 사유는 피고가 소송수행상 적법하게 대리되지 아니한 것 다시 말하면 적법하게 소송관여의 기회가 부여되지 아니한 것이 될 것으로서 재심의 경우에는 민사소송법 제422조(법451조) 제1항 제3호에서 이른바 소송대리권의 흠결을 사유로 하여 피고는 재심의 소를 제기할 수 있다."

[해 설]

① 성명모용소송의 의의

타인의 성명을 모용(본인 모르게 사용)하여 원고 또는 피고가 되는 성명모용소송의 경우에도 당사자의 확정이 문제된다. 사안에서 乙이 모르는 사이에 A가 乙이라고 하여 소송에 관여한 경우의 처리방법을 말한다. 특히 판결 전후의 처리방법이 문제되는데, 원칙은 표시설에 의해 소장에 기재된 乙을 피고로 하여 처리하게 된다. 성명모용소송은 과거 당사자의 본인 확인방법 등이 충분하지 않았을 때 일어날 수 있는 사례이고 이제는 거의 찾아 볼 수 없다(판례가 거의 없다). 당사자확정을 논하는 항목으로 보통 강학상 다루어진다고 할 수 있다.

② 성명모용소송의 처리

성명모용소송의 경우 소송의 도중에 모용사실이 발견되고 원고가 모용되었다면 소를 각하해야 한다. 소는 원고만이 제기할 수 있고, 원고모용이라면 원고가 제기한 소가 아니기 때문이다. 사안에서와 같이 피고가 모용된 경우라면 피모용자 乙에게 소송을 수행시켜야 한다. 대상판결에서 보는 바와 같이 모용자 A의 소송관여를 배척하고 피모용자 乙이 소송관여를 하게 해야 하는 것이다.

반대로 모용사실이 발견되지 않고 판결이 내려지는 경우, 피모용자의 구제방법이 문제된다. 이것은 그렇게 내려진 판결의 효력과도 관련이 있다. 판례나 통설이 따르는 표시설에 의하면, 소장에 표시된 당사자에게 판결의 효력이 미치게 되므로 불복이 있으면 상소나 재심을 통해 구제를 받아야 한다. 이와 달리 의사설(단, 피고모용의 경우에는 표시설과 같다)이나 행동설에 의하면 표시된 자에게 판결의 효력이 미치지 않으므로, 상소나 재심에 관계없이 판결의 무효를 주장할 수 있다는 결론이 된다. 이 점에서 보통 표시설과 다른 설의 차이점이 부각되기도 한다.

그러나 이미 피모용자 명의의 판결이 존재하고 있는 이상, 그것을 명확하게 무효화할 필요가 있다. 피모용자가 언제라도 무효를 주장할 수 있다는 것은 판결의 효력과 관련하여 지나치게 법적 안정성을 해치게 되기 때문이다. 이 점에서 대상판결이 일단 판결의 효력이 미치지만 상소나 재심을 통한 구제가 가능하다고 해석한 것은 타당하다.

또한 판례(대판 1964.11.17, 64다328)는 "만일 피고 아닌 제3자가 피고를 참칭하여 소송을 진행하여 판결이 선고되었다고 하면 피고는 그 소송에 있어서 적법히 대리되지 않는 타인에 의하여 소송절차가 진행되므로 말미암아 결국 소송관여의 기회를 얻지 못하였다고 할 것이며 이는 피고 아닌 자가 피고를 참칭하여 소송행위를 하였거나 소송대리권이 없는 자가 피고의 소송대리인으로서 소송행위를 하였거나 그간에 아무런 차이가 없는 것이며 이러한 경우에 법원이 피고 아닌 자가 피고를 모용하여 소송을 진행한 사실을 알지 못하고 판결을 선고하였다고 하면 피모용자는 상소 또는 재심의 소를 제기하여 그 판결의 취소를 구할 수 있다고 할 것이다."라고 판시하고 있고, 표시설에 입각한 해석임을 명확히 알 수 있을 것이다.

③ 재심사유 해당성

성명모용을 간과하고 내려진 판결에 대한 구제방법으로서 재심의 소를 제기할 때, 재심사유가 되는 것은 법451조1항3호의 대리권의 흠결이다. 대상판결은 물론 위의 판례(64다328)가 설시하듯이 성명모용의 경우에는 "소송수행상 적법하게 대리되지 아니한 것, 다시 말하면 적법하게 소송관여의 기회가 부여되지 아니한 것"에 해당한다. 3호 재심사유를 이유로 한 절차권 보장의 필요성을 명확히 내세운 해석으로 그 후의 판례에 중요한 영향을 미친 타당한 판단이다.

[4-3] 사망한 자를 당사자로 한 소송

[대상판결] 대판(전) 1995.5.23, 94다28444

[사안] 종중 甲은 乙1, 乙2, 乙3을 상대로 소유권이 전등기를 구하는 소를 제기하였지만, 청구기각의 판결을 받았다. 甲이 항소를 제기한 후, 乙1이 아직 항소심 소송대리인을 선임하지 아니한 상태에서 사망하였는데, 乙1의 상속인들인 乙2, 乙3은 그 소송수계절차를 거치지 않고 乙1이 생존하고 있는 것처럼 자신들 및 乙1 명의로 변호사를 소송대리인으로 선임하여, 그 변호사에 의해 소송절차가 진행된 결과, 항소법원은 乙1이 사망한 사실을 모른 채 변론을 종결한 후 甲 승소의 판결을 내렸다. 이에 乙2, 乙3은 乙1도 상고인의 한사람으로 표시하여 자신들과 乙1 패소부분 전부에 대해 불복한다는 취지의 상고장을 제출한 후, 그 다음에 비로소 乙1이 사망하였다고 하면서 상고심에서 소송수계신청을 함과 동시에 원심판결의 위와 같은 절차상의 하자에 대해서는 상고이유로 삼지 아니하고 본안에 대해서만 다투는 내용의 상고이유서를 제출하였다. 이러한 경우 乙1에 대한 항소심 판결과 그 패소부분에 대한 상고는 유효한가?

[판결요지] "당사자가 사망하여 실재하지 아니한 자를 당사자로 하여 소가 제기된 경우는 당초부터 원고와 피고의 대립당사자 구조를 요구하는 민사소송법상의 기본원칙이 무시된 것이므로, 그와 같은 상태하에서의 판결은 당연무효라고 할 것이지만 일응 대립당사자 구조를 갖추고 적법히 소가 제기되었다가 소송도중 어느 일방의 당사자가 사망함으로 인해서 그 당사자로서의 자격을 상실하게 된 때에는 그 대립당사자 구조가 없어져 버린 것이 아니고, 그때부터 그 소송은 그의 지위를 당연히 이어 받게 되는 상속인들과의 관계에서 대립당사자 구조를 형성하여 존재하게 되는 것이고, 다만 상속인들이 그 소송을 이어 받는 외형상의 절차인 소송수계절차를 밟을 때까지는 실제상 그 소송을 진행할 수 없는 장애사유가 발생하였기 때문에 적법한 수계인이 수계절차를 밟아 소송에 관여할 수 있게 될 때까지 소송절차는 중단되도록 법이 규정하고 있을 뿐인

바, 이와 같은 중단사유를 간과하고 변론이 종결되어 판결이 선고된 경우에는 그 판결은 소송에 관여할 수 있는 적법한 수계인의 권한을 배제한 결과가 되는 절차상 위법은 있지만 그 판결이 당연무효라 할 수는 없고, 다만 그 판결은 대리인에 의하여 적법하게 대리되지 않았던 경우와 마찬가지로 보아 대리권흠결을 이유로 상소(민사소송법 제394조(법424조) 제1항 제4호) 또는 재심(민사소송법 제422조(법451조) 제1항 제3호)에 의하여 그 취소를 구할 수 있을 뿐이다.

따라서 이와 같은 판결이 선고된 후 그 상속인들이 수계신청을 하여 판결을 송달받아 상고하거나 또는 다음에 설시하는 이 사건의 경우와 같이 적법한 상속인들이 사실상 송달을 받아 상고장을 제출하고, 상고심에서 수계절차를 밟은 경우에도 그 수계와 상고는 적법한 것이라고 보아야 하고, 그 상고를 판결이 없는 상태에서 이루어진 상고로 보아 부적법한 것이라고 각하해야 할 것은 아니다.

또 민사소송법 제394조(법424조) 제2항을 유추하여 볼 때 당사자가 판결 후 명시적 또는 묵시적으로 원심의 절차를 적법한 것으로 추인하면 그 상소사유 또는 재심사유는 소멸한다고 보아야 할 것이다.

甲과 乙1 사이의 이 사건 소송은 원심에 계속 중이던 때 동인의 사망으로 중단되었다고 할 것이므로, 원심에서 그 상속인들인 乙2, 乙3에 의하여 소송수계 등의 절차가 이루어지지 아니한 상태에서 변론이 종결되어 선고된 乙1에 관한 원심판결에는 소송대리권이 없는 변호사가 그 소송행위를 대리한 소송절차상의 위법이 있다고 할 것이나, 乙2, 乙3은 乙1의 상속인들로서 원심에서 소송수계 등의 절차를 밟지 아니한 채 사망한 乙1 명의로 소송대리인을 선임하여 그 소송행위를 대리하게 하고 패소하자, 다시 동인 명의로 그 패소 부분에 관하여 상고까지 하였을 뿐만 아니라 당심에서 소송수계를 신청하고, 상고이유서를 제출하면서 원심판결의 위와 같은 절차상의 하자에 관하여는 상고이유로 삼지 아니하고 그 본안에 관하여만 다투고 있는 이

상 원심에 있어서의 위 변호사의 소송행위를 추인한 것으로 봄이 상당하므로, 민사소송법 제394조(법424조) 제2항, 제88조(법97조), 제56조(법60조)에 의하여 원심에서의 위 변호사의 소송행위는 모두 행위시에 소급하여 적법하게 되었다 할 것이며, 따라서 乙1에 관한 원심판결의 위와 같은 위법사유는 소멸하였다고 할 것이다. 그러므로 결국 乙1의 패소부분에 관한 상고는 적법하다고 본다."

[해 설]

① 당사자의 사망과 소송절차

소송계속 중에 사망한 당사자에 대해 소송수계절차 없이 내려진 판결의 효력이 문제된다. 당사자가 사망하면 소송절차는 중단되고 그 상속인의 수계에 의해 절차가 속행하게 되어 있다(법233조). 그러나 이러한 절차를 거치지 않았다면 일단 절차상의 위법이 있다고 할 수 있고, 따라서 그와 같이 내려진 판결의 효력이 문제되는 것이다. 대상(전원합의체)판결은 소송계속 후 사실심 변론종결 전의 당사자 사망 시, 상속인의 소송 수행의 유무에 따라 항소나 재심을 통해 그 효력을 다툴 수 있으나, 당연무효는 아니라고 해석한다. 즉, 사안에서 乙1에 대한 항소심 판결과 그 패소 부분에 대한 상고는 유효하다.

② 판례의 변경

대상판결에 의해 판례가 변경되기 이전의 판례는 당사자의 사망을 간과하고 내려진 판결은 당연무효라고 해석하였다. 즉, 소송절차 중단 중에 변론이 종결되어 선고된 종국판결은 사망 등의 사유로 이미 존재하지 아니한 자를 당사자로 하여 한 판결로서 당연무효이고 상고의 대상이 될 수 없으므로, 그에 관한 상고는 부적법하다는 취지로 판시하고 있었다(대판 1982.12.28, 81사8 등).

대상판결은 당연무효가 아니라고 판단한 것인데, 상속인은 원래부터 소송에 개입하고 있었다는 점에서 본다면 판례의 변경은 타당하다. 보통 수계에 관계없이 상속인의 소송행위는 추인의 의미를 갖는 것으로서 유효한 것으로 다룰 수 있기 때문이다. 또한 신의칙상 실질적으로 소송을 수행한 상속인에게 소송수행의 결과 책임을 물을 필요가 있다. 이러한 점에서도 당연무효가

아니라고 한 판례의 해석은 타당하다.

③ 소송계속 전의 당사자사망을 판결 전에 안 경우의 처리

한편, 제소 전에 이미 사망한 당사자를 상대로 소가 제기되는 경우에도 그 처리가 문제된다. 먼저 사망사실이 간과된 채 판결이 내려지는 경우이다. 만일 사실심 변론종결 후에 사망하였다면 포괄승계인인 상속인, 그밖에 사망자의 권리의무의 승계인에게 그러한 판결의 효력이 미치게 된다(법218조1항).

사망한 당사자는 당사자능력이 없다. 따라서 당연히 그러한 자가 당사자인 소송은, 아직 판결 전이라면 당사자표시의 정정을 하거나, 상속인으로 표시의 정정을 의미하는 소송수계를 하여야 한다. 판례(대판 1983.12.27, 82다146)도 "재심원고가 재심대상판결 확정 후에 이미 사망한 당사자를 그 사망사실을 모르고 재심피고로 표시하여 재심의 소를 제기하였을 경우에 사실상의 재심피고는 사망자의 상속인이고, 다만 그 표시를 그릇한 것에 불과하다고 해석함이 타당하므로 사자를 재심피고로 하였다가 그 후 그 상속인들로 당사자표시를 정정하는 소송수계신청은 적법하다."고 판시하고 있다.

④ 소송계속 전의 당사자사망을 간과하고 내려진 판결의 효력

판례(대판 2015.1.29, 2014다34041)는 사망자를 피고로 하는 소제기에 의해 제1심 판결이 선고되었다 할지라도 판결은 당연무효로서, 판결에 대한 사망인 피고의 상속인들에 의한 항소나 소송수계신청은 부적법하고, 이러한 법리는 소제기 후 소장부본이 송달되기 전에 피고가 사망한 경우에도 마찬가지로 적용된다고 해석한다. 또한 이혼소송에서와 같이 일신전속적인 권리이고 상속을 생각할 수 없는 경우라면 더욱더 당사자의 사망을 간과하고 내려진 이혼판결은 당연무효가 된다(대판 1982.10.12, 81므53).

참고판례 16-[판례1], 16-[판례2]

[4-4] 소송에서의 법인격부인의 법리

[대상판결] 대판 1995.5.12, 93다44531

[사안] 甲은 A회사를 상대로 소를 제기하여 승소판결을 받고 이 판결은 확정되었다. 한편, A와 소외 주식회사 乙은 기업의 형태, 내용이 실질적으로 동일하고, 乙은 A의 채무를 면탈할 목적으로 설립된 것으로서 A가 甲에게 乙과는 별개의 법인격을 가지는 회사라고 주장을 하는 것이 신의성실의 원칙에 반하거나 법인격을 남용하는 것으로 인정되는 경우, 甲과 A 간의 판결의 효력은 乙에게도 미치는가?

[판결요지] "권리관계의 공권적인 확정 및 그 신속, 확실한 실현을 도모하기 위하여 절차의 명확 안정을 중시하는 소송절차 및 강제집행절차에 있어서는 그 절차의 성격상 A에 대한 판결의 기판력 및 집행력의 범위를 乙에게까지 확장하는 것은 허용되지 아니한다고 할 것이다."

[해 설]

① 소송상의 법인격부인법리의 의의

법인격부인의 법리란 법인이 형식적으로는 별개의 인격체라고 하더라도, 그 법인격이 남용 내지 형해화된 경우에 그 배후에 있는 실체를 법인격으로 보는 실체법상으로 인정된 법리를 말한다. 사안에서와 같이 乙의 실체를 A로 보고 乙의 법인격을 부인한다는 이론을 가리킨다. 이러한 실체법의 논리에 의하면 실체법상 乙의 법인격이 부인된다는 점에 대해서는 이를 긍정할 수 있을 것이다. 그러나 법인격부인의 법리가 소송상으로도 적용될 수 있는지 문제되는데, 판결의 효력 문제 이외에도, 만일 甲과 A 간의 소송에서 당사자를 A에서 乙로 표시의 정정을 할 수 있는지도 문제될 수 있다.

② 법인격부인의 법리와 판결효

실체법상의 법인격부인의 법리가 소송상으로도 적용될 수 있는지에 대해, 대상판결은 단지 "절차의 명확·안정을 중시"해야 하기 때문에 법인격부인의 법리가 판결의 효력에는 적용되지 않는다고 해석한다.

대상판결은 판결효의 범위(즉, 판결효가 乙에게도 미치는지의 주관적 범위)에 관해 법인격부인의 법리를 적용하는 것이 왜 절차의 명확과 안정에 반하는지 그 이유의 설명이 없다. 이에 대해서는 다음에서 보듯이, 당사자 동일성을 법인격부인의 법리에 의해 판단하고, 실체법상으로 동일한 당사자라면 표시의 정정이 가능하며, 그렇다면 변론종결 후의 승계인에서와 같이 판결효도 미친다고 해석해야 할 것이다.

즉, 법인격이 형해화되어 형식적으로는 별개의 인격으로 되어 있는 제3자를 당사자와 동일시할 수 있는 경우에는 기판력이 확장되지만, 법인설립이 법률의 적용을 회피하려는 목적을 갖는 남용의 경우에는 인격의 독립성이 인정되어 기판력의 확장은 부정되는 대신, 신의칙에 의해 특정 주장이 제한된다고 해석할 필요가 있다. 대상판결에서와 같은 경우, 乙과 A 사이의 동일성, 특히 乙의 법인격으로서의 독립성을 인정할 수 있는지 문제되는데, 乙은 A의 채무를 면탈할 목적으로 설립된 법인으로 법인격을 남용한 것임을 인정할 수 있다. 그러나 이러한 경우에는 A가 乙과의 사이에 각각의 법인격에 따른 구별이 없는 형해화된 존재라고까지는 볼 수 없을 것이다.

결국 탈법을 위한 법인격의 남용사례라고 평가할 수 있다. 그렇다면 형식적으로 두 개의 법인이 존재하고 각 법인을 둘러싼 법률관계(예를 들면, 주주나 기타 출자자와의 관계)가 항상 동일하다고는 할 수 없으므로, 당사자가 동일하다고 평가해 버리는 것은 곤란하다. 따라서 판결효의 확장, 나아가 당사자의 표시의 정정은 인정되지 않는다. 단, A가 甲에게 乙과는 별개의 법인격을 가지는 회사라고 주장하는 것은 신의칙에 반하므로, 乙에게는 그러한 한도 내에서 신의칙에 의해 후소에서 특별한 주장을 할 수 없는 효과가 동반된다.

③ 판결효가 확장되는 경우

한편, 위 사안과는 달리 개인과 회사 간의 관계에서

개인이 회사의 배후자로 존재하고 회사의 의사결정이 주주총회 등이 열리지 않고 개인에 의해 결정되며, 재산관계도 동일하여 회사의 법인격이 형해화되어 있다고 볼 수 있는 경우가 있다. 이 경우에는 회사에 대한 판결의 효력이 법인격부인의 법리에 의해 배후자인 개인에게 미친다고 해석해야 할 것이다. 결국 대상판결은 위와 같은 한도에서 그 결론의 타당성이 인정된다. 그러나 어느 경우에나 법인격부인의 법리의 적용을 부정하여 판결효의 확장 내지는 당사자의 표시의 정정을 부정하는 것이 판례의 태도라고 해석할 수 없을 것이다. 한편, 학설은 위 사안의 경우, 다수설은 승계집행문을 통해 집행할 수 있다는 견해이고, 소수설로 소송승계로 처리해야 한다는 입장, 임의적 당사자변경으로 처리하여야 한다는 입장, 판결효가 확장되지 않고 공동소송으로 처리하여야 한다는 입장이 있다.

④ 법인격부인에 의한 당사자의 표시의 정정

법인격이 부인되는 경우 당사자의 동일성을 인정하여 표시의 정정이 가능한지에 관한 점을 다룬 판례는 찾기 어렵다. 위와 같은 대상판결의 해석을 기초로 추측해 본다면, 판례의 입장은 부정적이라고도 생각할 수 있다. 법인격부인이라는 실체법상의 법리가 소송상으로는 적용되지 않는다는 입장이기 때문이다. 이러한 태도는 기본적으로 소송행위에는 실체법상의 규정이나 그 밖의 원칙이 적용되지 않는다는 이론에 근거하고 있다. 표현법리를 인정하지 않는 점, 소송행위에 의사의 하자에 관한 규정의 적용을 인정하지 않는 점에서 이를 엿볼 수 있다. 그러나 적어도 신의칙을 인정하는 판례의 태도에서 본다면 모순에 빠진 대처라고 할 수 있다.

일단 법인격부인과 당사자의 표시의 정정이라는 점에 대해서 본다면, 법인격부인의 법리에 의해 당사자의 동일성이 인정되는 경우를 부인할 수 없을 것이다. 동일성이 인정된다면 표시설의 입장에 의해 당사자의 표시의 정정을 인정해야 한다. 법인격의 유무, 그 밖에 법인의 존재에 관해서는 실체법상의 판단기준을 소송상 무시할 수 없고, 실체법에 의해 당사자의 동일성이 인정되는 한 표시의 정정을 허용해야 하기 때문이다. 따라서 위와 같은 판례가 있다 하더라도, 법인격부인의 법리에 의해 당사자의 동일성이 인정된다면 당사자확

정의 일반 원칙에 따라 그 표시의 정정을 할 수 있는 가능성을 인정할 필요가 있다.

[4-5] 비법인단체의 당사자능력

[대상판결] 대판 1991.11.26, 91다30675

[사안] 특정 회파 소속 교회 甲은 같은 회파 교회 乙과 합병하여 새로이 A교회로 되면서 소멸하였고, 그 후 A는 그 명칭을 乙로 변경하였다. 그러나 甲은 위와 같은 합병의 무효를 이유로 원래는 甲 소유였던 부동산에 관한 소유권의 확인 등을 구하는 소를 제기하였고, 이에 대해 乙은 甲이 당사자능력이 없다고 다투었다. 甲은 어떠한 요건을 갖추었을 때 당사자능력이 인정되는가?

[판결요지] "민사소송법 제48조(법52조)가 비법인의 당사자능력을 인정하는 것은 법인이 아닌 사단이나 재단이라도 사단 또는 재단으로서의 실체를 갖추고 그 대표자 또는 관리인을 통하여 사회적 활동이나 거래를 하는 경우에는, 그로 인하여 발생하는 분쟁은 그 단체의 이름으로 당사자가 되어 소송을 통하여 해결하게 하고자 함에 있다 할 것이다. 그러므로 여기에서 말하는 사단이라 함은 일정한 목적을 위하여 조직된 다수인의 결합체로서 대외적으로 사단을 대표할 기관에 관한 정함이 있는 단체를 말한다고 할 것이고, 당사자능력이 있는지 여부는 사실심의 변론종결일을 기준으로 하여 판단되어야 할 성질의 것이므로, 甲교회가 다수의 교인들에 의하여 조직되고, 일정한 종교활동을 하고 있으며 그 대표자가 정하여져 있다면 민사소송법 제48조 소정의 비법인사단으로서 당사자능력이 있다고 보는 것이 옳을 것이고, 甲교회가 본래의 甲교회와 같은 단체인 것인지, 본래의 甲교회가 합병으로 소멸된 것인지, 甲교회의 구성원이 乙교회에서 이탈한 것인지 여부나 그 동기는 본안의 당부를 판단함에 있어 문제가 될 수는 있어도 이것이 甲교회의 당사자능력을 좌우할 사유가 된다고 할 수는 없고, 甲교회의 구성원이 소수라고 하여도 단체로서의 실체를 부정할 정도라고 할 수는 없다."

[해 설]

① 당사자능력

당사자능력은 소송상의 청구의 주체 또는 객체가 될 수 있고, 판결의 이익귀속주체가 될 수 있는 자격을 말한다. 민법상의 권리능력과 대응되는 소송법상의 개념이다. 당사자능력은 개개의 사건의 내용에 관계없이 추상적으로 정해지는데, 당사자능력의 유무가 문제되는 일반적인 경우인 비법인단체에 대해서는 그 사건의 내용도 고려할 필요가 적지 않다. 권리능력이 인정되는 자는 당연히 당사자능력을 가지므로 자연인과 법인은 당사자능력자이다. 태아도 권리능력이 인정되는 한도에서 당사자능력이 있고, 국가는 물론 외국과 외국법인, 지방공공단체도 당사자능력자이며, 개개의 행정관청은 민사소송이 아닌 행정소송에서 당사자능력을 갖는다.

② 비법인단체의 당사자능력

법52조는 권리능력이 없는 비법인단체에게도 당사자능력이 인정될 수 있음을 규정하고 있다. 비법인단체에게도 당사자능력이 인정될 수 있는 이유는, 단체가 스스로 사회·경제적 활동을 하는 이상 그를 둘러싼 분쟁의 처리는 직접 단체에게 맡기는 것이 합리적이기 때문이다. 반대로 비법인단체에게 당사자능력이 인정되지 않으면 그 구성원 전원이 당사자가 되어야 한다. 한편, 비법인단체에게 당사자능력이 인정되면, 권리능력이 없으므로 이행소송 시의 당사자적격이 문제된다. 이를 해결하기 위해서는 당사자능력이 인정되는 비법인단체의 권리능력을 인정하거나 비법인단체의 대표자를 그 구성원에 대한 소송담당자로 보아야 한다.

대상판결은 비법인단체의 당사자능력 유무를 판단하기 위한 구체적 기준을 제시하고 있다. 법52조의 해석으로 당사자능력이 인정되려면, 비법인단체(일반적으로 법인이 아닌 사단)는 일정한 요건을 갖추어야 하는데, 그 요건은 일정한 목적을 위하여 조직된 다수인의 결합체로서 대외적으로 사단을 대표할 기관에 관한 정함이 있는 단체이어야 하는 점이라 요약할 수 있다.

③ 당사자능력을 갖는 비법인단체의 요건

법52조의 해석으로 당사자능력이 인정되려면, 비법인단체(일반적으로 법인이 아닌 사단)는 일정한 요건을 갖추어야 한다. 당해 단체(그 구성원의 수는 대상판결에서 보듯이 소수라도 상관없다)가, ⅰ) 고유의 목적을 가지고 사단적 성격을 가지는 규약을 만들어 이에 근거하여 의사결정기관 및 집행기관인 대표자를 두는 등의 조직을 갖추고 있고, ⅱ) 기관의 의결이나 업무집행방법이 다수결의 원칙에 의해 행해지며, ⅲ) 구성원의 가입, 탈퇴 등으로 인한 변경에 관계없이 단체 그 자체가 존속되고, 그리고 ⅳ) 그 조직에 의해 대표의 방법, 총회나 이사회 등의 운영, 자본의 구성, 재산의 관리 기타 단체로서의 주요사항이 확정되어 있는 경우, 당사자능력이 있는 비법인사단으로서의 실체를 가진다(그 밖에 대판 1992.7.10, 92다2431. 학설도 판례에 따르고 있다).

④ 당사자능력이 인정되는 예

일반적으로 당사자능력이 인정되는 비법인단체로는, 동민회(대판 1991.5.28, 91다7750)나 자연부락(대판 1980.3.25, 80다156 등), 대상판결에서 보는 교회 등의 종교단체(대판 1962.7.12, 62다133 등. 단, 천주교회는 그렇지 않다는 것에 대판 1966.9.20, 63다30), 종중(대판 1991.11.26, 91다31661 등), 노동조합(대판 1977.1.25, 76다2194), 주택조합(대판 1996.3.8, 94누12487 등), 행정구역과 동일한 명칭을 사용하면서 일정한 재산을 공부상 그 이름으로 소유하여 온 동(洞)(대판 2004.1.29, 2001다1775) 등이 있다. 다만, 비법인사단이 사원총회 결의 없이 총유재산에 관한 소를 제기하면 그 소는 적법한지에 대해 대판 2011.7.28, 2010다97044는 "정관에 다른 정함이 있다는 등의 특별한 사정이 없는 한 사원총회 결의를 거쳐야 하는 것이므로, 비법인사단이 이러한 사원총회 결의 없이 그 명의로 제기한 소송은 소송요건이 흠결된 것으로서 부적법하다."고 하였다.

그 밖에 법인이 아닌 재단의 경우에도 이러한 요건에 준해 당사자능력의 유무를 판단하고, 유치원(대판 1969.3.4, 68다2387), 설립 중의 재단 등의 경우 당사자능력이 인정된다. 또한 비법인단체의 당사자능력의 유무를 판단할 때에는 위와 같은 요건의 유무가 중요하고, 그 단체의 명칭은 묻지 않는다.

⑤ 당사자능력이 부정되는 예

반대로 비법인단체의 당사자능력이 부정된 예로서, 대판 1999.4.23, 99다4504에서는 다음과 같은 단체의 당사자능력이 문제되었다. A회사가 부도가 나자, 그 채권자 100명은 구성원 중 10인을 대표자로 선임하여 A채권단을 구성하고, 이 대표자들에게 채권회수를 위한 일체의 권한을 위임하였다. 대표자들은 채권회수를 위해 A의 채무자인 乙을 상대로 제소할 필요성이 발생하여, 다음과 같이 비법인단체(甲)를 조직하였다. 채권자 전원에게 개별적인 통지를 하지 않았지만, 일간신문에 A채권단 소집공고를 1회 게재하는 방식으로 총회를 소집하고, 이렇게 개최된 총회에서 구성원 중 50인이 의결권을 위임한 가운데 정관을 채택한 다음, 회장 등 임원을 선임하였다. 그 후, 甲이 乙을 상대로 제소하자 乙은 甲에게 당사자능력이 없다고 다툰 사례이다.

이에 대해 판례는 법인이 아닌 사단인 甲은 일간신문에 1회 공고하여 개최된 총회에 의해 설립된 것이므로 구성원의 의견이 반영되었다고 볼 수 없고, 甲의 조직행위는 구성원의 개인성과는 별개로 권리·의무의 주체가 될 수 있는 독자적 존재로서의 사단을 성립시켜 그 구성원으로 되는 것을 목적으로 하는 채권자 100인의 의사 합치에 기한 것이라고 해석할 수 없다는 점에서 그 당사자능력이 부정되었다.

또한 1949.7.4. 법률 제32호로 지방자치법이 제정되면서 읍·면은 지방자치단체로서 법인격을 가지고 있었지만, 1961.9.1. 법률 제707호로 지방자치에 관한 임시조치법이 제정됨에 따라 군에 편입되어 독립적인 법인격을 갖는 지방자치단체로서의 지위를 상실함과 아울러 읍·면의 일체의 재산은 소속군에 귀속되었으므로, 그 이후부터는 읍·면은 지방자치단체의 하부 행정구역에 불과하여 민사소송에 있어 당사자능력을 인정할 수 없다(대판 2002.3.29, 2001다83258).

참고판례 18-[판례3]

[4-6] 미성년노동자의 소송능력

[대상판결] 대판 1981.8.25, 80다3149

[사안] 미성년자 甲은 乙회사와 고용계약을 맺고 근로를 하였지만, 고용기간 동안의 보수를 乙이 지급하지 않자 乙을 상대로 임금의 지급을 구하는 소를 제기하였다. 미성년자 甲에게는 원칙적으로 민사소송법상 소송능력이 인정되지 않는데, 甲이 스스로 한 이러한 소의 제기는 적법한가?

[판결요지] "미성년자는 원칙적으로 법정대리인에 의하여서만 소송행위를 할 수 있음은 논지가 지적하는 바와 같으나 미성년자 자신의 노무제공에 따른 임금의 청구는 근로기준법 제54조(근로기준법68조)의 규정에 의하여 미성년자가 독자적으로 할 수 있는 것이다."

[해 설]

① 소송능력의 의의

소송능력은 원칙적으로 실체법의 행위능력이 기준이 된다. 실체법상의 행위능력자는 원칙적으로 소송법상으로도 소송능력자이다(법51조). 단, 미성년자의 경우에는 양자의 능력에 중요한 차이가 있다. 민법상으로는 법정대리인의 동의를 얻으면 미성년자도 그 동의의 한도에서 스스로 법률행위를 할 수 있는 능력자가 된다(민법5조). 반대로 소송법상으로는 법정대리인의 동의를 얻어 그 동의의 한도 내에서 스스로 소송행위를 하는 것은 불가능하고, 법정대리인이 대신 소송행위를 해야 한다(법55조. 민법의 성년후견제도 도입에 따라 소송법에서도 같은 조문을 개정하여 제한능력자[피성년후견인 등]의 소송능력을 확대하였다).

소송법상의 능력의 기준을 원칙적으로 실체법상의 행위능력자에 준하여 따지는 것은 소송이 곧 실체법상의 권리와 의무를 둘러싸고 발생하는 것이기 때문이다. 그러나 소송 자체를 포함한 소송행위는 일반적인 거래행위보다 복잡하고 법적 지식을 요구하는 것이 대부분이다. 따라서 소송법상으로는 단순히 법정대리인의 동의를 얻었다는 행위능력만으로는 부족하고, 미성년자라도 포괄적인 행위능력을 갖추어야 한다. 단, 실체법

상으로는 반드시 행위무능력자라고 할 수 없는 경우, 즉 제한능력자가 될 만한 의사무능력이지만 아직 그 선고를 받지 않은 경우에도 소송무능력자로 취급해야 한다. 이것이 판례(대결 1984.5.30, 84스12)의 해석이었고, 이것을 받아들이는 법62조의2가 신설되어 의사무능력자를 위한 법정대리인이 되는 특별대리인을 선임할 수 있게 되었다.

② 미성년노동자의 소송능력

미성년노동자에게 포괄적인 행위능력이 인정되는지가 문제된다. 대상판결은 법정대리인의 동의 없이 스스로 제소할 수 있다고 판단하고 있다. 즉, 당해 보수청구권의 행사에 관한 포괄적인 행위능력이 인정되는 것이므로 소송능력이 부여되는 것이라는 해석이다.

대상판결에서 보듯이 미성년노동자가 사용자에게 자신의 보수를 청구하는 경우에는, 당해 보수청구권의 행사에 관한 포괄적인 행위능력이 인정되는 것이므로 소송능력이 부여되는 것은 당연하다고도 말할 수 있다. 물론 대상판결은 엄밀히 본다면 노무제공에 따른 임금의 청구에 관해서는 미성년노동자도 소송능력이 인정된다는 입장이다. 그러나 이러한 입장이 임금청구에 한정된 것이라고는 할 수 없을 것이다. 위 사안은 임금을 청구한 사례이고 이에 대해 소송능력이 있다고 판단했을 뿐이기 때문이다. 단, 대상판결이 왜 그러한 경우 소송능력이 주어지는지에 관해서는 특별한 이유를 언급하고 있지 않다.

그 근거는 노무를 제공하고 그에 따라 임금을 청구할 수 있는 것은 근로기준법에 의해 그 미성년노동자에게 그에 관한 포괄적인 행위능력이 인정되었기 때문이라는 점이다. 그렇다면 한 걸음 더 나아가 포괄적인 행위능력이 인정되는 경우로서, 미성년자에게 독자적인 계약체결권이 인정된 노동계약을 둘러싸고 발생한 소송에서도 소송능력을 갖는다고 풀이해야 한다. 즉, 그 노동계약을 근거로 발생하는 권리와 의무를 둘러싼 소송에서는 미성년자라도 소송능력을 갖는다는 의미이

고, 이러한 결론은 미성년노동자가 독자적으로 할 수 있는지 여부를 기준으로 한 것으로 대상판결의 해석을 통해서도 근거를 찾을 수 있다.

③ 포괄적인 행위능력이 인정되는 경우

위와 같이 해석한다면, 포괄적으로 행위능력을 취득한 미성년자는 그 행위능력이 인정되는 한도에서 소송능력도 인정된다. 첫째로 미성년자가 혼인하는 경우이다(민법826조의2). 둘째로 미성년자가 독립하여 영업을 할 수 있는 경우(민법8조)가 있다. 셋째로 회사의 무한책임사원인 경우(상법7조)이다. 넷째로 미성년자나 제한능력자가 신분행위를 대상으로 한 가사소송에서 의사능력이 있는 경우가 있다.

④ 소송무능력을 간과하고 내려진 판결의 효력

소송능력과 관련된 부수적인 논점으로서 소송무능력을 간과하고 내려진 판결의 효력에 관한 문제가 있다. 이에 대해서는 소송무능력자가 패소한 경우와 승소한 경우로 나누어서 생각하는 것이 이해하기 쉽다. 학설은 일률적으로 항소나 재심을 통해 판결의 효력을 다툴 수 있다는 입장도 있지만, 소송무능력자 승소 시에는 다툴 수 없다는 견해가 타당하다.

소송무능력자가 승소한 경우에는 능력의 흠결을 이유로 당해 판결의 무효를 주장하는 것은 불가능하다고 해석해야 한다. 무능력제도는 무능력자를 보호하고 적절한 판결을 받도록 하기 위해 존재하는 것이므로, 승소판결을 받아도 기판력의 쌍면성으로 불이익을 받는 일이 있는 것은 무능력자의 경우에도 같고, 특히 그 경우까지 무능력자를 보호할 이익은 희박하다(승소판결의 불이익을 무능력이라는 점에서 면할 수 없다)고 보아야 하기 때문이다. 따라서 설사 승소판결의 금액에 불복이 있더라도, 능력흠결 이외의 이유에 기한 상소에 의할 수밖에 없다. 마찬가지로 상대방의 경우에도 능력흠결을 이유로 상소 또는 재심을 제기하여 당해 판결의 효력을 다툴 수 없다.

반대로 소송무능력자가 패소한 경우에는 능력제도의 원칙상 무능력자를 보호할 필요가 있다. 즉, 무능력자가 한 행위는 보정되지 않고 추인되지 않으면 무효가 되기 때문에 원칙적으로 무능력자가 받은 판결도 효력을 갖지 않는다고 해석해야 한다. 그러나 그 처리에 관해서는 소송경제나 상대방의 이익에 비추어, 당연 무효라고 하기보다는 상소 또는 재심에 의해 취소시키는 것이 타당하다. 법정대리인의 추인의 가능성이 남아 있기 때문이기도 하다. 한편, 상대방도 그 효력을 명확히 할 필요가 있으므로, 상소나 재심을 제기할 수 있다(추인에 대해서는 [4-10] 참조). 다만, 무능력자가 사술(詐術)을 써서 능력자라고 믿게 한 경우에는, 능력의 흠결이라는 이유로 그 행위의 무효를 주장하는 것은 신의칙상 허용되지 않는다고 해석해야 한다. 사술을 쓴 미성년자보다 그것을 믿은 상대방의 이익과 절차의 안정 및 소송경제를 보호하는 것이 신의칙에 합치하기 때문이다. 이 경우 신의칙에 의하는 것도 가능하지만, 직접 민법17조의 규정을 유추적용하여 무효의 주장을 막는 것이 간명하다.

[4-7] 특별대리인

[대상결정] 대결 1987.11.23, 87스18

[사안] 甲은 乙을 상대로 이혼을 청구하는 소를 제기하였다. 그런데 제한능력자(구법상의 금치산자)인 甲은 의사능력이 전무하고 기동조차 불가능한 식물인간 상태에 있었고, 甲의 부(父) A는 자신이 지병으로 사실상 법정대리권을 행사할 수 없다는 이유에서, 甲의 형인 B를 甲을 위한 특별대리인으로 선임해줄 것을 법원에 신청하였다. 이 경우 법원은 B를 특별대리인으로 선임할 수 있는가?

[판결요지] "인사소송법(현가사소송법) 제29조에 무능력자는 법정대리인의 동의를 얻어 소송행위를 할 수 있고 법정대리인이 소외 상대방인 경우에는 친족회의 동의를 얻어 소송행위를 할 수 있도록 규정하고 있으나, 이와 같이 법정대리인 또는 친족회의 동의를 얻어 소송행위를 할 수 있는 자는 적어도 의사능력은 있어야 하므로 이 사건과 같이 의사능력이 없는 금치산자는 법정대리인이나 친족회의 동의를 얻어서도 스스로 소송행위를 할 수 없는 것이고 따라서 법정대리인이 대리하지 않는 한 소송을 할 수 없는 경우에는 법정대리인의 대리를 인정하여야 할 것이며 그 경우 법정대리인이 없거나 대리권을 행사할 수 없는 때에는 당사자는 민사소송법 제58조(법62조)의 규정에 의하여 특별대리인을 신청할 수 있다고 할 것이다."

[해 설]
① 소송상의 법정대리인과 특별대리인
소송상의 법정대리인으로는 실체법상의 법정대리인과 소송법상의 특별대리인이 있다. 전자에 관해서는 민법의 규정에 의하고(법51조), 여기에 해당하는 것은 친권자, 후견인, 민법상의 특별대리인(재산관리인, 특별대리인) 등과, 개개의 소송행위의 특별대리인(재소자에 대한 송달의 수령대리인)이다. 이때 민법이 요구하는 특별한 관계는 일단 가족관계등록부의 기재에 의한다. 후자는 법62조가 규정하는 요건을 갖춘 경우에, 법원이 당해 당사자를 위해 선임하는 특별대리인을 말한다.

소송법상의 특별대리인이 인정되는 이유는, 실체법상의 특별대리인이 선임되게 되어 있지만(민법921조등), 그 지연에 따른 당사자의 불이익을 회피하기 위해서이다. 법인의 경우에도 대표자 또는 관리인이 없거나 대표권을 행사할 수 없으면 특별대리인의 선임이 인정된다(법64조). 소송법상의 특별대리인은 판결절차 이외에도 증거보전절차(법378조), 강제집행절차(민집52조2항)에서 이용할 수 있다.

② 소송법상의 특별대리인의 선임요건
무능력자에게 법정대리인이 없거나, 법정대리인이 대리권이 없거나 행사할 수 없는 경우(법62조1항1호, 2호)가 있는데, 사안은 후자에 관한 것이다. 대리권행사의 불가능은 법률상의 장애만이 아닌 사실상 대리권행사에 장애가 있는 경우도 포함된다(법62조1항2호). 사안의 경우라면 갑의 부(父) A가 사실상 법정대리권을 행사할 수 없는 경우이고, 대상결정도 특별대리인 선임을 인정하였다. 그 밖에도 "소외 망 무와 그의 처인 정과의 사이에 출생한 갑, 을이 호적상 위 무와 그의 처인 경 사이의 혼인 중의 출생자로 기재되어 있고, 위 경과 그 아들인 병이 모의하여 위 무의 사망 후에 사건 본인인 미성년자 갑, 을의 상속분을 분할하여 주지 아니함으로써 법정대리인 경과 아들인 이 사건 본인 갑, 을들 사이의 이해관계가 실질상 상반되는 경우에 갑, 을의 생모인 정의 신청에 의하여 본조에 따라 위 정을 갑, 을의 특별대리인으로 선임한 것은 적법하다."는 판례(대결 1965.9.28, 65스5)가 있다.

법정대리인이 없는 경우로는 친권자나 후견자가 없는 경우가 있다. 이와 관련하여 특별대리인 선임요건이 부정된 사례로서 다음과 같은 판례(대판 1974.12.10, 74다428)가 있다. 회사의 경우, "주권이 발행된 바 없는 주식회사의 주식을 양수한 사람들은 유효한 주주가 될 수 없으나 그들이 주주총회를 개최하여 회사의 대표이사를 선임하였다 하더라도 그는 적법한 대표자의 자격이 없다. … 새로이 선임된 대표이사가 주식회사의 적법한 대표자의 자격이 없으니 당초의 대표이사가 상법 386조, 389조3항에 의하여 적법한 대표이사가 새로 선임되어 취임할 때까지 회사의 대표이사의 권리의무를 지므로 당해 회사는 민사소송법 58조(법62조), 60조(법 64조)에 의한 '대표자가 없거나 대표자가 대표권을 행사할 수 없는 경우'에 해당하지 않아 특별대리인을 선임할 수 없다.

또한 사안의 경우는 이혼소송에서의 특별대리인인데, 인지소송이나 이혼소송 등의 신분상의 법률행위를 둘러싼 소송의 경우에도 특별대리인을 선임할 수 있는지 문제되고, 대상결정은 이를 인정하였다. 원래 신분상의 법률행위는 일신전속적이고 본인의 의사결정을 존중하여 대리에 친하지 않은 것으로 해석되며, 이러한 원칙에 입각한다면 특별대리인을 선임할 수 없다는 결론이 된다. 그러나 대상결정은 특별대리인의 선임을 인정하고 있고, 법정대리인에 의한 대리가 필요함에도 대리가 가능한 법정대리인이 없거나 대리권을 행할 수 없는 때에는 어차피 특별대리에 의해 소송을 수행할 수밖에 없으므로 타당한 해석이다.

③ 그 밖의 요건

첫째, 수소법원에 대해 무능력자의 상대방 당사자가 특별대리인을 신청할 수 있을 뿐만 아니라(법62조1항), 무능력자의 친족, 상대방 당사자가 아닌 그 밖의 이해관계인, 대리권 없는 한정후견인, 지방자치단체의 장 또는 검사도 신청할 수 있다(법62조1항). 따라서 이 판결의 경우 甲의 부(父)인 A가 특별대리인을 신청하는 것에는 문제가 없다(단, 무능력자 본인은 무능력인 이상 신청할 수 없다).

둘째, 특별대리인의 선임을 요구하는 신청자는 지연으로 인해 손해를 받을 염려가 있음을 소명해야 한다(법62조1항). 보통 제소에 따른 시효중단의 필요성이나 증거의 멸실을 방지할 필요성을 생각할 수 있다(긴박한 사정[손해를 받을 염려]에 관한 아무런 소명이 없다는 예로서 대결 1967.3.28, 67마155가 있다).

셋째, 보통 소송무능력자가 당사자가 되는 경우에 이용할 수 있지만, 미성년자가 아닌 의사무능력자이면서 아직 제한능력자라는 선고를 받지 않은 경우에도 특별대리인을 선임할 수 있다(법62조의2).

넷째, 특별대리인을 누구로 할 것인지는 법원의 재량에 맡겨져 있다. 따라서 선임신청각하결정에 대해서는 항고를 통한 불복신청이 가능하지만(법439조), 선임결정에 대해서는 불복신청이 불가능하다(대결 1963.5.2, 63마4). 그러므로 사안에서 법원은 B를 특별대리인으로 인정할 수도 있고, 인정하지 않을 수도 있다. 또한 선임된 자가 반드시 특별대리인이 되어야 할 의무는 없지만, 변호사라면 정당한 이유 없이 이를 거부할 수 없다(변호사법23조). 그 밖에 법원은 선임한 특별대리인을 직권으로 언제든지 개임할 수 있다(법62조2항).

④ 특별대리인의 지위와 권한

특별대리인은 본인이 아니지만 본인에 준한다. 즉, 소장에 표시되고, 송달의 대상이 되며, 특별대리인을 신문하면 당사자신문이 된다. 특별대리인은 법정대리인과 동일한 권한을 갖는다(대판 1965.4.27, 65다338 등). 또한 "법인의 대표자로 선임된 특별대리인은 그 선임된 소송에 관하여는 본인인 법인을 위하여 이익이 되는 소송행위를 할 수 있는 이른바 법정대리인의 지위에 있으므로 재심대상소송에서 흠결된 대표이사의 대리권을 추인할 수도 있다"(대판 1969.7.22, 69다507).

특별대리인의 대리권의 범위는 대리권 있는 후견인과 동일하다(법62조3항). 특별대리인이 선임되면 그 대리권 범위에서 법정대리인의 권한은 정지된다(법62조3항). 그 밖에 법인 대표자의 자격이나 대표권에 흠이 있어 수소법원에 의해 특별대리인이 선임된 후 소송절차가 진행되던 중에 그 흠이 보완된 경우, 특별대리인에 대한 수소법원의 해임결정이 있기 전이라도 그 대표자는 법인을 위해 소송행위를 할 수 있다. 즉, 판례(대판 2011.1.27, 2008다85758)는, "특별대리인은 법인의 대표자가 대표권을 행사할 수 없는 흠을 보충하기 위하여 마련된 제도이므로, 이러한 제도의 취지에 비추어 보면 특별대리인이 선임된 후 소송절차가 진행되던 중에 법인의 대표자 자격이나 대표권에 있던 흠이 보완되었다면 특별대리인에 대한 수소법원의 해임결정이 있기 전이라 하더라도 그 대표자는 법인을 위하여 유효하게 소송행위를 할 수 있다."고 판시하였다.

[4-8] 법정대리권 소멸 후의 대리행위의 효과

[대상판결] 대판(전) 1998.2.19, 95다52710

[사안] 甲 법인의 대표자가 소송을 수행하고 있는 도중에 그 대표자는 대표권을 상실하였다. 한편 그 대표권의 소멸사실을 통지하기 전에 당해 대표자가 소취하를 하였다면 이러한 소취하는 유효한가?

[판결요지] "민사소송법 제60조, 제59조 제1항(법63조, 64조)은 법인(법인 아닌 사단도 포함, 이하 같다) 대표자의 대표권이 소멸한 경우에도 이를 상대방에게 통지하지 아니하면 그 효력이 없다고 규정하고 있는바, 그 취지는 법인 대표자의 대표권이 소멸하였다고 하더라도 당사자가 그 대표권의 소멸사실을 알았는지의 여부, 모른 데에 과실이 있었는지의 여부를 불문하고 그 사실의 통지 유무에 의하여 대표권의 소멸 여부를 획일적으로 처리함으로써 소송절차의 안정과 명확을 기하기 위함에 있다고 할 것이다.

따라서 법인 대표자의 대표권이 소멸된 경우에도 그 통지가 있을 때까지는 다른 특별한 사정이 없는 한 소송절차상으로는 그 대표권이 소멸되지 아니한 것으로 보아야 하므로, 대표권 소멸사실의 통지가 없는 상태에서 구 대표자가 한 소취하는 유효하고, 상대방이 그 대표권 소멸사실을 알고 있었다고 하여 이를 달리 볼 것은 아니라고 할 것이다(대법원 1967.11.28. 선고 66누174 판결, 1968.12.17. 선고 68다1629 판결, 1970.9.29. 선고 70다1593 판결, 1979.12.11. 선고 76다1829 판결, 1995.2.28. 선고 94다49311 판결 각 참조).

위 견해와 달리 민사소송법 제60조, 제59조의 규정은 상대방이 한 소송행위에 대하여만 적용되고, 이미 대표권이 상실된 사람의 법원에 대한 단독행위인 소취하에 대하여는 적용되지 아니하므로, 소취하서를 법원에 제출하기 전에 소취하서를 작성한 사람이 그 대표권을 상실한 이상 그 소취하는 효력이 없다고 판시한 바가 있는 대법원 1967.7.4. 선고 67다791 판결의 견해는 이를 폐기하기로 한다."

[해 설]
① 법정대리인 대리권의 소멸

법인의 대표자는 법정대리인으로 취급되고(법64조), 그 대리권은 재판상 또는 재판외의 모든 행위에 미친다(상법389조3항, 209조 참조). 한편, 법정대리권의 소멸은 각각의 법률에 의한다. 예를 들어 민법상의 법정대리권의 소멸이나 발생원인의 소멸 등이다. 그러나 법63조는 본인 또는 대리인이 상대방에게 통지해야 소멸의 효력이 발생한다는 특칙을 규정하고 있다. 대리권의 소멸을 쉽게 알 수 없다는 점에서 절차의 안정을 도모하기 위한 조치이다. 단, 법정대리인의 사망 등의 경우에는 소멸의 통지가 불가능하므로 소멸한 그 시점에 대리권이 소멸된다(통설).

② 대리권의 소멸과 통지

대리권 소멸의 통지가 없는 한 상대방이 소멸사실을 안다 하더라도 소송절차는 중단되지 않는다. 이와 같이 소멸사실의 통지가 필요하다는 점에서, 만일 법인의 대표자가 대표권을 상실하더라도, 그 대표권의 소멸통지가 상대방에게 도달하기 전까지 이루어진 소송행위는 유효한 것으로 다루어진다(법63조1항 본문).

대상(전원합의체)판결은 이 점을 명확히 하였다. 즉, 대표권의 소멸사실에 대한 지·부지, 과실의 유무를 불문하고, 소송절차의 안정과 명확을 기하기 위해 대표권이 소멸된 경우에도 그 통지가 있을 때까지는 다른 특별한 사정이 없는 한, 대표권 소멸사실의 통지가 없는 상태에서 구 대표자가 한 소취하는 유효하다고 해석한 것이다. 판례를 변경하기 전까지는 다수의 판례가 유효하다고 해석하고 있었지만, 소수의 판례가 그 효력이 없다고 해석하고 있었던 관계로, 전원합의체 판결로써 당시까지의 판례의 불통일을 바로 잡은 것이다.

③ 소송종료행위의 효력

한편, 위와 같이 대표권 없는 대표자에 의한 소송행위(항소의 취하)를 유효하다고 해석하면, 당해 대표자와 상대방과의 공모에 의해 회사에게 불측의 손해가 발생할 여지가 있다. 이러한 문제점을 고려하여 현행 민사소송법에서는 구법과는 달리 법63조1항 단서를 추가하고, 법원에 법정대리권의 소멸사실이 알려진 뒤에는 법56조2항의 행위(주로 소송종료행위)를 할 수 없다는 규정을 신설하였다. 이 규정은 변호사인 소송대리인에게도 준용된다(법97조. 그 밖에 대리권증명을 위한 서면의 제출, 소송능력 등의 흠에 관한 조사 및 추인에 대해서도 마찬가지이다).

④ 소멸사실 발생 후의 소송행위의 효력

법63조1항 단서의 해석과 관련하여 판례(대판 2007.5. 10, 2007다7256)는 대표이사가 사임한 것은 2005. 9. 21.이고 항소취하는 2005. 9. 23.에 하였지만, 원심법원에 대표권의 소멸사실이 알려진 날은 항소취하에 대한 이의신청서가 접수된 2005. 9. 30.인 경우가 문제되었는데, 대상(전원합의체)판결의 해석에 따라 당해 항소취하는 적법·유효하다고 판단하였다. 소멸사실이 법원에 알려지기 전에 항소취하가 이루어진 점이 이유가 된 것이고, 특히 신 대표자가 항소취하에 이의를 제기했다고 하여 달리 볼 것은 아니라고 해석하고 있다. 이러한 판례의 해석은 신법의 규정을 처음으로 적용하여 대표권의 소멸사실이 법원에 알려지기 전에 같은 조문에서 규정한 항소의 취하를 한 것이므로, 그 취하는 유효하다고 판단한 점에 의의가 있다.

한편, 위와 같은 판례의 해석, 즉 대리권 소멸통지가 있기 전에는 그 때까지 행하여진 소송행위는 유효하다는 해석은 "외관을 중시한다."는 법리이다. 이것은 반면으로 다음 항목 [4-9]에서 다루는, 판례가 그 유추적용가능성을 부정하는 소송행위에 대한 표현법리의 적용에 중요한 근거로 작용한다. 대표권이 소멸된 대표이사가 한 소송행위를 외관법리에 의해 유효하다고 해석한 것이 되기 때문이다. 앞으로 법인의 대표자의 소송행위에 표현법리의 유추적용가능성을 판례가 인정하는 것이 아닐까 기대해 본다.

[4-9] 표현대리인에 의한 소송행위의 효력

[대상판결] 대판 1983.2.8, 81다카621

[사안] 甲이 乙의 처인 A에게 약속어음금 지급에 관한 공정증서 작성의 대리인으로 위임한다는 내용의 위임장에, A는 甲의 이름을 기재하고 그 밑에 甲의 인감을 압날하여 甲 명의의 위임장 1매를 위조하였다. 그 다음, 이 위임장을 인감증명서와 함께 乙에게 교부하였다. 그 후 乙과 A는 공증인사무소에서 위 약속어음금의 지급을 연체하는 즉시 강제집행을 하기로 하는 내용의 공정증서를 작성하였다. 이에 대해 甲은 乙을 상대로 당해 공정증서는 적법한 대리권에 기한 것이 아니므로 무효라고 주장하며 채무부존재확인을 구하는 소를 제기하였다. 이때 乙은 A에게 대리권이 있다고 믿었으므로 표현대리에 의해 유효라고 주장할 수 있는가?

[판결요지] "乙이 A에게 대리권이 있다고 믿었다는 점을 들어 표현대리 주장을 한 데 대하여 원심이 판단을 하지 아니한 잘못은 인정되나, 이행지체가 있으면 즉시 강제집행을 하여도 이의가 없다는 강제집행 수락 의사표시는 소송행위라 할 것이고 이러한 소송행위에는 민법상의 표현대리규정을 적용 또는 유추적용될 수가 없는 것이므로 비록 원심이 위 표현대리 주장에 대한 판단을 하지 아니하였다 하여 판결에 영향을 미쳤다고는 할 수 없는 것이니 논지는 이유 없다."

[해 설]

① 소송행위와 표현법리의 적용가능성

소송행위에 민법 등의 사법규정을 적용할 수 있는지에 대해 대상판결은 부정적이다. 따라서 대상판결은 표현대리인이 한 소송행위는 민법상의 표현대리로서 유효하지 않고 무권대리로서 무효가 된다고 해석한다. 이러한 해석은 소송행위라고 하여 일률적으로 법률행위에 관한 규정이 적용되지 않는다는 것으로 타당하지 않다. 표현대리에 관한 규정을 소송행위에는 적용할 수 없다면 왜 그런지 구체적으로 타당한 논거를 제시할 필요가 있다.

소송행위에 대한 표현법리의 적용가능성은 사안에서와 같은 집행수락공정증서에 국한되는 것이 아니라, 표현대표이사에 의한 소송행위의 경우에도 문제된다(다만, 이에 관해서는 아직 판례가 없다). 이하의 논의에서는 표현대표이사의 문제도 포함해서 다루기로 한다.

② 부정설

대상판결은 실체법상의 표현법리를 소송행위에 적용할 수 없다고 명확히 판단하고 있다. 그 후의 많은 판례에서 확고하게 유지되고 있는 입장이다. 그러나 대상판결은 그 명확한 이유를 제시하고 있지 않다. 추측컨대 소송행위에는 일반적으로 실체법상의 법률행위에 관한 규정이 적용 또는 준용되지 않는다는 원칙을 충실히 따르기 때문이다.

부정설을 주장하는 학설의 논거는 다음과 같다. i) 실체법상의 표현법리는 거래의 상대방을 보호하고 거래의 안전을 위한 이론이므로 소송행위에는 준용되지 않는다. ii) 소송행위는 소송절차를 형성하는 것이므로 그 효력은 일의적으로 명백해야 하고 선의·악의에 의해 좌우되지 않는다. iii) 법정대리권의 존재는 직권조사사항이다. iv) 법정대리권의 흠결을 간과한 경우에는 절대적인 상고이유인 동시에 재심사유가 된다. v) 표현법리가 준용되면 절차의 획일성과 안정성이 저해된다. vi) 상법14조1항단서는 표현지배인의 소송행위를 배제하고 있다. vii) 법인이 진실한 대표자에 의해 재판을 받는 것이 적정절차에 해당한다. 그 밖에 절충설은 등기를 고치지 않는 등 법인에게 직무태만이 있는 경우라면 예외적으로 표현법리의 적용을 긍정해도 좋다고 설명한다.

③ 긍정설

표현법리를 적용 또는 준용해야 한다는 긍정설은 소수설이다. 표현법리를 적용해야 하는 논거는 다음과 같다. i) 소송법규와 실체법규의 이질성을 단순히 강조하는 것은 정당하지 않다. ii) 소송법에서는 표시주의와 외관주의가 채용되어 반드시 실체적 진실이 관철되는 것은 아니다. iii) 등기의무를 태만히 한 법인과 등기부를 믿은 상대방을 비교하면 후자를 보호하는 것이 공평하다. iv) 부정설에 의하면 추인이 없는 한 소송지연과 절차의 불안정을 초래하므로 선의의 경우에는 표현법리를 인정하는 것이 절차의 안정에 도움이 된다. v) 소송행위의 요건의 존부가 실체법에 의하는 경우(법51조, 64조)에는 민법의 규정을 유추적용할 여지가 있다. vi) 상법14조1항의 단서도 등기를 한 표현지배인의 경우에는 별도로 해석하는 것이 적당하다. vii) 집행수락행위는 거래의 일환으로 이루어지므로 채권자와 채무자 간의 이해조정을 도모하는 표현법리를 유추적용하는 것이 타당하다. viii) 소송행위로서 무효라 하여도 사법행위로서는 유효하므로 새로운 집행권원이 성립하여 소송의 중복을 초래한다. ix) 공정증서는 소정의 절차에 따라 작성되는 것이므로 가급적 그 효력을 유지해야 한다. 또한 앞의 항목 [4-8]에서 보았듯이 대리권 소멸통지를 하지 아니한 대표자가 한 행위의 효력을 인정하는 판례의 태도도 표현법리 긍정설의 논거가 될 수 있다. 왜냐하면 권리외관주의를 따르기 때문이다.

④ 부정설의 문제점

위와 같은 부정설의 논거 중 가장 중요한 것은, 표현법리는 거래 등과 같은 실체법상의 법률행위를 규제하는 이론이므로 소송행위에는 적용 또는 준용되지 않는다는 점, 그리고 진실의 발견, 즉 진실의 대표자에 의해 소송이 수행되어야 한다는 점이다. 그러나 여러 행위를 포함하는 소송행위에 대해 일률적으로 표현법리는 적용되지 않는다는 해석은 타당하지 않다. 부정설은 소위 말하는 소송법과 실체법의 준별론 자체를 강조하는 것에 불과하고, 부정설이 소송법에 규정이 없는 표현법리가 소송행위에 대해서는 적용 내지는 준용되지 않는 법리라고 해석하기 위해서는, 단순한 준별론이 아닌 그것을 근거 짓는 적절한 절차법상의 논거가 필요하다.

또한 부정설이 말하는 진실의 발견이라는 점에 대해서는 긍정설이 말하는 바와 같이 반드시 진실이 소송상 관철되지 않는다. 예를 들어 신의칙에서 보듯이 진실이 아닌 소송행위가 악의에 의해 이루어진 경우 추후에 항상 그 무효를 주장할 수 있는 것은 아니기 때문이다.

부정설에 의하면, 한편에서는 표현대리인 또는 표현대표자에 의한 소송대리행위의 경우에는 표현법리의 적용을 부정하여 진실로의 복귀(당해 대리행위의 무효)를 인정하고, 다른 한편 착오에 의한 소송행위의 경우에는 착오의 적용을 부정하여 진실로의 복귀를 인정하지 않는 것이 되어, 논리적으로 일관되지 않는다는 문제점이 있다. 또 하나 추가하자면 판례가 신의칙을 인정하면서 그와 유사한 원칙인 표현법리(표현법리는 권리외관법리로서 그것이 인정되는 이유로서 신의칙상의 금반언이라는 요소가 크게 작용한다)를 인정하지 않는 것도, 논리적으로 일관되지 않다고 평가할 수 있다([1-2] 참조).

⑤ 긍정설에 의한 상대적 고려의 필요성

소송행위의 다양성이라는 점에서 본다면 각 소송행위에 따라 그 규제의 정도에 차이가 발생한다. 따라서 실체법상의 표현법리의 유추적용에 대해 그것을 일률적으로 부정하는 것도, 또한 일률적으로 긍정하는 것도 타당하지 않다. 표현법리의 적용에 대해, 실체법상으로는 거래의 안전이 우선적으로 고려되고 본인에 대해 표현대표자 또는 표현대리인에 의한 법률행위의 무효의 주장이 금지된다. 한편, 소송법상으로는 거래의 안전이 우선적으로 고려되는 것은 아니지만, 일정한 경우에는 대표자 또는 대리인이 한 소송행위에 대한 본인의 책임을 물을 수 있는 가능성을 부정할 수 없다. 이 경우, 즉 대표자 또는 대리인의 선임 및 감독에 대해 본인의 책임을 물을 수 있는 경우에는 본인에 대해 표현대표자 또는 표현대리인에 의한 소송행위의 무효의 주장을 허용해서는 안 될 것이다.

결국 본인의 이익과 상대방의 이익의 비교형량(본인의 책임의 정도)에 기해 어느 이익을 보호해야 하는지의 문제로서 대처해야 할 것이다. 특히 본인의 책임에 대해서는 그 내용의 확정이 문제되지만, 그 책임을 추궁하기 위해서는 상대방의 신뢰를 초래하여 그 자에게 일정한 이익을 발생시키는 것이 필요하다는 점을 고려한다면, 신의칙상의 책임이라고 해석할 수 있다. 이와 같이 표현대표자 또는 표현대리인이 행한 소송행위에 대해 표현법리를 적용해야 하는지 여부에 관해서는, 소송상의 신의칙이라는 절차상의 고려요소도 참고로 하면서 판단해야 할 것이다.

[4-10] 무권대리인이 한 소송행위와 추인

[대상판결] 대판 1997.3.14, 96다25227

[사안] 甲 문중은 乙을 상대로 소유권이전등기를 구하는 소를 제기하였다. 제1심과 제2심에서 甲을 대표한 A는 1992. 10. 8. 문중회의에 의해 대표로 선임되었지만, 제1심은 그러한 선임이 적법한 소집권자가 적법한 절차에 의해 소집한 종중회의로 볼 수 없어 그 효력이 없다고 판단하여 소를 각하하였다. 甲은 상고를 제기하고 1996. 6. 30. 다시 문중회의를 소집하여 A를 甲의 대표자로 적법하게 선임하였다. A는 적법하게 甲의 대표로 선임된 후 상고심에서 자신이 그 때까지 甲의 대표자로서 한 소송행위를 추인할 수 있는가? A가 제1심과 제2심에서 한 소송행위의 효력은 어떻게 되는가?

[판결요지] "적법한 대표자 자격이 없는 비법인 사단의 대표자가 한 소송행위는 후에 대표자 자격을 적법하게 취득한 대표자가 그 소송행위를 추인하면 행위시에 소급하여 효력을 갖게 되는 것이고, 이러한 추인은 상고심에서도 할 수 있는 것이다.

A가 당심에 이르러 자신이 이 때까지 甲의 대표자로서 한 소송행위를 추인하였으므로, A가 甲의 대표자로서 제1심 및 원심에서 한 소송행위는 모두 행위시에 소급하여 그 효력을 가지게 되었고, 따라서 원심이 A에게 대표자격이 없음을 이유로 이 사건 소를 각하한 것을 결국 위법함을 면할 수 없다."

[해 설]

① 소송행위의 추인

무권대리인이 한 소송행위(또는 소송무능력자가 한 소송행위)는 추인되지 않는 한 무효이다. 대리권은 소송행위를 하거나 그 상대방이 되기 위한 유효요건이고 절차의 안정을 위해 취소가 아닌 무효로 처리된다. 대상판결에서 보듯이 추인에 의해 그 소송행위는 소급하여 효력을 갖는다. 무권대리인이 한 소송행위를 추인할 수 있는 것은 법정대리인이나 소송무능력자가 한 경우라면 후에 능력을 회복한 당사자도 가능하다(법60조). 이

점은 대상판결도 판시하듯이 자격이 없는 대표자가 후에 대표자 자격을 적법하게 취득한 경우에도 마찬가지이다.

② 추인의 방식

추인은 대상판결에서 보듯이 상고심에서 가능하고 재심절차에서도 할 수 있다. 추인의 방식은 특별한 규정이 없으므로 구술로 또는 묵시로도 가능하다. 후자의 경우, 제1심에서 이루어진 무효인 소송행위를 항소심에서 제1심 변론결과를 진술하는 등 변론을 하였다면 제1심에서의 소송행위는 묵시적으로 추인된 것이라고 보아야 한다. 예를 들어 판례(대판 1988.10.25, 87다카1382)는 "피고종중의 정당한 대표자가 위 이ㅇㅇ이라면 제1심에서의 위 5인의 소송대리인에 의한 소송행위는 피고종중을 대표할 권한없는 자로부터 소송위임을 받은 소송대리인에 의하여 이루어진 것으로서 그 효력이 없다 할 것이나 원심에 이르러 피고종중의 정당한 대표자인 위 이ㅇㅇ로부터 소송위임을 받은 소송대리인이 제1심 변론결과를 진술하는 등 변론을 함으로써 제1심에서의 소송행위는 묵시적으로 추인된 것이라고 보아야 할 것이다."고 판시하였다.

③ 추인의 대상

추인은 절차의 안정을 위해 소송행위의 전체를 일괄해서 해야 하는 것이고, 그중에서 일부의 소송행위만을 하는 것은 소송의 혼란을 일으키게 할 염려가 있으므로 원칙적으로 이를 허용할 수 없지만, 다음과 같은 예외가 있다(대판 1973.7.24, 69다60). 즉, 소외인이 원고대표자의 도장을 도용하여 변호사에게 피고 등에 대한 소송행위의 위임을 하여 소송을 진행한 결과, 제1심에서 원고가 승소하였으므로 피고들의 항소제기로 소송이 제2심에 계속된 후에 위 소외인이 본건 소를 취하했지만, 원고가 위 일련의 소송행위 중에서 소취하행위만을 제외하고 전부 추인한 경우, 그러한 경우에는 소취하행위만을 다른 소송행위에서 분리해도 독립의 의미

를 가지고 있어서 이것만을 제외하고 추인하더라도 소송의 혼란을 일으킬 염려가 없고 소송경제상으로도 적절하여 본건 소취하행위만을 제외한 추인은 유효하다고 판단되었다. 소취하만 무효로 하고(추인하지 않고) 나머지 소송행위는 전부 유효로 하겠다는(추인하겠다는) 것인데, 소취하가 무효로 됨으로써 소가 계속 진행(부활)되는 점에서도 타당한 해석이다.

④ 추인할 수 있는 권한

소송행위를 추인할 수 있는 권한에 대해서는 다음과 같은 판례의 사례가 있다. 예를 들어 원고조합의 소송대리인에 대한 소송위임행위가 도시정비법(24조3항5호)에서 정한 '예산으로 정한 사항 이외에 조합원의 부담이 될 계약'에 해당하여 총회의 결의를 필요로 하고 그럼에도 불구하고 원고조합이 이를 거치지 않아 위 소송위임행위와 그에 따른 소송대리인의 이 사건 소송행위는 모두 무효가 된다. 그러나 원고조합이 그 대표자인 조합장을 통하여 직접 이 사건 소를 제기하는 등의 소송행위를 하는 데에 그와 같은 제한이 없다면 원고의 조합장이 소송대리인의 소송행위를 추인함에도 총회의 결의는 필요하지 않다고 보아야 한다. 왜냐하면 소송행위의 추인은 타인을 대표하거나 대리하여 어떠한 소송행위를 할 권한이 없는 자가 한 무효의 소송행위를 본래의 당사자나 그 법정대리인이 소급하여 유효하게 만드는 것으로서, 그러한 추인의 권한은 당사자나 그 법정대리인이 본래의 소송행위를 할 수 있는 고유의 권한이 다른 형식으로 표현된 것에 지나지 않고 그로부터 독립하여 별개의 내용이나 범위를 갖는 추인의 권한이 따로 존재하는 것은 아니기 때문이다(대판 2012.3. 15, 2011다95779).

[4-11] 소송대리권의 범위

[대상판결] 대판 1965.7.13, 65다1013

[사안] 甲은 변호사 A를 소송대리인으로 선임하여 소를 제기하였지만, 제1심에서 패소하였다. 甲이 항소를 제기할 때, A는 당연히 항소심에서도 소송대리인이 되는가?

[판결요지]

"변호사에 대한 소송위임이란 소송의 당사자가 변호사에 대하여 그 소송의 수행에 관한 대리권을 수여하는 단독행위를 이르는 것이나 그 대리권수여의 기본에는 본인과 변호사 간의 신임관계에 의한 위임계약이 있는 것이 보통이고 그 위임계약에 의하여 변호사의 본인에 대한 성실의 의무나 비용 또는 보수청구권이 발생되는 것인 만큼 민사소송법상 변호사에 대한 소송대리권의 수여에 관한 소송위임을 심급마다 따로 하여야 할 것으로 되어 있다 하여 그 소송사건에 관한 본인과 변호사 간의 위임계약자도 심급마다 따로히 체결되어야 한다거나 또는 따로히 체결되었을 것이라고 추정할 성질의 것이라고 할 수는 없을 것이다."

[해 설]

① 소송대리권의 범위

소송위임에 의한 소송대리인의 자격은 원칙적으로 변호사에 국한된다(변호사대리의 원칙. 법87조). 소송위임이란 대리권을 수여하는 소송행위로서, 당사자본인은 소송능력을 가져야 하고, 대리권수여의 의사표시가 소송대리인이 될 상대방에게 도달했을 때에 대리권이 발생한다. 법은 소송대리인의 소송대리권의 범위에 관해, 원칙적으로 개별적 소송행위에 국한되지 않는 포괄적 범위(승소판결을 얻기 위해 소송수행에 필요한 일체의 소송행위를 할 수 있는 권한)의 대리권이 인정됨을 규정하고 있다(법91조. 단, 같은 조 단서에 의해 변호사가 아닌 소송대리인의 경우에는 제한이 가능하다). 이러한 규정의 태도는 소송절차의 신속하고 원활한 진행을 위한다는 점에 목적이 있고, 변호사라는 법률전문가의 윤리라는 점을 기초로 한다. 여기에 포함되는 것으로는, 소송행위 그리

고 소송행위를 전제로 한 실체법상의 권리행사로 구분할 수 있다(법90조). 전자에는, 소의 제기, 소의 변경, 피고가 제기한 반소에 대한 응소, 제3자에 의한 소송참가에 대한 응소, 공격방어방법의 제출, 강제집행 등의 소송행위, 그리고 가압류·가처분 등의 부수적인 소송행위가 소송대리권의 범위에 포함된다. 또한 "판결에 대한 경정결정신청은 그 심급의 소송대리인의 대리권 범위에 속한다고 할 것이므로 이에 대하여 따로 다시 대리권을 수여할 필요가 없다"(대결 1964.7.30, 64마505). 후자에는, 변제의 수령이라는 사실행위 이외에, 시효의 원용, 상계, 해제, 취소 등의 형성권을 행사할 권한이 포함된다. 사법상의 화해계약에 관해서는 특별한 수권이 필요하다는 견해가 있고, 사법상의 화해계약은 특별한 사정이 없는 한 소의 취하를 동반하므로 다음에서 보는 특별수권사항으로 해석하는 것이 타당하다.

② 특별수권사항

한편 법은 당연히 소송대리권의 범위에 포함되지 않는 특별수권사항을 규정하고 있다(법90조). 특별한 사항에 대해서는 그 사항의 중요성에 비추어 본인의 의사를 재확인할 필요가 있기 때문이다.

특별수권사항으로는 첫째로 별개의 청구를 주장하는 행위로서 반소의 제기가 이에 해당한다. 단, 원고의 재반소는 대리권의 범위에 속한다. 둘째로 소송자체를 처분하는 행위로서 소의 취하(상소의 취하를 포함), 청구의 포기·인낙, 화해 또는 소송탈퇴가 있다. 여기서 소의 취하에 대한 동의에 관해서는, "변호사를 소송대리인으로 선임할 때 재판상 및 재판외의 화해, 소의 취하, 청구의 포기 및 인낙 등 특별수권사항까지 포함된 일체의 소송행위를 할 수 있는 대리권을 부여한 사실(이 있는 경우) … 소취하에 대한 소송대리인의 동의는 민사소송법 제82조(법90조) 제2항 소정의 특별수권사항이 아닐 뿐만 아니라 위 소송대리인의 위와 같은 소송대리권 속에는 상대방의 소취하에 대한 동의권도 포함되어 있다고 봄이 상당하다"(대판 1984.3.13, 82므40). 셋째

로 복대리인의 선임으로서 복대리인은 본인을 위한 별도의 대리인이 되므로 본인의 의사를 확인할 필요가 있다.

③ 상소의 대리와 특별수권사항

사안에서 문제되는 것은 항소의 제기가 특별수권사항에 해당하는지에 관한 점인데, 대상판결은 법90조를 근거로 심급대리의 원칙에 의해 특별수권사항에 해당한다고 해석하고 있다. 따라서 항소의 제기를 위해서는 새로이 甲과 변호사 A가 소송위임계약을 체결해야 한다(물론, 반드시 다른 변호사와 소송위임을 할 필요는 없다). 대상판결이 법90조를 근거로 심급대리의 원칙을 취하고 있는 것은, 소송의 승패는 당해 심급으로서 일단 판가름 난다는 점, 당사자의 의사(계속 다툴지 여부)를 확인할 필요가 있다는 점에 이유가 있다.

단, 항소의 제기에 관하여 특별수권을 받지 아니한 제1심 소송대리인이 제기한 항소는 무권대리인에 의해 제기된 것으로서 위법하다 할 것이나, 그 당사자의 적법한 소송대리인이 항소심에서 본안에 대하여 변론하였다면 이로써 그 항소제기 행위를 추인하였다고 할 것이므로 그 항소는 당사자가 적법하게 제기한 것으로 된다(대판 1962.10.11, 62다439; 대판 1995.7.28, 95다18406; 대판 2007.2.8, 2006다67893).

④ 심급대리의 구체적 적용

상소의 제기가 아닌 상소의 응소에 관해서는 약간의 다툼이 있다. 판례는 당해 심급판결의 송달을 받음으로써 소송대리권이 소멸한다라고 해석하므로(대판 1995.12.26, 95다24609), 상소의 응소의 경우에도 특별수권사항에 포함된다는 해석이다(통설도 같다). 반대로 법이 상소의 제기라고만 하고 있으므로 상소의 응소의 경우에는 통상의 소송대리권에 포함된 것이라고 해석할 여지가 없지 않다. 그러나 새로운 심급에서의 방어이고, 부대항소와의 관계에서 상급심에서의 대리권을 수여함으로써 그에 따라 부대항소에 관한 권한을 수여한 것으로 보는 것이 타당하므로 상소의 응소의 경우에도 특별수권이 필요하다.

또한 재심소송절차에서의 변론은 재심 전 절차의 속행이기는 하나, 재심의 소는 신소의 제기라는 형식을 취하고 재심 전의 소송과는 일응 분리되어 있는 것이므로(심급이 다르므로), 사전 또는 사후의 특별수권이 없는 이상 재심 전의 소송의 소송대리인이 당연히 재심소송의 소송대리인이 되는 것은 아니고, 새로이 소송위임을 받아야 한다(대결 1991.3.27, 90마970).

그 밖에 파기환송을 받은 원심에서는 환송 전에 소송대리권을 가졌던 소송대리인의 대리권이 동일한 심급이 되었다는 점에서 부활한다(대판 1963.1.31, 62다792; 대판 1985.5.28, 84후102). 그러나 파기환송된 사건이 다시 상고된 경우에는, 새로운 상고심은 환송 전의 상고심과는 별개의 심급이 되므로 특별수권사항으로서 새로운 소송위임이 필요하다(대결 1996.4.4, 96마148).

[4-12] 변호사법에 위반되는 대리행위의 효과

[대상판결] 대판(전) 1975.5.13, 72다1183

[사안] A합동법률사무소 소속인 변호사 B는 이 사건에서 문제된 공정증서에 서명날인하였고, 같은 합동법률사무소 소속의 변호사 C는 당해 공정증서에 기한 집행문의 부여에 관여하였다. 당해 공정증서에서 채무자로 되어 집행을 당하게 된 甲은 당해 공정증서의 집행력을 배제하기 위해 청구이의의 소를 제기하였다. 이 소송의 제1심에서 피고의 소송대리인이 된 것은 B였고, 제2심에서의 피고의 소송대리인은 C였다. 한편, 변호사법 제31조제1항3호에서는 공정증서의 작성에 관여한 변호사는 그에 관한 소송에서 대리인이 될 수 없다고 규정하고 있다. 이러한 경우 B와 C가 한 대리행위는 유효한가?

[판결요지] "변호사 B와 변호사 C는 다 같이 A합동법률사무소의 구성원으로서 B는 본건 어음의 발행 및 배서에 관한 각 공정증서에 서명날인까지 한 사람이고 C는 본건 공정증서에 집행문을 부여하는 데에도 관여한 사람임에도 불구하고 위 집행력 있는 정본의 집행력을 배제하기 위하여 제소한 본건 소송에 있어서 B는 피고의 1심 소송대리인으로서, C는 원심의 피고소송대리인으로서 각 소송을 수행하였음을 알 수 있으니 위 변호사들이 본건 소송사건에서 소송대리인으로 1심 또는 원심에서 소송을 수행한 행위는 변호사법 제16조제2호(현행 변호사법 제31조제1항3호)에 위배되는 것이라 할 것이다. 그러나 변호사가 변호사법 제16조 제2호(현행 변호사법 제31조제1항3호)의 규정에 위배되는 소송행위를 하였다고 하더라도 당사자가 그에 대하여 아무런 이의를 제기하지 아니하면 그 소송행위는 소송법상 완전한 효력이 생긴다고 할 것인바, 甲이 원심변론종결시까지 이에 대하여 아무런 이의를 제기하지 아니하고 상고이유에서 비로소 이를 주장함이 기록상 명백하니 논지는 이유 없는 것이라 할 것이다."

[해 설]

① 변호사법에 위반하는 소송행위의 효력

소송대리인은 변호사이어야 한다(법87조. 변호사대리의 원칙). 변호사는 특수한 지위를 갖고 있는 관계로 변호사법의 규율을 받게 되는데, 사안에서와 같이 변호사법 위반이라는 점이 소송상 대리행위의 효력에 어떠한 영향을 미치는지 문제된다. 대상(전원합의체)판결은 변호사법에 위반되는 변호사의 대리행위의 효과에 관해 '이의설'을 취하고 있다. 즉, 그 행위의 효과를 당사자의 이의에 맡긴다는 태도이다. 단, 과거와는 달리 변호사법을 위반하며 소송행위를 하는 사례는 매우 적다고 할 수 있다.

② 학설과 판례

변호사법에 위반되는 대리행위의 효력에 관한 학설로는 다음과 같은 입장이 있다. 첫째로 절대무효설은 변호사법의 강행법규로서의 특징을 강조하여 항상 무효라고 해석한다. 둘째로 유효설은 절대무효설과는 정반대로 항상 유효라고 주장한다. 셋째로 추인설은 무권대리에 해당하지만 추인에 의해 유효가 된다는 견해이다. 넷째로 이의설은 상대방이 이의를 하지 않고 소송절차를 진행하면 유효이지만, 일정 시기까지 상대방이 이의를 주장하면 무효가 된다는 해석이다(그 밖에 이의설에 의하면서 쌍방대리의 경우에만 추인설이 타당하다는 견해도 있다).

판례는 원래 변호사법에 위반되는 대리행위의 효력에 대해, 추인설을 취한 판례(대판 1962.4.25, 4294민상676에서는 무권대리행위로서 추인하면 효력이 있다는 추인설을 취하였다)와 이의설을 취한 판례(대판 1964.4.28, 63다635; 대판 1969.12.30, 69다1899)로 양분되어 있었는데, 대상판결에 의해 이의설이 판례의 입장이 되었고, 그대로 유지되고 있다. 예를 들어, 대판 1990.11.23, 90다4037, 4044에서 "제1심에서 피고를 대리하여 소송행위를 하였던 변호사가 항소심에서 원고소송복대리인으로 출석하여 변론을 한 경우라도 당사자가 그에 대하여 아무런 이의를 제기하지 아니하면 그 소송행위는 소송법상 완전한 효력이 생긴다."고 판시하고 있다(그 밖에 대판 1995.7.28, 94다44903).

③ 이의설의 타당성

사안에서와 같이 소송대리인인 변호사가 변호사법 31조를 위반하여 한 특정 대리행위의 효과에 대해서는, 당해 조문의 위반에 의해 상대방이 불이익을 받는 것이 보통이다. 상대방이란 사안에서의 원고인 甲이고, 금지되는 대리행위의 의뢰자가 아닌 상대방을 말한다. 변호사법31조1항1호와 2호의 경우에는 2차 수임의 상대인 1차 수임의 의뢰인이, 3호의 경우에는 의뢰인의 상대방이 각각 이의를 제기할 수 있는 상대방이 된다. 따라서 상대방의 이익의 보호를 중시해야 하고, 이러한 점에서 본다면 판례와 통설의 견해인 이의설에 의해 처리하는 것이 타당하다. 따라서 이의설과 유사한, 특히 쌍방대리의 경우에만 추인설이 타당하다는 견해도 의뢰자가 아닌 위와 같은 상대방의 이익보호를 주안으로 해야 한다는 점에서 타당하지 않다.

이의의 주장은 그러한 위반사실을 알지 못했다는 내용의 증명에 의해, 또한 그러한 사실을 알고 바로 해야 할 것이다. 대상판결에서도 보듯이 이의 주장은 사실심 변론종결시까지 할 수 있고 상고심에서는 불가능하다.

④ 비변행위의 처리

한편, 변호사법 위반 중에서도 특정한 행위가 변호사법에 위반되는 것이 아닌, 변호사가 아닌 자가 소송대리를 하는 비변행위에 효력이 있는지 문제된다. 단, 지금은 변호사대리원칙에 위반되는 행위를 방지하기 위해 제도적인 규제를 해야 할 정도로 비변행위가 다발하는 것은 아니다. 비변행위의 효력에 관해서는, 강행법규에 위반하는 행위이므로 원칙적으로 무효로 해야 하지만 다음과 같은 예외를 인정할 필요가 있다. 즉, 본인이 비변호사인 것을 모르고 있었다면 그 효과는 원칙적으로 없고 예외적으로 추인을 인정해야 한다. 반대로 본인이 비변행위임을 알고 있었다면 그 무효를 주장하는 것은 신의칙에 반하고 추인한 것이 된다. 반대로 상대방의 경우에는 그 자의 대리인이 문제가 된 것은 아니므로, 대리행위가 당해 법규에 위반되는지 여부에 대해 직접적인 관련을 갖지 않는다. 따라서 자신의 권리가 비변행위에 의해 부당히 침해되었다는 증명이 없는 한 비변행위라는 이유만으로는 무효를 주장할 수 없다.

비변행위와 유사한 것으로 자격정지 중인 변호사 또는 변호사등록이 취소된 자가 한 대리행위의 효력이 문제된다. 기본적으로 자격정지나 자격상실로 상실한 자격을 회복하지 않는 한 변호사라고 할 수 없으므로, 추인설을 기본으로 하는 위에서 본 비변호사의 대리행위의 경우와 동일한 해석으로 대처할 수 있을 것이다.

제5장

소의 이익

[5-1] 종교분쟁과 법률상의 쟁송

[대상판결] 대판 1978.12.26, 78다1118

[사안] A교회 소속 목사인 甲은 A의 상급 장로회 총회인 乙로부터, A교회의 위임해제 및 6개월간 목사직 정직을 명하는 재판(권징)을 받았다. 이에 甲은 乙을 상대로 乙의 그러한 재판의 무효를 확인하는 소를 제기한 경우, 이러한 소는 법률상의 쟁송에 해당되는가?

[판결요지] "乙의 재판국을 위시하여 乙이나 그 산하의 각급 재판기관에서 하는 권징의 목적은 '진리를 보호하며 그리스도의 권병과 존영을 견고하게 하며 악행을 제거하고 교회를 정결하게 하며 덕을 세우고 범죄한 자의 신령적 유익을 도모하는 데 있음이 분명한 바, 이를 풀이하면 일반적으로 乙과 같은 종교단체가 그 교리를 확립하고 단체 및 신앙상의 질서를 유지하기 위하여 교인으로서 비위가 있는 자에게 종교적인 방법으로 징계 제재하는 종교단체 내부의 규제에 지나지 아니하고 그것이 교인개인의 특정한 권리·의무에 관계되는 법률관계를 규율하는 것이 아님이 명백하며 본건에서의 무효를 구하는 결의(재판) 역시 직접으로 甲에게 법률상의 권리침해가 있다 할 수 없으니 이런 결의(재판)의 무효확인을 구하는 것은 소위 법률상의 쟁송사항에 관한 것이라 할 수 없다 할 것이므로 甲의 본건 출소는 부적법하여 각하를 면할 수 없다."

[해 설]

① 권리보호의 자격과 이익

본안판결을 받을 수 있는 소송요건으로서 소의 이익이 있다. 소의 이익에는 먼저 권리보호의 자격이란 기준이 있고, 이것은 청구의 내용이 본안판결을 받을 수 있는지에 관한 것으로, 구체적인 사건의 내용에 관계없이 추상적으로 정해진다. 이를 토대로 사건의 구체적인 사정에 따라 본안판결의 적부의 기준이 되는 것을 권리보호의 이익이라 한다. 협의의 소의 이익은 보통 후자만을 가리킨다. 전자에 관해서는 법원조직법2조1항에서 말하는 '법률상의 쟁송'을 가리키고, 법원의 심판권의 한계의 문제로서 다루어진다.

법률상의 쟁송의 유무에 관해서는 보통 다음의 두 가지 기준에서 판단된다. 첫째는 소송물이 법적 판단, 즉 법령의 적용에 적합한 것이어야 한다. 둘째는 소송물이 구체적인 권리의무나 법률관계에 관련된 것이어야 한다. 사안에서와 같이 종교분쟁은 위와 같은 기준을 갖추어 법률상의 쟁송이 되는지, 달리 말하면 종교 관련 소송이 법원에 제기되면 법원은 본안판결을 할 수 있을지, 아니면 법률상의 쟁송이 아니라고 하여 각하해야 하는지가 문제된다. 대상판결은 순수한 종교분쟁은 법률상의 쟁송이 아님을 명확히 하고 있다.

② 종교분쟁과 법률상의 쟁송

사안에서와 같이 종교분쟁, 즉 특정 종교가 어떠한 성격의 종교인지, 특정 교회나 사찰이 어느 종파에 속하는지의 확인청구 등은 법률상의 쟁송이 아니다(그 밖의 판례로 대판 1980.1.29, 79다1124 등 다수가 있다). 대상판결의 입장은, 내부의 규율에 관한 것인 이상 직접 법적 권리의무에 관계되는 것이 아니므로 법률상의 쟁송이 되지 않는다는 것이다. 이러한 입장은 그 내부적 자율성을 존중해야 한다는 취지로, 종교단체만이 아닌 정당, 대학과 같은 부분사회의 경우에도 마찬가지로 적용될 것이다. 그 밖에 甲 교회의 교인 乙 등과 담임목사를 비롯한 다른 교인들 사이에 장로 선출을 둘러싼 분쟁 및 담임목사에 대한 이단 고발 등으로 갈등이 심화되어 甲 교회가 정기당회에서 교단 임시헌법에 근거하여 乙 등을 교적에서 제적하는 결의를 한 사안에서, 위 제적결의 및 효력 등에 관한 사항은 사법심사의 대상이 아니라고 한 사례로서 대판 2011.10.27, 2009다32386이 있다.

위와 같은 판례의 해석은 원칙에 충실한 해석이다. 즉, 종교분쟁에서는 헌법상 종교의 자유가 부여되어 있다는 점이 가장 중요한 판단기준이 된다(헌법20조). 종교분쟁을 해결할 때 만일 당해 종교단체의 종교교리의 당부 내지는 적부를 법원이 국가의 공권력으로 판단한다면, 이것은 종교의 자유를 침해하는 것이 되기 때문이다. 따라서 순수하게 종교단체의 교리를 둘러싼 분쟁이라면 당해 단체의 자율에 맡겨야 할 문제이고 국가가 개입할 여지가 없으므로, 법률상의 쟁송이 될 수 없다.

③ 종교분쟁이 법률상 쟁송이 되는 경우

그러나 종교단체의 처분이 현저히 불공정하거나 내부의 절차규정을 위반한 경우라면, 국가법이 개입해야 한다. 즉, 종교단체의 처분의 내용이 공서양속 또는 공공복리에 위반하는 경우라면, 종교교리에 관한 것이라도 국가법질서에서 이를 승인할 수는 없기 때문이다.

④ 종교교리와 구체적인 권리의무가 관련된 경우

한편, 종교상의 지위와 당해 종교법인의 세속적 지위를 겸유하는 구성원을 종교단체가 해임하면, 해임된 자가 그에 대해 무효확인의 소를 제기할 수 있는지 문제된다. 이러한 경우에는 위에서 본 두 번째 요건은 갖추었다고 할 수 있다. 즉, 소송물은 법률상의 지위에 관한 것이고, 종교상의 지위는 그 전제문제이며 기판력으로 확정되는 것이 아니므로 권리보호의 자격이 있다.

그러나 두 개의 지위가 불가분의 일치가 되어 세속적인 권리의 당부를 판단하기 위해서 종교교리를 판단해야만 하는 경우라면, 종교단체의 교리를 존중하여 판단한다는 전제하에서 법률상의 쟁송에 해당된다. 즉, 종교단체의 자율권을 존중한 판단을 하는 것이다.

예를 들면, "종단으로부터 치탈도첩 또는 승적의 제적이라는 징계를 받았으므로 사찰을 점유·관리할 권원을 상실하였다 하여 그 명도를 청구한 경우에는, 구체적인 권리 또는 법률관계를 둘러싼 분쟁이 존재하고, 또한 그 청구의 당부를 판단하기에 앞서 위 징계의 당부를 판단할 필요가 있으므로, 법원으로서는 그 판단의 내용이 종교교리의 해석에 미치지 아니하는 한 위 징계의 당부를 판단하여야 할 것이고, 이 경우 그 종교단체 소정의 징계절차를 전혀 밟지 아니하였다거나 징계사유가 전혀 존재하지 아니한다는 등 이를 무효라고 할 특별한 사정이 없으면 그 징계는 여전히 효력을 지속한다."는 경우이다(대판 1992.5.22, 91다41026).

⑤ 종교교리와 관련이 없는 분쟁의 경우

그러나 종교분쟁이라도 종교의 교리와는 관계없는 경우라면, 당연히 법률상의 쟁송에 해당되어 국가의 법원이 개입할 수 있다. 예를 들면 특정교회건물의 소유권분쟁에 있어, "대한예수교장로회의 헌법에는 원고소속의 지교회에 속한 부동산은 노회의 소유로 하고 토지나 가옥에 관하여 분쟁이 생기면 노회가 이를 처단할 권한이 있음을 규정하고 있으나 물권인 부동산소유권의 귀속 등 국가의 강행법규를 적용하여야 할 법률적 분쟁에 있어서는 이와 저촉되는 교회헌법의 규정이 적용될 여지가 없는 것인바, 이 사건 부동산은 분열 전의 중동교회 전체교인들의 총유이므로 그 총의에 따라 경료된 것이 아닌 원고 명의의 소유권보존등기는 위 헌법규정에 관계없이 무효이어서 그 소유를 인정할 수 없다."라고 해석된다(대판 1991.12.13, 91다29446).

[5-2] 장래이행의 소와 소의 이익

[대상판결] 대판(전) 1975.4.22, 74다1184

[사안] 甲은 자신의 소유인 토지 X를 乙이 불법점거하고 있다고 주장하며 다음과 같은 청구를 구하는 소를 제기하였다. 즉, 乙의 불법점거에 따른 그 임대료 상당의 부당이득금으로 먼저 사실심종료 당시까지 이미 발생한 부분과, 다음으로 乙이 甲에게 X의 인도를 완료할 때까지의 부분을 청구하였다. 후자는 장래에 발생할 부당이득 상당금액에 해당하는데, 이를 장래이행의 소로서 제기할 소의 이익이 있는가?

[판결요지] "원래 장래의 이행을 청구하는 소는 미리 그 청구할 필요가 있는 경우에 한하여 제기할 수 있다고 우리 민사소송법 229조(법251조)가 규정하고 있는데 그 입법 취지는 가령 현재(즉, 사실심의 변론종결 당시에) 조건부 또는 기한부 권리관계 등이 존재하고 단지 그 이행기가 도래않고 있는 데 불과한 때에 만일 그 채무의 이행기가 도래하였다 하여도 채무자가 그 채무를 자진하여 이행하지 않을 것이 명백히 예상되는 경우에도 채권자는 속수무책으로 아무 대책도 강구 못하고 그 이행기가 도래하였을 때까지 기다렸다가 비로소 그 이행기가 도래한 부분에 한하여 현재의 급부의 소만을 제기하여야 한다면 채권자의 보호가 충분치 못하므로 (특히 원금과 그 지급완료시까지의 이식, 손해금의 지급청구 및 월부금의 지급 본건과 같은 부동산명도완료시까지의 임료 또는 손해금 등 계속적으로 발생하는 채무의 경우를 상기하여 보면) 그 이행기 도래 전에 미리 장래에 이행할 채무의 이행기에 있어서의 이행을 청구하는 확정판결을 얻어서 두었다가 그 이행기가 도래하면 즉시 강제집행을 할 수 있게 하기 위하여 이행기에 즉시 이행을 기대할 수 없다고 인정할 때에는 언제나 소위 위 규정에 의한 장래의 이행의 소를 청구할 수 있는 방도를 법제적으로 규정하여 두자는 데 있다. 유독 부당이득 상당금의 지급채무에 있어서만 그 성질상 장래 발생할 채무의 지급을 명하여서는 안 된다고 할 아무 합리적 이유도 없다고 할 것이다(민법 741조, 747조, 748조가 "얻은 이익" "받은 목적물"은 "반환한다"라고 규정한 점에 현혹되어서 위 민사소송법 229조(법251조)의 입법취지를 몰각하는 반대해석을 하여서는 안 될 것이다). 그러므로 이 점에 있어서 전시 본원판결은 이를 유지할 아무 근거가 없으므로 이 판결로서 폐기하기로 한다."

[해 설]

① 장래이행의 소의 의의

장래이행의 소란 당해 이행청구권의 이행기가 도래하지 않았지만, 미리 청구를 할 필요가 있는 경우에 인정되는 이행소송이다(법251조). 변론종결시에는 당해 청구권의 이행기가 도래하지 않았음에도, 특별한 이익이 있음을 전제로 그 소의 이익을 인정하는 것이다.

장래이행의 소의 목적은 이행기에 이르러 채무자가 임의이행을 거절하는 것을 대비하기 위한 것이다. 판결 주문에는 반드시 이행기가 명시되고, 따라서 강제집행은 이행기도래에 의해 가능해진다.

② 장래이행의 소와 소의 이익

장래이행의 소가 인정되는(소의 이익이 있는) 경우로는 먼저 장래의 이행을 합리적으로 기대할 수 없는 경우가 있다. 사안에서와 같은 장래의 부당이득청구를 할 소의 이익이 인정되는 경우이다. 원래 판례는 그 변경이 있기 전에 "부당이득의 성질상 장래에 발생할 임대료 상당의 손해를 미리 청구할 수 없다."(대판 1960.10.6, 4298민상260)고 해석하고 있었지만, 대상(전원합의체)판결에서 이를 변경하여 장래이행의 소의 이익을 인정하게 되었다. 그 이유는, "그 이행기 도래 전에 미리 장래에 이행할 채무의 이행기에 있어서의 이행을 청구하는 확정판결을 얻어서 두었다가 그 이행기가 도래하면 즉시 강제집행을 할 수 있게 하기 위하여 이행기에 즉시 이행을 기대할 수 없다고 인정할 때에는 언제나 소위 위 규정에 의한 장래의 이행의 소를 청구할 수 있는 방도를 법제적으로 규정하여 두자는 데 있다."라는 점으로 요약할 수 있다. 사안에서와 같은 경우에도 장래의 이행의 거절을 합리적으로 예상할 수 있으므로, 장래이행의 소가 인정된다는 해석은 타당하다.

　보통 피고인 채무자가 현재이행기가 도래한 채무의 이행을 다투고 있다면, 장래이행기가 도래하는 또는 조건이 성취하는 채무의 경우에도 그 이행을 거절할 것이 합리적으로 예상되므로 장래이행의 소가 인정된다. 예를 들면 채무자가 이행기가 도래한 원본채권과 그 이자채권을 다투고 있는 경우에 채권자가 변론종결 후에 발생할 이자의 지급을 구하는 경우가 이에 해당한다.

　또한 토지나 가옥의 인도청구의 경우에 채무자가 인도의무를 다투고, 이에 대해 채권자가 변론종결 후 인도 시까지의 임료상당액의 손해액의 지급을 구하는 경우에도, 기본적 권리관계의 다툼에 의해 파생적 급부에 대한 장래의 이행을 기대할 수 없는 경우라 할 수 있다. 물건의 인도청구와 함께 병합하는 대상청구, 이혼소송에 병합하는 재산분여청구 등의 경우에도 장래이행의 소가 인정된다(다만, 대판 1969.12.29, 68다2425는 공유물분할청구소송의 판결이 확정되기 전에는 분할물의 급부를 청구할 권리나 그 부분에 대한 소유권의 확인을 청구할 권리가 없다고 한다).

　그 밖에 다음과 같이 장래이행의 이익이 인정된 예가 있다. 주식의 소유자가 양도절차를 거부하는 경우에는 그 주식 발행회사도 명의개서를 거부할 염려가 있다는 이유로 회사에 대한 장래의 명의개서를 청구할 필요가 있다고 인정된 예(대판 1972.2.22, 71다2319), 양육자지정청구를 하면서 양육자로 지정되는 경우 지급받을 양육비의 액수와 그 집행권원을 미리 확정하여 둘 필요가 있는 경우에는 양육자지정청구와 함께 장래의 이행을 청구하는 소로써 양육비지급청구를 동시에 할 수 있다는 예(대판 1988.5.10, 88므92, 108), 토지개량사업의 시행지역 내에 있는 토지에 대해 토지구획정리사업에 의한 등기를 한 후가 아니더라도 장래의 소유권이전등기절차 이행의 청구가 인정되는 예(대판 1968.2.6, 67다1701), 원고가 양도담보로 제공된 부동산의 피담보채무 전액을 변제하였음을 내세워 피고 명의의 소유권이전등기 등의 말소를 청구하는 경우, 이 청구는 채무 전액을 소멸시키지 못하고 잔존채무가 있음이 밝혀지면 확정된 잔존채무의 변제를 조건으로 위 등기의 말소를 청구하는 장래이행의 소로서 인정되는 예(대판 1981.9.22, 80다2270), 보험자가 피보험자에게 보험금을 지급하더라도 보험계약자와 구상금채무의 연대보증인들의 채

무이행을 기대할 수 없음이 명백한 경우에는, 장래 이행보증보험금지급을 조건으로 미리 구상금지급을 구하는 장래이행의 소가 인정되는 예(대판 2004.1.15, 2002다3891)가 있다.

　한편, 그 요건으로는 채무의 이행기가 장래에 도래하는 것뿐만 아니라 의무불이행사유가 그때까지 존속한다는 것을 변론종결 당시에 확정적으로 예정할 수 있는 것이어야 한다(대판 1987.9.22, 86다카2151). 토지 등의 인도청구에 병합되는 장래 차임 상당액의 손해배상청구의 경우 불법행위가 계속되고 청구권 자체의 발생을 확정적으로 예정할 수 있다는 점에서 그러한 예에 해당된다. 이와 달리 교수면직처분을 받은 자가 임금지급청구와 장래이행청구로 장차 지급받게 될 퇴직금을 중간이자를 공제한 현가로 환산하여 즉시 지급하여 달라고 하는 경우에는 장래이행의 이익이 인정되지 않는다(대판 1991.6.28, 90다카25277). 왜냐하면 원고가 교수임용계약 만료일까지 사이에 복직되지 않으리라고 단정할 자료가 없는 한 퇴직금 산정의 기초가 되는 퇴직일자를 변론종결 당시 확정적으로 예정하는 것이 불가능하기 때문이다.

　공해소송·생활방해소송 등에서 장래의 불법행위에 기한 손해배상청구를 하는 경우에도 장래이행의 이익이 있는지 문제되지만, 아직 이에 대한 판례는 나오지 않고 있다.

③ 장래이행기에 즉시 이행되어야 할 성질의 채무의 경우

　장래이행의 소가 인정되는 또 다른 경우로서, 채무의 내용이 이행기에 즉시 이행되어야만 채무의 본지에 따른 것이 되거나 이행되지 않으면 채권자에게 현저한 손해를 끼치는 경우가 있다. 예를 들면 특정작위의무(특정일시에 공연할 의무)의 이행청구, 민법545조의 정기매매에 기한 이행청구, 생활보호를 위한 부양료청구 등이 이에 해당한다.

참고판례 18-[판례4]

[5-3] 의사표시의 진술을 구하는 소와 소의 이익

[대상판결] 대판 2016.9.30, 2016다200552

[사안] 甲과 乙은 2009. 9. 30. 단체협약을 체결하면서 "乙은 甲 조합원의 복지증진을 위하여 구 사내근로복지기금법에 따라 매년 세전이익의 5%를 사내근로복지기금(이하 '복지기금'이라고 한다)으로 적치한다."고 약정(이하 '이 사건 약정'이라고 한다)하였다. 甲은 이 약정에 의해 乙이 구 복지기금법 제13조 제1항에 따라 사내근로복지기금(이하 '이 사건 기금'이라고 한다)의 복지기금협의회(이하 '이 사건 협의회'라고 한다)에서 출연비율에 대한 협의·결정을 거쳐 복지기금을 출연하기로 합의한 것으로 보아야 하고, 이에 따라 乙에 대해 단체협약에 따라 2010년도 사내근로복지기금 미출연분에 해당하는 5,825,000,000원을 乙 사내근로복지기금에게 지급할 것을 청구하였다. 그 후 이 사건의 파기환송심에서 甲은 소의 교환적 변경을 통하여 "乙을 대표하는 위원들에게 이 사건 협의회 회의의 소집을 요구하도록 하라."는 청구와 "乙을 대표하는 위원들에게 복지기금 추가출연 의안에 찬성하는 의사를 표시하게 하라."는 2개의 청구를 주장하였다면, 그러한 청구를 구하는 소는 소의 이익이 있는가?

[판결요지] "판결절차는 분쟁의 관념적 해결절차로서 강제집행절차와는 별도로 독자적인 존재 의의를 갖는 것이므로 집행이 가능한지 여부는 이행의 소의 이익을 부정하는 절대적인 사유가 될 수 없다고 하더라도, 이행을 구하는 아무런 실익이 없어 법률상 이익이 부정되는 경우까지 소의 이익이 인정된다고 볼 수는 없다. 특히 의사의 진술을 명하는 판결은 확정과 동시에 그러한 의사를 진술한 것으로 간주되므로(민사집행법 제263조 제1항), 의사의 진술이 간주됨으로써 어떤 법적 효과를 가지는 경우에는 소로써 구할 이익이 있지만 그러한 의사의 진술이 있더라도 아무런 법적 효과가 발생하지 아니할 경우에는 소로써 청구할 법률상 이익이 있다고 할 수 없다. 그런데 이 사건 협의회는 근로자와 사용자를 대표하는 같은 수의 위원으로 구성되고(근로복지기본법 제55조 제1항), 그 회의는 의장이 소

집하되, 근로자위원 측 또는 사용자위원 측에서 회의의 소집을 요구하면 의장은 지체 없이 회의를 소집하여야 하는 것으로 되어 있다(같은 법 시행령 제42조 제1항, 제2항). 이에 원고는 피고에 대하여 이 사건 약정에 기한 협력의무의 이행으로써 이 사건 협의회의 구성원인 피고 대표위원들로 하여금 회의의 소집을 요구하게 하고 나아가 회의에서 복지기금의 추가출연 의안에 찬성하는 의사를 표시하게 하라는 것이 이 사건 소의 청구 내용이다. 결국 이 사건은 피고가 피고를 대표하는 이 사건 협의회 위원들에게 회의소집을 요구하고 의안에 찬성할 것을 지시하는 의사의 진술을 구하는 소라고 할 것이므로, 그 청구대로 판결이 확정되어 그러한 의사를 진술한 것으로 간주됨으로써 어떤 법적 효과가 생길 수 있다는 것이 전제되어야 소의 이익이 인정될 수 있다고 할 것이다. 그러나 기록상 피고가 이 사건 협의회 위원들에게 회의소집 및 의안 찬성을 요구하거나 지시한다고 하여 그 위원들이 피고의 요구나 지시에 따를 법적 의무가 있다거나 거기에 기속된다고 볼 만한 자료를 찾아 볼 수 없다. 그렇다면 원고가 이 사건 소에 의한 승소판결을 받고 그 판결이 확정되어 피고의 의사의 진술이 간주되더라도 그로써 무슨 법적 효과가 생길 것이 없다. 결국 위 청구와 같은 내용으로 의사의 진술을 구하여 협력의무의 이행을 구하는 이 사건 소는 소의 이익이 없어 부적법하다고 할 수밖에 없다."

[해 설]

① 이행의 소와 소의 이익

현재이행소송은 (장래이행소송과는 달리) 보통 청구권을 직접 주장하는 것이므로 모든 소송의 공통적인 소의 이익을 별개로 하고 독자적인 소의 이익의 구비 여부는 문제되지 않는다(이하 단순히 '이행소송'이라고 하면 '현재이행소송'을 가리킨다). 물론 이행소송에서의 소의 이익이 문제되지 않는다고 하더라도 전혀 예외가 없는 것은 아니다. 그 예외의 한계가 어느 정도인지 논의된다. 대상판결은 의사표시의 진술을 구하는 청구소송의

확정판결에 의해 의사의 진술이 있는 것으로 간주되어도 아무런 법적 효과가 발생하지 않는다면, 그러한 판결을 구하는 이행소송은 소의 이익이 없다는 해석이다. 승소판결을 얻어도 아무런 실익이 없다면 법원이 굳이 본안판결까지 할 필요가 없다는 것은 어떻게 보면 상식적인 판단이라고도 할 수 있다.

② 등기청구소송에서의 소의 이익

이행소송이 실익이 없으면 소의 이익이 없으므로 부적법각하해야 한다는 판례는 대부분 의사표시의 진술을 청구하는 이행소송에서 나왔다. 그러한 청구의 실익이 없음을 이유로 소의 이익이 없다고 한 판례는 주로 저당권등기청구와 관련된 사례이다. 예를 들어 근저당권부 채권이 전부명령에 의해 이전되고 근저당권이전의 부기등기가 경료된 후, 설정자인 채무자가 피담보채무의 소멸 또는 근저당권설정등기의 원인무효를 이유로 근저당권이전의 부기등기에 대하여 말소를 구할 소의 이익이 없다고 하였다(대판 2000.4.11, 2000다5640). 마찬가지로 근저당권설정등기의 말소를 소구하지 않고 그 근저당권이전의 부기등기의 말소를 소구하는 것은 소의 이익이 없다고 판단하였다(대판 2009.7.9, 2009다21386). 또한 저당권과 관련하여 저당권설정등기 말소 청구의 소의 이익이 없는 경우로, 그러한 소송 도중에 경매에 의한 매각대금납부로 그 설정등기가 말소된 때라고 한 판례가 있다(대판 2003.1.10, 2002다57904). 그러나 예외적으로 근저당권이전의 부기등기만의 말소를 구하는 소의 이익이 인정되는 경우가 있다는 판례도 있다(대판 2005.6.10, 2002다15412, 15429).

③ 의사진술소송과 소의 이익

판례는 이행소송에서 승소해도 아무런 법적 실익이 없다는 점에서 소의 이익을 이유로 소를 각하하고 있다. 법적 실익이 없는 이행청구에 대해, 법원의 입장이라면 사건처리의 간명이라는 점에서는 청구기각보다 소각하가 선택하기 쉬운 결론일 것이다.

그러나 판례가 말하는 실익이 없다는 것과 실현이 불가능하다는 것은 종이 한 장 차이에 불과하다. 실익이 없다는 것은 어떻게 보면 강제집행이 불가능한 경우에도 그러하다고 말할 수 있을 것이다. 판례는 강제집행이 불가능하여도 이행소송의 소의 이익이 있다고

해석하였다(대판(전) 1975.4.22, 72다2161).

또한 대상판결에서는 의사진술의 법적 효과가 없다고 하며 소의 이익이 없다고 판단하고 있지만, 이러한 해석은 판례가 확인의 이익의 유무를 판단할 때 사용하는 법률상의 이익 또는 법률상의 지위와 사안에서 말하는 법적 효과가 사실상 유사한 것으로 해석되는 점에서 이행소송과 확인소송의 구별을 무의미하게 할 우려가 있고, 이행소송과 확인소송의 역할이 나누어져 있으므로 거기서의 소의 이익도 구분해야 할 것이다.

대상판결은 승소판결의 실익이 없음은 법원이 직권으로 판단해야 한다고 말하는데, 실익이란 무엇이고 어떠한 이유로 그것을 법원이 직권으로 판단해야 하는지 명확하지 않다. 당사자가 소로써 주장한 청구에 대해서는 소의 이익을 갖추면 소송물인 청구권이 인정되는지보다 진지하게 논의될 것이다. 단지 그것을 소의 이익이 없다고 하여 쉽게 각하하면 문전박대를 한 것이고 권리의 성장, 발전에도 도움을 주지 못한다.

특히 말소등기청구소송에서 승소판결을 받아도 바로 등기가 말소되는 것은 아니다. 의사표시만 진술된 것으로 간주된다. 그 자체는 광의의 집행력을 얻기 위한 하나의 단계가 될 뿐이고, 순리적으로는 당사자들이 그 실익을 판단해야 하는 것이다. 이때 광의의 집행이 불가능하다고 하여 소의 이익이 없다고만 판단할 수는 없다. 기본적으로 협의의 집행과 광의의 집행은 구분해야 된다. 광의의 집행을 할 실익이 없더라도 그 자체로 소의 이익이 없다고 할 수는 없고, 피고의 입장을 보아도 판례와 달리 청구권의 존부를 판단하는 본안판결을 해야 할 것이다.

참고판례 17-[판례1]

[5-4] 확인의 이익 – 타인 간의 법률관계 –

[대상판결] 대판 1994.11.8, 94다23388

[사안] 甲은 乙(한국통신)과 리스계약을 체결하였고, 이 계약과 동시에 甲이 위 리스계약상의 의무를 이행하지 아니하여 乙이 손해를 입을 경우 보험가액금액 한도에서 이를 보상하여 주기로 하는 이행(지급)보증보험계약을 乙과 체결하였다. 그 후 甲이 리스계약상의 의무를 이행하지 않자 乙은 丙(한국보증보험)에게 보험금의 지급을 청구하였다. 이에 甲이 乙과 丙 사이의 보험금청구채권 존부에 관한 법률관계의 확인을 구하는 소를 제기한 경우 확인의 이익이 있는가?

[판결요지] "확인의 소는 반드시 원·피고 간의 법률관계에 한하지 아니하고 원·피고의 일방과 제3자 또는 제3자 상호간의 법률관계도 그 대상이 될 수 있는 것이나, 그러한 법률관계의 확인은 그 법률관계에 따라 원고의 권리 또는 법적지위에 현존하는 위험, 불안이 야기되어 이를 제거하기 위하여 위 법률관계를 확인의 대상으로 삼아 원·피고 간의 확인판결에 의하여 즉시로 확정할 필요가 있고, 또한 그것이 가장 유효적절한 수단이 되어야 확인의 이익이 있다.

사정이 위와 같다면 甲의 위 청구는 분쟁해결의 가장 유효적절한 방법이라고 볼 수 없으며 가사 甲의 주장과 같이 丙이 이 사건 이행보증보험계약의 보증인들 소유 재산에 대하여 가압류집행을 하였다 하더라도 달리 볼 것은 아니다."

[해 설]
① 확인소송의 필요성
당사자가 이행소송을 제기하는 이유는 특정 이행청구권의 강제적 실현을 위해서이고, 채무자가 임의로 이행하지 않으면 강제로 당해 청구권을 실현시키려는 것이다(이행력 또는 집행력의 확보). 또한 형성소송도 원칙적으로 법률이 규정한 권리관계를 창설하기 위해 제기된다(형성력의 확보). 그러나 확인소송에서는 당사자가 주장한 권리관계의 확인을 구하고, 이로 인해 그러한 권리관계의 존재 또는 부존재라는 관념적인 효력(기판력)이 발생할 뿐이다. 물론 이행소송, 형성소송에서도 이행청구권의 존부와 형성원인의 존부에 관해 기판력이 발생한다(따라서 이행소송이나 형성소송은 기본적으로 확인소송을 내포하고 있다). 하지만 이행력과 형성력이라는 실제적인 효력이 동반된다는 점에서 확인소송과는 다르다. 따라서 직접적이고 실효적인 권리구제라는 점에서 본다면 당연히 이행소송이나 형성소송이 당사자에게 유리하다. 결국 확인소송은 이행소송이나 형성소송과의 관계에서는 보충적으로, 즉 확인을 구하는 권리관계에 대해 이행소송이나 형성소송을 제기할 수 없거나 그보다 유리한 경우에 인정할 실익이 있다.

② 확인소송과 분쟁의 발본적 해결
확인소송은 일정한 권리관계를 현재의 시점(정확히는 사실심 변론종결시)에서 확인만 해 두는 것이므로, 현재 권리관계의 확인판결을 받은 당사자는 현존하는 분쟁 또는 장차 발생할 개연성이 높은 분쟁에서 유리한 지위를 취득한다. 확인판결의 기판력을 통해 후소에서 전소의 판결내용을 주장할 수 있기 때문이다. 따라서 확인소송의 결과에 따라 당사자 간에는 권리관계가 확정된다. 결국 확인소송은 권리관계의 확정을 통해 분쟁의 발본적 해결을 꾀한다는, 또는 분쟁의 발생을 예방한다는 기능을 갖는다. 반대로 권리관계의 확정을 통해 분쟁의 발본적 해결을 꾀할 수 없다면 확인소송의 의미는 없다고도 할 수 있다.

③ 권리보호의 자격과 이익
확인소송에서의 소의 이익은 일반적으로 확인 대상으로서의 권리보호의 자격과 확인의 이익인 권리보호의 이익이라는 두 가지 관점에서 판단된다. 한편 확인소송의 경우에 소의 주관적 이익으로서 논의되는 당사자적격(소의 주관적 이익)은 확인의 이익(소의 객관적 이익)에 내포되어, 후자가 인정되면 전자도 인정되는 것이 원칙이다. 확인의 이익을 위와 같은 두 가지 관점에서 판단해야 하는 이유는, 확인소송에서는 사건의 구체적인 사정에 따라 판단되는 권리보호의 이익(협의의 소의 이익) 이외에도, 확인의 대상을 한정할 수 없어 특별히 사건이 법원의 심판권이 미치는 사건인지 여부를 판단할 필요가 있기 때문이다.

④ 확인의 대상으로서의 권리관계

확인소송은 실체법상의 이행청구권이나 법률상의 형성원인이라는 제약이 없으므로, 확인의 대상이 되는 권리관계의 범위를 한정하는 것이 불가능하다. 따라서 확인의 대상이 되는 권리관계가 권리보호의 자격이 있는 것인지 판단할 필요가 있다. 이러한 판단은 법률상의 쟁송이라는 틀에서 논해지므로, 일반적으로 사실관계가 아닌 권리관계를 확인의 대상으로 한다. 이 권리관계에 원고와 피고 사이가 아닌 제3자 사이(사안에서의 乙과 丙 사이)의 권리관계도 포함되는지 문제된다. 대상판결은 제3자 상호간의 법률관계의 확인도 확인의 소의 대상이 될 수 있다고 하였다. 즉, 확인의 소의 대상으로는 원·피고 간의 법률관계에 한하지 아니하고 원·피고의 일방과 제3자 또는 제3자 상호간의 법률관계도 그 대상이 될 수 있다. 대상판결은 그러한 법률관계의 확인의 이익이 인정될 수 있는 기준을 제시하고 있고, 다음에서 보는 즉시확정의 이익이 있어야 함은 모든 확인소송에 있어서 마찬가지이며, 또한 가장 유효적절한 수단이 될 수 있어야 한다. 사안에서는 결과적으로 확인의 이익이 인정되지 않는데, 그 이유는 甲이 乙에게 리스계약에 따른 채무부존재확인을 구하는 것이 가장 유효적절하였기 때문이다.

또한 확인을 구하는 권리관계는 원칙적으로 현재, 즉 변론종결시를 기준으로 한 권리관계이어야 한다. 현재의 권리관계의 확인을 원칙으로 하고 과거의 권리관계를 배제하는 이유는 과거의 권리관계를 확인한다 해도 이미 소멸되어 있다면, 현재 그에 관한 분쟁은 존재할 리가 없기 때문이다. 분쟁이 존재할 리가 없다면 분쟁의 발본적 해결이나 그 예방을 한다는 확인소송의 의의를 찾을 수 없을 것이며, 반대로 소멸되지 않았다면 당연히 과거의 권리관계가 변경되어 온 과정을 고려한 현재의 권리관계에 대해 직접 확인을 구해야 한다(단, 예외로서 [5−5] 참조).

⑤ 즉시확정의 이익

확인의 이익이 인정되려면 즉시확정의 이익이 있어야 한다. 즉시확정의 이익이란 당사자 간의 구체적인 사정에 입각하여 확인판결이 필요하고 적절해야 한다는 것을 의미한다.

먼저 원고의 청구에 대해 확인판결이 필요한 이유가 있어야 한다. 예를 들어 피고가 원고의 법적 지위를 부정하거나 그와 모순되는 법적 지위를 주장하는 경우와 같이 피고가 원고의 청구를 다투고 있어야 한다(대판 2009.1.15, 2008다74130). 그러나 피고가 다투지 않는다고 하더라도, 시효중단의 필요성이 있거나 가족관계등록부 등의 공적인 기록을 변경할 필요가 있는 경우에는 확인판결의 필요성이 인정된다.

다음으로 확인판결로 적절한 분쟁해결이 되어야 한다는 적절성이다. 이에 대해서는 다음과 같은 세 가지 예로 설명할 수 있다. 첫째, 이행소송이나 형성소송이 가능하다면 확인판결에는 적절성이 없다. 다만, 예외로서 소유권을 원인으로 하는 이행의 소를 제기하는 경우에도 그 기본되는 소유권의 유무 자체에 관해 당사자 간에 분쟁이 있어 즉시확정의 이익이 있다면 소유권확인의 소도 아울러 제기할 수 있다(대판 1965.1.31, 65다2157). 동일한 논리로 소송 내에서 다툴 수 있는 절차문제(소송대리인의 대리권의 존부)는 별도로 확인을 구할 이익이 없고 소송 내에서 판단하면 충분하다. 둘째, 장래의 권리관계의 확인은 과거의 권리관계와는 달리 적절성이 없다. 유언자가 생존하는 중에 유언무효확인의 소를 제기하는 경우와 같이 장래의 변경가능성을 배제할 수 없기 때문이다. 단, 유언자가 생존중이라고 하지만 치매 등으로 유언을 수정할 가망이 없는 경우라면 유언무효확인의 소의 이익을 인정할 수 있을 것이다. 셋째, 적극적 확인의 소와 소극적 확인의 소를 제기할 수 있다면 후자는 적절성이 없다(단, 소극적 확인의 이익에 관해서는 [5−7] 참조).

참고판례 16−[판례5]

[5-5] 확인의 이익 – 과거의 법률관계 –

[대상판결] 대판 1978.7.11, 78므7

[사안] 甲은 1931.11.18. 乙1(男)과 소외 A가 혼인(그 원적지인 평남 순천군 사팔면장에게 혼인신고)한 후에 그 사이에서 태어났다(단, 甲은 호적에 미등재). 그 후 乙1은 8.15 해방 후 남하하여 1958.1.21. 군정법령 179호에 의한 가호적을 취적하게 되었다. 그러나 乙1은 거짓으로, 乙2와 1936.4.5. 혼인한 후 위 원적지 면장에게 혼인신고한 부부인 양 허위신고를 하여, 호적의 등재가 이루어졌다. 이에 甲은 乙1과 乙2의 혼인이 무효라는 이유로 혼인무효확인의 소를 乙1과 乙2를 상대로 제기하였다. 단, 이 사건 소송 도중에 乙1과 乙2는 협의이혼한 후 이를 신고함으로써 乙1과 乙2 사이의 혼인관계는 해소되었다. 그럼에도 甲의 위와 같은 확인의 소는 확인의 이익이 있는가?

[판결요지] "과거의 법률관계의 존부는 독립의 확인의 소의 대상으로 할 수 없고 그 과거의 법률관계의 영향을 받고 있는 현재의 법률상태의 확인을 구해야 하는 것이다. 왜냐하면 과거의 법률관계의 존부의 확정은 단지 현재의 분쟁해결의 전제로 됨에 불과하여 사인 간의 현재 현존하는 분쟁을 해결하려는 민사소송의 목적으로 보아 직접적이고 간명한 방법이 되지 않기 때문이다. 그러나 혼인, 입양과 같은 신분관계나 회사의 설립, 주주총회의결의무효, 취소 등과 같은 사단적 관계, 행정처분과 같은 행정관계는 그것을 기본으로 하여 수많은 법률관계가 계속하여 발생하고 그 효과도 널리 일반 제3자에까지 미치게 되어 그로 인한 법률효과도 복잡다기하게 되어 이것을 단순한 대립당사자 간의 법률관계로서 그로부터 파생되는 법률관계가 그다지 번잡하지 않은 예컨대 매매와 같은 경우와 동일하게 취급하는 것은 적절하지 않고 위와 같은 법률관계에 있어서는 그것이 과거의 것이라 해도 현재의 법률상태에 영향을 미치고 있는 한 그것을 기본으로 하여 발생하는 현재의 수많은 법률상태에 대하여 일일이 개별적으로 확인을 구해야 하는 번잡한 수속을 반복하는 것보다는 오히려 현재의 수많은 개개의 분쟁의 근원이

되는 과거의 법률관계 그 자체의 확인을 구하는 편이 직접적이고도 획일적인 해결을 기대할 수 있어 본래의 민사소송의 목적에도 적합하다.

그런데 과거 일정기간 동안의 혼인관계의 존부의 문제라 해도 혼인무효의 효과는 기왕에 소급하는 것이고 그것이 적출자의 추정, 재혼의 금지 등 당사자의 신분법상의 관계 또는 연금관계법에 기한 유족연금의 수급자격, 재산상속권 등 재산법상의 관계에 있어 현재의 법률상태에 직접적인 중대한 영향을 미치는 이상 그 무효확인을 구할 정당한 법률상의 이익이 있다 할 것이다. 혼인당사자 중 일방이 사망하면 그 혼인관계는 해소되고 따라서 기왕의 혼인관계는 과거의 관계로 된다고 볼 수 있는데 이러한 경우에도 검사를 상대방으로 하여 그 과거의 혼인관계의 무효확인을 구할 수 있도록 규정한 인사소송법 제27조 1항 내지 3항(가사소송법24조1항 내지 3항)을 둔 근거도 바로 위와 같은 점에 있다고 생각되는데 다같은 과거의 혼인관계의 무효확인을 구하는 소의 이익문제에 있어서 그 혼인관계가 당사자 일방이 사망함으로써 해소된 경우와 당사자의 협의이혼으로 인하여 해소된 경우와를 구별하여 취급할 합리적 이유를 찾아 볼 수 없다."

[해 설]

① 과거의 권리관계와 확인의 이익

과거의 권리관계라면 원칙적으로 확인의 이익이 없다. 현재의 권리관계를 직접 확인함으로써 충분하기 때문이다. 그러나 사안에서도 보듯이 과거의 권리관계라 하더라도 그 확인이 원고의 법적 지위를 안정시키고 현재의 권리관계 자체에 관한 분쟁을 해결하거나 예방할 수 있다면 확인의 이익을 인정할 수 있음을 부정할 수 없다.

대상판결은 예외적으로 과거의 법률관계(혼인의 무효)의 확인을 구하는 확인소송이 허용되기 위해 필요한 기준을 명확히 판단하였다. 현재 권리관계의 확인의 경우에만 확인의 이익이 있다는 원칙을 고수했다면 이

사안에서 확인의 이익이 부정되겠지만, 과거의 권리관계라 하더라도 그 확인이 원고의 법적 지위를 안정시키고 현재의 권리관계 자체에 관한 분쟁을 해결하거나 예방할 수 있다면, 확인의 이익을 인정할 수 있다고 한 것이다.

② 법률에 의해 확인의 이익이 인정되는 경우

과거의 권리관계의 확인에 대해서는 먼저 주주총회 결의부존재확인의 소나 그 무효확인의 소(상법380조) 또는 행정처분무효확인의 소(행정소송법35조)가 인정되고 있다. 이러한 확인의 소가 인정되는 이유는, 그러한 결의나 처분에 기해 여러 가지 권리관계가 파생되고, 이 파생적 권리관계의 확인보다는 그 기초에 해당하는 결의나 처분 그 자체의 존재나 효력을 확인하는 것이 분쟁의 발본적 해결에 이바지하기 때문이다. 또한 이러한 원리를 유추적용한다면, 법률에 규정이 없더라도 그러한 의의가 있는 경우에는(예를 들어 유언무효확인의 소, 특정 법인의 이사회의 결의무효확인의 소 등) 확인의 이익이 있음을 인정해야 할 것이다.

③ 판례의 해석

대상판결은 리딩케이스로서 과거의 법률관계의 확인을 구하는 소도 확인의 이익이 있음을 최초로 인정하였고, 그 후의 많은 사례에서 선례로서 인용되고 있다(대판 1995.3.28, 94므1447; 대판 1995.9.29, 94므1553; 대판 1995.11.14, 95므694 등). 사안에서 甲이 확인판결을 받을 구체적인 이익은, "이 사건에 있어서 甲의 주장대로 乙1과 乙2 간의 혼인이 무효라면 우선 甲은 부실한 호적을 정정하기 위하여도 그 무효확인판결을 받을 이익이 있을 뿐만 아니라 乙1과 乙2 사이의 소생인 甲의 소위 이복형제들은 乙1의 혼인외자로 되어 (민법 제855조 1항) 乙1의 적출자인 甲은 그들과의 관계에 있어 그 신분이나 재산상속문제에 있어서 당장 중대한 영향을 받게 됨이 명백하여 乙1과 乙2의 위 혼인관계의 무효확인을 구하는 甲의 이 사건 청구는 법률상 그 확인의 이익이 있다."는 점이다.

결국 대상판결에서 보듯이 甲이 제기한 확인의 소는, 乙1과 乙2의 혼인무효확인이 甲의 현재의 법적 지위에 영향을 미치고 있고, 그 확인이 현재의 권리관계를 둘러싼 분쟁의 발본적 해결이나 예방을 초래하는 것이며, 또한 확인판결을 받을 필요성과 적절성이 인정되므로 그 확인의 이익이 있다.

그 밖에 과거의 권리관계에 대한 확인의 이익이 인정된 경우로 다음의 사례가 있다. '2개월 무급정직 및 유동대기, 징계기간 중 회사 출입금지'를 정하는 징계처분의 무효확인을 구하는 소를 제기하고 그 도중에 그 징계기간인 2개월이 경과한 경우 확인의 이익이 있는지에 대해, 판례(대판 2010.10.14, 2010다36407)는 "확인의 소는 현재의 권리 또는 법률상 지위에 관한 위험이나 불안을 제거하기 위하여 허용되는 것이지만, 과거의 법률관계라 할지라도 현재의 권리 또는 법률상 지위에 영향을 미치고 있고 현재의 권리 또는 법률상 지위에 대한 위험이나 불안을 제거하기 위하여 그 법률관계에 관한 확인판결을 받는 것이 유효적절한 수단이라고 인정될 때에는 확인의 이익이 있다. 소속 회사의 취업규칙에 따라 갑이 징계처분으로 인하여 정직기간 동안 임금을 전혀 지급받지 못하는 법률상 불이익을 입게 된 이상 징계처분은 정직기간 동안의 임금미지급 처분의 실질을 갖는 것이고, 이는 갑의 임금청구권의 존부에 관한 현재의 권리 또는 법률상 지위에 영향을 미치고 있으므로, 갑으로서는 비록 징계처분에서 정한 징계기간이 도과하였다 할지라도 징계처분의 무효 여부에 관한 확인판결을 받음으로써 가장 유효적절하게 자신의 현재의 권리 또는 법률상 지위에 대한 위험이나 불안을 제거할 수 있어 확인의 이익이 있다."고 판시하였다.

[5-6] 확인의 이익 - 증서의 진정 여부를 확인하는 소 -

[대상판결] 대판 1968.6.11, 68다591

[사안] 甲은 乙을 상대로, 甲과 乙 사이의 계쟁부동산에 관한 매매계약서가 진정한 것이 아님을 구하는 증서의 진정 여부를 확인하는 소(이하, '증서진부확인의 소'라 한다)를 제기하였다. 한편, 당해 증서는 이미 확정판결이 난 다른 소송(전소)에서, 乙에 의해 서증으로 원용되었고 甲이 그 성립을 다투었음에도 전소 판결은 당해 증서가 진정히 성립된 것으로 인정하여 이에 의한 매매를 이유로 그 등기절차의 이행청구를 기각하였다. 이 경우 甲에게는 이미 전소 확정판결에서 그 진정성립과 그것이 증명하는 법률관계에 관한 판단이 있은 이 사건 매매계약서의 진부확정을 구할 즉시확정의 이익이 있는가?

[판결요지] "(별소)사건의 확정판결의 기판력은 그 판결로서 기각된 말소 및 이전의 각 등기청구권의 존부에만 미칠 뿐으로 그 사건에 관한 서증의 성립에 관한 판단이나 그 서증에 의한 법률관계 또는 계쟁부동산의 소유권귀속에 관한 판단에까지 미치는 것이 아니었은 즉 甲으로서는 위 확정판결이 있었을지라도 그 기판력에 저촉되지 않는 한 자기의 권리 신장을 위하여서는 乙을 상대로 하여 위 각 사항에 관한 그 판결의 판단내용이 배치되는 판단을 전제로 하는 서증의 진부확정이나 그에 의한 법률관계의 존부에 관한 확인도 소구할 수 있는 것이라고 할 것이다."

[해 설]

① 확인의 대상으로서의 사실관계

사실관계의 확인을 구하는 소의 이익이 인정되지 않는 이유는 사실 자체(예를 들면 동산점유자의 선의·무과실)가 아닌 그러한 사실에 바탕을 둔 권리관계(앞의 예에서의 선의취득에 의한 소유권의 존부)를 직접 확인하는 것이 타당하기 때문이다.

그러나 이에 관해서는 민사소송법에 예외적인 규정이 있다. 즉, 법250조에서 보는 바와 같이 증서진부확인의 소가 인정된다는 조문이다. 같은 조에서는 "위하

여서도 제기할 수 있다."는 표현이 사용되고 있다. 따라서 같은 조의 취지는 특별히 증서의 진부라는 사실관계가 확인의 대상으로 인정될 수 있다는 점에 있다.

법 제250조에서 증서의 진정 여부를 확인하는 소를 허용하고 있는 이유는, 법률관계를 증명하는 서면의 진정 여부가 확정되면 당사자가 그 서면의 진정 여부에 관해 더 이상 다툴 수 없게 되어, 법률관계에 관한 분쟁 그 자체가 해결되거나 적어도 분쟁 자체의 해결에 크게 도움이 된다는 데에 있다. 따라서 증서의 진정 여부를 확인하는 소가 적법하기 위해서는 그 서면에 대한 진정 여부의 확인을 구할 이익이 있어야 한다(대판 2001.12.14, 2001다53714).

여기서 확인의 대상이 되는 것은 작성자의 의사에 의해 작성된 문서인지 여부이고, 기재내용은 그 대상이 되지 않는다. 이러한 취지를 전제로 한다면 같은 조의 해석으로는 증서진부확인의 소가 인정되듯이, 그와 유사한 사실관계에 대해서도 확인의 소를 제기할 수 있다고 풀이할 수 있다.

② 매매계약서의 진정성립과 확인의 이익

사안에서는 매매계약서의 진정성립이라는 사실관계의 확인의 이익이 문제되었다. 확인의 대상은 원칙적으로 권리관계이고 사실관계는 이에 해당되지 않지만, 대상판결에서 보듯이 사실관계가 절대로 확인의 대상이 될 수 없는 것은 아니고, 일정한 경우에 사실관계의 확인의 이익이 인정될 수 있음을 알 수 있다.

매매계약서(그 밖에 유언서, 어음 등을 포함)에 대한 증서진부확인의 소가 인정되는 이유는, 그러한 문서의 존재가 하나의 사실관계이지만, 그러한 증서는 권리관계를 직접 발생시키는 처분증서이고, 그 진부(앞서 보았듯이 작성자의 의사에 의해 작성되었는지 여부)를 확정함으로써 원고의 법적 지위가 안정되며, 권리관계 자체에 관한 분쟁이 해결 또는 예방되기 때문이다. 대상판결은 위에서 보듯이 "권리의 신장을 위하여는"이라는 표현을 사용하고 있다. 따라서 특정한 사실관계에 관한 확

정이 위와 같은 효력을 발생시킨다면, 처분증서에 한하지 않고 법250조의 유추가능성을 긍정하여 그에 관한 권리보호의 자격을 인정할 수 있다. 앞서 보았듯이 증서진부확인의 소도 확인의 소이므로 일반적인 확인의 이익을 갖추어야 한다.

한편, 대상판결은 매매계약서의 진정성립의 확인을 구하는 소가 인정됨을 전제로, 전소에서 당해 서증이 원용된 사실이 있더라도 그 진정성립에 기판력이 발생한 것이 아닌 이상, 가능하다는 입장이다. 단, 후술 [10−10]에서 보듯이 판례는 판결이유 중의 판단에 구속력을 인정하지 않으므로, 이러한 해석은 납득할 만하지만, "판결의 판단내용이 배치되는 판단을 전제로 하는 서증의 진부확정"이라는 것은 판결의 모순저촉을 초래할 우려가 있다.

③ 확인의 이익이 없는 증서

한편, 다음의 증서의 경우에는 확인의 이익이 없다. 예를 들어 본인심문조서에 대한 증서진부확인의 소의 경우에는 "원고가 부진정 확인을 구하는 이 사건 광주고등법원 72르12, 13호 사건(이혼 본소, 부동산소유권이전등기 및 이혼 반소)의 1972.7.12.자 제4차 심리기일에서의 피고 이○○에 대한 본인신문조서는 그 성질상 민사소송법 제228조(법250조)가 규정하고 있는 법률관계를 증명하는 서면에 해당되지 않는다"(대판 1974.7.23, 74다271). 또한 의사의 진단서에 대해 증서진부확인의 소를 제기하는 것도 법률상의 의의(증거로서의 가치)는 매우 높지만, 직접 의사와 환자의 관계에 관한 것이 아니고 단지 사실보고서이므로 인정되지 않는다.

그 밖에 피고가 주장하는 표현대리에 의한 임대차계약의 성립에 관한 사안에서 원고가 그 임대차계약서, 이행각서 및 지불각서의 진정 여부를 확인할 이익은 원칙적으로 인정되지만, 만일 피고가 이미 그 임대차계약의 이행을 구하는 소를 제기하고 그 소에서 증서진부확인의 소의 대상인 그 임대차계약서 등을 서증으로 제출하였다면, "어느 서면에 의하여 증명되어야 할 법률관계를 둘러싸고 이미 소가 제기되어 있는 경우에는 그 소송에서 분쟁을 해결하면 되므로 그와 별도로 그 서면에 대한 진정 여부를 확인하는 소를 제기하는 것은 특별한 사정이 없는 한 확인의 이익이 있다고 볼 수 없다"(대판 2007.6.14, 2005다29290, 29306).

[5-7] 소극적 확인의 이익

[대상판결] 대판 1984.3.27, 83다카2337

[사안] 甲은 A를 대리인으로 하여 B로부터 부동산 X(대지와 건물을 포함)를 단독으로 매수하였다. 그러나 A는 아무런 권한 없이 甲, 乙1 그리고 乙2의 3인 명의로 X에 관해, 대지에 대해서는 소유권이전등기를, 건물에 대해서는 가옥대장등재를 각각 마쳤다. 이에 甲은 무효인 각 1/3 지분이전등기의 말소를 구하는 동시에, 乙1과 乙2에게 X에 대한 지분권 등 권리가 없음의 확인을 구한다고 하여, 자신의 소유권의 적극적 확인을 구하지 아니하고 상대방 소유권의 부존재라는 소극적 확인을 구하는 소를 제기하였다. 이러한 소극적 확인의 소는 확인의 이익이 있는가?

[판결요지] "일반적으로 소유권의 귀속에 관하여 다툼이 있는 경우에 적극적으로 자기의 소유권확인을 구하지 아니하고 소극적으로 상대방 소유권의 부존재확인을 구하는 것은 그 소유권의 귀속에 관한 분쟁을 근본적으로 해결하는 즉시 확정의 방법이 되지 못하므로 확인의 이익이 없는 것이나, 다만 원고에게 내세울 소유권이 없고 피고의 소유권이 부인되면 그로써 원고의 법적 지위에 대한 불안이 제거되어 분쟁이 해결될 수 있는 경우에는 피고의 소유권의 소극적 확인을 구할 이익이 있다고 할 것이다 … 대지에 대한 乙들의 각 1/3 지분등기는 무효라는 것이므로 그 지분권은 원래의 소유자인 B에게 남아있는 셈이 되어 甲으로서는 오로지 위 지분권자인 B를 대위하여 乙들 명의의 지분등기가 실체권리관계와 부합하지 않음을 이유로 무효임을 주장할 수 있을 뿐이고 적극적으로 자기의 지분권을 주장할 수 없는 처지이니, 이와 같은 경우에는 乙들의 지분권에 대한 소극적 확인을 구할 이익이 있다고 보아야 할 것이다."

[해 설]

① 소극적 확인의 이익

자신에게 소유권 등의 권리가 있다는 확인을 구하는 적극적 확인의 소가 아닌 상대방 권리의 부존재확인을 구하는 것은 원칙적으로 확인의 소가 인정되기 위한 즉시확정의 이익이 없다. 이러한 점은 대상판결에서도 명확하게 나와 있다. 소극적 확인의 이익은 인정되지 않는 것이 원칙이지만, 사실관계에 대한 확인의 소에서도 보았듯이 무엇인가 확인의 이익이 있다면 소극적 확인의 소도 인정되는 예외가 있다.

② 소극적 확인이 인정되는 경우 – 법적 지위의 불안정의 해소

사안에서 甲의 소극적 확인의 이익이 인정된 것은, "甲에게 내세울 소유권이 없고 乙들의 소유권이 부인되면 그로써 甲의 법적 지위에 대한 불안이 제거되어 분쟁이 해결될 수 있는 경우"라는 점에 이유가 있다. 즉, 확인의 소가 인정되는 대전제인 법적 지위에 대한 불안을 제거하여 분쟁의 발본적 해결(이 점은 대상판결의 설시 "적극적으로 자기의 지분권을 주장할 수 없는 처지"라는 점에서 찾을 수 있다)이 가능한 경우라는 근거이다.

특히 대상판결의 해설(윤우정, 대법원판례해설 제3호, 135면 이하)에서도, "지분권부존재의 확인판결이 있게 되면 이를 전제로 제기된 말소등기청구에 대하여도 위 확인판결은 기속력을 가지게 되어 분쟁의 발본적 해결에 도움이 될 것이다. 그리고 건물부분에 대하여는 피고들 명의의 지분등기는 되어 있지 않으나 법리상 소유권이전등기가 경료된 대지부분과 같이 처리되어야 할 것으로 보아 소극적 확인의 이익이 있다는 뜻에서 판시된 것으로 풀이된다."라고 설명하고 있다.

결국 소유권 등 권리에 관한 분쟁이 있고, 상대방의 소유권의 부존재를 확인해 두면 자신의 법적 지위에 관한 안정을 얻는 데 충분한 경우, 상대방의 권리가 존재하지 않는다는 소극적 확인의 이익이 인정된다. 물론 일반적인 확인의 이익을 갖추어야 하므로, 과거의 특정 시점을 기준으로 한 채무부존재확인청구는 과거의 법률관계의 확인을 구하는 것에 불과하여 확인의 이익이 인정되지 않는다(대판 1996.5.10, 94다35565, 35572).

③ 채무부존재확인소송의 처리 – 소극적 확인의 이익의 구비

소극적 확인의 소로서 많이 이용되는 것은 채무부존재확인소송이다. 채무부존재확인소송도 소극적 확인의 이익을 갖추어야만 인정된다. 그 예로서 다음의 사례(대판 1996.3.22, 94다51536)를 들 수 있다. 즉, 피보험자가 자신에게는 보험금청구권이 없지만 그 제3자에게는 보험금청구권이 있으므로 보험자는 그 제3자에게 보험금을 지급하여야 한다고 주장할 때, 보험자가 당해 피보험자를 상대로 보험금채무부존재확인을 구하는 소는 확인의 이익이 있다. 왜냐하면 "보험자는 계약의 체결 당사자인 피보험자가 위와 같은 계약의 효력을 주장하고 나옴으로써 위 계약에 의하여 발생하게 될 법률상의 지위에 불안과 위험이 현존하는 상태에 있다 할 것이므로 보험자로서는 위 계약의 상대방이자 분쟁의 당사자인 피보험자를 상대로 위 계약이 효력이 없어 보험자에게 그로 인한 채무가 발생하지 아니한다는 확인을 받음으로써 위 계약에 기한 권리의무관계를 명백히 하여 피보험자에 의하여 야기되는 불안과 위험을 제거할 법률상 필요나 이익이 있기" 때문이다.

④ 채무부존재확인소송과 이행소송의 유사성 및 차이점

채무부존재확인소송은 형식적으로는 확인소송이지만, 실질적으로는 이행소송과 유사한 기능을 갖고, 금전채무의 부존재확인의 경우에는 금액의 명시와 처분권주의와의 관계에서 특별한 문제가 발생한다(후자에 대해서는 [9-2] 참조). 금액의 명시에 대해서는 이행소송이나 적극적 확인소송과는 달리, 피고의 방어를 위해 금액의 명시를 해야 하는 이유가 거의 없고, 확인의 대상인 권리관계는 청구권의 발생원인을 기재함으로써 식별이 가능하므로 그 필요가 없다고 해석된다. 판례(대판 1994.1.25, 93다9422 등)도 금액의 상한을 기재하지 않은 채무부존재확인소송을 인정하는 입장이므로, 금액의 명시를 요구하고 있지 않다. 금액의 상한을 항상 요구하는 것은 얼마만큼의 채권이 발생하고 있는지 특정이 곤란한 경우(채권채무관계가 복잡한 경우나 상속채무의 부존재확인의 경우)에 소의 제기를 불가능하게 하고, 채무자의 권리보호의 길을 막게 되기 때문이다. 이 점에서 채무부존재확인의 소는 통상의 소에서처럼 소송물의 특정이 엄격하게 요구되지 않고 청구권의 발생원인을 기재(특정)함으로써 충분하다는 특징을 갖는다.

⑤ 채무부존재확인소송의 심리

일반적으로 주장책임을 지는 당사자는 자신이 주장한 사실의 증명책임도 부담한다. 즉, 두 가지 책임의 소재는 원칙적으로 일치한다. 그리고 증명책임의 일반적 원칙에서 볼 때 당사자의 실체법상의 지위에 따른 분배기준에 따르면, 원고가 채권발생의 원인사실의 주장책임과 증명책임을, 피고가 그 반대되는 사실의 주장책임과 증명책임을 지게 된다. 채무부존재확인의 소에서도 이러한 기준을 따른다면, 원고인 채무자가 채권발생의 원인사실의 주장책임을 지고, 그 증명책임에 대해서도 마찬가지로 채무자가 부담한다는 결론이 된다.

그러나 채무부존재확인의 소의 경우에는 채무부존재를 확인한다는 특수성으로 인해 주장책임의 소재와 증명책임의 소재가 분리된다. 위에서 본 원칙과는 달리 원고인 채무자가 주장책임을 지는 채권발생의 원인사실의 증명책임은 피고인 채권자가 부담하게 되는 것이다.

또한 채무부존재확인소송의 소송물은 채무자인 원고가 주장하는 채무가 존재하지 않는다고 다투는 부분이다. 판례(대판 1983.6.14, 83다카37)는 이것을 "권리 또는 법률관계의 존부확인은 다툼이 있는 범위에 대하여서만 청구하면 되는 것이므로 채무자는 채권자가 주장하는 채무 중 일부의 채무가 있음을 인정하고 이를 초과하는 채무는 없다고 다투는 경우 채무자가 인정하는 채무부분에 대하여는 그 존재에 대하여 다툼이 없으므로 이 부분 채무의 존재에 대하여는 확인의 이익이 없다 할 것이고 이를 초과하는 채무의 존부에 대하여서만 다툼이 있으므로 채무자로서는 이 부분에 대하여서만 채무부존재의 확인을 구할 이익이 있다고 할 것이다."라고 판시하고 있다.

따라서 판결이 내려지면 기판력은 원고가 구한 소멸채무액에 한해 발생한다. 만일 채무자가 피고인 채권자의 채권의 존재를 인정해도 그 부분에 관해서는 기판력이 발생하지 않는다는 점이 채무부존재확인의 소의 특징이다(이 점에 대해서는 [9-2] 참조).

[5-8] 당사자적격 – 회사소송과 피고적격 –

[대상판결] 대판(전) 1982.9.14, 80다2425

[사안] 甲은 乙회사에서 이루어진 임원선임의 임시
주주총회결의 및 이사회결의의 부존재와 예비적으로
그 무효확인을 구하는 소를 제기하려고 한다. 이때 피
고적격자는 누구인가?

[판결요지] "주주총회결의취소와 결의무효확인판결
은 대세적 효력이 있으므로 그와 같은 소송의 피고가
될 수 있는 자는 그 성질상 회사로 한정된다고 할 것이
다. 또 주주총회결의부존재확인의 소송은 일응 외형적
으로는 존재하는 것같이 보이는 주주총회결의가 그 성
립과정에 있어서의 흠결이 중대하고도 명백하기 때문
에 그 결의 자체가 존재하는 것으로 볼 수 없을 때에
법률상 유효한 결의로서 존재하지 아니한다는 것의 확
인을 소구하는 것으로서, 주주총회결의의 내용이 법령
또는 정관에 위배되어 법률상 유효한 결의로서 존재하
지 아니한다는 것의 확인을 소구하는 주주총회결의무
효확인의 소송과는 주주총회결의가 법률상 유효한 결
의로서는 존재하지 아니한다는 것의 확정을 구하는 것
을 목적으로 한다는 점에서 공통의 성질을 가진다 할
것이므로 주주총회결의부존재확인의 소송에는 그 결의
무효확인의 소송에 관한 상법 제380조의 규정이 준용
된다 할 것이다. 따라서 그 결의부존재확인판결의 효력
은 제3자에게 미친다고 할 것이고, 그 부존재확인의 소
송에 있어서 피고가 될 수 있는 자도 그 무효확인의 소
송의 경우와 마찬가지로 회사로 한정된다 할 것이다.
주주총회결의부존재확인의 소송에 상법 제380조의 규
정이 준용되는지 여부에 관하여 이와 상반되는 견해를
표시한 종전의 본원 판례 … 는 이를 폐기한다.
　　주식회사의 이사회결의는 회사의 의사결정이고 회
사는 그 결의의 효력에 관한 분쟁의 실질적인 주체라
할 것이므로 그 효력을 다투는 사람이 회사를 상대로
하여 그 결의의 무효확인을 소구할 이익은 있다 할 것
이나 그 이사회결의에 참여한 이사들은 그 이사회의
구성원에 불과하므로 특별한 사정이 없는 한 이들 이
사 개인들을 상대로 하여 그 결의의 무효확인을 소구

할 이익은 없다 할 것이다."

[해　설]
① 당사자적격이 문제되는 경우

　　당사자적격이란 소의 주관적 이익으로서, 특정 청구
에 관한 소를 제기하고 수행하며 종국적으로 본안판결
을 얻을 수 있는 자격을 말한다. 당사자능력과는 달리
사건에 따라 개별적으로 정해지는 당사자적격은, 소송
요건으로 그것을 흠결하면 소는 각하된다. 확인소송의
경우에는 앞서([5-4]) 보았듯이, 당사자적격이 소의 객
관적 이익에 포함되어 원칙적으로 확인의 이익이 있으
면 당연히 당사자적격을 갖게 된다. 또한 형성소송의 경
우에는 이러한 소송을 인정하는 법규 자체에 의해 당사
자적격자가 명정되어 있는 것이 보통이므로 그에 따라
당사자적격자가 정해진다. 한편, 이행소송의 경우에도
이행청구권을 주장하는 자가 원고로서의 당사자적격자
이고 원고에 의해 의무자로 주장되는 자가 당사자적격
을 갖는 피고가 된다. 다만, 고유필수적 공동소송의 경
우에는 각자 단독으로 소송을 수행할 수 없고, 민중소송
(행정소송법3조3호 등)의 경우에는 본안판결에 대한 실질
적인 이해관계가 없어도 당사자적격자가 될 수 있다는
예외가 있다.
　　원고도 한 명이고 피고도 한 명인 일반적인 소송의
경우에는, 당사자적격은 크게 문제되지 않는다. 반대로
다음의 두 가지 경우의 예에서는 당사자적격이 문제된
다. 첫 번째는 원래의 당사자적격자를 대신하여 제3자
가 당사자가 되는 소송담당의 경우, 어떠한 경우에 그
러한 제3자는 당사자적격을 갖는가의 문제이다([5-9]
참조). 두 번째는 판결효가 제3자에게 확장되는 경우에
당사자적격을 갖는 것은 누구인가라는 문제로서, 사안
에서 문제되는 경우이다.

② 회사소송과 당사자적격

　　사안에서는 임원선임을 한 주주총회결의와 이사회
결의의 부존재확인을 구하는 소(형성소송이라는 견해도

있지만, 판례[대판 1992.8.18, 91다39924]는 확인의 소라고 판단한다)의 피고적격이 문제되었다. 이와 같이 판결효가 확장되는 경우에 피고적격이 주로 문제되는 것은, 원고적격에 관해서는 보통 당해 법규에 제소권자에 관한 규정이 있는 관계로 크게 문제되지 않기 때문이다. 대상(전원합의체)판결은 주주총회결의부존재확인의 소의 목적상, 그 결의무효확인의 소와 공통의 성질을 가지는 것으로 보고, 부존재확인의 소의 판결은 대세적 효력을 가지며, 따라서 피고를 회사로 해야 한다는 것으로 판례를 변경하였다.

판례가 변경되기 전까지는 주주총회결의부존재확인의 확정판결의 효력은 제3자에게 미치지 않는다는 것이 판례의 입장이었다(이 판결에서 폐기된 판례[대판 1963.2.15, 62마25 등]의 입장). 판례를 변경한 대상판결은 피고를 회사로 해야 한다는 입장이고, 대세효가 인정되는 이상 가장 이해관계가 있는 회사가 피고가 되어야 한다는 입장이라 해석할 수 있다.

위와 같은 판례의 입장은 채권자취소소송의 경우, "채권자취소권에 있어서의 채무자 사해행위의 취소는 절대적인 취소가 아니라 악의의 수익자 또는 악의의 전득자에 대한 관계에 있어서만 상대적으로 취소하는 것이므로 이 취소권은 악의의 수익자 또는 악의의 전득자에게 대하여서만 있는 것이고, 채무자에게 대하여서는 행사할 수 없다 할 것이고 따라서 채무자를 상대로 취소청구는 할 수 없다."는 점에서도 잘 나타나 있다(대판 1967.12.26, 67다1839; 대판 1988.2.23, 87다카1586; 대판 1991.8.13, 91다13717).

③ 회사와 그 임원의 피고적격

주주총회결의부존재확인의 소의 피고적격을 갖는 것이 회사로 국한되는 이유는 회사가 피고가 아닌 경우에 어떠한 문제가 발생하는지를 생각해 보면 쉽게 이해할 수 있다. 회사가 피고가 될 수 없다면 제3자가 당사자인 판결의 효력이 회사에게 미치지 않게 되어 분쟁해결에 도움이 되지 않는다(반대로 말한다면 법인에게 피고적격이 있기 때문에 판결의 대세효가 인정된다). 또한 그 결의라는 결정을 한 의사의 주체는 회사이므로, 그 결의의 효력을 다투는 분쟁에 가장 이해관계를 갖는 것은 회사 자신이다. 따라서 판례가 회사에게 피고적격을 인정하는 것은 타당하다.

한편 대상판결은 결의에 참여한 이사들의 피고적격을 인정하지 않았다. 학설에 따라서는 그 이사들도 회사와 병행하여 피고적격을 부여해야 한다는, 더 나아가 회사와 이사의 필수적 공동소송이라는 견해가 있다(고유필수적 공동소송이라는 견해와 유사필수적 공동소송이라는 견해가 있다). 회사가 피고가 되었을 때 실질적으로 소송을 수행하는 것은 회사의 이사이고(당사자가 아니라도 소송에 관여할 기회를 갖는다), 소송의 대상인 결의에 대해서는 이사에게 직접 당사자가 될 만한 이해관계는 아니고, 보조참가가 인정될 정도의 이해관계에 불과하다고 할 것이다. 따라서 이사에게 피고적격을 인정할 필요는 없다.

④ 이사해임의 소에서의 피고적격

결의부존재확인과 유사한 형태로 이사해임의 소의 경우에 피고적격을 갖는 것은 누구인가의 문제가 있다. 우리 판례는 아직 이 문제를 다룬 것이 없다. 이에 대해 일본의 판례는 해임 대상인 이사와 회사는 필수적 공동피고에 해당한다고 해석하고 있다. 그 이유는 회사와 이사의 법률관계를 해소한다는 이사해임의 소의 성격, 그리고 이사의 적절한 회사업무수행 여부가 문제되는 이상 이사에게도 당사자가 될 기회를 부여해야 하기 때문이다. 이러한 해석은 이사에게도 당사자적격이 있다는 근거로서 타당하다. 단, 항상 고유필수적 공동소송이어야 하는가, 적어도 유사필수적 공동소송이면 족한지는 앞으로의 과제이다.

[5-9] 임의적 소송담당

[대상판결] 대판 1984.2.14, 83다카1815

[사안] 甲은 A와 토지매매계약을 체결하였다. A는 64명의 구성원으로 공유수면을 매립 개간하여 농경지를 조성할 목적으로 조직된 계이다. A의 규약에는, 계원의 탈퇴와 신규가입은 이사회의 제청으로 총회의 승인을 얻어야 하고 계원의 자격은 상속할 수 있으며, A의 대표자 乙에게 그 업무집행권·대표권이 있다고 규정되어 있다. A가 계약을 이행하지 아니하여 甲은 乙을 피고로 소유권이전등기를 구하는 소를 제기한 경우, 乙에게는 당사자적격이 있는가?

[판결요지] "민사소송 중 재산권상의 청구에 관하여는 소송물인 권리 또는 법률관계에 관하여 관리처분권을 갖는 권리주체에게 당사자적격이 있다고 함이 원칙이나 비록 제3자라고 하더라도 법률이 정하는 바에 따라 일정한 권리나 법률관계에 관하여 당사자적격이 부여되는 경우와 본래의 권리주체로부터 그의 의사에 따라 소송수행권을 수여받음으로써 당사자적격을 인정하는 경우도 허용된다고 풀이할 것이다. 물론 이와 같은 임의적 소송신탁은 우리나라 법제하에서는 그 허용되는 경우라는 것은 극히 제한적이라고 밖에 할 수 없을 것이나 탈법적 방법에 의한 것이 아니고(소송대리를 변호사에 한하게 하고 소송신탁을 금지하는 것을 피하는 따위) 이를 인정하는 합리적 필요가 있다고 인정되는 경우가 있을 것이므로 따라서 민법상의 조합에 있어서 조합규약이나 조합결의에 의하여 자기의 이름으로 조합재산을 관리하고 대외적 업무를 집행할 권한을 수여받은 업무집행조합원은 조합재산에 관한 소송에 관하여 조합원으로부터 임의적 소송신탁을 받아 자기의 이름으로 소송을 수행하는 것은 허용된다고 할 것이다."

[해 설]
① 소송담당의 종류와 필요성

소송담당의 경우 당사자적격이 문제되는 것은 당사자적격자가 따로 존재하고 있음에도, 군이 제3자에게 당사자로서 소송을 수행하게 하고 그 판결의 효력을 원래의 적격자(실질적 이익귀속주체이고 피담당자라고도 한다)와 소송담당자에게 미치게 하는 것(법218조3항)이 타당한지 문제되기 때문이다. 반대로 당사자적격이 인정된다면 그러한 소송담당은 적법한 것이 된다. 소송담당에는 피담당자의 수권과 관계없이 법규에 의해 특정인의 소송담당이 가능한 법정소송담당과 원래의 당사자적격자가 임의로 제3자에게 소송을 담당시키는 임의적 소송담당이라는 두 가지 형태가 있다.

② 임의적 소송담당

임의적 소송담당은 법률이 아닌 당사자의 임의(수권)에 의해 소송담당자가 정해지는 것이다. 당사자가 임의로 제3자로 하여금 소송을 담당하게 하는 것이므로, 수권이 정당한 한 그 후의 절차에서 피담당자의 절차보장은 애당초 문제가 되지 않는다. 임의적 소송담당에는 당사자가 그러한 수권을 할 수 있다는 명문의 규정이 있는 경우가 있다(당사자의 수권 없이 소송담당자가 될 수 있는 제3자가 법률에 의해 특정되어 있는 경우가 아닌, 법률이 당사자에게 소송담당자를 특정할 수 있도록, 말하자면 수권의 가능성을 인정한 경우이다).

예를 들면 선정당사자(법53조), 집합건물의 소유 및 관리에 관한 법률25조1항3호에 의한 관리인, 금융기관부실자산 등의 효율적 처리 및 한국자산관리공사의 설립에 관한 법률4조, 26조에 의한 한국자산관리공사 등이다. 집합건물의 관리인과 한국자산관리공사는 당사자에게 특정인을 소송담당인으로 수권을 할 것인지 여부만을 묻는 것으로서 사실상 법정소송담당과 그다지 차이가 없다고 할 수 있다. 한편, 집합건물의 소유 및 관리에 관한 법률 25조1항3호의 관리인은 법인의 대표로서 법정대리인인지 임의적 소송담당자인지 논란이 있다. 판례(대판 1987.5.26, 86다카2478)는, "관리단집회의 결의에 의하여 지정받은 구분소유자도 관리단집회의 결의가 있으면 관리인과는 별도로 소송당사자가 되어 위와 같은 소송을 제기할 수 있다고 해석된다."고 판시하고 있다. 관리단이 당사자능력이 인정되는 하나의 비법인단체라면 이러한 처리는 불가능하게 될 것이므로, 결국 관리인이나 그 밖에 관리단집회의 결의에 의해 지정을 받은 구분소유자는 임의적 소송담당자라고 풀이해야 할 것이다.

어음법18조에 의한 추심위임배서의 피배서인도 법이 허용하는 임의적 소송담당이 된다. 그러나 숨은 추심위임배서의 경우, 판례의 입장은 소송신탁을 금지하는 신탁법을 중시하여 원칙적으로 소송신탁은 허용되지 않는다는 입장이다(대판 1973.2.28, 72다2489. 그 밖에 대판 1969.7.8, 69다362; 대판 1982.3.23, 81다540 등). 즉, 이른바 숨은 추심위임을 위한 어음배서가 소송행위를 하게 하는 것을 그 주된 목적으로 행하여졌을 경우에는, 그러한 어음상의 권리이전행위인 배서는 그 효력을 발생할 수 없다고 한다.

그 이유는 "이른바 숨은 추심위임배서는 어음상의 권리를 신탁적으로 양도한다는 입장에서나 어음상의 자격을 수여하는 것이라는 입장에서나 또는 당사자의 의사에 따라 신탁적 양수로 보거나 자격수여로 본다는 입장에서나 그 어떠한 관점에서던 간에 신탁법 제7조는 소송행위를 하게 하는 것을 그 주된 목적으로 하여 재산권의 이전 기타 처분을 하는 것을 금하고 이에 반하는 행위를 무효로 하고 있으므로 이와 같은 숨은 추심위임을 위한 어음배서가 소송행위를 하게 하는 것을 그 주된 목적으로 행하여졌을 경우에는 어음상의 권리이전행위인 배서는 그 효력을 발생할 수 없는 법리이다."라는 점이다. 또한 "약속어음의 추심위임을 위한 배서양도가 소송을 주목적으로 한 것인가의 여부를 정함에 있어서 수탁자가 반드시 직접 소송을 수행함을 요하지 아니하고 소송대리인에게 소송을 위임하는 경우에도 이를 인정할 수 있다."고 하고 있다.

③ 임의적 소송담당의 필요성과 허용성

위에서 본 소송담당은 모두 법률에 근거규정이 있는 경우이다. 법률에 근거규정을 두면서까지 소송담당을 인정한 것은 그만큼 소송담당을 인정할 필요성이 높기 때문이라고 이해할 수 있다. 또한 그와 같이 소송담당을 인정하는 것이 피담당자는 물론 담당자나 상대방, 법원에 있어서도 충분히 도움이 된다.

결국 소송담당이 인정되는지 여부는 기본적으로 담당자가 소송수행을 할 합리적인 필요성의 유무에 의해 결정된다. 사안에서와 같이 합리적 필요성이 인정되는 경우에 당사자는 법률에 규정이 없더라도 임의로 담당자를 정하여 그로 하여금 소송을 수행하게 할 수 있는지 문제된다. 대상판결이 말하듯이 법률에 규정이 없더라도 자유로이 소송담당을 이용할 수 있다면 변호사대리의 원칙과 소송신탁의 금지원칙이 유명무실화될 수 있다. 이 두 가지 원칙과 임의적 소송담당의 필요성의 비교가 그 허용성을 판단하는 중요한 고려요소가 된다.

대상판결에서 보듯이 판례는 조합의 경우(업무집행조합원의 임의적 소송담당)에만 이를 인정하고, 그 요건을 상당히 엄격하게 해석하여 임의적 소송담당을 가능한 허용하지 않으려는 입장이다. 반대로 업무집행조합원이 조합의 재산이 아닌 조합원 개인의 지위에서 다른 일부 조합원들과 더불어 자신이 출자한 지분 상당의 손해배상을 구하는 경우에는 허용되지 않는다고 하고 있다(대판 1997.11.28, 95다35302).

대상판결이 조합의 경우에 임의적 소송담당을 인정하는 논리를 정리한다면, 임의적 소송담당은 그것이 변호사대리의 원칙이나 소송신탁금지를 회피하려는 탈법적인 것이 아니고 합리적 필요성이 인정되는 경우에만 허용된다는 것이다. 조합원 모두가 소송을 제기하지 않아도 또는 선정당사자제도를 이용하지 않아도 임의적 소송담당을 인정하는 입장이다. 단, 대상판결은 조합재산에 관한 소송을 업무집행조합원이 임의로 담당하는 것이 어떠한 점에서 합리적 필요성이 있는지에 관해서는 특별히 언급하고 있지 않다. 추측컨대 조합재산은 각 조합원의 합유라는 점, 각 조합원은 조합재산에 관해 모두 이해관계를 갖고 있다는 점, 수권에 의해 업무집행조합원은 조합재산에 관해 소송수행을 포함하는 포괄적인 권한을 갖고 있다는 점에 이유가 있다. 결국 판례는 조합이라는 단체의 특성을 감안하여 업무집행조합원에게는 소송담당을 인정하고, 반대로 조합 이외의 단체나, 개인 간의 채권의 양도를 통한 소송담당의 경우에는 부정하고 있다.

참고판례 17-[판례2], 17-[판례3]

[5-10] 당사자적격 흠결의 효과 – 채권자대위소송의 경우 –

[대상판결] 대판 1988.6.14, 87다카2753

[사안] 甲은 채무자 A가 乙에 대해 갖고 있는 채권을 대위행사하여, 乙을 피고로 채권자대위소송을 제기하였다. 그러나 甲이 A에 대해 채권을 갖고 있지 않은 것(피보전채권이 없는 것)으로 판명되면, 법원은 당해 대위소송을 각하해야 하는가, 아니면 기각해야 하는가?

[판결요지] "채권자대위소송에 있어서 대위에 의하여 보전될 채권자의 채무자에 대한 권리가 인정되지 아니할 경우에는 채권자가 스스로 원고가 되어 채무자의 제3채무자에 대한 권리를 행사할 당사자적격이 없게 되므로 그 대위소송은 부적법하여 각하할 수밖에 없다 할 것이다."

[해 설]

① 채권자대위소송에서의 당사자적격

당사자적격은 소송요건으로서 그것을 흠결하면 소를 각하한다. 대상판결도 그러한 일반적인 해석을 표명하고 있다. 대상판결의 해석은 그 후의 많은 판례, 즉 대판 1989.6.27, 88다카9111; 대판 1991.6.11, 91다10008; 대판 1991.8.27, 91다13243(여기서는 특히 "제1심이 소를 각하하지 아니하고 청구를 기각하였을 때에는 항소심에서 제1심 판결을 취소하고 스스로 소를 각하하는 판결을 하는 것이지 사건을 제1심 법원에 환송하여야 하는 것은 아니다."라고 판시하였다); 대판 1994.11.8, 94다31549 등에서 그대로 이어지고 있다. 위에서도 보았듯이 채권자대위소송이 소송담당이고 소송담당적격은 당사자적격으로서 그 흠결이 있다면 소를 각하해야 함은 어떻게 보면 당연하다고 할 수 있다.

② 청구기각판결의 가능성

사안에서와 같이 이미 甲이 A에 대해 채권을 갖고 있지 않은 경우에는, 어차피 청구권이 없는 것이므로 소의 각하가 아닌 청구기각을 하는 것이 불가능한지가 문제될 수 있다. 판례와 달리 청구기각을 해야 한다는 견해도 있는데, 이 견해는 채권자대위소송을 판례와 통설에서처럼 담당적격(소송담당)이 아닌 고유적격에 기한 제소로 해석하는 점을 이유로 하는 것이다. 즉, 채권자대위소송은 단순히 채무자의 채권을 행사하는 것이 아니라 채권자 자신의 권리인 대위권을 행사하는 것이므로, 소송담당이 아니라고 주장한다. 유일하게 판례에 반대하는 견해(호문혁, 민사판례연구 12권(1990), 22면 이하)는 위와 같은 이유에서 피보전채권이 존재하는지 본안심리와 본안판단에서 밝혀야 하고, 존재하지 않은 것으로 밝혀졌으면 당사자적격이 없다 하여 그 소를 각하할 것이 아니라 청구를 이유가 없다 하여 기각해야 한다고 해석한다.

채권자대위소송을 소송담당이 아니라고 한다면, 당연히 본안의 문제로서 청구기각을 할 수밖에 없을 것이다. 그러나 이러한 해석은 아래에서도 논하지만 우리 민법에서 채권자대위권을 인정하여 그 제소를 허용하고 있는 점과도 어울리지 않는다.

③ 당사자적격 흠결의 처리

판례와는 달리, 채권자대위소송의 원고인 채권자에게 피보전채권이 없는 경우 청구를 기각해야 한다는 견해는 다음과 같은 점에서 타당하지 않다. 채권자대위소송에서의 본안은 결국 채무자의 제3채무자에 대한 청구권의 존부([3-3]에서 보았듯이 채권자대위소송의 소송물을 말한다)이다. 피보전채권이 없다고 청구기각을 하면 채무자의 제3채무자에 대한 채권도 존재하지 않는다는 기판력이 발생할 수도 있다. 채권자의 제3채무자에 대한 채권은 애당초 문제가 되지 않는다. 또한 채권자가 제3채무자에게 채권자대위소송을 제기할 청구권이 존재하지 않는다는 효과는 대위소송을 각하함으로써 충분히 달성할 수 있다. 제소가능성에 관련된 문제이기 때문이다. 반대로 채권자의 채무자에 대한 채권은 인정되지만, 채무자의 제3채무자에 대한 채권이 존재하지 않는다면 당연히 청구기각판결을 하고, 그렇게 함으로써 3자 간의 권리의무에 대해 실체적으로 해결된다.

당사자적격은 기본적으로 판결의 내용의 적정성을

담보하는 수단이기도 하다. 당사자적격이 없는 자에게 본안판결을 내린다면, 과연 그러한 판결은 원고에게 어떠한 효력이 미치는지 의문이 아닐 수 없다. 정반대로 본래의 적격자에게는 효력이 미치지 않는다면 누구를 위한 분쟁의 해결인지 문제된다. 즉, 甲이 아닌 다른 채권자가 乙을 상대로 다시 채권자대위소송을 하는 경우를 생각해 보라. 乙은 이 소송이 전소의 기판력에 저촉된다고 주장할 수 있는지가 의문이다(채권자대위소송의 판결의 범위에 관해서는 [10-12] 참조). 결국 채권자대위소송의 경우에도 채권자는 정당한 채권자여야 그러한 소를 제기할 수 있는 것이고, 그 점에서는 채권자의 적격성이 문제되므로 이는 당사자적격 그 자체에 해당하며, 당사자적격을 흠결한다면 청구기각이 아닌 소를 각하하는 것이 타당하다.

채권자대위소송에서 피보전채권의 존재를 소송요건으로 본다면, 마찬가지의 원리로 보전의 필요성도 소송요건이 되는 논리적인 해석을 할 수 있다. 이러한 점은 판례도 같은 해석이다. 즉, 판례는 채권자가 채권자대위권의 법리에 의해 채무자에 대한 채권을 보전하려고 채무자의 제3자에 대한 권리를 대위행사하기 위해서는 채무자에 대한 채권을 보전할 필요가 있어야 하고, 그러한 보전의 필요가 인정되지 아니하는 경우에는 소가 부적법하므로 법원으로서는 이를 각하해야 한다고 해석한다(대판 2012.8.30, 2010다39918).

참고판례 16-[판례4]

제6장

소송의 심리 – 당사자의 소송행위와 변론

[6-1] 당사자의 주장의 필요성 – 점유개시의 시기 –

[대상판결] 대판 1961.10.26, 4293민상529

[사안] 당사자 간에 취득시효의 완성이 쟁점이 되고, 당사자가 일정 시점의 점유개시일을 주장하였다. 그러나 당사자가 주장한 날짜와는 다른 당사자 쌍방 어느 누구도 주장하지 않은 날짜를 점유개시일로 법원이 인정하는 것은 변론주의에 위반되는가?

[판결요지] "취득시효기간의 기산일 따위는 취득시효에 의한 권리발생의 효과를 판단하는 데 직접적이고 수단적인 구실을 하는 데 불과하다 할 것이므로 진술과 다르게 인정하였다 하여 주장사실에 의하지 않고 판단하였다고는 볼 수 없다."

[해 설]

① 변론주의와 사실인정

당사자의 입장에서 본다면 아무런 주장도 하지 않았는데 법원이 그러한 사실이 있다고 인정한다면, 그러한 사실의 유무를 다툴 기회를 상실하게 되고, 판결이라는 소송의 결과를 전혀 예상할 수 없게 된다. 이러한 점에서 법원의 사실인정에 대한 일정한 제한으로 변론주의라는 원칙이 있고, 법원이 변론주의에 위반하는 경우에는 법령위반으로 상고이유가 된다.

판결을 내려야 하는 법원은 우선 사실관계를 확정해야 하고 사실을 확정하려면 이에 따른 자료의 제출(사실상의 주장, 증거신청)이 필요한데, 변론주의란 이것을 당사자의 권능 및 책임으로 한다는 원칙을 말한다. 이러한 변론주의의 구체적 내용(자료의 제출을 둘러싼 원칙)을 이루는 것은 첫째로 법원은 당사자가 주장하지 않은 주요사실을 판결의 기초로 할 수 없고, 둘째로 주요사실에 대한 당사자의 자백은 법원을 구속한다는 것이며, 셋째로 증거조사는 반드시 당사자가 신청한 증거이어야 한다는 것이다.

② 주장책임

변론주의의 첫 번째 원칙을 가리켜 주장책임이라고 부른다. 주장책임이 취해지는 관계로 민사소송에서는 소송자료와 증거자료가 준별된다는 점에 주의해야 한다. 소송자료란 당사자가 변론에서 진술한 사실을 말하고, 증거자료란 인증, 물증 등 증거방법을 조사하여 감득된 내용을 가리킨다. 주장책임은 쌍방당사자 중의 어느 누구도 주장하지 않은 사실은 판결의 기초로 할 수 없다는 것이고, 주장하지 않는 한 유리한 사실이라도 참작하지 않는다는 점에서 불이익을 의미하는 주장책임이라고 한다. 사안에서 만일 당사자가 주장하지 않은 취득시효의 기산일이라는 사실이 소송자료로서 변론에서 진술되지 않아도, 증거자료를 통해 법원은 그 존재를 인정할 수 있는지 문제되는 것이다.

변론주의 근거는 사적자치에 있다고 할 수 있는데, 변론주의의 실질적인 기능은 당사자의 불의의 타격을 방지한다는, 즉 특정 사실의 존부에 관해 다툴 수 있는 기회를 부여한다는 점에 있다. 따라서 당사자에게 특정 사실의 진위 여부에 대해 다툴 기회를 부여함이 없이 그 사실을 참작하는 것은 당사자에 대한 불의의 타격이 되어 변론주의에 위반한다.

③ 주요사실의 해당성

주장책임의 대상이 되는 사실이 무엇인지는 사안과 직접 관련되는 논점이다. 사실은 주요사실, 간접사실 및 보조사실의 3가지로 나누어지고, 변론주의는 주요사실에만 적용된다. 주요사실이란 당사자가 반드시 주장해야 할 사실로서, 권리의 발생, 변경, 소멸에 직접 필요하다는 점에서 직접사실이라고 한다. 또는 법률효과를 발생시키는 실체법상의 구성요건 해당사실이라고도 한다. 한편, 간접사실이란 경험칙 등의 도움을 받아 주요사실을 추인시킴에 이로운 사실로서, 보통 징표라고도 한다. 보조사실은 증거능력이나 증거력을 명확히 하는 사실이다. 즉, 증거에 관련된 사실이다.

변론주의는 주요사실에 국한되는 것인데, 이 이유는 일반적으로 간접사실과 증거와의 관계 및 자유심증주의에 기인한다. 증거의 평가는 법원의 재량에 맡겨져 있고 이를 자유심증주의라고 부른다. 이때 주요사실을 추인시키는 징표에 해당하는 간접사실에 대해 당사자의 주장을 필요로 한다고 하면, 법원은 당사자가 주장하지 않는 한 자유롭게 간접사실을 이용할 수 없고, 결국 이상한 사실인정을 요구받게 되어 자유심증주의를 인정한 취지에 반하게 되기 때문이다.

④ 취득시효 기산일의 주요사실 해당성

사안에서는 당사자가 주장하지 않은 점유개시일을 인정하는 것이 변론주의에 반하는지 문제되었는데, 대상판결은 직접적이진 않지만 점유개시일이 간접사실에 해당한다는 취지의 판단을 하였다. 이에 따라 다수의 판례가 부동산의 시효취득에서 점유기간의 산정기준이 되는 점유개시의 시기는 취득시효의 요건사실인 점유기간을 판단하는 데 간접적이고 수단적인 구실을 하는 간접사실에 불과하다고 해석하고 있다.

그러나 판례와는 달리 취득시효의 기산일은 청구원인사실에 해당하는 주요사실임을 부정할 수 없는 것이 아닌가라고 해석할 수도 있을 것이다. 당사자의 입장에서 보아 언제 취득시효가 완성하느냐(언제 소유권자가 되느냐)는 중요한 쟁점이고, 당사자가 생각하는 시점에 의해 소유자의 여부가 갈리기 때문에 당사자가 주장하지 않은 기산일을 인정하는 것은 불의의 타격이 될 것이다.

유사한 사례로서 소멸시효의 기산일에 대해서 판례는 사안과는 반대로 그 기산일을 주요사실로 보고 당사자의 주장이 필요하다고 판단한다. 대판 1971.4.30, 71다409에서는, "소멸시효의 항변에 대하여 주장하지 않은 때를 기산점으로 하여 소멸시효의 완성을 인정한 것은 변론주의원칙상 당사자가 주장하지 않은 사실을 인정한 위법이 있다."고 판시하였다.

소멸시효에 관한 판례는 이를 권리항변으로 보고 당사자의 주장이 필요하다고 판단한 것이다. 이러한 판례와의 비교에서 보아도 사안에서 대상판결이 취득시효의 기산일을 단지 간접적·수단적 사실이라고 판단한 것은 타당하지 않다. 그 밖에 판례는 증여를 원인으로 한 부동산소유권이전등기청구에 대해 피고가 취득시효를 주장하였다고 하여도, 그 주장 속에 원고의 위 이전등기청구권이 시효소멸하였다는 주장까지 포함되었다고 할 수 없다고 판단한다(대판 1982.2.9, 81다534).

한편, 부동산의 취득시효에 있어서 그 점유가 자주

점유인지 여부를 가리는 기준이 되는 점유의 권원에 대해 판례는 이를 간접사실로 보고, 법원은 당사자의 주장과 달리 증거에 의해 진정한 점유의 권원을 심리하여 취득시효의 완성 여부를 판단할 수 있다고 해석하고 있다(대판 1982.6.22, 80다2671).

참고판례 17-[판례4]

[6-2] 당사자의 주장의 필요성 – 대리에 관한 사실 –

[대상판결] 사안(1) 대판 1983.12.13, 83다카1489, 사안(2) 대판 1987.9.8, 87다카982

[사안(1)] 甲은 乙의 대리인인 A로부터 건물을 매수하고 A에게 그 대금을 완납하였다. 그 후 甲은 위 매매계약을 해제하고, 乙을 상대로 매매대금반환을 구하는 소를 제기하였다. 이 소에서는 A의 대리권의 유무가 문제되었는데, 甲은 A가 대리권이 있었다고 주장하고, 乙은 무권대리라고 주장하였지만, A의 대리가 표현대리라는 주장은 甲, 乙 모두 하지 않았다. 법원이 증거자료를 통해 A의 대리가 표현대리임이 판명되었다면, 위 계약을 표현대리에 의한 유효한 것으로 인정할 수 있는가?

[판결요지(1)] "변론에서 당사자가 주장한 주요사실만이 심판의 대상이 되는 것으로서 여기에서 주요사실이라 함은 법률효과를 발생시키는 실체법상의 구성요건 해당사실을 말하는 것인바, 대리권에 기한 대리의 경우나 표현대리의 경우나 모두 제3자가 행한 대리행위의 효과가 본인에게 귀속된다는 점에서는 차이가 없으나 유권대리에 있어서는 본인이 대리인에게 수여한 대리권의 효력에 의하여 위와 같은 법률효과가 발생하는 반면 표현대리에 있어서는 대리권이 없음에도 불구하고 법률이 특히 거래상대방 보호와 거래안전 유지를 위하여 본래 무효인 무권대리행위의 효과를 본인에게 미치게 한 것으로서 표현대리가 성립된다고 하여 무권대리의 성질이 유권대리로 전환되는 것은 아니므로, 양자의 구성요건 해당사실, 즉 주요사실은 서로 다르다고 볼 수밖에 없다."

[사안(2)] 甲은 乙로부터 건물을 매수하고 그 대금을 완납하였다. 그 후 이 매매계약을 둘러싼 분쟁이 발생하였는데, 원래 그 매매계약을 체결한 것은 甲을 대리한 B였다. 甲, 乙 및 B 모두 B에 의한 대리라는 사실을 주장하지 않았지만, 甲이 신청한 증인의 증언에 의해 B의 대리행위가 증명된다면, 법원은 증거자료를 통해 실제로는 甲의 대리인 B가 매매계약을 체결하였다고 인정할 수 있는가?

[판결요지(2)] "이 사건 소장에서 甲이 이 사건 토지를 소외 김○○로부터 매수하였다고 주장하고 있으나, 기록에 의하면 甲은 위 매매 당시 불과 10세 남짓한 미성년이었음이 명백한 터에 원심에 이르러 증인의 신문을 신청하여 甲의 조부인 B가 甲을 대리하여 이 사건 토지를 매수한 사실을 입증하고 있으므로 비록 甲이 그 변론에서 위 대리행위에 관한 명백한 진술을 한 흔적은 없다 하더라도 위 증인신청으로서 위 대리행위에 관한 간접적인 진술은 있었다고 보아야 할 것이고, 따라서 원심이 이 사건 토지를 甲의 대리인이 매수한 것으로 인정하였다 하여 이를 변론주의에 반하는 처사라 하여 비난할 수는 없다."

[해 설]

① 대리에 관한 사실과 불의의 타격의 유무

변론주의의 위반 여부는 주요사실인지 여부가 관건이 된다. 사안(1)에서 대상판결은 표현대리에 관한 사실은 주요사실에 해당하고, 당사자가 주장하지 않는 한 직권으로 참작할 수 없다고 판단하였다. 이러한 해석은 표현대리가 무권대리의 일종이고, 원고는 그러한 주장을 하지 않았다는 이유에서라고 평가할 수 있다. 반대로 사안(2)에서 대상판결은 변론주의에 위반되지 않는다고 판단하였다. 사안(2)의 경우에는 증인신청에 의해 간접적으로 대리행위를 진술한 것이므로, 이를 인정할 수 있다는 해석이다.

② 표현대리와 주요사실

변론주의 위반이란 당사자가 진술하지 않은 주요사실을 인정함으로써 당사자에 대한 불의의 타격이 되는 경우이다. 사안(1)의 경우 당사자에 대한 불의의 타격에 해당하는지 판단해 보도록 하자. 사안(1)에서 대상판결은 甲은 무권대리를 주장하지 않았으므로 무권대리라는 사실을 직권으로 인정할 수는 없다는 해석이다. 그러나 甲은 무권대리를 주장하지 않았지만, 반대로 乙은 무권대리라는 점을 주장하였다. 그렇다면 당사자 쌍방 중의 어느 누구라도 주장하면 그것을 직권으로 인정할 수 있다는 주장공통의 원칙에 의해, 표현대리라고 인정해도 변론주의의 원칙에 반한다고는 할 수 없을 것이다. 대상판결의 평석(김황식, 민사판례연구 7권, 5면 이하)은, "피고가 이미 무권대리임을 주장하였고, 피고로서는 원고가 표현대리주장을 명백히 하지 아니하여 원고의 악의·과실에 관하여 방어할 기회를 갖지 못하여 피고가 부당하게 패소할 위험이 있지 않나 하는 우려가 있을 수 있지만, 이 경우 법원은 피고로 하여금 그 부분에 대한 방어를 행하도록 석명함으로써 양 당사자의 보호를 다 할 수 있을 것"이라고 주장하고 있다. 또한 보다 탄력적으로 해석한 판례(대판 1990.6.26, 89다카15359)는 "대리인에 의한 계약체결의 사실은 법률효과를 발생시키는 실체법상의 구성요건 해당사실에 속하므로 법원은 변론에서 당사자의 주장이 없으면 그 사실을 인정할 수가 없는 것이나, 그 주장은 반드시 명시적인 것이어야 하는 것은 아닐 뿐더러 반드시 주장책임을 지는 당사자가 진술하여야 하는 것은 아니고 소송에서 쌍방 당사자 간에 제출된 소송자료를 통하여 심리가 됨으로써 그 주장의 존재를 인정하더라도 상대방에게 불의의 타격을 줄 우려가 없는 경우에는 그 대리행위의 주장은 있는 것으로 보아 이를 재판의 기초로 삼을 수 있다."고 판단하고 있다.

사안(1)의 경우 무권대리의 주장에 표현대리의 주장이 포함된다라고 탄력적으로 해석하는 것도 불가능하지 않을 것이다.

③ 간접진술에 의한 주장

사안(2)에서와 같이 실제로 진술을 하지는 않았지만 진술한 것으로 보아도 당사자에 대한 불의의 타격이 되지 않는다면, 그것을 진술한 것으로 보고 사실인정을 할 수 있다. 사안(2)의 경우, 사안(1)에서와 마찬가지로 당사자들은 대리행위에 관해 충분히 공격방어방법 제출의 기회를 가졌으며, 또한 그러한 주장을 본인이 아닌 상대방이 하거나 본인이 간접적으로 진술한 것이므로, 법원은 대리에 관해 직권으로 사실인정을 할 수 있다. 이러한 점에서 사안(2)에 대한 대상판결의 해석은 타당하다.

위와 같은 대리와 주요사실에 관련된 판례의 입장은 다음과 같은 사례에도 그대로 나타나 있다. 甲은 소장

및 준비서면에서 甲이 A를 통하여 乙에게 금원을 대여하였다고 주장하였지만, A가 대리인이라는 진술은 하지 않았다. 그러나 甲은 제1심 및 원심에서 A를 증인으로 신청하여 A가 甲과 乙 사이의 금전거래를 중개하였음을 증명하였다. 이에 대해 판례(대판 1994.10.11, 94다24626)는 비록 甲이 그 변론에서 A가 乙을 대리하여 甲으로부터 금원을 차용한 것이라고 진술한 흔적이 없어도, A의 대리행위의 존재를 인정하여 판결의 기초로 할 수 있다고 판시하였다. 사안(2)와 유사한 경우라고 말할 수 있다(그 밖에 대판 1990.6.26, 89다카15359 등).

참고판례 17-[판례5]

[6-3] 당사자의 주장의 필요성 - 과실상계 -

[대상판결] 대판 1996.10.25, 96다30113

[사안] 임대인 甲은 임차인 乙을 피고로 임차사무실의 화재로 인한 손해배상을 청구하였다. 이 사건 건물에는 화재발생 시 이를 자동으로 포착하여 경보를 발하는 화재경보기가 설치되어 있었다. 그러나 건물에 대한 소독작업 시 오작동되는 등 부작용이 있다 하여 甲의 경비원이 지하층에 있던 스위치를 내려놓아 작동이 되지 않게 해 두었다. 이와 같은 화재경보기 미작동으로 말미암아 이 사건 화재를 조기에 발견하지 못해 진압이 늦어져 손해가 확대된 사실이 인정되고, 이러한 것은 甲 측의 과실이지만, 당사자가 이에 관한 주장을 하지 않았다. 법원은 직권으로 과실상계를 인정할 수 있는가?

[판결요지] "민법상의 과실상계제도는 채권자가 신의칙상 요구되는 주의를 다하지 아니한 경우 공평의 원칙에 따라 손해의 발생에 관한 채권자의 그와 같은 부주의를 참작하게 하려는 것이므로 단순한 부주의라도 그로 말미암아 손해가 발생하거나 확대된 원인을 이루었다면 피해자에게 과실이 있는 것으로 보아 과실상계를 할 수 있고, 피해자에게 과실이 인정되면 법원은 손해배상의 책임 및 그 금액을 정함에 있어서 이를 참작하여야 하며, 배상의무자가 피해자의 과실에 관하여 주장을 하지 아니한 경우에도 소송자료에 의하여 과실이 인정되는 경우에는 이를 법원이 직권으로 심리·판단하여야 하나, 과실상계사유에 관한 사실인정이나 과실상계의 비율을 정하는 것은 그것이 현저히 형평의 원칙에 비추어 불합리하다고 인정되지 아니하는 한 사실심의 전권사항에 속하는 사항이다."

[해 설]

① 과실상계와 변론주의

사안은 과실상계라는 일반조항 또는 법적 관점과 밀접히 관련된 문제이다(법적 관점 지적의무에 대해서는 후술 [6-5] 참조). 과실상계를 포함하여 공서양속, 권리남용, 신의칙이라는 일반조항에 대해 당사자의 주장이 꼭

필요한지의 문제이기도 하다. 대상판결은 명확하게 당사자가 주장하지 않아도 과실상계는 법원이 직권으로 참작하여야 한다는 해석을 하였다.

② 일반조항과 변론주의

법원은 공서양속위반 등에 해당되는 사실의 존재를 지적하여 사실주장 내지는 법적 토론을 촉구해야 한다. 법원의 지적에도 불구하고 당사자가 주장하지 않는 경우에는, 공서양속은 당사자가 처분할 수 있는 사항이 아니므로 이를 판결자료로 할 수 있다. 한편, 과실상계도 공서양속과 동일하게 해석할 수 있는지, 즉 당사자가 결과적으로 과실상계를 주장하지 않는다면 이를 직권으로 판결자료로 할 수 있는지 문제된다.

대상판결은 어떠한 근거에서 그러한 법리가 나온 것인지에 대해 특별한 언급 없이 선례를 인용함에 그치고 있다. 대상판결이 인용한 선례를 통하여, 과실상계는 당사자가 주장하지 않아도 법원이 직권으로 참작해야만 하는 이유 또는 논거를 간단히 살펴보도록 하겠다.

③ 판례의 해석

과실상계와 변론주의에 관한 판례는 지금까지 많은 수에 이르고 있는데(대판 1990.4.25, 90다카3062 등) 특별한 근거(논거)는 나오고 있지 않다. 아마도 최초의 선례라고 할 수 있는 대판 1966.12.27, 66다1759에서도 다음과 같은 결론을 찾아 볼 수 있다. "불법행위로 인한 손해배상사건에 있어서 피해자에게 과실이 인정되면 법원은 손해배상의 책임 및 그 금액을 정함에 있어서 이를 참작하여야 하며 배상의무자가 피해자의 과실에 관하여 주장을 하지 아니한 경우에도 소송자료에 의하여 과실이 인정되는 경우에는 이를 법원이 직권으로 심리 판단하여야 한다."라는 결론이다.

판례의 태도는 선례(보다 명확한 판단을 한 대판 1967.12.5, 67다2367도 있다)에 사로잡혀 특별한 문제의식 없이 그대로 따른 것이 아닌가 생각된다. 물론 선례의 입장을 그대로 받아들이는 것도 하나의 실제적인 방법이 될 것

이다. 어차피 대법원은 법령해석의 통일도 추구해야 하기 때문이다.

대상판결에서도 보듯이 판례는 특별한 논거를 제시하고 있지 않다. 추측할 수 있는 판례의 근거는 다음과 같은 두 가지이다. 첫 번째로 판례가 간접적으로 강조하고 있는 것은 과실상계가 신의칙에 입각한 법칙이라는 점이다. 당사자가 신의칙을 주장하지 않아도 법원이 이를 적용할 수 있다는 것은 당사자의 처분가능성이나 공서양속·강행법규와의 관계에서 보면 충분히 이해할 수 있다. 두 번째로 지적할 수 있는 것은 과실상계를 적용해도 실체적 진실에 어긋나는 것이 아니므로, 당사자에게 부당한 불이익을 강요하는 것은 아니라는 점이다.

법원이 과실상계에 관해 위와 같은 태도를 취하는 것은 지나치게 후견적인 입장을 강조하는 것이다. 즉, 법률에 무지한 당사자에게 가능한 권리를 보호해 준다는 입장에서 후견적으로 직권참작을 한 것이 아닌가 생각된다. 그러나 이러한 태도는 현재의 변론주의를 원칙으로 하는 민사소송절차에 어울리지 않는다. 우리의 학설은 이러한 판례의 태도에 대해 특별한 언급이 없거나, 판례를 그대로 인용하고 있음에 불과하다. 특히 직권참작이라는 점에서 직권조사사항 중의 하나로 설명하고 있다.

④ 당사자의 자기책임

위와 같은 판례의 논거는 물론 수긍할 수 있다. 그러나 법원이 당사자에게 과실상계의 법적 관점을 지적했음에도 당사자 쌍방이 이를 주장하지 않는 경우, 법원은 이를 소송자료로 삼을 수 있는지 논의할 필요가 있다. 만일 가해자가 피해자의 과실을 주장하였다면 과실상계에 관한 간접적인 진술이 있었다고 볼 수 있지만, 가해자나 피해자 모두 전혀 과실상계에 관한 주장을 하지 않은 경우이다. 과실의 유무는 손해배상액의 산정에 중요한 요인으로 작용한다. 과실상계를 직권으로 참작하게 되면 당사자에게 공격방어의 기회를 주지 않는다는 점에서 앞서 본 변론주의의 기능에서 보았듯이 문제가 있다. 원고 측의 입장을 생각해 보자. 자신도 주장하지 않았고(주장 자체를 기대하기 어렵다) 피고도 주장하지 않았는데, 직권으로 자신의 과실이 일방적으로 판단된다면 불의의 타격이 아닐 수 없다.

과실상계의 결론은 신의칙이라 할 수 있지만 과실상

계 자체를 신의칙으로 보는 것(당사자가 요구하지 않는 경우에도 과실상계를 하지 않는 것이 신의칙위반이라 보는 것)은 문제가 있다. 과실상계는 신의칙과는 달리 당사자에게 처분권이 맡겨져 있다고 해석해야 한다. 만일 당사자가 과실상계를 주장한다면 신의칙적으로 반드시 참작해야 하겠지만, 당사자가 주장하지 않는다면 법원도 그러한 당사자 간의 납득을 인정해 주어야 할 것이다. 민사소송에서는 실체적 진실이 항상 관철되는 것이 아님을 상기할 필요가 있다. 또한 유사한 상계의 항변과 비교하여, 상계의 항변을 주장하지 않았다면 이를 직권으로 참작할 수는 없을 것이다.

반대로 신의칙이나 권리남용에 해당하는 사실을 당사자가 주장한다면 법원은 신의칙이나 권리남용을 직권으로 참작할 수 있다. 한편 공서양속의 경우에는 그 공익적 필요성에서 당사자가 주장하지 않은 사실을 통해서도 공서양속을 인정할 수 있다.

[6-4] 석명권행사의 의무

[대상판결] 대판(전) 1995.7.11, 94다34265

[사안] 이 사건 토지를 소유하는 甲은 자신의 소유권취득 이전부터 당해 토지 위에 건물을 소유하고 있던 乙로부터 소정의 차임을 받아 왔다. 그 후 甲은 乙을 피고로 그 지상물의 철거와 대지의 인도를 구하는 소를 제기하고, 이에 대해 乙은 지상물매수청구권을 행사하였다. 이러한 경우 법원은 甲이 종전의 청구를 계속 유지할 것인지, 아니면 대금지급과 상환으로 지상물의 인도를 청구할 의사가 있는 것인지를 석명할 의무가 있는가?

[판결요지] "토지임대인이 그 임차인에 대하여 지상물철거 및 그 부지의 인도를 청구한 데 대하여 임차인이 적법한 지상물매수청구권을 행사하게 되면 임대인과 임차인 사이에는 그 지상물에 관한 매매가 성립하게 되므로 임대인의 청구는 이를 그대로 받아들일 수 없게 된다.

이 경우에 법원으로서는 임대인이 종전의 청구를 계속 유지할 것인지, 아니면 대금지급과 상환으로 지상물의 명도를 청구할 의사가 있는 것인지(예비적으로라도)를 석명하고 임대인이 그 석명에 응하여 소를 변경한 때에는 지상물명도의 판결을 함으로써 분쟁의 1회적 해결을 꾀하여야 한다고 봄이 상당하다.

왜냐하면 이처럼 제소 당시에는 임대인의 청구가 이유 있는 것이었으나 제소 후에 임차인의 매수청구권 행사라는 사정변화가 생겨 임대인의 청구가 받아들여질 수 없게 된 경우에는 임대인으로서는 통상 지상물철거 등의 청구에서 전부 패소하는 것보다는 대금지급과 상환으로 지상물명도를 명하는 판결이라도 받겠다는 의사를 가질 수도 있다고 봄이 합리적이라 할 것이고, 또 임차인의 처지에서도 이러한 법원의 석명은 임차인의 항변에 기초한 것으로서 그에 의하여 논리상 예기되는 범위 내에 있는 것이므로 그러한 법원의 석명에 의하여 임차인이 특별히 불리하게 되는 것도 아니고, 오히려 법원의 석명에 의하여 지상물명도와 상환으로 대금지급의 판결을 받게 되는 것이 매수청구권을

행사한 임차인의 진의에도 부합한다고 할 수 있기 때문이다.

또한 위와 같은 경우에 법원이 이러한 점을 석명하지 아니한 채 토지임대인의 청구를 기각하고 만다면, 또다시 지상물명도 청구의 소를 제기하지 않으면 안되게 되어 쌍방 당사자에게 다 같이 불리한 결과를 안겨줄 수밖에 없으므로 소송경제상으로도 매우 불합리하다고 하지 않을 수 없다.

그러므로 이와는 달리 이러한 경우에도 법원에게 위와 같은 점을 석명하여 심리하지 아니한 것이 위법이 아니라는 취지의 당원 1972.5.23. 선고 72다341 판결은 이로써 이를 변경하기로 한다."

[해 설]

① 석명권행사와 변론주의

법원이 소송관계(당사자의 청구, 주장, 입증에 관련된 모든 사항)를 분명하게 하기 위해 당사자에게 사실상 및 법률상의 사항에 관해 질문하거나, 증명을 촉구하는 권한을 석명권이라 한다(법136조). 석명권은 법원의 권리인 동시에 일정한 경우에 그 행사(합의부의 경우에는 재판장이 대표로 행사)가 요구되는 의무(석명의무)이기도 하다. 당사자도 법원에게 필요한 석명권을 행사할 것을 요구할 수 있다(법136조3항). 사실 및 증거의 제출이 당사자의 책임에 맡겨져 있다는 변론주의가 적용됨에도 석명권의 행사가 필요한 이유는, 법원은 공정하게 사실을 인정하고 법을 적용하여 재판을 해야 하기 때문이다. 이와 같이 석명권이 인정되는 이유에서 본다면, 당사자가 제출한 자료를 통해 합리적으로 예상할 수 있는 범위 내에서의 석명권은 적극적으로 행사되어야 할 것이다. 반대로 자백이 성립한 이상 자백을 하는 진의가 무엇인지 석명하여 밝혀야 할 의무가 없다(대판 2000.10.10, 2000다19526).

한편, 당사자는 법원의 석명에 대해 이의를 제출하거나(법138조) 석명을 하지 않을 수 있지만, 법관의 심증과의 관계에서 보통 석명에 응하게 되므로 석명권은

변론주의를 수정시킨다는 사실상의 효력이 있다. 당사자가 석명에 응하지 않으면 실기한 공격방어방법으로서 추후에 제출하기 어렵게 된다는 일정한 제재도 동반된다(법149조2항).

② 적극적 석명과 소극적 석명

석명권의 행사에는 이미 제출된 주장의 취지가 분명하지 않을 때 그것을 분명하게 하는 소극적인 것과 아직 제출되지 않은 새로운 주장이나 증거의 제출을 촉구하는 적극적인 것이 있다.

사안에서는 소의 변경을 석명한다는 적극적 석명의 가부가 문제되었다. 대상(전원합의체)판결은 원래 적극적 석명을 인정하려고 하지 않았음에도 이를 변경하여 일정한 한도에서는 적극적 석명이 가능함을 인정하였다. 즉, 사안에서 乙의 매수청구권행사로 인해 甲의 건물철거 및 대지인도청구를 그대로 받아들일 수 없게 되는 경우에는, 법원은 甲이 종전의 청구를 계속 유지할 것인지, 아니면 예비적으로라도 대금지급과 상환으로 지상물의 인도를 청구할 의사가 있는 것인지를 석명해야 한다고 판시하여 적극적 석명을 인정한 것이다.

③ 적극적 석명권행사의 가능성

임대차계약의 해지통고에 관한 석명의무가 문제된 사안에서 변경 전의 판례(대판 1987.7.7, 86다카2521)는 "법원은 석명권의 행사로써 사안을 밝히기 위하여 당사자의 주장 가운데 모순이나 불명료한 점 따위를 지적하여 그 정정보완의 기회를 주고 그 주장 자체에 의하여 법률상 또는 논리상 예기되는 주장을 촉구할 수는 있어도 그 정도를 넘어 당사자가 주장도 하지 않은 전혀 새로운 공격방법이나 사실에 관한 주장을 권유할 수는 없다."고 하여 적극적 석명을 부정하고 있었다.

대상판결이 판례를 변경하여 위와 같은 임대차계약 해지의 통고라는 사실의 적극적 석명도 충분히 가능하게 되었다고 이해할 수 있다. 적극적 석명이 인정되는 이유는 분쟁의 일회적 해결을 도모해야 하는 점, 그리고 법원의 법적 관점 지적의무(법136조4항)가 규정되어 있어 법률상의 사항에 대해서는 널리 적극적인 석명을 인정하고 있는 점(이 취지는 불합리한 결과를 회피하기 위해서이다), 그리고 법과 사실을 항상 명확히 구분하기 어렵다는 점, 나아가 소유권을 주장하면서 임대차계약

해지를 주장하는 것은 모순된 입장이 아니고 합리적으로 예상할 수 있는 공격방어방법이라는 점이다.

④ 석명권행사의무의 위반

석명권을 행사해서는 안 됨에도 석명권을 행사한 경우에는, 이의를 하거나 법관의 기피신청으로 다툴 수 있다. 그러나 그에 따라 당사자가 제출한 주장이나 증거를 무효로 한다 하여도, 상고심에서 파기환송한 후에 다시 그러한 주장이나 증거를 제출하는 것은 그것이 실체적 진실에 부합하는 한 막을 수 없다. 따라서 석명권을 행사해서는 안 되는 경우에 행사한 경우에는 특별히 문제되지 않는다.

석명권을 행사해야 함에도 불구하고 석명권을 행사하지 않은 경우, 그러한 석명권의 행사를 충분히 예측할 수 있었고, 당사자에게 석명권불행사를 다툴 정당한 이유가 있으며, 석명에 응했다면 판결의 결과가 달라진다고 예상할 수 있으면, 법423조가 규정하는 법령위반이라는 상고이유가 된다. 예를 들어 피고의 채무불이행 사실 및 피고가 특별한 사정을 알았거나 알 수 있었다는 사실이 인정되는 사건에서는, 원고의 손해액에 관한 증명이 불충분하다 하더라도 그 이유만으로 원고의 이 부분 배상청구를 배척할 것이 아니라 그 손해액에 관하여 적극적으로 석명권을 행사하고 증명을 촉구하여 이를 밝혀야 한다(대판 1982.4.13, 81다1045).

참고판례 17-[판례6]

[6-5] 법적 관점 지적의무

[대상판결] 대판 1994.6.10, 94다8761

[사안] 甲은 A를 제3채무자로 하는 채권압류 및 추심명령(이하 '이 사건 결정')을 받고 바로 제3채무자를 乙로 경정하였지만, 이 경정결정은 乙에게는 송달되지 않았다. 甲이 乙을 피고로 제기한 추심의 소의 제1심에서, 乙은 이 사건 결정을 송달받은 바 없고, 그 제3채무자의 표시도 자신의 명의와 다르다고 주장하였지만, 제1심 판결은 이 사건 결정이 乙에게 송달되었고 그 후 제3채무자의 표시도 乙 명의로 경정결정되었다고 인정하였다. 이에 제2심에서 乙은 이 사건 결정이나 그 경정결정의 송달 여부에 대해서는 언급하지 않았다. 따라서 甲은 제1심 이후 이 사건 결정은 송달되었고 그 제3채무자의 표시가 잘못되어 그 후 경정결정을 받았다고만 주장하면서, 송달증명원을 제출하였을 뿐 위 경정결정이 乙에게 송달되었는지 여부에 대해서는 명시적으로 주장, 증명한 바 없다. 이러한 경우 법원은 경정결정의 송달 여부에 관해 석명을 해야 하는가?

[판결요지] "원심의 변론종결시까지 당사자 사이에 이 사건 결정의 송달 여부만 다루어졌을 뿐 위 경정결정의 송달 여부에 관하여는 명시적으로 다툼이 없었고 따라서 甲도 이 사건 결정이 송달되었다는 증거만 제출하였으므로, 원심으로서는 마땅히 당사자들이 간과한 경정결정의 송달관계에 관하여 지적한 후 甲에게 경정결정의 송달 여부에 관하여 석명을 구하고 입증을 촉구하여야 함에도(민사소송법 제126조(법136조) 제4항 참조) 불구하고, 이에 이르지 아니한 채, 이를 의식하지 못하고 간과한 甲이 제출한 증거만으로 위 경정결정의 송달사실이 인정되지 않는다는 이유로 청구를 기각하였으니, 이는 당사자가 전혀 예상하지 못하였던 법률적인 관점에 기한 예상 외의 재판으로 甲에게 불의의 타격을 가하였을 뿐 아니라, 위 경정결정이 乙에게 송달되었는지에 관하여 제대로 심리를 하지 아니하여 판결에 영향을 미친 위법이 있다 할 것이다."

[해 설]

① 법적 관점에 관한 석명권의 행사

변론주의는 소송자료인 사실을 수집할 권한·책임의 문제이므로 사실에 국한된 개념이지만, 석명을 통해 사실만이 아니라 법적 평가·법률구성에도 당사자의 주장을 유도할 수 있다. 특히 법원은 당사자가 모르는 법적 관점으로 재판하려고 할 때는 그것을 당사자에게 제시하고 당사자에게 충분히 변론하게 해야 한다(법136조4항).

이러한 법적 관점 지적의무는 독일법을 계수한 것이다. 민사소송법은 석명의 대상에 법률상의 사항도 포함된다는 입장이므로, 결국 그에 관해 석명의무위반이 발생할 수 있다는 점을 규정하고 있는 것이 된다. 이 점에서 보통 '법적 관점 지적의무'라고 하고, 당사자의 권리, 특히 절차권 보장에 목적이 있다.

법적 관점 지적의무에 위반되는 것은 당사자가 명백히 간과한 법률상의 사항을 지적하지 않는 경우이다. 보통 명백히 간과했다는 것은 당사자의 법률상의 지식을 고려하여 판단해야 한다. 또한 법적 관점을 지적·토론한다는 점에 중점이 있고, 법원은 당사자의 논의 결과에 구속되지 않는다. 법률해석의 최종책임은 당사자가 아닌 법원이 지게 되기 때문이다.

② 경정결정의 송달에 관한 점과 법적 관점

사안에서는 법률상의 사항으로 경정결정의 송달이 있다는 점을 석명해야 하는지 문제된다. 대상판결은 문제된 경정결정의 송달 여부는 송달에 의해 채권압류 및 추심명령의 효력이 발생한다는 점(민집227조3항)에서, 특정한 사실에 대한 법적 평가에 해당하고, 그렇다면 법적 관점으로서 송달의 유무에 대해 당사자에게 다툴 기회를 부여해야 한다는 해석이다. 특히 "당사자가 전혀 예상하지 못하였던 법률적인 관점에 기한 예상외의 재판으로 甲에게 불의의 타격을 가하였다."라고 판시하고 있다. 따라서 특정한 법적 관점에 의해 재판을 하려고 한다면 그에 관해 당사자에게 다툴 기회를 부여해야 한다.

③ 지적의무의 대상이 되는 법률상 사항의 예

이러한 예로는 피고적격이나 부기등기의 말소방법에 관한 사항(대판 1994.10.21, 94다17109), 증여를 원인으로 한 소유권이전등기절차이행청구에서 원고가 환지약정을 원인으로 한 소유권이전등기청구권에 대하여 분명하게 주장한 흔적이 보이지 아니하나 환지약정에 관한 서증을 제출하고 있다면, 법원은 환지약정을 원인으로 한 소유권이전등기절차이행청구를 주장하려는 취지인지에 관한 사항(대판 1995.2.10, 94다16601), 약속어음금청구에서 약속어음의 발행지나 발행인의 명칭에 부기한 지의 기재 흠결에 관한 사항(대판 1995.11.14, 95다25923), 보험금청구에서 근로자재해보상책임보험의 부보 범위만이 쟁점이 되어 다투어져 왔을 뿐, 원고가 유족으로서 보상금을 수령할 요건을 갖추었는지 여부에 관하여는 명시적인 다툼이 없었던 경우, 당사자들이 간과한 재해보상금을 수령할 수 있는 유족의 요건에 관한 사항(대판 1998.9.8, 98다19509), 가등기에 기한 소유권이전등기절차의 이행을 구하는 소송에서 부기등기의 유효성에 관한 사항(대판 2008.12.11, 2008다45187) 등이 있다.

그 밖에 원고로 하여금 청구원인에 합당한 청구취지로의 정정에 관한 사항(대판 2011.11.10, 2011다55405), 법원이 직권으로 부제소 합의에 위배되었다는 이유로 소가 부적법하다고 판단하는 경우의 부제소 합의의 효력이나 그 범위에 관한 사항(대판 2013.11.28, 2011다80449), 직권조사사항인 채권자대위소송의 보전의 필요성에 관한 사항(대판 2014.10.27, 2013다25217) 등도 지적의무의 대상이다.

[6-6] 직권조사사항과 직권탐지주의

[대상판결] 대판 1964.5.12, 63다712

[사안] 소송대리인에 의해 소가 제기된 경우, 그 대리권의 유무에 대해서는 당사자의 주장에 관계없이 법원이 직권으로 조사해야 하는가?

[판결요지] "소송대리인에 의한 소제기의 경우에 대리인의 대리권 존재는 소송요건의 하나로서 법원의 직권조사사항이므로 법원은 당사자의 주장을 기다리지 않고 대리권의 유무를 조사하여야 하고 따라서 당사자가 그 흠결을 시인한다고 하여 이를 직권으로 조사함은 위법이라고 할 수 없는 것인바 이와 반대의 견해로서 이 건 원고 법정대리인이 소외 이병필에게 소송대리 위임을 한 사실이 없다는 피고의 항변을 시인하고 있음에도 불구하고 원심이 직권으로 증거를 모아 위 소송대리 위임사실을 인정하였음은 위법이라는 논지는 위에서 설명한 법리를 오해한 독자적 견해로서 받아들일 수 없다."

[해 설]

① 직권조사사항과 변론주의

변론주의가 적용되는 통상의 민사소송에서는 소송자료의 제출과 수집이 당사자의 책임에 맡겨져 있다. 그러나 소송자료 중에는 공익적인 사항이 존재하고, 이러한 것은 당사자의 처분에 맡겨 그 책임으로 돌릴 수 있는 사항이 아니라 법원이 직권으로 조사해야 한다. 이와 같이 직권으로 조사한다는 점에서 직권조사사항이라고 부른다. 사안에서는 소송대리권의 존부가 직권탐지를 해야 하는 직권조사사항인지, 나아가 그것을 어떻게 심리하는지가 문제되었다. 대상판결은 소송요건의 하나로서 직권조사사항이며, 직권증거조사가 가능하다고 해석한다.

② 직권조사사항과 그 심리방법

직권조사사항은 공익적인 사항을 염두에 둔 것이므로 강행법규의 위반 여부와 소송요건이 대상이 된다고 할 수 있다. 사안에서 문제된 소송대리권은 소송요건이

고 상고이유·재심사유에도 해당되는 점에서 본다면, 직권조사사항인 점에는 의문의 여지가 없다.

한편, 직권조사사항과는 별개의 개념으로 직권탐지주의라는 심리방식이 있다. 이것은 변론주의가 적용되지 않는 비송절차에서 이용되는 것으로, 심리의 방법으로서 법원에 의한 직권증거조사를 의미한다. 판례는 사안에서와 같은 소송대리권의 유무는 직권조사사항으로 그것을 심리하기 위해 직권증거조사가 가능(직권탐지주의)하다는 입장임을 알 수 있다.

그러나 직권탐지주의라 하여도 불의의 타격을 금한다는 변론주의의 원칙은 기능한다. 예를 들어 대판 1994.4.26, 92누17402에서는, 원고는 원심에서 서울 마포구 도화동 소재의 아파트에 관하여 원고 명의로 경료되어 있던 소유권이전등기는 원고의 의사에 기하여 경료된 것이 아니고 소외인인 원고의 언니가 원고 몰래 경료한 것으로서 무효라는 주장을 하였을 뿐이고, 원고의 언니가 원고에게 위 아파트를 명의신탁하였던 것이라는 주장을 한 바는 없음이 명백한 경우, 원고 명의의 등기가 명의신탁에 의한 등기인지 여부에 관해 직권으로 사실을 조사해야 하는지에 대해 다음과 같이 조사할 수 없다고 판시하였다. 즉, 기존의 판례의 입장(대판 1988.4.27, 87누1182; 대판 1991.11.8, 91누2854; 대판 1992.7.10, 92누3199 등)을 바탕으로, "행정소송법 제26조에 「법원은 필요하다고 인정할 때에는 직권으로 증거조사를 할 수 있고, 당사자가 주장하지 아니한 사실에 대하여도 판단할 수 있다」고 규정하고 있기는 하나, 이는 행정소송의 특수성에서 연유하는 당사자주의, 변론주의에 대한 일부 예외규정일 뿐 법원이 아무런 제한 없이 당사자가 주장하지 아니한 사실을 판단할 수 있는 것은 아니고 일건 기록상 현출되어 있는 사항에 관하여서만 직권으로 증거조사를 하고 이를 기초로 하여 판단할 수 있을 따름이라 할 것이다."라고 판단하였다.

③ 직권조사사항과 직권탐지주의의 관계

직권조사사항과 직권탐지주의의 관계를 이해하기 위

해 직권조사사항의 구체적 범위와 그 심리방법을 살펴볼 필요가 있다. 위에서는 공익적인 사항으로 소송요건을 직권조사사항의 대상이라 하였다. 소송요건인 직권조사사항 중 공익성이 강한 것은 재판제도의 존재의의에 비추어, 당사자의 주장에 관계없이 직권으로 조사하고 또한 그 판단을 위한 자료의 수집에 관해 직권증거조사가 이루어진다. 재판권, 전속관할, 제척원인, 당사자능력과 소송능력, 법정대리권, 중복제소의 금지, 기판력과 같은 것이 여기에 해당된다.

한편, 공익성이 강하지도 않으면서 당사자의 이익보호를 목적으로 하지 않는 것이 있다. 예를 들면 임의관할, 병합의 요건, 소의 변경이나 반소의 요건, 당사자적격 등의 경우에는 직권으로 조사할 사항이지만, 법원이 직권탐지주의로서 직권증거조사까지 할 필요성은 없다. 예를 들어 비법인사단(종중)이 당사자인 사건에서 대표자에게 적법한 대표권이 있는지 여부는 소송요건(당사자적격의 유무)에 관한 것으로서 법원의 직권조사사항이므로, 법원에 판단의 기초자료인 사실과 증거를 직권으로 탐지할 의무까지는 없다 하더라도 이미 제출된 자료에 의하여 대표권의 적법성에 의심이 갈만한 사정이 엿보인다면 그에 관하여 심리·조사할 의무가 있다(대판 1975.2.10, 74다2101; 대판 2011.7.28, 2010다97044).

④ 사익성이 강한 소송요건의 심리방법

소송요건 중에서도 당사자의 이익보호를 목적으로 하는 것, 예를 들면 중재합의의 항변, 부제소특약, 소송비용의 담보제공의 경우에는 직권조사사항도 아니고, 직권탐지주의로 심리하지도 않는다. 판례(대판 1980.1.29, 79다2066)는 불항소합의를 항소의 적법요건에 관한 것이므로 직권조사사항이라 하였는데, 위에서 보았듯이 이론적으로는 문제가 있음을 지적할 수 있다.

위와 같은 직권탐지주의가 갖는 의미에서, 직권조사사항을 직권탐지주의와 변론주의의 중간적 성격을 갖는 제3의 심리방식이라고 풀이하는 견해도 생각할 수 있다. 그러나 이러한 견해는 직권조사사항과 직권탐지주의가 갖는 기능의 차이(전자는 사실의 주장, 후자는 주장된 사실의 진위 여부의 판단방법)를 설명할 수 없고, 직권조사사항이며 동시에 직권탐지를 해야 하는 경우에, 이를 직권조사사항이 아니라고 보는 것도 직권조사사항이 갖는 공익성의 차이를 고려할 수 없게 하는 단점

이 있다.

⑤ 임의대리권 존부의 공익성

사안에서 대상판결은 소송대리권의 존부가 직권조사사항이며 직권탐지를 해야 한다고 판단하고 있다. 그러나 소송대리권은 임의대리권으로 변호사가 아닌 자의 대리행위도 당사자가 추인하면 유효하게 된다. 반대로 법정대리인은 능력의 흠결을 보충하기 위한 제도이다. 이러한 법정대리인과의 차이점을 비교하면, 소송대리권이 법정대리권과 같이 공익성이 강하다고는 말할 수 없을 것이다. 또한 위와 같은 점에서 직권탐지주의에 해당하는 직권조사사항을 직권탐지사항이라 하는 것은 적절한 용어법이 아니라고 말할 수 있다. 예를 들면 대판 1999.2.24, 97다38930에서는 "소송대리권의 존부는 법원의 직권탐지사항으로서, 이에 대하여는 의제자백에 관한 규정이 적용될 여지가 없다."고 하지만 적절한 용어 사용이라고는 할 수 없을 것이다.

[6-7] 소송행위의 추후보완

[대상판결] 대판 1999.6.11, 99다9622

[사안] 甲은 1999.1.16. 원심판결을 송달받은 후, 1999. 2.1. 원심판결에 대하여 상고를 제기하였다. 원심법원 재판장은 甲의 상고가 상고기간 만료일인 1999.1.30.을 도과하여 제기된 것이어서 부적법하다고 하여, 1999.2.3. 甲의 상고장을 각하하는 명령을 내렸다. 이 명령은 1999.2. 5. 甲에게 송달되었으나, 甲은 이 각하명령이 송달되기 전인 1999.2.3. 원심판결에 대하여 추후보완상고장을 제출하였다. 甲은 상고기간을 준수하지 못한 사유로 다음의 주장을 하였다. 이 사건 원심판결은 1999.1.16. 토요일, 근무시간인 13:00가 지나서 甲의 소송대리인의 사무실에 송달되었는데, 당시 담당직원들은 대부분 퇴근하고 일부 직원 및 놀러 온 그 직원의 친구들 몇몇이 남아 있었다. 이때 판결정본의 송달 의미를 알지 못하는 직원의 친구가 책상 위에 놓여 있던 직원 A 명의의 도장을 송달보고서에 날인하여 주고 원심판결 정본을 받았고, 그날 직원 A는 월차휴가일이어서 출근도 하지 않았다. 한편, 甲의 소송대리인 사무실 책상 위에 놓여 있던 판결정본은 월요일인 1999.1.18. 오전에 직원의 눈에 띄게 되었고, 그 직원은 그날 송달된 것으로 알고 판결정본 봉투에 '1999.1.18. 접수'라는 도장을 찍고 문서수발대장에 그 날짜로 기재함으로써, 상고마감일을 잘못 알게 되었다는 이유이다. 이러한 甲의 소송행위(상고의 제기)의 추후보완은 인정되는가?

[판결요지] "민사소송법 제160조(법173조) 제1항은 「당사자가 그 책임을 질 수 없는 사유로 인하여 불변기간을 준수할 수 없었던 경우에는 그 사유가 없어진 후 2주일 내에 해태된 소송행위를 추완(현행법에서 '추후보완'이라는 용어로 변경되었다)할 수 있다.」고 규정하고 있는바, 여기서 말하는 '당사자가 그 책임을 질 수 없는 사유'라고 함은 당사자가 그 소송행위를 하기 위하여 일반적으로 하여야 할 주의를 다하였음에도 불구하고 그 기간을 준수할 수 없었던 사유를 가리키고, 그 당사자에는 당사자 본인뿐만 아니라 그 소송대리인 및 대리인의 보조인도 포함된다고 할 것이다. 살피건대, 甲소송대리인이 제출한 소명자료에 의하더라도 甲소송대리인의 직원이 아닌 다른 사람이 원심판결 정본을 수령한 사실이 인정되지 아니하고, 그 밖에 甲소송대리인이 주장하는 사유는 甲소송대리인 사무소 내부의 사정으로서 당사자의 책임으로 돌릴 수 없는 사유에 해당된다고 할 수도 없을 뿐만 아니라, 甲소송대리인의 주장에 의하더라도 甲소송대리인의 직원이 원심판결 정본의 접수를 문서수발대장에 기재한 날인 1999.1.18.에는 당사자가 책임질 수 없는 사유가 없어졌다고 할 것이므로, 甲이 원심법원 재판장의 상고장 각하명령에 대한 재항고를 제기하지 아니한 채 이 사건 추완상고장을 별도로 제출한 이 사건에 있어서는, 그 추완상고는 당사자가 책임을 질 수 없는 사유가 없어졌다고 甲소송대리인이 자인하는 날로부터도 2주일이 지났음이 명백한 1999.2.3.에 제기되어 추완의 요건도 갖추지 못하게 되었다 할 것이다."

[해 설]
① 소송행위의 추후보완의 필요성

사안에서는 상고의 추후보완이 가능한지 문제되었다. 대상판결은 부주의하게 송달을 수령한 소송대리인의 보조인 측에 과실이 있으므로, 추후보완상고의 제기라는 소송행위의 추후보완은 인정되지 않는다고 판단하였다. 소송대리인 이외에 그 보조인의 과실도 없어야 함을 인정한 판단이다.

사안에서의 소송행위(상고의 제기)의 추후보완은 기간을 연장하거나 단축할 수 없는 불변기간을 준수할 수 없는 경우에 이용할 수 있다. 즉, 특정 소송행위를 불변기간 내에 해야 함에도 당사자가 그 책임을 질 수 없는 사유로 인해 하지 못한 경우에, 그 소송행위를 불변기간 도과 후에 추가로 하여 완성시킬 수 있게 하는 당사자에 대한 구제책을 소송행위의 추후보완이라 한다(법173조). 이러한 소송행위의 추후보완은 '당사자가 책임을 질 수 없는 사유'가 없어진 후 2주일 내(외국에 있는 당사자의 경우에는 30일)에 해야 한다(법173조).

추후보완 자체는 독립한 소송행위가 아니고, 불변기간의 도과로 부적법하게 된 소송행위가 적법한 것이라는 주장이다. 따라서 아직 소송행위를 하지 않은 경우에는 책임을 질 수 없는 사유의 존재 이외에 추후보완기간 내에 새로이 소송행위를 해야 한다. 항소인이 추완항소임을 명백히 하지 아니하면 법원이 항소각하판결을 하기 전에 반드시 그 추후보완사유의 유무를 심리하거나 이를 주장할 수 있는 기회를 주어야 하는 것은 아니다(대판 1981.6.23, 80다2315). 또한 상소의 추후보완에 의해 확정판결의 집행정지를 구할 수 있다(법 500조1항).

② 추후보완의 요건

추후보완은 본인이 책임질 수 없는 사유가 있는 경우에 가능하다. 즉, '당사자가 그 책임을 질 수 없는 사유'라고 함은, 판례 다수의 해석(그 밖에 대판 1987.3.10, 86다카2224; 대판 1998.10.2, 97다50152 등)으로서, 당사자가 그 소송행위를 하기 위해 일반적으로 해야 할 주의를 다하였음에도 불구하고 그 기간을 준수할 수 없었던 사유를 가리킨다. 특히 판결의 선고 및 송달사실을 알지 못하여 상소기간을 지키지 못한 데 과실이 없다는 사정은 상소를 추후보완하고자 하는 당사자 측에서 주장·증명하여야 한다(대판 2012.10.11, 2012다44730). 구체적으로는 다음과 같은 예를 생각할 수 있다.

첫 번째는 천재지변과 이에 준하는 사유에 의해 서면의 제출이 지연된 경우이다. 판례가 인정한 예로 원심법원이 판결선고 후 두 차례에 걸쳐 피고에게 판결정본을 송달하려 하였으나 모두 폐문부재를 이유로 송달되지 아니하자 공시송달의 방법으로 판결정본을 송달한 사안에서, 원심법원의 잘못으로 피고에게 판결선고기일이 제대로 고지되지 아니하였고, 공시송달의 요건이 갖추어지지 않았던 사정을 종합하여 보면 피고가 불변기간을 준수하지 못한 것이 피고의 책임에 해당한다고 할 수 없으므로, 피고가 직접 판결정본을 수령한 후 2주 내에 상고장을 제출한 것은 적법한 상고의 추후보완에 해당한다(대결 2011.10.27, 2011마1154).

두 번째는 송달이 공시송달에 의해 이루어지고, 송달을 받아야 하는 당사자가 공시송달로 받아야 할 정당한 이유가 없는 경우이다.

세 번째는 당사자본인뿐만 아니라 본인과 동일시되는 소송대리인이나 그 보조인(변호사사무소의 사무원 등의 업무보조원을 포함)에게 과실이 없이 불변기간을 준수할 수 없었던 경우이다. 특히 소송대리인이 있는 경우에는 실제로 소송행위를 하는 것은 본인이 아닌 대리인이므로 그(소송대리인과 그 보조인)의 과실의 유무가 중심이 된다.

③ 추후보완의 가능성

사안에서는 부주의하게 송달을 수령한 소송대리인의 보조인 측에 과실이 있으므로, 소송행위의 추후보완이 인정되지 않는다. 대상판결은 소송대리인 이외에 그 보조인의 과실도 없어야 함을 인정한 입장이지만, 그 이유는 충분히 설시되어 있지 않다. 추측건대, 사실상 소송대리인이 소송을 수행한다는 점, 소송대리인의 과실은 본인인 甲과의 문제인 점, 그리고 그 보조인에게 과실이 있다는 것은 소송대리인의 직무태만이라고 볼 수 있다는 점에서 그 이유를 찾을 수 있을 것이다.

또한 대상판결의 방론에서도 지적하고 있듯이, 설사 보조인의 과실이 없다고 하더라도, 추후보완상고가 인정되려면 사안에서와 같이 당사자가 책임을 질 수 없는 사유가 없어졌다고 甲의 소송대리인이 자인하는 날(1999.1.18.)로부터 2주일 내에 추후보완상고를 제기해야 했다. 대상판결에서는 이 점을 지적하여 甲의 소송대리인이 추후보완상고를 제기한 날(1999.2.3.)은 그로부터 2주일이 지났음이 명백하므로 추후보완의 요건도 갖추지 못하고 있다고 설시하고 있는 것이다.

[6-8] 소송절차의 중단과 수계

[대상판결] 대판 2010.12.23, 2007다22859

[사안] 甲들의 피상속인 A는 乙을 상대로 이전등기청구소송을 제기하였는데 제1심 소송 계속 중 사망하였다. A는 소제기시부터 변호사 B를 소송대리인으로 선임하였고 B에게 상소를 제기할 특별수권을 부여하고 있었다. 이러한 경우, (1) 1심 법원이 상속인으로 당사자의 표시를 정정하지 아니한 채 A를 그대로 당사자로 표시하여 판결한 경우, 이 판결의 효력은 A의 소송상 지위를 당연승계한 甲들 모두에게 미치는가? (2) 그 판결에 대해 B나 乙은 그 잘못 기재된 당사자 모두를 상소인 또는 피상소인으로 표시하여 상소를 할 수 있는가?

[판결요지] "민사소송법 제95조 제1호, 제238조에 따라 소송대리인이 있는 경우에는 당사자가 사망하더라도 소송절차가 중단되지 않고 소송대리인의 소송대리권도 소멸하지 아니하는바, 이때 망인의 소송대리인은 당사자 지위의 당연승계로 인하여 상속인으로부터 새로이 수권을 받을 필요 없이 법률상 당연히 상속인의 소송대리인으로 취급되어 상속인들 모두를 위하여 소송을 수행하게 되는 것이고, 당사자가 사망하였으나 그를 위한 소송대리인이 있어 소송절차가 중단되지 않는 경우에 비록 상속인으로 당사자의 표시를 정정하지 아니한 채 망인을 그대로 당사자로 표시하여 판결하였다고 하더라도 그 판결의 효력은 망인의 소송상 지위를 당연승계한 상속인들 모두에게 미치는 것이므로, 망인의 공동상속인 중 소송수계절차를 밟은 일부만을 당사자로 표시한 판결 역시 수계하지 아니한 나머지 공동상속인들에게도 그 효력이 미친다(대법원 1992.11.5.자 91마342 결정, 대법원 1995.9.26. 선고 94다54160 판결, 대법원 1996.2.9. 선고 94다61649 판결 참조).

A의 소송대리인에게 상소제기에 관한 특별수권이 부여되어 있는 경우에는, 그에게 판결이 송달되더라도 소송절차가 중단되지 아니하고 상소기간은 진행하는 것이므로 상소제기 없이 상소기간이 지나가면 그 판결은 확정되는 것이지만, 한편 A의 소송대리인이나 상속인 또는 乙에 의하여 적법하게 상소가 제기되면 그 판결이 확정되지 않는 것 또한 당연하다. 그런데 당사자표시가 잘못되었음에도 망인의 소송상 지위를 당연승계한 정당한 상속인들 모두에게 효력이 미치는 판결에 대하여 그 잘못된 당사자표시를 신뢰한 A의 소송대리인이나 乙이 그 잘못 기재된 당사자 모두를 상소인 또는 피상소인으로 표시하여 상소를 제기한 경우에는, 상소를 제기한 자의 합리적 의사에 비추어 특별한 사정이 없는 한 정당한 상속인들 모두에게 효력이 미치는 위 판결 전부에 대하여 상소가 제기된 것으로 보는 것이 타당하다."

[해　설]

① 소송절차 중단의 의의

사안은 당사자의 사망에 의한 소송절차의 중단과 소송수계와 관련된 것이다. 소송대리인이 선임되어 있는지, 또한 소송대리인은 상소를 제기할 특별수권을 부여받았는지 여부에 따라 중단과 수계의 문제가 처리되는데, 대상판결은 기존의 판례의 입장을 바탕으로 구체적인 처리방법을 판단하였다.

소송절차의 중단은 중지와 함께 소송절차의 정지로 불린다. 절차의 진행이 정지되면 법원이나 당사자가 한 소송행위는 효력이 발생하지 않고, 기간의 진행도 정지된다(법247조2항). 절차정지 중임에도 법원이 판결을 내리면 그 판결이 당연무효가 되는 것은 아니고 상소(법424조1항4호)나 재심(법451조1항3호)에 의한 구제를 받을 수 있지만(대판(전) 1995.5.23, 94다28444 참조), 이의권의 포기·상실에 의해 치유된다. 사안에서 문제된 당사자의 사망을 포함한 중단사유에 대해서는 법233조 내지 240조에 규정되어 있고, 법원이나 당사자의 지·부지에 관계없이 소송절차가 정지된다.

② 소송대리인이 선임되어 있는 경우

당사자의 사망이라는 중단사유가 발생해도, 사망한 당사자에게 소송대리인이 있으면 소송대리권에는 영향이 없으므로 절차가 중단되지 않는다(법238조. 단, 파산선고에 의한 중단의 경우에는 파산관재인과의 관계[이해관계의 상충] 때문에 적용되지 않는다). 그러나 절차가 중단되지 않아도 소송대리인은 중단사유를 법원에 서면으로 신고해야 한다(민사소송규칙61조).

만일 소송대리인이 제1심에 한해 대리권이 있는 경우, 절차는 중단되지 않고 법원은 절차를 진행하여 판결을 선고할 수 있다. 당사자가 사망하여도 소송대리인은 신당사자를 위해 대리하는 것이 되기 때문이다(대판 1995.9.26, 94다54160). 제1심 법원의 판결정본이 소송대리인에게 송달되었을 때 소송절차는 중단된다(대결 1992.11.5, 91마342). 특히 제1심 법원이 내린 판결은 구당사자로 표시되어도 그 표시가 망인의 상속인, 소송승계인, 소송수계인 등 망인의 상속인임을 나타내는 문구로 되어있으면, 신당사자(모든 상속인)에게 효력이 미친다(대결 1992.11.5, 91마342). 그러나 상소제기를 위한 특별수권이 없으므로 판결정본이 송달된 후에 절차는 중단되고, 만일 중단 중에 제기된 부적법한 상소는 소송수계의 신청으로 그 하자가 치유된다(대판 1963.12.12, 63다703). 따라서 수계가 없다면 판결정본의 송달 후 절차는 중단된 상태로 있게 되고, 상소제기기간도 진행하지 않는다(대판 1996.2.9, 94다61649).

다음으로 소송대리인이 상소를 제기할 수 있는 특별수권을 부여받은 경우, 수계를 하지 않은 신당사자에게도 소송절차는 중단되지 않는다. 신당사자가 스스로 상소를 제기하며 수계신청을 하지 않고 소송대리인도 상소를 제기하지 않으면, 상소제기기간이 진행되어 판결이 그대로 확정된다(대결 1992.11.5, 91마342). 반대로 특별수권이 있는 소송대리인이 제1심에서 소송수계를 한 신당사자 중의 일부만을 항소인으로 표시하여 항소를 제기하면, 이 항소는 신당사자 모두에게 효력이 미치고 제1심 판결 전부에 대해 확정을 차단시킨다(이때 제1심에서 소송수계를 하지 않은 신당사자는 항소심에서 소송수계를 하면 된다). 대상판결이 명확하게 판시한 부분이다.

특히 주의해야 할 점은 사안에서와 같이 특별수권이 있는 소송대리인이 상속인 중의 일부만을 항소인으로 하여 항소를 제기한 것이 아닌 경우의 처리이다. 즉, 상소를 제기할 특별수권이 있는 소송대리인이 상소를 제기한 것인지, 아니면 소송수계를 한 일부의 상속인들이 상소를 제기한 것인지를 구별하여, 상소를 제기하지 않은 나머지 상속인들에게도 상소제기의 효력이 미치는지 판단해야 한다.

한편, 소송대리인이 상소제기의 특별수권이 아닌 소송탈퇴의 특별수권을 갖고 있는데 중단사유가 발생한 경우(예를 들어 소송계속 중 사망한 甲에게서 소송탈퇴에 관한 특별수권을 받은 소송대리인은, 승계참가인 乙이 승계참가신청을 하자 소송탈퇴를 신청하였고 상대방 측 소송대리인도 이 소송탈퇴에 동의한 후 乙은 소송물과 관련한 甲의 재산을 단독으로 상속하게 되었다면서 소송수계신청을 하고 반대로 승계참가신청의 취하서를 제출하여 상대방 측 소송대리인이 위 취하에 동의한 경우), 甲의 소송대리인이 한 소송탈퇴신청은 상속인들 모두에게 그 효력이 미치므로 甲과 상대방 사이의 소송관계, 즉 甲의 상속인들과 상대방 사이의 소송관계는 소송탈퇴로 적법하게 종료된다. 따라서 乙의 소송수계신청은 이미 종료된 소송관계에 관한 것이어서 이유 없음이 명백하고, 한편 乙과 상대방 사이의 소송관계도 승계참가신청의 취하와 상대방의 이에 대한 동의로 적법하게 종료된 것으로 처리된다(대판 2011.4.28, 2010다103048).

③ 소송절차의 수계

수계는 신당사자 등에 의해 중단된 절차를 속행시키기 위한 절차이다. 수계신청은 중단사유에 따라 법에 규정이 있고, 소송을 수행해야 한다는 수계의무가 부여되는 신당사자와 소송의 속행에 절차상의 이익을 갖고 있는 상대방당사자(법241조)가 할 수 있다. 단, 상속인은 상속포기를 할 수 있는 동안 수계하지 못한다(법233조2항).

상속인이 복수이면 소송의 대상인 상속될 권리관계의 개별적 성격, 즉 공동상속인 간의 관계가 고유필수적 공동소송이 되는지, 통상공동소송이 되는지에 의해 수계가 달라진다. 먼저 소송물이 금전채권채무 등의 가분적인 것이면 원칙적으로 민법 소정의 상속분에 대응하여 각 상속인이 피상속인의 채권채무를 분할하여 승계하므로, 각자가 자신의 승계부분에 대해 수계한다. 반대로 소송물이 불가분적인 것이면, 보존행위에 해당하지 않는 한(통상공동소송이 되지 않는 한) 전원이 수계해야 한다.

참고판례 16-[판례13], 18-[판례5], 18-[판례6], 18-[판례7]

[6-9] 소송행위와 의사의 하자

[대상판결] 대판 1963.11.21, 63다441

[사안] 甲은 乙을 상대로 X토지의 소유권확인을 구하는 소를 제기하였다. 제1심 종료 후 乙이 항소하였으나 甲이 X를 乙에게 매도한다고 하여 乙은 항소를 취하하였다. 그러나 乙은, 甲이 X를 다른 데 매각하려한 사실에 비추어 甲의 기망에 의해 항소를 취하했다고 주장하고, 항소취하의 취소를 구할 수 있는가?

[판결요지] "乙의 항소취하의 동기에 착오가 있다 하여도 항소취하의 무효 또는 취소를 주장할 수 없다고 판단한 것은 정당하며 원심이 부연하여 언급한 항소취하가 형사상 처벌받을 타인의 행위로 인한 때에는 민사소송법 제422조(법451조) 제1항 제5호를 유추하여 그 무효를 주장할 수 있다 함은 형사상 처벌받을 타인의 행위로 항소취하의 의사 없이 항소취하의 외형적 행위가 있을 때 예를 들면 문맹자를 속여서 항소취하서에 날인게 하여 그 항소취하서를 제출한 경우와 같이 항소취하의 의사 없는 항소취하의 무효를 주장할 수 있다는 취지이며 본건과 같이 소송행위자의 진의에 부합한 소송행위가 그 동기에 있어 착오 있는 경우에 소송행위의 무효 내지 취소의 주장을 할 수 있다는 취지가 아님이 명백하다."

[해 설]

① 소송행위와 사법법규

소송행위라면 사법행위와 달리 민법 등 실체법상의 규정이 적용되지 않는다는 해석이 일반적이다. 사안에서는 착오를 이유로 (항소)취하의 취소가능성이 문제된 것이고, 대상판결은 특별한 이유는 언급되어 있지 않지만 위와 같은 일반적인 견해에 충실히 따라 착오에 의한 소취하의 취소가 인정되지 않는다고 해석하였다.

소송행위에 민법 등의 사법법규가 적용되지 않는다는 해석은 소송절차의 명확성이나 안정성, 그에 따른 표시주의와 외관주의를 지나치게 강조한 것이고, 소송행위와 법률행위의 준별론(민법학에서 민사소송법학이 분리독립될 당시에 만들어진 이론)에서 나온 결론이다.

대상판결에서 보는 판례의 입장은 확고하다. 예를 들면 대판 1984.5.29, 82다카963에서는, "소송대리인이 그 대리권의 범위 내에서 한 소송행위는 본인이 하는 소송행위로서의 효력을 가지는 것이므로 비록 그 소송행위가 상대방의 기망에 의하여 착오로 이루어졌다 하더라도 이를 상대방이 한 소송행위와 동일시하여 본인이 한 소송행위로서의 효력을 부인할 수는 없다."고 판시하였다. 또한 대판 1980.8.26, 80다76에서도, "민사소송법상의 소송행위에는 특별한 규정이나 특별한 사정이 없는 한 민법상의 법률행위에 관한 규정이 적용될 수 없는 것이므로 사기, 강박 또는 착오 등 의사표시의 하자를 이유로 항소취하 행위의 무효나 취소를 주장할 수 없다."고 하였다.

② 소송행위와 의사의 하자

민법에 규정된 의사의 하자는 심리유보, 허위표시, 착오, 사기 그리고 강박이다(민법107조 내지 110조). 이러한 사유가 소송행위와의 관련에서도 문제된다. 다만, 하자의 성격상 다음과 같은 예외를 인정해야 할 것이다.

먼저 심리유보와 허위표시의 경우에는 애당초 소송행위의 무효 또는 취소사유가 되는 의사의 하자의 대상에 포함되지 않는다고 해석해야 한다. 왜냐하면 심리유보나 허위표시가 성립하기 위해서는 쌍방 당사자가 진의에 기초하지 않고 또한 정당한 이유가 없는 소송행위임을 알아야 하는 점이 요건이 되기 때문이다. 즉, 쌍방 당사자가 고의로 진의에 의하지 않는 소송행위를 했음에도 법원을 통해서 그 효력을 발생시킨 후, 다시 그 소송행위의 무효 또는 취소를 주장하는 것은 법원을 기망하는 행위이다. 따라서 법원을 기망하여 일정한 행위를 했다는 점에 비추어, 추후에 그 무효 또는 취소의 주장을 하는 것은 신의칙에 의해 허용되지 않는다.

또한 민법에서는 제3자의 사기에 대해 상대방이 그것을 몰랐다면 의사표시의 취소사유가 아니라고 규정하고 있다(민법110조2항). 그러나 소송상으로는 제3자의 사기라 하더라도 그것을 상대방이 알고 있었는지 여부에 관계없이 의사의 하자가 된다고 해석해야 한다. 왜냐하면 재심사유(법451조1항5호)로서의 사기가 널리 타인이 행한 사기를 대상으로 하고 있는 점, 제3자의 사기는 적어도 당사자의 착오가 되는 점 등을 고려해야 하기 때문이다.

③ 의사의 하자에 의한 구제가능성

소송행위와 의사의 하자에서 특히 문제되는 것은 착오이다. 착오에 의한 구제가능성을 인정한다면 사기나 강박의 경우에도 보다 쉽게 동일한 결론에 이른다. 착오에 관한 민법규정의 적용을 인정한다면 당사자의 권리구제에 도움이 되는 것이므로, 이는 착오에 의한 소송행위의 구제가능성에 대한 문제이기도 하다.

착오규정의 적용가능성 문제는 소송상의 두 가지 고려요소, 즉 실체적인 정의와 절차의 안정·신속이라는 절차적 실효성 사이에 어느 쪽을 강조하느냐에 따라 그 답이 달라질 것이다. 판례가 구제가능성을 부정하는 것은 절차적 실효성을 강조하는 입장이다. 그 이유는 소송절차는 소송행위의 연쇄로써 조성되는 것이므로, 의사의 하자에 의해 다툼이 발생하면 절차의 번잡과 지연을 초래한다는 점, 소송행위가 의사의 하자에 의해 번복된다면 그때까지의 표시행위의 안정성과 확실성을 해치게 되는 점이다.

원래 판례가 착오에 의한 소송행위의 취소를 인정하지 않는 것은 소의 취하나 소송상 화해 등 소송종료행위에서이다. 그 밖의 소송행위라면 재판상 자백에서와 같이 착오에 의한 취소가 법에 의해 인정되거나 절차 도중에 해당 소송행위를 변경하는 것이 가능하지만, 소송종료행위라면 절차가 종료되었다는 점에서 그러한 처리가 불가능하다. 이러한 입장은 특히 구소의 부활을 극도로 꺼려하는 입장이라고 할 수 있고, 그러한 논리적 근거로서 소송행위와 법률행위와의 차이를 제시한 것이라고도 보인다.

그러나 부정설이 절차의 실효성을 강조하여 원칙적으로 착오에 의한 소송행위의 구제가능성을 인정하지 않는 것은 타당하지 않다. 부정설은 말하자면 "법원을 통하여 하는 소송행위는 충분히 주의를 기울여서 하는 것"이라는 점을 과도하게 강조해 왔다. 그러나 당사자도 인간인 이상 착오를 면할 수 없다. 법원을 통하여 하는 소송행위의 경우에도 예외는 아니다. 특히 본인소송의

경우가 그러하다. 절차권(법적 심문청구권 내지는 공정한 절차를 요구하는 권리)의 보장은 헌법상의 권리이고 법관의 의무적인 석명권행사가 요청되고 있는데, 이 점은 명확히 당사자의 착오에 대한 구제가능성, 나아가 필요성을 전제로 하고 있다. 그러나 국가나 공공적 시설제도를 이용하는 소송행위가, 통상의 사인과 사인의 법률행위와는 달리 보다 고도의 주의를 요해야 하는 점도 부정할 수 없다.

④ 착오에 의한 소송행위의 취소방법

따라서 착오에 의한 소송행위에 대해 원칙적으로 그 취소를 인정하지 않는 것은 타당하지 않고, 그 취소를 어떻게 절차의 실효성을 해치지 않고 인정할 수 있는지가 중요한 과제가 된다. 이를 위해서는 착오에 의한 소송행위의 구제가능성을 원칙적으로 인정한 다음, 그러한 소송행위를 구제하는 구체적인 방법에 대해 소송이라는 특수성을 고려해야 한다. 즉, 그 취소를 구하는 신청방법에 절차상의 실효성에 의한 여러 가지 요건을 가한다는 것이고, 그 요건을 갖추지 못하면 실체적인 정의가 희생될 수밖에 없다. 소송에서는 반드시 실체적 진실이 관철되는 것은 아니기 때문이다.

그러한 요건으로는 크게 다음과 같은 세 가지를 들 수 있다. 첫째, 신청인은 명확하고 유력한 증거로 소송종료행위의 전후에 상당한 주의를 했었음에도 의사의 하자가 발생했다는 점을 증명해야 한다. 둘째, 신청인은 의사의 하자의 존재를 발견한 후, 가능한 한 즉시 그 구제를 신청해야 한다. 셋째, 의사의 하자란 예를 들면 소송종료행위에서의 중요한 사항에 관한 의사의 하자에 한정된다. 즉, 구제사유로서의 의사의 하자는 판결(또는 소송종료행위)에 영향을 미친 것이고, 그 대상과 직접적인 관련이 없는 사항에 관한 의사의 하자가 아니다.

제7장

증명책임과 증거조사

[7-1] 자백의 대상과 권리자백

[대상판결] 대판 1989.5.9, 87다카749

[사안] 甲은 X임야의 소유권이 자신에게 있다고 하며 乙에게 X의 이전등기말소를 구하는 소를 제기하였다. 이 소송에서 乙은 원래 甲의 부친 외 3인이 X를 공유했다는 甲의 주장사실을 인정하는 진술을 하였다. 이러한 乙의 진술은 재판상의 자백으로서 유효한가?

[판결요지] "소유권에 기한 이전등기말소청구소송에 있어서 Y가 X 주장의 소유권을 인정하는 진술은 그 소전제가 되는 소유권의 내용을 이루는 사실에 대한 진술로 볼 수 있으므로 이는 재판상 자백이라 할 것이다 … 원심이 乙의 위 진술을 재판상 자백으로 보고 위 자백이 진실에 반하고 착오에 인한 것이라는 증명이 없다는 이유로 그 자백취소의 효력을 인정하지 아니한 것은 정당하고 거기에 자백의 대상에 관한 법률해석을 그르치거나 권리자백의 취소에 관한 법리 오해의 위법이 없다."

[해 설]

① 재판상 자백과 그 효력

사안은 권리자백의 유효성이 문제된 것인데, 자백이 유효하면 법288조에 의해 법원에 대한 구속력이 발생한다. 즉, 법288조를 보면 자백한 사실에 관한 증명이 필요 없음을 규정하고 있다. 자백한 사실을 증명할 필요가 없다는 것은, 법원은 그 사실을 그대로 인정하라는 취지이고, 증거조사를 배제한다는 것을 의미한다. 이러한 원칙이 나오게 된 이유는 변론주의이다.

또한 자백을 한 당사자에게도 자백으로 인한 구속력이 동반된다. 이것은 자백이 하나의 당사자 간의 합의라고 할 수 있다는 점에 기초하고 있기 때문이다. 그렇다면 소송상의 합의라는 효력에서 보아 그것을 정당한 이유 없이 취소한다는 것은 불가능하며, 또한 자백이라는 것 자체가 자신에게 불리한 사실임에도 이를 인정하는 것이므로 일반적으로 진실과 합치할 개연성이 높다.

② 자백의 대상으로서의 권리

사안에서는 자백의 대상으로서의 권리자백의 유효성이 문제되었다. 대상판결은 구체적인 이유를 설시하고 있지 않지만, 권리자백으로 인정한 것이 아닌, 甲이 주장한 소유권의 내용을 이루는 사실에 관한 자백으로 인정한 것이다. 보통 변론주의는 사실에 관련된 것이므로, 법률에 관한 나아가 권리관계에 관한 자백은 일반적으로 그 효력이 없는 것(특히 법원에 대한 효력)으로 보아야 한다. 그러나 소송물로 주장되는 권리관계가 아닌 그 전제가 되는 권리관계에 대해서는 자백의 대상이 될 수도 있다(소송물 자체에 대한 자백은 청구의 포기나 인낙이 된다).

대상판결은 권리자백이 아닌 소유권이라는 권리의 내용을 이루는 사실에 관한 자백으로 인정하였다. 특히 권리자백의 성립을 부정한 판례(대판 1982.4.27, 80다851)는, 피고가 매매계약의 법률효과로서 당해 매매계약이 원고에 의해 해제되었다고 진술한 자백은 소송물의 전제가 되는 권리관계나 법률효과를 인정하는 진술이므로, 권리자백으로서 법원을 기속하는 것이 아니고 상대방의 동의 없이 자유로이 철회할 수 있다고 하였다. 학설은 권리자백을 부정하는 견해, 소수설로서 일정한 경우에 권리자백으로 보자는 견해, 널리 권리자백의 효력을 긍정하는 견해가 있다.

③ 권리자백의 유효성

사안의 경우 다음과 같은 이유에서 권리자백으로서 그 구속력을 인정해야 할 것이다. 먼저 당해 권리관계를 증거조사 없이 판결의 기초로 하는 것은 주장책임과 증거제출책임을 내용으로 한 변론주의라는 관점에서 볼 때 당연하고, 게다가 심리의 촉진(소송의 신속)에 도움이 된다는 점이다. 또한 처분권주의라는 관점에서 청구의 포기나 인낙 또는 소송상의 화해가 인정되는 것과 동일한 이치로 권리관계에 관한 자백을 인정할 수 있다는 점이다. 이러한 점에서 권리자백을 인정할 수 있지만, 일반적으로 권리자백이 되는 것은 사안에서와 같이 소유권에 기한 물건의 인도청구에서 피고가 원고의 소유권을 인정하는 진술을 하는 경우이다.

한편, 위와 같은 경우 피고가 소유권의 존부를 근거 짓는 요건사실과 그에 따른 법적 추론의 결과로서 소유권이라는 권리관계를 인정하는 경우에는 권리자백이 성립하지 않는다. 이것은 사실에 관한 자백과 이에 대한 법적 평가에 관한 의견의 진술이 있을 뿐이기 때문이다. 따라서 피고가 단순히 소유권을 인정한다는 진술이 권리자백이 된다. 사안에서 대상판결은 재판상의 자백으로서 취소되지 않는 한 철회할 수 없다는 판단을 하였는데, 철회의 대상이 되는 것은 乙의 진술인 甲 측이 주장하는 소유권의 존부 그 자체이므로, 권리를 자백한 것과 실질상으로 차이가 없다. 결국 사안에서와 같은 경우 직접 권리자백으로서 그 효력을 인정하는 것이 타당할 것이다. 또한 위와 같은 요건만이 아니라 권리자백으로서 자백을 하는 자가 충분히 권리관계를 납득한 후에 한 자백이라는 요건이 추가된다. 그 밖에 법률 해석에 대한 주장, 예를 들어 의사표시의 착오, 건물소유권의 이전에 의한 임대인으로서의 지위의 승계, 교통사고 시의 운전자의 과실 등은 권리는 아니지만, 이들에 대한 자백은 권리에 관한 자백으로서 그 성립 여부가 다루어진다.

④ 간접사실과 보조사실에 대한 자백

변론주의라는 원칙에서 자백의 대상은 주요사실이지만, 반대로 간접사실이나 보조사실의 경우에는 항상 자백의 대상이 될 수 없는지 문제된다. 통설은 간접사실에 대한 자백의 성립을 부정하지만, 보조사실에 대해서는 아래에서 보는 바와 같이 문서의 진정성립에 관한 자백만을 인정한다.

간접사실 또는 보조사실에 관한 자백은 법원에게 자유심증주의가 인정되는 관계에서 일반적으로 그 유효성이 부정된다. 그렇다면 법원에게 인정되는 자유심증주의를 방해하는지 여부가 간접사실과 보조사실에 관한 자백의 유효성을 판단할 때 중요한 고려요소가 된다. 여기서 자유심증주의가 타당함에도 불구하고 자백이 허용되는 이유는, 앞서도 간단히 언급했듯이 당사자자치 또는 당사자의 주체적 지위의 존중이라 할 수 있는 처분권주의나 변론주의에 비추어, 법관의 자유심증에 의한 사실판단의 대상을 자유롭게 설정하거나 제한

하는 권능이 당사자에게 주어져 있기 때문이다. 따라서 자백이란 어느 사실을 진실이라고 간주함으로써 법관에 의한 사실심리·판단대상을 제한한다는 쌍방 당사자의 일치된 의사결정이고, 자백이 신의칙과 공서양속에 반하지 않는 한, 주요사실만이 아닌 간접사실이나 보조사실의 자백도 그 효력을 인정할 수 있을 것이다.

그러나 간접사실과 보조사실의 자백은 그러한 사실로서 주요사실의 존부가 추인되지만, 다른 한편 다툼이 있는 주요사실에 대해서는 법관의 사실심리·자유심증에 맡겨지므로 문제가 발생한다. 간접사실이나 보조사실의 자백이 법관의 주요사실의 존부에 관한 자유심증을 부당하게 제한하는 경우, 즉 법관의 주요사실에 관한 심증의 형성을 방해하거나 사실인정에 모순을 불러일으키는 경우에는 그 효력을 인정할 수 없다.

예를 들면, 다른 간접사실이나 보조사실로부터 주요사실로의 추인을 부당히 방해하는 간접사실이나 보조사실에 관한 자백, 상대방의 범행을 주장하면서 상대방이 주장하는 알리바이에 관한 자백, 상대방의 매매계약의 이행을 다투면서 매수한 계약목적물의 전매를 인정하는 자백, 그 밖에 인과관계를 다투면서 질병의 원인으로 바이러스설·오염물질설·식중독설 등의 서로 모순된 주장의 모든 것에 관한 자백 등은 인정되지 않는다.

결국 단순히 간접사실 또는 보조사실이라는 이유만으로 일률적으로 자백이 인정되지 않는다고 해석하는 것은 타당하지 않고, 법원의 자유심증주의와의 관계에서 그 효력의 유무를 판단해야 할 것이다. 판례는 간접사실에 대해서는 자백의 효력을 인정하고 있지 않지만 (대판 1994.11.4, 94다37868 등), 문서의 진정성립이라는 보조사실에 대한 자백의 효력을 인정하고 있다(대판 1967.4. 4, 67다225 등 다수의 판례).

참고판례 18–[판례8]

[7-2] 자백의 취소가능성

[대상판결] 대판 1990.6.26, 89다카14240

[사안] 甲은 乙(회사)의 주주라고 주장하며, 乙이 불법하게 소집하고 개최한 임시주주총회결의무효의 확인을 구하는 소를 제기하였다. 乙은 준비서면에서 甲이 명의상으로 만이 아니라 실질적으로도 주주임을 자백한다는 취지의 주장을 하였다. 그러나 그 후 다른 준비서면에서 乙은, 甲이 주주명부에 등재된 명의상의 주주에 불과하고 실질적인 주주가 아니므로 위 주주총회의 결의는 유효하다는 취지의 주장을 하였다면, 乙은 자백을 적법하게 취소한 것이 되는가?

[판결요지] "재판상 자백의 취소는 반드시 명시적으로 하여야만 하는 것은 아니고 종전의 자백과 배치되는 사실을 주장함으로써 묵시적으로도 할 수 있는 것이나, 다만 이 경우에도 자백을 취소하는 당사자는 그 자백이 진실에 반한다는 것 외에 착오에 인한 것임을 아울러 증명하여야 하며 진실에 반하는 것이 증명되었다고 하여 착오에 인한 자백으로 추정되지는 않는다 … 乙은 원심 제1차 변론기일에 진술한 1987.4.28.자 준비서면 이래로 乙은 사실상 소외 배○○의 1인 회사로서 甲은 주주명부에 등재된 명의상의 주주에 불과하고 실질적인 주주가 아니므로 위 각 주주총회의 결의는 유효하다는 취지로 위 1심의 자백내용과 배치되는 사실을 주장함으로써 위 1심 자백을 취소한 것으로 보여지는바, 원심의 거시증거들을 모두 살펴보아도 이들은 乙의 위 자백이 진실에 반한다는 점에 관한 자료일 뿐 위 자백이 착오에 인한 것이었음을 인정할 만한 자료는 찾아볼 수 없다."

[해 설]

① 자백의 취소사유

자백은 법원과 당사자에 대해 일정한 효력을 갖는데, 하나의 소송행위로서 정당한 사유가 있다면 그 취소를 인정해야 한다. 그 사유로서 사안에서 문제된 것은 법288조의 착오와 반진실이다. 대상판결은 자백의 취소사유에 대하여 반진실과 착오 양쪽 모두 증명해야

한다고 해석하고 있다. 증명이라는 점에서 자백의 취소를 요구하는 당사자가 이 두 가지 사유를 증명해야 한다는 취지이다.

사안에서 문제된 법288조단서는 자백을 취소하려면 취소를 요구하는 당사자가 자백의 내용이 반진실이며 착오에 의한 자백이어야 한다고 규정하고 있다. 조문을 통해 해석할 수 있는 요건은 결국 자백자가 자백의 내용이 반진실이며 그것을 착오로 한 것임을 증명해야 한다는 점이다. 대상판결은 조문에 충실한 해석이고 타당하다.

② 그 밖의 취소사유

자백의 취소사유로는, 첫째로 자백의 상대방이 그 취소에 동의한 경우이다. 예를 들어 대판 1967.8.29, 67다1216에서는 "당사자의 일방이 자백을 취소하였을 때에 상대방이 이의를 하지 않고 이를 승낙한 경우에는 자백은 원래 당사자의 처분이 허용되는 사항에 관한 것이므로 그 자백의 취소는 유효하다."라고 설명하고 있다. 즉, 당사자 간의 처분가능한 사항에 관한 합의이므로 이를 당사자 간에 해소하는 것도 자유라는 점이다.

둘째로 형사책임이 수반되는 타인의 강요와 폭행에 의해 자백이 이루어진 경우이다. 판례는 이러한 사유로 인한 소 취하의 취소를 인정하고 있다([8-3] 참조). 자백에 대해 직접적으로 이를 인정한 것은 없지만, 그러한 사유로 인한 소 취하의 취소를 인정한다면 당연히 자백의 경우에도 그 취소를 인정해야 한다. 또한 학설도 일반적으로 이러한 사유에 의한 자백의 취소를 인정한다. 형사상 처벌을 받을 타인의 행위는 재심사유에 해당하고(법451조1항5호), 이러한 재심사유에 의해 소 취하나 자백 등의 소송행위를 취소하는 것을 소송종료 후에 문제되는 재심사유를 소송진행 중에 고려한다는 점에서 재심사유의 소송내적 고려라고 한다.

③ 자백취소의 묵시적 주장

반진실과 착오에 의한 자백의 취소라는 주장은 명시적이 아닌 묵시적으로도 가능하다(대판 1965.10.19, 65다

1636). 여기서 판례는 "자백의 취소는 반드시 명시의 방법으로서만 할 수 있는 것이 아니고, 전에 한 자백과 상충되는 사실을 주장하는 등으로서 묵시적으로도 할 수 있는 것이다."라고 한 다음, "원고가 동업계약을 하였다는 피고의 소론 각 자백은 원심 제3차 변론기일에서 진술한 1965.6.4. 원심 접수 답변서 맨 끝장에서「원고는 ○○○의 동업권리를 양수한 사실을 부인하고 원고는 본사업체와는 아무 관계가 없는 사람이니 ○○○의 상속인인 업주 △△△과 해결하라고 한 바 있으면서 본건 청구를 함은 사건 경위로 보아 적반하장격으로 부당하다」는 취지의 주장을 하고 있으므로 그 변론 취지는 원고와의 새로운 동업계약을 하였다는 소론 자백을 취소하는 진술이라고 볼 수 있을 것이다."라고 하고 있다(대판 1979.5.22, 79다465; 대판 1990.6.26, 89다카14240; 대판 1994.6.14, 94다14797 등이 이에 따르고 있다).

묵시적 주장이 인정되는 이유(판례는 특별히 언급하고 있지 않지만)는, 자백과 상반되는 사실의 주장이란 그 요건은 별개로 하고 자백을 취소한다는 주장이 내포되어 있다고 볼 수 있기 때문이다. 이러한 원리는 앞서 본 상대방의 동의의 경우에도 동일하게 적용된다(묵시적으로도 가능).

④ 반진실과 착오의 증명

위와 같이 명시적이건 묵시적이건 자백의 취소를 주장해야 하는데, 반진실과 착오를 어떻게 증명해야 하는지가 문제된다. 대상판결은 양쪽 모두 증명해야 한다고 해석하고 있다. 증명이라는 점에서 자백의 취소를 요구하는 당사자가 이 두 가지 사유를 증명해야 한다는 취지이다. 한편, 반진실이라는 사유에서 보아 반진실만을 증명한다면 착오는 추정되는 것이 일반적이므로, 착오에 관해서는 자백의 취소에 반대하는 당사자가 증명책임을 부담해야 한다고 생각할 수도 있지만, 이는 타당하지 않다.

⑤ 반진실과 착오의 증명방법

자백은 하나의 소송행위이고 또한 당사자 간의 합의라고 할 수 있으며, 따라서 반진실인 점을 알면서도 그것을 고의로 인정한 것이라면, 그러한 것도 합의로서 그 효력을 인정해야 한다. 달리 말하면 당사자는 실체적 진실이 관철되지 않는 민사소송에서 처분가능한 사

항에 자백을 한 것이므로, 그것을 취소하려면 그에 따른 정당한 사유를 증명해야 한다.

또한 자백이 당사자에게 미치는 효력의 근거에는 신의칙이 존재하고 있듯이, 자백을 취소하려면 그러한 행위에 신의칙상 비난가능성이 없어야 한다고 할 수 있다. 이러한 정당한 사유에 해당하는 것이 바로 착오이다. 반대로 반진실은 착오의 전제사실로서 착오를 구성하는 하나의 내용이 되는 것이라고 볼 수 있다.

결국 반진실이면서 착오가 없는 경우도 있지만, 착오이면서 반진실이 아닌 경우는 생각하기 어렵다. 이러한 점에서 대상판결이 반진실과 착오의 두 가지에 대한 증명을 요구하는 것은 타당한 입장이라고 할 수 있다(대판 1991.12.24, 91다21145, 91다21152; 대판 1994.6.14, 94다14797; 대판 1994.9.27, 94다22897 등도 같다).

단, 착오의 증명에 있어 취소를 구하는 당사자가 직접 그것을 해야만 하는지, 아니면 변론 전체의 취지만으로 인정할 수 있는지 문제된다. 착오에 의한 자백임을 주장한다면 일반적인 증명의 문제로서 법원은 변론 전체의 취지에 의해 특정 사실의 유무에 관해 인정할 수 있으므로(법202조의 자유심증주의), 판례는 착오의 주장에 대해 변론 전체의 취지로 그 유무를 인정할 수 있다고 해석한다(대판 1991.8.27, 91다15591, 15607 이를 따른 대판 1996.2.23, 94다31976).

[7-3] 부인과 항변의 주장·증명책임

[대상판결] 대판 1993.9.28, 93다20832

[사안] 甲과 乙은, 乙을 수탁인으로 하는 부동산 X의 명의신탁계약을 체결하였다. 이 계약에는 명의신탁관계를 해지하고 등기를 乙로부터 甲으로 이전하려면, 甲과 乙 사이의 사례금 액수에 관한 협의 또는 甲으로부터의 적절한 사례금의 선이행을 하게 되어 있었다. 甲이 乙을 상대로 X의 이전등기를 청구하는 소를 제기하자, 당해 조건에 관한 사실은 누가 주장·증명해야 하는가?

[판결요지] "어떠한 법률행위가 조건의 성취 시 법률행위의 효력이 발생하는 소위 정지조건부 법률행위에 해당한다는 사실은 그 법률행위로 인한 법률효과의 발생을 저지하는 사유로서 그 법률효과의 발생을 다투려는 자에게 주장, 입증책임이 있다고 할 것이므로, 원심이 인정한 바와 같이 이 사건 명의신탁계약의 해지가 정지조건부 법률행위라면 그 사실에 대한 주장, 입증책임은 그 명의신탁해지의 효과를 다투는 乙에게 있다고 할 것이다(그 정지조건의 성취에 관한 주장, 입증책임이 甲에게 있음은 별론으로 하고)."

[해 설]

① 부인·항변의 의의

부인과 항변은 일정한 주장에 대해 상대방(원칙적으로 피고)이 당해 주장사실이 인정되지 않는다는 것을 목적으로 한 사실의 주장을 말한다. 양자의 구별이 문제되는데, 이 점은 증명책임의 존재라는 기준에 의해 나누어지게 된다. 즉, 부인은 상대방이 증명책임을 지는 사실을 부정하는 진술이다. 따라서 부인에 의해 그 주장자에게 상대방의 주장이 인정되지 않도록 증명할 책임은 발생하지 않고, 상대방이 부인된 사실의 존재를 증명할 책임을 부담한다.

반대로 항변은 자신이 증명책임을 부담하는 사실을 적극적으로 주장하는 것이다. 즉, 상대방의 주장을 인정하지만, 자신이 증명책임을 부담하는 그와 상반되는 사실(반대사실)을 주장하는 것을 말한다. 따라서 항변에

서는 상대방의 주장과 항변자의 주장이 양립할 수 있다. 또한 항변의 경우 상대방의 주장사실을 자백하게 된다는 점을 전제로 한다.

② 부인·항변의 주장·증명책임

사안에서는 정지조건의 존재에 대한 증명책임이 문제되었다. 대상판결은 정지조건부 법률행위라는 사실 자체는 권리의 효력발생을 저지하는 사실로서 乙의 항변에 해당한다고 해석하였다. 또한 그 방론 부분에서는 정지조건의 성취에 대해서는 甲이 증명해야 할 사실이라고 해석하였다.

③ 정지조건부 법률행위와 부인·항변

사안에서 문제된 정지조건은 그 조건의 성취로 인해 법률행위의 효력을 발생시키는 것이다. 정지조건이 없다면 당연히 조건이 없는 유효한 법률행위가 존재하는 것이 되지만, 있다면 그 조건의 성취에 의해 유효한 법률행위가 된다. 그렇다면 정지조건부 법률행위라는 점은 현재 유효한 법률행위가 존재하고 있지 않다고 하여 권리의 효력을 다투는, 즉 현재 유효한 법률행위가 아닌 정지조건부 법률행위임을 주장하는 것이므로, 정지조건부 법률행위라는 사실은 당해 법률행위의 무효를 주장하는 자에게 주장·증명책임이 있다고 해석된다. 결국 대상판결이 설시하고 있듯이, 정지조건부 법률행위라는 사실 자체는 권리의 효력발생을 저지하는 사실로서 乙의 항변에 해당한다.

그러나 사안에서 방론으로 설시한 부분은, 정지조건의 성취에 대해서는 甲이 증명해야 할 사실이라고 하였다. 이 점은 일반적인 원칙으로서, 정지조건의 성취는 권리의 발생을 주장하는 사실이므로 甲이 증명해야 한다. 따라서 만일 乙이 정지조건이 성취되지 않았다고 주장한다면, 정지조건부 법률행위라는 점은 항변이지만, 그 조건의 미성취 부분은 부인이 된다.

정지조건부 법률행위에 있어서의 조건의 성취 여부에 대해서는, 이미 판례(대판 1983.4.12, 81다카692)가 "이

에 의하여 권리를 취득하고자 하는 측에서 그 입증책임이 있다 할 것이므로, 정지조건부 채권양도에 있어서 정지조건이 성취되었다는 사실은 채권양도의 효력을 주장하는 자에게 그 입증책임이 있다."고 해석하고 있었다. 즉, 정지조건의 성취 여부는 항변의 대상이 아니라는 것이 판례의 입장이었다.

또한 대판 1984.9.25, 84다카967에서도 동일한 원리에 근거하여, "원고가 피고 교회의 당회장인 담임목사직을 장차 자진 은퇴하겠다는 의사를 표명한 데에 대하여 피고 교회에서 은퇴 위로금으로 이 사건 부동산을 증여하기로 한 것이라면 이 증여는 원고의 자진사임을 조건으로 한 증여라고 보아야 할 것이므로 1981.4.19.까지 사임하기로 하였다는 시한에 관한 피고주장 부분이 이유 없다고 하여도 원고는 적어도 그 후 자진 사임함으로써 그 조건이 성취되었음을 입증할 책임이 있다고 할 것이다."라고 판시하였다. 조건성취에 따른 법률행위의 효력의 발생과 소멸이라는 점에 비추어 본다면, 위와 같은 판례의 태도는 타당하다.

④ 해제조건의 경우

한편, 정지조건과는 다른 해제조건의 경우라면, 그러한 조건의 존재만이 아니라 해제조건의 성취도 해제조건부 법률행위임을 주장하는 자(해제에 의한 원상회복을 청구하는 자)가 증명해야 한다. 해제조건부 법률행위라는 점은 물론 해제조건의 성취도, 유효하게 존재하고 있는 법률행위의 효력을 소멸시키는 사유이기 때문이다.

예를 들어 사안과 유사하게 甲은 부동산 X를 乙에게 빌려주고 그 사용료로 일정액을 받기로 하였지만, 乙이 이를 이행하지 않아 당해 계약을 해제하고 X의 반환을 요구하는 경우, 해제조건부 법률행위라는 사실과 그 조건의 성취라는 사실은 甲이 주장·증명해야 한다. 따라서 유효한 이용계약의 존재를 주장하며 해제조건부 법률행위가 아니라고 하거나 해제조건이 성취되지 않았다고 다투는 乙의 주장은 부인이다.

[7-4] 위법수집증거의 증거능력

[대상판결] 대판 1981.4.14, 80다2314

[사안] 상대방의 부지중 비밀로 대화를 녹음하고 이 녹음테이프를 증거로 제출한 경우, 이 증거는 증거능력을 갖는가?

[판결요지] "우리 민사소송법은 증거에 관하여 자유심증주의를 채택하고 있기 때문에 상대방의 부지중 비밀로 대화를 녹음한 소위 녹음테이프를 위법으로 수집되었다는 이유만으로 증거능력이 없다고는 단정할 수 없고, 그 채증 여부는 사실심 법원의 재량에 의할 것이며 이에 대한 증거조사는 검증의 방법에 의하여 실시될 것이다."

[해 설]

① 민사소송에서의 증거능력

민사소송에서는 형사소송에서와 같은 증거능력에 관한 직접적인 조문이 없다. 특정 유형물이 증거방법으로서 증거조사의 대상이 될 수 있는지를 묻는 증거능력에 관해, 민사소송법은 자유심증주의(법202조)를 채택하고 있는 관계에서 증거능력의 제한이 없는 것이 원칙이다. 사안에서 보듯이 대상판결은 이러한 점을 기본적으로 명확히 설시하고 있다. 대상판결은 자유심증주의를 취하고 있다는 점에서 위법수집된 증거도 증거능력은 있고, 그 증명력은 검증이라는 증거조사를 통해 법관이 자유롭게 판단한다는 입장이다.

② 증거능력의 무제한과 한계

한편, 무제한으로 증거능력이 인정되는지에 대해서는, 일정한 제한으로서 사안에서와 같은 위법수집된 증거의 증거능력과 그 외에 전문(傳聞)증거의 증거능력이 문제된다. 특히 후자에 대해서 판례(대판 1967.3.21, 67다67; 대판 1964.4.7, 63다637)는 민사소송에서 전문증거의 증거능력을 전적으로 부정하는 것은 채증법칙의 위배라고 해석하고 있다. 전문증거는 결국 반대신문을 할 수 없는 증거자료라 할 수 있지만, 자유심증주의를 강조한다면 증력의 자유로운 평가가 인정되는 이상 전문증거의 증거능력을 부정할 이유가 없을 것이다. 반대로 반대신문이라는 절차권을 보장해야 한다는 입장에서는 제한적으로 해석하게 될 것이다.

물론 이러한 양 입장의 차이는 별로 없다. 전문증거의 증거능력을 일률적으로 부정해야 할 이유가 없다는 점에는 차이가 없기 때문이다. 결국 판례의 입장에 문제는 없지만, 전문증거란 그 성격상 제3자의 전문이라는 특수한 사실로서 간접적인 증거자료에 불과하다.

③ 위법수집증거의 증거능력

대상판결은 위법하게 수집된 증거도 증거능력은 있고, 그 증명력은 검증이라는 증거조사를 통해 법관이 자유롭게 판단한다는 입장이다. 이러한 입장은 선례로 작용하고 있는 점이기도 하다(대판 1998.12.23, 97다38435; 대판 1999.5.25, 99다1789). 보통 위법수집증거도 진실발견을 위해서는 참작하는 것이 좋다는 논리가 위와 같은 판례의 배경에 깔려 있다고 말할 수 있다. 그러나 증언거절권이나 문서제출의무의 한정에서 본다면, 진실발견의 요구가 절대적인 것은 아닌 점, 그리고 위법행위를 막아야 한다는 점에서 증거로서의 사용을 금지해야 한다는 것을 고려한다면, 위법수집증거의 증거능력에는 일정한 제한이 필요하다. 단, 대상판결도 사안에서 보듯이 상대방이 부지 중 비밀로 수집하였다는 이유만으로는 증거능력이 없다고 할 수 없다는 입장이다. 따라서 위법수집이라는 수단의 내용에 따라서는 증거능력을 부정한다는 여지를 남겨 놓고 있다(학설은 이와 같은 판례의 견해인 절충설이 통설이다).

결론적으로 위법수집된 증거를 일률적으로 증거능력이 없다고 할 수 없다는 판례의 견해는 타당하다. 그러나 증거능력이 부정되는 구체적인 기준을 제시하지 않은 점에 아쉬움이 있다.

④ 수집수단의 위법성과 증거능력

위법수집이라는 점이 문제된 이상은 그 위법수단의 내용에 따라 증거능력의 유무를 결정해야 할 것이다.

따라서 형사상 처벌의 대상이 되는 위법행위에 의해 수집되었거나, 그러하지 않더라도 위반행위가 신의칙이나 공서양속에 위반되는 경우라면 증거능력을 부정해야 한다. 물론 보다 우월한 법익을 위해서나 필요성의해 위법성을 저지할 수 있는 특별한 사정이 있다면 증거능력을 인정할 수 있다.

사안에서 문제된 무단녹음테이프의 경우에는 위법수단의 사용이라는 점보다는 그 내용의 공개, 즉 그 증거조사의 결과가 그 증거능력의 판단에 중요한 기준이 된다. 증거조사에 의해 녹음테이프가 공개되었을 때, 그것이 인격권이나 프라이버시권을 침해하는 것이라면, 또는 묵비의무가 부과된 사항을 공개하는 것이라면, 그 증거능력을 부정해야 한다.

⑤ 녹음테이프의 증거조사방법

사안에서 대상판결은 특별히 이유를 설시하고 있지 않지만 녹음테이프의 증거조사는 검증에 의한다고 판시하였다. 이 점도 선례로 기능하고 있는 설시 부분이다. 한편, 그 증거조사방법은 서증과 검증에 관한 절차를 준용한다(구체적으로는 민사소송규칙 120조 내지 122조가 규정하고 있다).

이에 대해 문서 또는 준문서로서 서증에 의해야 한다는 견해와 검증물로서 검증절차에 의해야 한다는 견해가 있다. 생각건대, 녹음테이프에도 여러 내용이 있을 수 있으므로 일률적으로 서증이냐 검증이냐로 구분하는 것은 타당하지 않다. 물론 일반적인 경우에는 서면성이 없다는 점에서 검증이 타당할 테지만, 녹음테이프가 사상의 전달을 위해 작성된 경우라면 법374조의 준문서에 해당되어 서증의 대상이 된다고 풀이해야 할 것이다.

[7-5] 법률상의 추정과 사실상의 추정

[대상판결] 대판 1979.6.26, 79다741

[사안] 부동산에 관한 소유권이전등기가 되어 있다는 등기 자체에는 구체적으로 어떠한 추정력이 있는가?

[판결요지] "부동산에 관한 소유권이전등기는 그 자체만으로써 권리의 추정력이 있어 이를 다투는 측에서 적극적으로 그 무효사유를 주장·입증하지 아니하는 한, 그 등기명의자의 등기원인사실에 관한 입증이 부족하다는 이유만으로써는 그 등기의 권리추정력을 깨뜨려 이를 무효라고 단정할 수는 없는 것이다."

[해 설]

① 추정의 의의

추정이란 사실인정에 있어서 A라는 사실의 존재에 의해 B라는 사실의 존재에 확신을 불러일으키는 경우를 말한다. 이때 A라는 사실을 전제사실, B라는 사실을 추정사실이라 한다. B라는 사실에 관해 원래 증명책임을 부담하는 당사자는 추정으로 인해 A라는 사실의 존재를 증명하면 되고, 원래는 증명책임을 지지 않는 상대방이 B라는 사실의 부존재를, 일반적인 반증의 경우와는 달리 본증에 의해 증명해야 한다. 이 점에서 추정은 증명책임의 전환을 의미한다.

사안에서는 등기의 추정력이 무엇인지 문제되었는데, 대상판결은 명확한 이유를 설시하고 있지 않지만 등기는 그 자체만으로 권리의 추정력이 있다고 해석하였다. 이것은 등기명의인은 등기라는 사실만으로 소유권자라는 등 권리가 추정된다는 것을 의미하는 것이다.

② 추정의 종류

첫 번째로 법률상의 권리추정이 있다. 법이 전제사실에 기해 직접 권리의 추정을 규정하는 경우이다. 전제사실과 추정사실이라는 보통의 추정과는 달리 전제사실과 권리추정이라는 형태를 띤다. 법원은 전제사실의 존재가 인정되면 권리관계의 존재를 판결의 기초로 해야 한다. 민법200조의 점유권리의 적법의 추정, 민법262조의 공유지분의 추정 등이 있다. 법률상의 권리추

정이란 법률에 추정되는 권리에 대한 규정이 있어야 한다.

두 번째로 법률상의 사실추정이 있다. 법에 의해 전제사실의 존재가 인정되면 특정사실의 존재가 추정된다는 규정이 있는 경우를 말한다. 법은 경험칙, 증명의 정도, 그 밖에 당사자 간의 공평 등을 고려하여 사실추정규정을 두고 있다. 앞의 추정의 의의에서도 보았듯이 법률상의 사실추정이 되려면, 전제사실에 의해 추정사실이 존재한다는 확신이 법원에 형성되는 경우이어야 하고, 또한 추정사실이 법이 규정해야 하는 특정한 법률효과의 구성요건사실이어야 한다. 예를 들면 민법198조의 점유계속의 추정, 민법639조1항의 임대차의 묵시의 경신, 민법844조의 남편의 친생자의 추정 등이 있다.

세 번째로 법정증거법칙이 있다. 법에도 추정이라는 용어가 사용되고 법률상의 사실추정과 유사한 경우이지만, 추정되는 사실이 구성요건사실이 아니고 추정사실의 증명책임이나 그 분배에 관한 문제가 발생하지 않는 경우를 말한다. 즉, 자유심증주의에 대한 예외로서 단지 일정한 사실을 인정할 때, 그 근거가 되는 사실이 법정되어 있는 경우이다. 따라서 상대방은 법률상의 사실추정이라면 본증을 통해 추정사실의 부존재를 증명해야 하지만, 법정증거법칙에 의한 사실에 대해서는 본증이 아닌 반증으로 증명하면 된다. 법356조와 358조에서의 문서의 진정추정이 이에 해당한다. 또한 진정하게 성립한 문서는 작성자의 의사에 기해 작성되었다는 형식적 증거력을 갖는다.

또한 사문서에 날인된 작성명의인의 인영이 그의 인장에 의한 것이라는 점이 인정되면, 특단의 사정이 없는 한 1단계로 날인행위가 작성명의인의 의사에 의한 것이 사실상 추정되고, 더 나아가 2단계로 법358조에 의해 당해 문서 전체의 진정성립이 추정된다(2단계 추정으로서 법정증거법칙이라 해석된다). 따라서 인영의 진정성립을 다투는 자는 반증을 들어 날인행위가 작성명의인의 의사에 의한 것인지 여부에 대해 법원으로 하

여금 의심을 품게 할 수 있는 사정을 증명하여야만 그 진정 성립의 추정을 깨트릴 수 있다(대판 1986.9.23, 86다카915 등 다수의 판례). 예를 들어 문서작성 당시 문서의 전부 또는 일부가 미완성된 상태에서 서명·날인만을 먼저 하였다는 등의 사정은 이례에 속한다고 할 것이므로, 완성문서로서 진정성립의 추정력을 뒤집으려면 그와 같이 판단할만한 합리적인 이유와 이를 뒷받침할 간접반증 등의 증거가 필요하다(대판 2003.4.11, 2001다11406; 대판 2011.11.10, 2011다62977).

네 번째로 잠정진실이 있다. 법률상의 사실추정과 추정의 구조나 증명책임의 전환에서는 동일하지만, 전제사실과 추정사실이 동일한 법률효과의 요건사실을 구성하고 있는 경우이다. 즉, 특정한 법률효과의 발생을 위해 복수의 요건사실이 존재할 때, 법이 일정한 요건사실의 증명에 의해 다른 요건사실의 존재를 추정(전제사실 없이 무조건으로 일정한 요건사실의 존재를 추정)하는 경우를 잠정진실이라 한다. 예를 들면 민법245조의 취득시효의 요건사실은 소유의 의사, 평온하고 공연한 점유인데, 이것이 민법197조1항에 의해 점유의 사실로서 추정된다는 것이다.

다섯 번째로 의사추정이 있다. 전제사실에서 일정한 사실의 추정을 의미하는 것은 아니고, 의사표시의 내용이 법정되어 있는 경우를 말한다. 즉, 법이 사인의 의사표시 내용에 대해 일정한 추정을 하는 경우이다. 민법153조에서 채무자는 1항에 의한 추정으로 2항에 따른 포기를 할 수 있고, 포기의 효력을 다투는 자는 기한의 이익이 채무자를 위한 것이 아님을 증명해야 한다.

여섯 번째로 사실상의 추정이 있다. 법률상의 추정과 같이 법에 의한 추정이 아니라, 자유심증의 문제로서 법원이 추정을 인정하는 경우를 말한다. 즉, 법원이 주요사실의 존재를 고도의 경험칙을 이용하여 추정하는 것이다. 보통 주요사실의 존재를 추정한다는 자유심증의 문제가 되지만, 추정된 사실을 번복하려면 법원을 확신시키기 위해 간접사실의 본증을 해야 하므로 사실상 간접반증에서와 같이 증명책임이 전환된다고 해석해야 할 것이다.

일곱 번째로 일응의 추정 또는 표현증명이 있다. 이것은 고도의 개연성을 갖는 경험칙에 기한 사실의 추정을 의미하고, 일응의 추정은 모든 경우에 이용할 수 있지만, 표현증명의 경우에는 불법행위에서의 고의, 과실, 인과관계를 추인한다는 정형적 사상경과가 문제가 되는 사건에서만 기능한다는 점에 차이가 있다. 그러나 사실상의 추정의 문제로서 처리할 수 있는 이상, 특별히 일응의 추정이나 표현증명이라는 개념을 만들 필요는 없을 것이다.

③ 등기의 추정력

등기의 추정은 권리추정, 즉 법률상의 권리추정이라는 것이 사안에서 보듯이 판례의 태도이다. 이것은 판례의 일관된 입장이기도 하다. 대판 1992.10.27, 92다30047에서는, "지분이전등기가 마쳐져 있는 이상 그 등기는 적법하게 된 것으로서 진실한 권리상태를 공시하는 것이라고 추정되므로, 그 등기가 위법하게 된 것이라고 주장하는 원고에게 그 추정력을 번복할 만한 반대사실을 입증할 책임이 있는 것이다."라고 판시한다(그 밖에 대판 1993.5.11, 92다46059).

위와 같은 판례의 입장은 법률의 규정 없이 등기 자체로 소유권이라는 권리를 추정하는 것이므로, 사실상의 권리추정을 인정하는 것이라고도 평가할 수 있다. 그러나 권리추정은 권리에 관한 것이어서, 법규에 규정이 없으면 어떠한 법적 평가를 해야 하느냐에 대해서는 법원에 맡겨져 있으므로 추정에 해당하지 않는다. 또한 우리나라는 등기의 공신력이 인정되고 있지 않다. 따라서 등기에 기재되어 있는 사항은 특별한 사정이 없는 한 그 기재내용대로의 사실의 존재를 추인시키고, 결국 판례가 말하는 등기의 권리추정은 실질적으로 사실상의 추정에 해당한다고 풀이해야 할 것이다(등기의 추정력이 사실상 추정에 해당한다는 학설은 소수설에 머무르고 있다).

[7-6] 변론 전체의 취지

[대상판결] 대판 1983.7.12, 83다카308

[사안] 甲은 乙의 불법행위로 인해 노동능력이 상실되었다고 하여 그에 따른 소극적 손해배상을 청구하는 소를 제기하였다. 이에 대해 원심은 증인 A의 증언과 변론 전체의 취지에 따라 甲은 당초부터 회복의 가능성이 쉽사리 보이지 않는 정신질환으로 전혀 노동능력이 없는 상태에 있었다는 사실인정을 하였다. 그러나 A를 심문한 적이 없는 사실이 판명된 경우, 변론 전체의 취지로만 위와 같은 사실을 인정한 것은 적법한가?

[판결요지] "원심이 甲이 이 사건 사고 이전부터 정신질환으로 노동능력이 없었다고 인정한 자료로 한 원심증인 A는 원심의 제13차 변론기일에서 乙측 신청으로 채용되었다가 그 제14차 변론기일에 철회되어 증거결정이 취소되었을 뿐 신문한 사실이 없고 증거원인으로서의 이른바 변론의 취지는 변론과정에서의 당사자의 진술내용 및 그 시기, 태도 등과 그 변론과정에서 직접 얻은 인상 등 일체의 자료 또는 상황을 말하는 것이므로 그 성질에 비추어 변론의 취지만으로는 사실을 인정할 수 없고 다만 사실인정의 자료가 되는 다른 증거방법의 보충적 권능을 다할 뿐이다."

[해 설]

① 변론 전체의 취지의 의의

변론 전체의 취지(법202조)란 사안에서도 보듯이 변론의 과정에서 나타나는 일체의 자료 또는 상황을 말한다. 이러한 점에서 증거조사의 결과인 증거자료와는 구별된다. 즉, 변론에 나타난 모든 자료에서 증거조사의 결과를 제외한 것이 변론 전체의 취지이다.

예를 들면 일정한 진술을 하였지만 그것을 철회하였다면, 진술 자체는 증거자료로서의 효력을 상실하였지만, 철회했다는 사실은 새로운 진술이나 상대방의 주장을 판단할 때에 고려되는 변론 전체의 취지에 해당한다. 또한 필수적 공동소송에서 공동소송인 1인이 한 다른 공동소송인에게 불리한 소송행위, 통상공동소송에서의 공동소송인 1인이 한 소송행위는 모두 행위 자체의 효력(통상공동소송에서는 다른 공동소송인에 대한 효력)이 발생하지 않지만 변론 전체의 취지로서 고려된다. 그 밖에 준비절차기일에서의 진술이나 석명처분에 기한 자료의 제출 등이 있다.

이러한 변론 전체의 취지는 변론에 나타나야 하므로, 준비서면에만 기재되고 변론에서 진술되지 않는다면 당연히 변론 전체의 취지에 해당하지 않는다. 또한 법150조1항 단서의 변론 전체의 취지는 변론기일을 일체로 본 경우의 당사자의 변론내용을 가리키는 것으로, 여기서 말하는 변론 전체의 취지와는 구별된다.

② 변론 전체의 취지와 사실인정

법원은 변론 전체의 취지와 증거조사의 결과를 자유로운 심증에 따라 평가하여 사실인정을 할 수 있다는 것이 자유심증주의이다(법202조). 즉, 자유심증주의에 의해 법원은 변론 전체의 취지와 증거자료라는 자료를 사실인정을 위한 기초자료로 이용할 수 있다. 그런데 사안에서와 같이 사실상 변론 전체의 취지로만 노동능력의 상실이라는 주요사실을 인정한 것, 즉 다른 증거 없이 변론 전체의 취지로만 사실인정이 가능한지가 문제된다. 대상판결은 다른 증거방법의 보충적인 작용을 하는 것이 변론 전체의 취지이므로 불가능하다고 판시하였다.

이러한 판례의 입장은 "변론의 취지는 변론의 과정에 현출된 모든 상황과 자료를 말하여 증거원인이 되는 것이기는 하나 그것만으로는 사실인정의 자료로 할 수 없다."(대판 1983.9.13, 83다카971)라든가 "변론 전체의 취지가 독자적인 증명력이 없다는 것 역시 누차 밝혀온 당원의 견해이다."(대판 1989.10.24, 87누285)라는 것에서 보듯이 확고한 해석이다(기타 대판 1995.2.3, 94누1470).

③ 보조사실의 인정가능성

다만, 예외적으로 판례는 "당사자가 부지로써 다툰 서증에 관하여 거증자가 특히 그 성립을 증명하지 아니한 경우라 할지라도 법원은 다른 증거에 의하지 않고 변론 전체의 취지를 참작하여 자유심증으로써 그 성립을 인정할 수 있다."(대판 1959.10.1, 4291민상728; 대판 1974.7.23, 74다119 등)고 하여 보조사실의 경우에는 변론 전체의 취지로만 사실인정을 할 수 있다는 입장이다. 또한 앞서 보았듯이 자백의 철회에 있어서의 착오의 인정([7-2] 참조)은 변론 전체의 취지로 가능하다.

이러한 판례의 태도는 노동능력의 상실이라는 주요사실의 인정은 변론 전체의 취지로만은 불가능하지만, 그 외의 사실의 인정에 있어서는 가능한 경우가 있을 수 있다는 입장이라고 볼 수 있다. 학설은 다수설이 판례에 찬성하고, 독립된 증거원인으로 보는 견해가 소수설이다.

④ 독립한 증거원인이 아닌 변론 전체의 취지

이론상으로는 당사자가 특정사실의 주장을 했다면 (소송자료), 그 존부의 인정은 법관의 자유심증에 맡겨져 있으므로, 그 존부에 관한 증거조사를 거치지 않고 변론 전체의 취지로만 그 사실을 인정하여도 위법이라고는 할 수 없을 것이다. 그러나 사실상 법원이 다툼이 있는 중요한 사실을 아무런 증거조사 없이 변론 전체의 취지만으로 인정하려 하지 않고, 증거조사를 하는 것이 일반적이다(사안에서도 원심은 일단 증인의 증언이 있었음을 이유로 하고 있다). 또한 법208조에 의해 판결문에 사실을 기재하지 않기 때문에, 변론 전체의 취지가 그 자체로 무엇인지 명확하지 않은 경우가 많을 수 있다.

이러한 점에서 본다면 변론 전체의 취지가 독립한 증거원인에 해당되지 않는다는 판례의 태도는 타당하다. 더 나아가 판례의 입장은, 주요사실만이 아니라, 그 사실의 내용에 따라서는, 예를 들면 중요한 간접사실의 경우에도 변론 전체의 취지만으로는 인정할 수 없다는 것이다. 반대로 변론 전체의 취지만으로 인정할 수 있는 것은 경미한 간접사실이나 보조사실이라는 입장이라고 풀이할 수 있다.

[7-7] 간접반증

[대상판결] 대판 1984.6.12, 81다558

[사안] 김양식업을 하는 甲은, 이 사건 어장 근처에 있는 乙공장에서 흘러나온 폐수로 인해 양식 김에 김 갯병 증상의 병해가 발생함으로써 막심한 피해를 보고 김양식 사업을 포기하게 되었다는 이유로, 乙을 상대로 그 손해의 배상을 구하는 소를 제기하였다. 공장폐수와 손해의 발생이라는 인과관계의 근거로 甲은, (1) 乙공장에서 김의 생육에 악영향을 줄 수 있는 폐수를 배출하고 있었고, (2) 그 폐수 중의 일부가 조류를 타고 이 사건 어장에 도달되었으며 (3) 그 후 甲의 이 사건 어장 양식 김에 병해가 발생하여 피해가 생겼다는 사실 등을 주장·증명하였다. 이에 대해 乙은 인과관계가 존재하지 않는다고만 주장한 경우, 법원은 甲의 위와 같은 주장·증명만으로 인과관계의 존재를 인정할 수 있는가?

[판결요지] "일반적으로 불법행위로 인한 손해배상 청구사건에 있어서 가해행위와 손해발생과의 사이에 인과관계의 존재를 입증할 책임은 청구자인 피해자가 부담함에는 의문의 여지가 없다 할 것이나 이른바 오염물질인 폐수를 바다로 배출함으로 인한 이 사건과 같은 공해로 인한 손해배상을 청구하는 소송에 있어서는 기업이 배출한 원인물질이 물을 매체로 하여 간접적으로 손해를 끼치는 수가 많고 공해문제에 관하여는 현재의 과학수준으로도 해명할 수 없는 분야가 있기 때문에 가해행위와 손해의 발생사이의 인과관계를 구성하는 하나 하나의 고리를 자연과학적으로 증명한다는 것은 극히 곤란하거나 불가능한 경우가 대부분이므로 이러한 공해소송에 있어서 피해자인 원고에게 사실적 인과관계의 존재에 관하여 과학적으로 엄밀한 증명을 요구한다는 것은 공해로 인한 사법적 구제를 사실상 거부하는 결과가 될 우려가 있는 반면에 가해기업은 기술적, 경제적으로 피해자보다 훨씬 원인조사가 용이한 경우가 많을 뿐만 아니라 그 원인을 은폐할 염려가 있고 가해기업이 어떠한 유해한 원인물질을 배출하고 그것이 피해물건에 도달하여 손해가 발생하였다면 가해자 측에서 그것이 무해하다는 것을 입증하지 못하는 한 책임을 면할 수 없다고 보는 것이 사회형평의 관념에 적합하다고 할 것이다.

요컨대, 불법행위 성립요건으로서의 인과관계는 궁극적으로는 현실로 발생한 손해를 누가 배상할 것인가의 책임귀속의 관계를 결정짓기 위한 개념이므로 자연과학의 분야에서 말하는 인과관계와는 달리 법관의 자유심증에 터잡아 얻어지는 확신에 의하여 인정되는 법적인 가치판단이니 만큼 소위 수질오탁으로 인한 공해소송인 이 사건에 있어서 원심이 적법하게 확정하고 있는 바와 같이 (1) 乙공장에서 김의 생육에 악영향을 줄 수 있는 폐수가 배출되고 (2) 그 폐수 중의 일부가 해류를 통하여 이 사건 어장에 도달되었으며, (3) 그 후 김에 피해가 있었다는 사실이 각 모순 없이 증명되는 이상 Y의 위 폐수의 배출과 甲이 양식하는 김에 병해가 발생하여 입은 손해와의 사이에 일응 인과관계의 증명이 있다고 보아야 할 것이고, 이러한 사정 아래서 폐수를 배출하고 있는 乙로서는 (1) 피고공장 폐수 중에는 김의 생육에 악영향을 끼칠 수 있는 원인물질이 들어 있지 않으며 또는 (2) 원인물질이 들어 있다 하더라도 그 혼합률이 안전농도 범위 내에 속한다는 사실을 반증을 들어 인과관계를 부정하지 못하는 이상 그 불이익은 乙에 돌려야 마땅할 것이다."

[해 설]

① 간접반증의 의의

사안은 소위 학설에서 말하는 간접반증에 관한 것이고, 대상판결은 간접반증을 인정한 리딩케이스이다. 간접반증이란 간단히 말해 반대의 간접사실로 증명한다는 것을 가리킨다. 사안에 따라서 말하자면, 乙이 인과관계를 부정하는 반대의 간접사실을 증명한다는 것을 말한다. 또한 그러한 반증을 통해 증명행위를 한다는 의미를 포함하는 것이기도 하다.

② 규범설에 의한 간접반증의 등장

간접반증이라는 개념은 증명책임의 분배에 관한 규

범설에 의해 등장하게 되었다. 증명책임에 관한 규범설이 간접반증을 설명하는 경우에는 다음과 같은 예에 의하는 것이 보통이다. 인지의 소의 경우 자인 원고는 부자관계의 존재라는 주요사실을 증명해야 한다. 그러나 부자관계를 직접 증명한다는 것은 사실상 불가능하므로, 원고 측에서는 부자관계의 존재를 추인시키기에 충분한 간접사실을 증명하게 된다. 즉, 회임 당시의 동거의 사실, 혈액형의 조사결과 등이다. 이때 부(父)인 피고는 이러한 간접사실과 상반되는 간접사실로서, 예를 들면 그 때 원고의 모(母)는 다른 남자와도 관계가 있었다는 사실(보통 '부정의 항변'이라 불린다)을 증명함으로써, 부자관계의 존재가 추인되는 것을 막는 증명행위를 하는 것을 간접반증이라 한다.

규범설은 또한 다음과 같이 해석한다. 만일 위와 같은 사례에서 피고 측이 간접반증을 하지 못하면 결국 부자관계의 존재가 추인된다. 피고가 부자관계라는 주요사실을 간접적으로 공격한다는 점에서는 반증이지만(이 점에서 간접반증이라고 불린다), 부정의 항변이라는 간접사실의 존재를 법관에게 확신을 심어주어야 한다는 점에서는 본증을 의미한다. 더 나아가 간접반증이란 주요사실의 증명이 문제되는 증명책임의 문제가 아니고(따라서 증명책임의 전환을 의미하지 않는다), 자유심증의 문제라고 한다.

③ 간접반증의 효용

사안에서 甲은 인과관계의 존재를 추인시키는 일련의 간접사실을 증명하고 있다. 따라서 乙은 그와 상반되는 간접사실, 즉 대상판결이 설시하듯이 "(1) 피고공장 폐수 중에는 김의 생육에 악영향을 끼칠 수 있는 원인물질이 들어 있지 않으며 또는 (2) 원인물질이 들어 있다 하더라도 그 혼합률이 안전농도 범위 내에 속한다는 사실"을 증명해야 한다. 이 증명은 인과관계의 존재라는 주요사실에 관해서는 반증이지만, 그 사실 자체의 존재를 법관에게 확신시켜야 한다는 점에서는 본증을 의미한다. 인과관계를 직접 증명하기 어려운 사정 등을 고려한다면, 사실상 증명책임의 전환을 의미하는 간접반증이라는 도구개념은 충분히 효용이 있다.

그 밖에 간접반증을 인정한 판례로서 대판 1997.6.27, 95다2692에서는 "수질오염으로 인한 손해배상을 구하는 이 사건에 있어서는 ㉠ 피고의 주행시험장 설치공사현장에서 농어 양식에 악영향을 줄 수 있는 황토와 폐수를 배출하고, ㉡ 그 황토 등 물질의 일부가 물을 통하여 이 사건 양식어장에 도달되었으며, ㉢ 그 후 양식 농어에 피해가 있었다는 사실이 각 모순 없이 증명되는 이상 피고의 위 황토와 폐수의 배출과 원고가 양식하는 농어가 폐사하여 입은 손해와 사이에 일응 인과관계의 증명이 있다고 보아야 할 것이고, 이러한 사정 아래에서 황토와 폐수를 배출하는 피고로서는 ㉠ 피고의 공사현장에서 배출하는 황토와 폐수 중에는 양식 농어의 생육에 악영향을 끼칠 수 있는 원인물질이 들어 있지 않고, ㉡ 원인 물질이 들어 있다 하더라도 그 혼합률이 안정농도 범위 내에 속한다는 사실에 관하여 반증을 들어 인과관계를 부정하지 못하는 이상 그 불이익은 피고에게 돌려야 마땅할 것이다."라고 판시하고 있다(그 밖에 대판 1991.7.23, 89다카1275 등).

④ 간접반증과 증명책임의 전환

규범설을 비판하는 입장에서는, 규범설이 주장하는 간접반증은 결국 증명책임의 전환을 초래하므로 규범설의 수정 내지는 후퇴를 의미하는 것이라고 비판한다. 이에 대해 규범설은, 앞서도 언급했지만 간접반증은 자유심증의 문제이고 증명책임의 전환을 의미하지 않는다고 주장하는 것이 보통이다.

그러나 대상판결이 설시하는 "그 불이익은 乙에게 돌려야 마땅할 것이다."는 부분에서 보듯이 결과적으로 증명책임이 전환되므로 간접반증은 규범설의 하나의 예외라고 보는 것이 타당하다. 피고는 간접사실을 증명하지 못하면 패소하게 되므로 증명책임이 전환되는 것과 차이가 없다. 간접사실의 본증을 요구하는 이상, 증명도의 문제로서 단순한 자유심증의 문제로 보는 것은 타당하지 않고(자유심증의 문제라면 본증이 아닌 반증으로 충분하다), 증명책임의 전환이 의도되어 있기 때문이다. 결국 간접반증 자체에 대해서는 크게 문제가 없고, 그 평가에 대해 규범설과 그 밖의 학설 간에 차이가 있지만, 규범설의 입장에 의하더라도 증명책임의 분배원칙의 하나의 예외로 인정되며 그 적용범위를 확대해 나가는 것이 바람직한 방향이 될 것이다. 기본적으로 규범설을 취하는 판례의 입장을 이해함에 있어서도 이 점을 명확히 이해할 필요가 있다.

[7-8] 증명도의 경감 – 손해액의 인정 –

[대상판결] 대판 2004.6.24, 2002다6951, 6968

[사안] 甲 프로스포츠구단 소속 乙선수는 해외 구단으로 이적하면서 이적료를 분배받고 귀국 시에는 甲소속이 되어야 한다는 약정을 하였다. 그러나 乙이 당초의 약정에 위배하여 귀국 시 다른 구단에 입단하였음을 이유로, 甲은 乙을 상대로 이적료의 반환을 구하는 소를 제기하였다. 여기서 甲은 乙이 자신에게 복귀하는 경우의 대가에 해당하는 부분을 재산적 손해로 주장하였지만, 그 구체적인 손해액의 증명이 곤란하였다. 이에 대해 법원이 제반 경위를 참작하여 그 손해액을 3억원으로 산정하는 것은 적법한가?

[판결요지] "채무불이행으로 인한 손해배상청구소송에 있어, 재산적 손해의 발생사실이 인정되고 그의 최대한도인 수액은 드러났으나 거기에는 당해 채무불이행으로 인한 손해액 아닌 부분이 구분되지 않은 채 포함되었음이 밝혀지는 등으로 구체적인 손해의 액수를 입증하는 것이 사안의 성질상 곤란한 경우, 법원은 증거조사의 결과와 변론 전체의 취지에 의하여 밝혀진 당사자들 사이의 관계, 채무불이행과 그로 인한 재산적 손해가 발생하게 된 경위, 손해의 성격, 손해가 발생한 이후의 제반 정황 등의 관련된 모든 간접사실들을 종합하여 상당인과관계 있는 손해의 범위인 수액을 판단할 수 있다고 하겠다."

[해 설]

① 손해액의 인정과 증명책임

법원이 원고가 주장한 손해배상청구권의 존재를 인정하려면 그 발생의 원인인 손해, 그리고 그 손해액을 인정해야 한다. 이 손해액의 증명책임은 규범설에 따라 손해배상청구권을 주장하는 원고가 부담하게 된다. 이때 원고가 손해는 증명했지만 손해액은 증명하지 못한다면, 결국 증명책임분배의 원칙에 따라 손해액이 존재하지 않는 것이 되어 원고의 청구는 기각되는 것이다.

② 증명도 경감의 필요성

손해액의 증명을 위와 같이 요구한다면, 사안에 따라서는 손해를 입은 원고가 구체적인 금액을 증명할 수 없는 특수한 사정에 배려하지 않는 것으로서 당사자 간의 공평에 합치하지 않고, 재판에 대한 사회적 신뢰도 얻을 수 없게 될 것이다. 이 점에서 손해액에 대한 증명도를 경감하여, 대상판결이 설시하듯이 법관의 확신에 이르지 않아도(증명되지 않아도) 상당인과관계가 있는 손해의 범위인 수액을 법원이 판단할 수 있다는 논리가 필요한 것이다.

대상판결은 원고의 손해의 증명이 곤란한 경우, 법원은 그 구체적 손해액을 제반 경위를 참작하여 인정할 수 있다고 판단하였다. 일본의 민사소송법248조에서는 손해가 발생한 것은 인정되지만 그 금액을 증명하는 것이 그 손해의 성질상 원고에게 매우 곤란한 경우에는 법원이 상당한 손해액을 인정할 수 있다고 하여, 이러한 손해액의 인정을 직접 규정하는 조문을 신설하였다. 우리는 위와 같이 판례가 먼저 이를 인정하였고, 2016년에 법202조의2를 신설하는 개정을 하여 입법화하였다.

원래 판례는 불법행위에 의한 손해배상에 있어서, "법원으로서는 당사자가 도시 또는 농촌일용노임 외에 별다른 향후소득의 입증을 하지 않고 있다고 하더라도 적극적으로 석명권을 행사하고 입증을 촉구하여 위에서 설시한 피해자의 연령, 교육정도 등 여러 사정에 비추어 장차 피해자가 종사 가능하다고 보여지는 직업과 그 소득을 조사 심리하여야 할 것이며, 이러한 향후의 예상소득에 관한 입증에 있어서 그 증명도는 과거 사실에 대한 입증에 있어서의 증명도보다 이를 경감하여 피해자가 현실적으로 얻을 수 있을 구체적이고 확실한 소득의 증명이 아니라 합리성과 객관성을 잃지 않는 범위 내에서의 상당한 개연성이 있는 소득의 증명으로서 족하다고 보아야 할 것이다."(대판 1986.3.25, 85다카538 등 다수의 판례)고 하여 이미 손해의 증명에 관한 증명도의 경감을 인정하고 있었다.

③ 증명도 경감의 요건

물론 이와 같은 손해액의 인정이 가능하려면, 대상판결에서도 볼 수 있듯이 "재산적 손해의 발생사실이 인정되고 그의 최대한도인 수액은 드러났으나 거기에는 당해 채무불이행으로 인한 손해액 아닌 부분이 구분되지 않은 채 포함되었음이 밝혀지는 등으로 구체적인 손해의 액수를 입증하는 것이 사안의 성질상 곤란한 경우"에 한정된다.

또한 채무불이행으로 인한 손해배상청구소송에서 재산적 손해의 발생사실은 인정되나 구체적인 손해액을 증명하는 것이 곤란한 경우, 법원이 증거조사의 결과와 변론 전체의 취지에 의하여 밝혀진 간접사실들을 종합하여 손해액을 판단할 수 있는지, 그 구체적 손해액의 산정방법은 무엇인지 문제된다. 이에 대해, 대판 2010.10. 14, 2010다40505는 다음과 같이 산정의 근거가 되는 간접사실을 최대한 탐색하고 그것을 합리적으로 평가해야 한다고 명확히 판단하였다. "법원은 증거조사 결과와 변론 전체의 취지에 의하여 밝혀진 당사자들 사이의 관계, 채무불이행과 그로 인한 재산적 손해가 발생하게 된 경위, 손해의 성격, 손해가 발생한 이후의 여러 정황 등 관련된 모든 간접사실들을 종합하여 손해의 액수를 판단할 수 있다. 이러한 법리는 자유심증주의 아래에서 손해의 발생사실은 입증되었으나 사안의 성질상 손해액에 대한 입증이 곤란한 경우 증명도·심증도를 경감함으로써 손해의 공평·타당한 분담을 지도원리로 하는 손해배상제도의 이상과 기능을 실현하고자 함에 그 취지가 있는 것이지 법관에게 손해액의 산정에 관한 자유재량을 부여한 것은 아니므로, 법원이 위와 같은 방법으로 구체적 손해액을 판단하면서는, 손해액 산정의 근거가 되는 간접사실들의 탐색에 최선의 노력을 다해야 하고, 그와 같이 탐색해 낸 간접사실들을 합리적으로 평가하여 객관적으로 수긍할 수 있는 손해액을 산정해야 한다."

④ 손해액의 산정이 곤란한 경우의 예

앞으로 판례에 의해 구체적으로 정립되어 나가겠지만, 손해액의 산정이 곤란한 경우로는 다음을 생각할 수 있다. 개인이 거주하는 주택이 화재로 소실되고 그 주택 안에 있던 가재도구가 멸실된 경우, 유아의 사망에 기한 일실이익의 경우, 그리고 타인의 독점금지법

위반행위를 이유로 하여 소비자 또는 경업자가 손해배상을 청구하는 경우이다. 손해액이 사실인정의 대상임을 전제로 하는 것이다.

그러나 위자료는 그러한 예에 해당되지 않는다. 위자료는 정신적 고통 그 자체의 전보가 아니라 정신적 고통을 완화하기 위한 금전급부에 해당하고, 위자료의 산정이란 인정된 손해를 증거에 기하여 금전적 가치로 전환하는 것이 아니기 때문이다. 이 점에서 위자료의 산정은 법원의 자유재량에 맡겨져 있다.

[7-9] 증명방해

[대상판결] 대판 1995.3.10, 94다39567

[사안] 甲은 乙의사의 집도로 수술을 받았지만, 심각한 후유증이 발생하게 되어 乙을 상대로 그 손해의 배상을 구하는 소를 제기하였다. 이 사건 소제기 후 의사진료기록(차트) 등에 대한 제1심 법원의 서증조사기일에 제출된 乙 명의의 의사진료기록(차트) 기재 중 甲에 대한 진단명 일부가 흑색 볼펜으로 가필되어 원래의 진단명을 식별할 수 없도록 변조되어 있었다. 이러한 乙에 의한 진료기록의 변조를 이유로 법원은 乙의 과실을 인정할 수 있는가?

[판결요지] "의료분쟁에 있어서 의사 측이 가지고 있는 진료기록 등의 기재가 사실인정이나 법적 판단을 함에 있어 중요한 역할을 차지하고 있는 점을 고려하여 볼 때, 의사 측이 진료기록을 변조한 행위는, 그 변조이유에 대하여 상당하고도 합리적인 이유를 제시하지 못하는 한, 당사자 간의 공평의 원칙 또는 신의칙에 어긋나는 입증방해행위에 해당한다 할 것이고, 법원으로서는 이를 하나의 자료로 하여 자유로운 심증에 따라 의사 측에게 불리한 평가를 할 수 있다고 할 것이다 … 乙이 그 변조이유에 대하여 상당하고도 합리적인 이유를 제시하지 못하고 있는 이 사건에 있어서, 이는 명백한 입증방해행위라 할 것이므로, 원심이 이를 乙의 수술과정상의 과오를 추정하는 하나의 자료로 삼았음은 옳다."

[해 설]
① 증명방해와 증명책임의 전환
증거의 조사를 방해하는 증명방해를 한 경우에는 직접 방해자에게 증명책임을 전환시키는 효과가 발생하는지 문제된다. 사안에서 피고 乙의 과실은 甲이 이를 증명해야 하지만, 乙이 증명방해를 하였으므로 乙 스스로 자신에게 과실이 없음을 증명해야 하는지가 문제되는 것이다. 증명방해에 대해서는 민사소송법에 이를 직접 규정하는 조항이 있는 경우가 있다(법349조, 350조, 360조, 361조, 366조, 369조 등). 그러한 증명방해 규정과

그 이외의 증명방해를 포함하여, 그 효과를 어떻게 판단하는지에 대해 다음과 같은 두 가지 견해가 있다. 증명도의 경감이라는 자유심증주의의 문제로서 파악하는 입장과 일반적으로 증명책임의 전환을 초래한다고 파악하는 입장이다. 대상판결은 이러한 문제에 대해 전자의 입장이 타당함을 명확히 한 해석이다. 판례는 그 이유는 명확하지 않지만, 증명책임이 전환되지 않고 심증의 문제로서 증명을 방해한 자에게 불리하게 사실인정을 할 수 있음을 판시한 것이다.

② 증명방해의 요건
증명방해가 되려면 적어도 다음과 같은 요건을 갖추어야 한다. 예를 들면 대판 1996.4.23, 95다23835에서는, 피고가 요증사실의 증거자료에 훨씬 용이하게 접근할 수 있다고 하는 사정만으로는 피고가 원고들의 증명활동에 협력하지 않는다고 하여 이를 민사소송법상의 신의성실의 원칙에 위배되는 것이라고 할 수 없다고 판시하였다. 이러한 예에서 알 수 있듯이 단순한 증명활동에 협력을 거부하는 것으로는 부족하고, 또한 대상판결이 말하듯이 상당하고 합리적인 이유 없이 적극적으로 증명활동을 방해하는 행위가 필요하다.

③ 증명방해와 사실인정
증명활동을 방해했다는 사실에 법적 책임인 증명책임의 전환이라는 법률효과를 부여하는 것은 그 행위에 대한 적절한 제재가 아니다. 증명방해라고 하여도 거기에는 여러 가지 형태가 있음을 고려한다면, 일반적으로 증명책임의 전환까지 초래하는 효과를 부여한다는 것은 지나친 해석이고 판례와 같이 자유심증으로 처리해야 될 문제이다(통설).
위와 같은 판례의 해석은 대판 1999.4.13, 98다9915에서도 의사의 진료기록이 가필된 경우에, "당사자 일방이 입증을 방해하는 행위를 하였더라도 법원으로서는 이를 하나의 자료로 삼아 자유로운 심증에 따라 방해자 측에게 불리한 평가를 할 수 있음에 그칠 뿐 입증

책임이 전환되거나 곧바로 상대방의 주장 사실이 증명된 것으로 보아야 하는 것도 아니다."라고 판시하고 있고 확고한 입장이다.

④ 증명방해에 따른 증명도의 경감

증명방해로 인해 증거조사가 불가능해지고 결과적으로 증명책임을 지는 당사자가 법관에게 확신을 심어 줄 만큼 증명을 할 수 없는 경우, 증명방해의 정도에 따라 증명책임, 즉 심증의 정도를 경감하여 사실인정을 할 수 있는 것이 증명방해의 효과이다. 이와 같이 증명방해의 정도에 따라 법관은 심증도의 고저를 조절할 수 있고 이것으로 충분히 당사자에게도 공평한 절차운영이 될 것이다.

[7-10] 문서제출명령

[대상판결] 대판 1992.4.24, 91다25444

[사안] 수취인 A회사, 지급인 B회사, 지급지 독일 함부르크로 된 환어음이 발행되었다. 그 후 이 환어음 중 5매의 적법한 소지인인 甲은 B의 지위를 승계한 乙에게 당해 환어음금을 청구하는 소를 제기하였다. 이 소에서 乙은 甲에 대한 다음과 같은 문서의 제출명령을 신청하였다. 즉 (1) A가 C수출신용회사(C는 위 환어음을 담보로 수출자금을 융자한 곳) 및 甲을 수취인으로 하여 발행한 약속어음, (2) 甲이 C로부터 차입한 헤르메스금융에 관한 은행장부원장 또는 은행장부기록, 그리고 (3) 甲이 A에게 대출해 준 수출금융에 관한 은행장부원장 또는 은행구좌기록이다. 甲은 이러한 문서를 제출해야 하는가?

[판결요지] "위의 문서들이 乙의 이익을 위하여 작성된 문서라거나 甲과 乙과의 법률관계에 관하여 작성된 문서라고 보이지는 아니하므로 甲에게 그 제출의무가 있다고 할 수도 없을 뿐만 아니라, 위의 문서에 의하여 乙이 입증하고자 하는 사항은 위 A와 甲 또는 C의 실질관계에 관한 것이어서 이 사건 환어음금청구와는 직접 관련이 없는 것이라 할 것이다."

[해 설]

① 문서제출명령의 의의

문서제출명령이란 법원이 상대방(문서소지인)이 임의로 제출하지 않는 문서를 당사자의 신청에 의해 제출하도록 명령하는 것을 말한다(법347조). 이 명령에 따라 소지인이 문서를 제출하게 되고, 이로써 증거를 개시하는 역할을 갖는다.

② 문서제출의무

문서제출명령을 하려면 상대방이 그러한 문서를 제출해야 할 의무, 즉 당해 문서가 문서제출의무에 해당하는 것이어야 한다(대결 1995.5.3, 95마415). 한편, 문서라고 할 수 없는 동영상 파일 등과 사진은 문서제출명령의 대상이 아니다(대결 2010.7.14, 2009마2105).

i) 인용문서(법344조1항1호)

당사자가 소송에서 인용한 문서를 소지하고 있을 때에는 이를 제출할 의무가 있다.

ii) 인도 · 열람청구문서(법344조1항2호)

신청자가 문서소지자에게 그 인도나 열람을 구할 수 있는 때에도 소지자는 이를 제출할 의무가 있다. 이상의 i)과 ii)는 그러한 문서의 해당성이 명확하기 때문에 문제가 되는 경우는 거의 없다. 보통 문제가 되는 것은 다음의 문서이다.

iii) 이익문서 · 법률관계문서(법344조1항3호)

문서가 신청자의 이익을 위해 작성된 경우 또는 문서가 신청자와 문서의 소지자 간의 법률관계에 관해 작성된 경우에는 당해 문서를 제출할 의무가 있다. 여기서 말하는 이익문서나 법률관계문서는 문서제출명령의 신청자와 당해 문서소지자의 관계에 해당하는 것이어야 한다. 사안에서 그 해당성이 문제되었는데, 대상판결은 당해 문서가 이익문서나 법률관계문서에 해당하지 않는다고 하였다. 또한 같은 조항의 가목(공무원의 증언거부권이 있는 사항을 적은 문서), 나목(형사소추와 관련된 증언거부권이 있는 사항을 적은 문서), 다목(묵비의무와 관련된 증언거부권이 있는 사항을 적은 문서)에서 정하는 문서로서 필요한 동의를 받지 못한 것은 문서제출의무가 없다.

iv) 그 밖의 문서(법344조2항)

위의 세 가지 형태의 문서에 해당되지 않아도 제출의무가 인정되지만, 법은 폭넓은 제한을 가하였다. 먼저 공무원이나 공무원이었던 자가 직무상 보관하는 문서나 가지고 있는 문서가 아니어야 한다. 또한 같은 조항 1호에서는 증언거부권이 있는 사항에 관련된 문서와 같은 2호에서 자기이용을 위한 내부문서도 문서제출의무에서 제외시키고 있다.

③ 문서제출의무의 구체적 해당성

사안에서 문제가 되는 이익문서나 법률관계문서는 문서제출명령의 신청자와 당해 문서소지자의 관계에 해당하는 것이다. 이러한 관계의 해석에 있어서는, 증거의 편재를 시정하는 수단으로서 그러한 관계에 해당하는 범위를 확대해 나가려는 추세에 있다. 증언거절권이 인정되지 않는 한, 신청자와 소지자의 직접·간접적인 모든 관계를 포함하는 문서는 이를 제출해야 할 것이다. 그러나 사안에서와 같은 경우에는 이익문서나 법률관계문서에 해당한다고는 보기 힘들다. 乙이 제출을 요구한 문서들은 모두 신청자인 乙과 소지자인 甲의 관계에 관한 것이라기보다는 甲과 그 외의 A나 C의 관계에 관한 것이기 때문이다. 적어도 乙에게도 관련이 있으려면 B와의 관련성이 필요할 것이다. 이러한 요건을 갖추고 있지 않는 이상, 대상판결이 문서제출의무를 부정한 판단은 타당하다. 나아가 법344조2항의 문서에도 해당되지 않을 것이다. 공문서도 아니고 법 344조2항2호의 문서도 아니지만, 기본적으로 증명사항과의 관련성이 인정되지 않기 때문이다.

④ 직업상 비밀문서와 자기이용문서

민사소송법은 문서를 가지고 있는 사람이 법344조1항에 해당하지 아니하는 경우에도 원칙적으로 문서의 제출을 거부하지 못한다고 규정하면서, 그 예외사유로서 기술 또는 직업의 비밀에 속하는 사항이 적혀 있고 비밀을 지킬 의무가 면제되지 아니한 문서, 자기이용을 위한 문서를 들고 있다(법344조2항1호, 같은1항3호다목, 법315조1항2호). 이러한 문서가 어떠한 것인지에 대해 판례(대결 2015.12.21, 2015마4174)는 다음과 같이 해석한다.

먼저 직업의 비밀에 대해서는 ⅰ) 그 사항이 공개되면 해당 직업에 심각한 영향을 미치고 이후 그 직업의 수행이 어려운 경우, ⅱ) 위 비밀이 보호가치 있는 비밀일 경우이고, 특히 ⅱ)에 대해서는 그 비밀의 공개로 인하여 발생하는 불이익과 이로 인하여 달성되는 실체적 진실발견 및 재판의 공정을 비교형량해야 한다. 다음으로 자기이용문서에 대해서는, ⅰ) 오로지 문서를 가진 사람이 이용할 목적으로 작성되고 외부자에게 개시하는 것이 예정되어 있지 않으며, ⅱ) 이를 개시할 경우 문서를 가진 사람에게 간과하기 어려운 불이익이 생길 염려가 있고 또한 ⅲ) 특별한 사정이 없는 경우이다. 그러면서 기업의 매입·매출 회계처리원장은 직업의 비밀에 관한 문서도 아니고 자기이용문서도 아니라고 판단하였다.

그러나 회사의 합병과 관련된 급여 및 상여금의 지급 관련 자료, 판매비와 관리비의 구체적 항목 명세, 각종 경비 및 고정비의 분류기준과 해당항목 명세, 임직원에 대한 성과금 지급규모 등에 대해서는 공개될 것으로 예정된 문서, 문서의 성질상 개시로 인하여 문서소지자에게 심각한 불이익이 생길 염려가 발생한다고 보기 어려운 문서로서 자기이용문서가 아니다(대결 2016.7.1, 2014마2239).

⑤ 문서제출명령과 관련된 문제

법원은 문서제출신청에 대해, 그때까지의 소송경과와 문서제출신청의 내용에 비추어 신청 자체로 받아들일 수 없는 경우가 아닌 한 상대방에게 문서제출신청서를 송달하는 등 그 신청이 있음을 알림으로써 그에 관한 의견을 진술할 기회를 부여하고, 그 결과에 따라 당해 문서의 존재와 소지 여부, 당해 문서가 서증으로 필요한지 여부, 그 신청의 상대방이 법344조에 따라 문서제출의무를 부담하는지 여부 등을 심리한 후에 허가 여부를 판단해야 한다(대결 2009.4.28, 2009무12).

문서제출명령신청에 대한 재판(결정)에 대해서는 즉시항고가 가능하다(법348조). 당해 문서에 대한 증거조사의 가능성을 부정할 수 없는 이상, 불복권을 적시에 부여해 줄 필요가 있기 때문이다. 그러나 대상판결은 방론으로, "원심이 그(문서제출명령신청)에 대하여 별다른 판단을 하지 아니한 채 변론을 종결하고 판결을 선고한 사실은 기록상 명백하나, 이는 원심이 乙의 문서제출명령신청을 묵시적으로 기각한 취지라고 할 것이니 이를 가리켜 판단유탈(누락)에 해당한다고는 볼 수 없다."고 판시하고 있다. 당사자의 절차권 보장에서 본다면 문제가 있는 해석이다.

문서제출명령을 내렸음에도 그 문서를 제출하지 않으면 증명방해가 되고, 자유심증의 문제로서 법원은 해당 문서에 관한 한 상대방의 주장을 진실한 것으로 인정할 수 있다(법349조. 대판 1964.9.22, 64다515 등). 문서제출명령에 응하지 아니한 사정 등을 종합하여 문서에 관한 상대방의 주장을 진실한 것으로 인정한 예외적인 사례로서 대판 1998.7.24, 96다42789가 있다(국가기관의 민간사찰을 이유로 하는 손해배상소송에서 당해 기관이 갖고 있던 개인신상자료철, 전산개인카드 및 개인별 색인카드에 대한 문서제출명령이 있었지만 제출하지 않았는데, 이들 세 가지 정보자료를 보관·관리해 온 것으로 추인되었다).

제8장

당사자에 의한 소송의 종료

[8-1] 소취하합의의 효력

[대상판결] 대판 1965.4.13, 65다15

[사안] 甲은 乙을 상대로 이전등기를 청구하는 소를 제기하였다. 이 소송 도중에 "甲은 乙로부터 일정 금액을 영수하고 소를 취하한다."는 합의를 하였다. 그러나 甲이 당해 합의에 반해 소를 취하하지 않는 경우, 그 합의가 유효하다고 인정하면 법원은 소를 어떻게 처리해야 하는가?

[판결요지] "소송당사자가 소송 외에서 그 소송을 취하하기로 합의하였다면 그 소송은 원고에게 권리보호의 이익이 없다고 해석하여야 할 것이다."

[해　설]

① 소취하의 의의

소의 취하란 원고만이 할 수 있는 소송종료행위의 하나이다. 원고가 법원을 상대로 자신이 심판을 요구한 제소를 철회하는 소송행위이다(법266조). 원칙적으로 원고의 단독행위(의사표시)이지만, 원고 측 고유필수적 공동소송의 경우에는 원고 전원이 소를 취하해야 한다. 소송계속의 소급적 소멸인 소송종료효가 동반된다는 점에서는 원고의 소송종료행위인 청구의 포기와 같지만, 청구의 포기는 청구의 당부에 관한 일정한 효력을 동반한다. 소의 취하는 심판의 요구의 철회로서 청구의 포기와 같은 청구의 당부에 관한 효력은 발생하지 않는다. 또한 상소의 취하의 경우에는 그로 인해 소의 소급적 소멸이 아닌 원심판결의 효력이 유지된다는 점에서 소의 취하와 차이가 있다.

② 소의 취하의 요건

소의 취하는 원고의 일방적인 소송종료행위이므로, 이론상으로는 소송종료 전, 즉 판결확정 전이라면 언제라도 가능하다. 따라서 이미 판결이 확정되어 버리면 더 이상 소를 취하할 수 없다(대판 1975.4.8, 75다222).

그러나 판결확정 전이라는 제한 이외에도 소를 취하하려면 다음과 같은 두 가지 제한이 있다. 첫 번째는 직접적인 제한은 아니지만, 본안에 대한 종국판결이 있은 후 소를 취하하면 동일한 소를 다시 제기할 수 없다는 효과(소위 재소금지효)가 동반된다(법267조2항. [8-2] 참조). 두 번째는 피고가 본안에 관한 준비서면을 제출하거나 준비절차에서 진술 또는 변론을 한 후에는 피고의 동의를 얻어야 한다(법266조2항). 이 취지는 피고의 본안판결을 받을 이익을 보호하기 위해서이다. 따라서 피고에게 본안판결을 받을 이익이 없는 경우, 예를 들면 본소가 취하된 경우의 반소의 취하(법271조), 피고가 주위적으로는 소의 각하를 요구하고 예비적으로는 청구기각을 요구할 때는 피고의 동의를 받을 필요가 없다(대판 1968.4.23, 68다217, 218).

위와 같은 제한에 해당하지 않는다면 원고는 자유롭게 소를 취하할 수 있으므로, 이런 경우는 권리취하라고 말할 수 있다. 권리로 취하할 수 없으면 피고의 동의가 필요한데, 피고가 민사소송법이 규정하는 동의를 하는 경우도 있겠지만, 사안에서 문제되는 소취하의 합의에 의해서 하는 경우가 보통이다. 이때 원고와 피고 사이에 사법상의 화해계약 중 하나의 조항으로 소취하 조항이 삽입되는 것이다. 이러한 소취하의 합의가 있음에도 원고가 그에 따라 소를 취하하지 않는 경우, 또는 취하 후에 그러한 취하의 효력을 다투는 경우(이에 관해서는 [8-3] 참조)가 문제된다.

③ 소취하의 합의의 효력

대상판결은 소취하의 합의가 있음에도 원고가 소를 취하하지 않으면, 그 소는 권리보호의 이익(소의 이익)이 없는 것이라고 판단하였다. 특별한 이유 없이 권리보호의 이익이 없다고 해석하고 있지만, 일단 권리보호의 이익이 없는 것이므로 결국 소를 각하하게 된다. 이러한 판례의 해석이 계속 이어져 내려오고 있다(대판 1968.12.3, 68буч46; 대판 1982.3.9, 81다1312 등). 판례의 해석은 소취하합의를 사법계약(법률행위)으로 보고 소송계약(소송행위)으로 보지 않는 것이다. 사법계약이라면 마치 부제소특약이 있는 것이 되어 소의 이익이 없어진다고 해석한다. 반대로 소송계약이라면 이미 소가 취하된 것이 되어 소송종료선언을 해야 한다고 해석한다.

④ 소각하인가 소송종료선언인가

원고가 소를 취하할 수 있는 것은 피고의 동의를 얻은 경우와 소송 외의 소취하합의는 일반적으로 구별해서 취급하는 것이 사안에서 보듯이 판례와 학설(다수설)의 입장이다. 이는 ⅰ) 전자는 단독행위임에 비해 후자는 계약 내지는 합의라는 점, ⅱ) 소취하에는 조건을 붙일 수 없다고 해석한 다음, 현행법이 정하는 피고 동의의 경우에는 법정에서 조건 없이 소취하에 응하는 경우이지만, 취하합의의 경우에는 반드시 그러하지 않다는 등의 이유에 의하는 것이 아닌가 생각된다. 그러나 양자 간에 얼마나 차이가 있는지는 의문이다.

우선 소취하합의의 경우 재판상의 자백과 같이 실질적으로 소송상 합의의 일종이므로 민사소송법이 규정하는 피고의 동의 사이에 실질적인 차이는 없을 것이다. 당사자의 입장에서도 계속된 소를 소급하여 소멸시키는 점에 목적이 있으므로 이러한 점을 직접 인정하는 것이 합리적이다.

다음으로 소의 취하에 조건을 붙이는 것은 피고가 변론하기 전에 원고가 자유롭게 소를 취하할 수 있는 권리취하의 경우를 제외하고는 당사자의 선택에 맡겨야 할 문제이다. 소취하합의는 일반적으로 재판외의 화해계약과 함께 체결된다. 이러한 재판외의 화해계약을 조건으로 붙이는 것(물론 화해계약의 하나의 조항으로 취하가 정해지는 경우가 많을 테지만, 아무튼 취하를 중심으로 본다면 화해를 이행하지 않을 때에는 취하는 해제된다는 조건이라고 해석할 수 있다)이 타당한지 여부를 논해야 한다.

소의 취하는 소송종료행위이다. 따라서 거기에 해제조건을 붙여도 그러한 조건에 의해 절차의 안정성 또는 획일성이 침해받을 일은 거의 없을 것이다. 이것은 소송상 화해의 경우 해제조건을 인정하는 것과 차이가 없다. 결국 원고가 권리로써 소를 취하할 수 없는 경우에는 피고와의 취하에 관한 소송상 합의에 의해 할 수 있다고 해석해야 한다. 이것은 현행법의 해석으로서 피고의 동의에 관해 두 가지 경우를 인정하는 것이다. 그리고 합의에 의한 취하의 효력 또는 그 밖의 규제에 관해서는 원칙적으로 당사자 간의 합의에 의해 처리된다. 조건은 절차의 안정을 해치지 않는 한 인정되고, 그러한 합의는 서면 또는 법관 앞에서 구술로 해야 한다.

결국 소취하의 합의가 유효함에도 불구하고 원고가 소를 취하하지 않는 경우에는, 법원은 소를 각하하는 것이 아닌 규칙67조의 소송종료선언을 함으로써 소송을 종료시켜야 한다. 소각하판결이나 소송종료선언은 모두 소송판결로서 실제상 차이는 없지만, 논리적으로는 위와 같은 점에서 소송종료선언으로 처리해야 할 것이다.

[8-2] 소취하와 재소금지효

[대상판결] 대판 1989.10.10, 88다카18023

[사안] 甲은 乙을 피고로, 乙이 자신을 위법하게 면직처분을 하였다고 하여 면직처분 무효확인을 구하는 동시에, 면직 이후의 봉급액지급청구의 소를 제기하였다. 제1심에서는 당해 면직처분이 적법·유효하다는 이유로 패소판결을 선고받고, 항소하여 소송이 계속 중 소를 취하하였다. 그 후 甲은 다시, 면직처분으로 인해 받을 수 없게 된 본봉 등 금원 상당의 손해의 배상을 주위적으로 청구하고, 예비적으로 법률상 원인 없이 얻은 위 금원 상당의 이득의 반환을 청구하는 소(후소)를 제기하였다. 이러한 후소는 적법한가?

[판결요지] "민사소송법 제240조(법267조) 제2항은 본안에 대한 종국판결이 있은 후에 소를 취하한 자는 동일한 소를 제기하지 못한다고 규정하고 있는바, 이는 임의의 소취하에 의하여 그때까지의 국가의 노력을 헛수고로 돌아가게 한 자에 대한 제재적 취지에서 그가 다시 동일한 분쟁을 문제 삼아 소송제도를 농락하는 것과 같은 부당한 사태의 발생을 방지할 목적에서 나온 규정이라 할 것이므로 여기에서 동일한 소라 함은 반드시 기판력의 범위나 중복제소금지의 경우의 그것과 같이 풀이할 것은 아니고 따라서 당사자와 소송물이 동일하더라도 재소의 이익이 다른 경우에는 동일한 소라 할 수 없는 반면, 후소가 전소의 소송물을 선결적 법률관계 내지 전제로 하는 것일 때에는 비록 소송물은 다르지만 원고는 전소의 목적이었던 권리 내지 법률관계의 존부에 대하여는 다시 법원의 판단을 구할 수 없는 관계상 위 제도의 취지와 목적에 비추어 후소에 대하여도 동일한 소로써 판결을 구할 수 없다고 풀이함이 상당하다."

[해 설]

① 소취하와 재소금지효

소취하가 종국판결 후에 이루어진 경우라면 사안에서 문제되는 재소금지효(법267조2항)라는 일정한 제재가 동반되어, 종국판결을 한 법원의 이익을 보호하는 규정이 마련되어 있다. 재소금지효는 원고의 행위에 대

해 일정한 제재를 가하려는 제도이다. 대상판결이 설시하듯이 임의의 소취하에 의해 그때까지의 국가의 노력을 헛수고로 돌아가게 한 자에 대한 제재적 취지에서, 그가 다시 동일한 분쟁을 문제 삼아 소송제도를 농락하는 것과 같은 부당한 사태의 발생을 방지할 목적에서 나온 것이다. 이러한 재소금지효의 적용이 문제되는 소취하는 피고의 동의 없이는 불가능하므로 피고의 의사도 문제되지 않는다. 따라서 재소금지효는 기판력의 범위나 중복제소금지의 경우와 동일하게 풀이할 것은 아니다.

② 재소금지효의 적용요건

재소금지효의 첫 번째 요건인 취하된 소와 재소가 동일한 소이어야 한다는 기준은 소송물의 동일이라고 해석하는 것이 판례와 통설이다. 따라서 소송물론의 차이에 따라 이 요건충족 여부에 차이가 발생한다.

한편, 취하된 소(전소)가 재소(후소)의 전제관계(선결관계)인 경우에도 이 요건이 적용되는지 문제된다. 대상판결은 이를 긍정하고 있다. 대상판결은 전후 양소의 소송물이 달라도 전소의 목적이었던 권리 내지 법률관계의 존부에 대해 다시 법원의 판단을 구할 수 없는 관계상 재소금지효가 적용된다고 해석한다. 학설은 이에 찬성하는 견해와 소송물이 다르면 적용되지 않는다는 견해로 양분되어 있다.

대상판결은 어차피 전소에 대해서는 다시 판단받지 못하는 점, 그리고 후소에 대해 재판을 해야 하는 불필요한 절차를 회피해야 한다는 점에서 재소금지효가 적용된다는 입장이라 할 수 있다. 그러나 대상판결도 강조하듯 재소금지효와 기판력은 다른 것이다. 대상판결이 취하는 견해는 기판력의 범위와 같고, 기판력에 관한 이론을 그대로 따르는 해석이다. 물론 위와 같은 후소는 당연히 적절하지 않은 것이고 막을 필요가 있지만, 그것을 재소금지효를 통해 막는 것은 재소금지효의 제도취지에서 보았을 때 한계가 있다. 따라서 법원의 판단이 개재된 기판력의 경우와는 달리 원고의 행위에 대한 제재라는 점에서, 후소가 전소의 소송물을 선결적

법률관계 내지 전제로 하는 것일 때에는 재소금지효가 적용되지 않는다. 단, 재소금지효가 아닌 신의칙의 문제로서 대처하는 것이 상당할 것이다.

두 번째 요건은 당사자의 동일이다. 재소금지효가 적용되려면 취하된 소의 당사자(원고만이 해당)와 재소의 당사자가 동일해야 한다(대판 1995.6.9, 94다42389). 이때 재소금지효는 당사자 이외의 제3자(권리의무관계의 승계인이나 소송담당의 경우의 피담당자)에게도 효력이 미치는지 문제된다.

먼저 포괄승계인이라면 당사자와 동일시할 수 있으므로 재소금지효가 미친다는 점에는 이론(異論)이 없다. 특정승계인에 대해서는 견해의 대립이 있다. 판례(대판 1969.7.22, 69다760)는 '변론종결 후의 승계인'의 경우에만 재소금지효가 미친다는 해석이다. 그러나 기판력과 동일시할 수 없다는 점, 항소심의 변론종결 전에 당해 소의 대상이 된 권리의무를 특정승계한 경우에는 재소금지효가 적용되지 않게 된다는 점에서 문제가 있다. 특정승계인에 대한 재소금지효의 범위는 기판력과는 다른 소송법상의 특정 효력의 주관적 범위로서, 관할합의의 효력에서와 같은 원리로 해석하는 것이 타당하다. 즉, 승계받은 권리의무의 내용을 당사자가 자유롭게 결정할 수 있는 경우라면 미친다고 해석하는 것이다. 이렇게 해석하더라도, 특정승계인은 후술하는 새로운 권리보호의 이익의 존재를 이유로 사실상 재소금지효를 받지 않을 수 있으므로, 부당한 불이익을 가하는 것이라고 할 수 없다.

다음으로 소송담당의 경우 담당자가 받게 되는 재소금지효는 피담당자에게도 미치는지 여부가 문제된다. 판례(대판 1981.1.27, 79다1618, 1619)는 채권자대위권에 의한 소송이 제기된 사실을 피대위자가 알게 된 이상 기판력이 미치게 되므로, 그 종국판결선고 후 소가 취하된 때에는 피대위자도 위 대위소송과 동일한 소를 제기할 수 없다는 해석이다. 학설은 다수설이 판례에 찬성하고 있고, 채권자대위소송을 소송담당이 아닌 채권자의 고유적격에 따른 제소로 보는 소수설이 재소금지효가 미치지 않는다는 입장을 취하고 있다. 그러나 판례나 학설은, 재소금지효가 문제되는 소송담당을 임의적 소송담당과 법정소송담당의 경우를 구분하지 않고 있는 점에서 문제가 있다. 임의적 소송담당이라면 임의에 의한 소송담당이므로 절차권보장이라는 관점에서 피담당자에게 재소금지효를 미치게 하는 것이 가능하지만, 법정소송담당이라면

임의에 의한 것이 아니므로 그러하지 않다고 해석해야 한다. 물론 임의적 소송담당에서 피담당자에게 재소금지효가 미친다 하더라도, 후술하는 권리보호의 이익의 존재에 의해 자신의 이익을 보호할 수 있다.

세 번째 요건은 본안의 종국판결선고 후의 취하이다. 재소금지효가 적용되려면, 그 존재의의에서 보았듯이 본안에 관한 종국판결선고 후의 소취하이어야 한다. 따라서 종국판결이 소송판결의 경우라면 재소금지효가 적용되지 않는다(대판 1968.11.5, 68다1773). 단, 종국판결 후라도 그 판결이 상급심에 의해 취소되고 파기환송된 경우라면, 종국판결이 더 이상 존재하지 않으므로 재소금지효가 적용되지 않는다.

네 번째 요건은 새로운 권리보호이익의 부존재이다. 재소를 해야 할 합리적 사정, 즉 새로운 권리보호이익이 존재한다면 재소금지효는 적용되지 않는다(대판 1998.3.13, 95다48599, 48605). 이러한 논리는 소의 교환적 변경의 경우에도 살릴 필요가 있다. 소의 교환적 변경에서 변경 전의 청구를 구소의 취하로 다루는 해석을 고수하면, 본안에 관한 종국판결선고 후에 교환적 변경을 하면 변경 전의 청구에 대해 재소금지효가 미친다는 결과가 된다. 그러나 소의 교환적 변경은 그 제도 자체의 특성으로서 소취하에 정당한 이유가 있으므로, 일반적으로 재소금지효가 적용되지 않는다고 해석하는 것이 간명하고 타당하다(대판 1997.12.23, 97다45341).

그 밖에 청구의 포기는 불가능하지만 소의 취하는 가능한 경우(친자관계 등의 가사소송관계)에도, 재소금지효가 적용되는지 문제된다. 만일 재소금지효의 적용가능성을 인정하면 결과적으로 청구의 포기를 불허하는 취지와 모순되는 점에서, 이를 부정하는 입장이 통설이다. 그러나 소취하가 인정되는 이상은 재소금지효를 인정해야 하고, 그 대신 권리보호의 이익의 문제로서 처리할 수 있을 것이다.

③ 재소금지효의 내용

재소금지효는 공익과 관련된 것이므로, 법원은 소송요건으로서 재소금지가 적용되는지 여부에 대해 직권으로 조사해야 한다(그 요건사실의 증명책임은 피고에게 있다). 단, 소송법상의 제재이므로 실체법상 소송물이 되었던 원고의 청구가 소멸되는 것은 아니고, 이를 반대채권으로 하여 상계의 항변을 제출하는 것은 가능하다. 이 점에 기판력과 차이가 있다.

[8-3] 소취하의 취소사유 — 재심사유의 소송내적 고려 —

[대상판결] 대판 1985.9.24, 82다카312, 313, 314

[사안] 甲들은 乙을 피고로 특정 건물이 자신들의 공유라는 확인을 구하는 소를 제기하여 승소판결을 받았다. 그러나 乙이 항소하여 원심에 계속 중, 甲들은 계엄사무소 합수단에 연행되어 연금된 상태에서 위 건물의 건축 및 분양경위에 대해 조사를 받았다. 이 조사에서는 조사원들이 위 각 건물에 대한 소유권을 포기하고 이 사건 소송을 취하하도록 강요하고 폭행을 가하므로, 甲들은 위 각 건물에 대한 소유권을 포기하고 이 사건 소를 취하한다는 약정서를 작성하여, 결국 소가 취하되었다. 소가 취하된 후, 甲들은 기일지정신청에 의해 소취하의 무효를 주장할 수 있는가?

[판결요지] "甲들의 소유권포기와 소취하에 관한 위 약정서는 강요와 폭행에 의하여 이루어진 것으로 보는 것이 상당하므로 이러한 형사책임이 수반되는 타인의 행위로 인한 소취하의 약정과 소취하서의 제출은 무효로 해석되어야 할 것이라 하여 甲의 본소는 취하에 의하여 종료되었다 … 다는 취지의 원심 당사자참가인들의 주장을 배척하고 甲의 기일지정신청은 이유 있다 하여 받아들이고 있는바, 기록에 비추어 살펴보면 위와 같은 원심의 조치는 정당하고 거기에 논지들이 주장하는 바와 같은 사실오인이나 판단유탈, 소취하약정 및 소취하의 효력에 관한 법리오해가 있다고 인정되지 아니한다."

[해 설]
① 소취하의 취소사유
소의 취하는 소송을 종료시키는 당사자의 소송행위의 하나이고, 소송행위에 대해서는 일반적으로 법률행위를 대상으로 민법 등의 실체법에서 인정하는 의사의 하자 등의 취소사유에 관한 규정이 적용되지 않는다는 것으로 해석되고 있다([6-9] 참조). 그러나 대상판결은 형사책임이 수반되는 타인의 행위, 즉 강요와 폭행을 소의 취하의 무효사유로 해석하였다(소송행위의 평가 면에서 본다면 유효 아니면 무효가 문제되지만 취소사유에 의해

무효화되는 경우가 있으므로 일반적으로 '무효·취소사유'[또는 '무효 또는 취소사유']라는 용어로 사용되고 무효사유와 취소사유로 명확히 구분할 실익은 거의 없다).

② 형사상 책임 있는 사유로 인한 소취하의 취소
민법 등의 실체법에서 규정하는 통상의 의사의 하자에 해당하는 사유는 소취하의 무효나 취소사유가 될 수 없지만, 대상판결이 설시하듯이 그것이 형사상의 책임 있는 사유에 해당하는 경우라면 소취하의 취소사유에 해당한다. 특히 유죄판결의 요부에 대해 판례(대판 1984.5.29, 82다카963)는 유죄판결의 확정을 요구하고 있고(단, 판례는 예외적으로 강요와 폭행이라는 형사책임이 수반되는 타인의 행위로 인한 소취하의 약정과 소취하서의 제출을 무효라고 해석한다[대판 1985.9.24. 82다카312, 313, 314]), 반대로 학설(다수설)은 일반적으로 유죄판결까지 받을 필요는 없다고 주장한다. 재심사유란 중대한 사유로서 예외적으로 판결의 확정 후에 그 취소를 인정하기 위해 정해진 것이다(재심의 소를 제기하기 위해서는 원칙적으로 유죄의 확정판결을 받아야 함은 [13-6] 참조). 재심사유가 소송내적으로 고려되는 이상, 재심사유로서의 사기나 강박은 형식적으로 형사상 책임 있는 사기나 강박이고 민사상의 그것과는 다르다고 해석해야 할 것이다. 민사상의 사기나 강박도 위법한 것이 있고, 형사상의 사기나 강박이 되는 경우도 있지만(하자 있는 의사의 표시자의 입장에서 본다면 실질적인 차이는 없다), 반드시 범죄행위가 된다고는 말할 수 없기 때문이다.
또한 유죄의 확정판결을 요구하는 것은 재심사유의 소송내적 고려라는 의미를 상실시키는 것이 된다. 유죄판결을 기다려야 한다면 소송내적 고려가 불가능해지기 때문이다. 따라서 어느 정도 유죄판결을 받을 가능성이 높은 형사상의 사기나 강박이어야 함을 부정할 수 없다. 따라서 재심사유의 소송내적 고려라고 할 때의 사기나 강박은 원칙적으로 형사상 책임 있는 사유이지만, 소송내적으로 고려하는 이상 유죄판결까지는 요구되지 않는다. 그렇다면 실질상 유사한 민사상의 사

기나 강박, 그 밖의 의사의 하자도 그 취소가능성을 인정하는 것이 공평의 견지에서 타당하다. 재심사유를 소송내적으로 고려할 때는 재심의 소의 경우와는 달리 유죄판결을 요구하지 않고, 유죄판결을 요구하지 않는 이상 그 내용은 민사상의 사기나 강박과 실질적으로 동일하다고 할 수 있기 때문이다.

③ 소취하의 취소의 주장방법

이에 대해서는 규칙67조에 규정이 있다. 즉, 일단 당해 소의 취하로 소가 종료된 이상, 취하된 소가 원래 계속하고 있던 법원에 기일지정신청을 한다. 그 후의 절차에 관해서는 같은 조에 자세히 규정되어 있다. 이러한 규칙의 태도는 판례(대판 1962.4.26, 4294민상809)에서 온 것이다(국민의 권리에 중요한 영향을 미치는 규정이므로 대법원규칙이 아닌 법에 규정을 두는 것이 타당할 것이다). 기일지정신청을 통해 소취하의 취소를 인정하면 구소가 부활하고 심리가 속행되며, 소취하의 취소에 관한 판단은 중간판결이나 종국판결의 이유에서 내려진다.

위와 같은 규칙이 규정하는 소송종료선언은 기일지정신청에 대한 처리방법으로서 소송판결을 의미한다. 원래 소송종료선언이란 독일민사소송법에 규정된 것인데, 우리 규칙이 독일민사소송법에서와 같이 소송이 종료되기 전이라도 가능한, 당사자에 의한 또 다른 소송종료수단으로서 규정하고 있는 것은 아니다. 독일법에서와 같은 별개의 소송종료수단으로서 소송종료선언의 도입 유무가 문제되는 경우가 있지만, 당사자 간의 소송비용의 처리에 어려움이 있다.

법원은 소송종료선언을 하게 되는 기일지정신청에 대해, 통상의 기일지정신청과는 달리 소송절차종료의 유무를 판단해야 한다는 점에서 변론기일을 정하여 유효의 여부를 심사하고, 유효(소송절차의 종료)로 본다면 판결의 형식으로 재판해야 한다. 소송종료선언은 종국판결로서 소송판결을 의미하고, 법원은 소송종료선언을 하면서 소송비용에 관한 재판을 함께 하며, 또한 소송종료선언에는 불복신청이 인정된다.

나아가 당사자에 의한 기일지정신청이 없는 경우에도, 소송의 종료를 간과하고 절차가 진행된 경우, 승계할 수 없는 권리의무관계의 주체인 당사자가 사망한 경우, 추후보완항소에 의해 반소를 제기했지만 당해 항소가 부적법각하된 경우의 반소(대판 2003.6.13, 2003다 16962, 16979)에 대해, 법원이 직권으로 소송종료를 선언해야 한다.

[8-4] 화해조서의 효력

[대상판결] 대판 1962.10.18, 62다490

[사안] 제소전 화해조서가 작성된 후 당해 화해조서의 무효를 주장하는 경우, 화해조서의 효력과 관련하여 화해조서무효확인의 소나 재심의 소 등 당사자가 취할 수 있는 불복수단은 무엇인가?

[판결요지] "민사소송법 제206조(구법 203조)(신법 220조)의 규정에 의하면 화해조서는 확정판결과 동일한 효력이 인정되어 이전 구민사소송법 규정의 해석상 화해에 기판력이 인정되는 여부에 관한 의문을 해결케 한 것으로서 기판력의 범위에 관하여 확정판결에 인정되는 그것과 화해조서에 인정되는 그것과 사이에 차이가 있다 하여도 이것을 이유로 들어 위의 명문규정에 의하여 인정되는 기판력의 효력을 부정할 수는 없을 것이며 당사자의 이익처분의 자유가 인정되는 변론주의에 토대를 두고 있는 만큼 화해가 당사자의 자치적 해결의 성격을 띤 것이라 하여도 그 자치적 해결방법인 화해에 판결과 같은 효력을 인정함에 논리적 모순이 있을 수 없고 오히려 화해가 법원의 관여하에 판결에 대신한 분쟁해결을 보았음에도 불구하고 후에 이르러 화해의 무효나 취소를 인정한다는 것은 불필요한 법적 불안정을 초래하는 소이라 할 것이므로 확정판결과 동일한 효력이 명문으로 인정된 이상 화해성립절차에 확정판결에 대한 재심사유에 해당되는 사유가 있을 때에는 재심의 소송에 준하는 소송으로 화해조서에 대한 불복을 구할 수 있을 뿐이라 할 것이다."

[해 설]

① 화해조서와 기판력

법220조에 의하면 화해조서는 확정판결과 동일한 효력을 갖는다. 또한 법461조에 의해 화해조서에 대해서는 준재심을 제기할 수 있다. 이 양 조문에 의해 화해조서는 확정판결과 동일하게 기판력을 갖는다고 풀이하는 것이 대상판결에서 보듯이 확고한 판례의 입장이다. 학설은 판례에 찬성하는 무제한기판력설, 화해조서에 하자가 없다면 기판력을 갖는다는 제한기판력설, 그

리고 기판력을 인정하지 않는 기판력부정설이 있다.

원래 판례는 제한기판력설을 취하다가 법461조(구 431조)가 개정되자 판례를 변경하였다. 판례는 법220조의 조문이나 화해에 의한 분쟁해결의 실효성의 확보라는 점에 근거를 두고 있다. 다만, 판례도 예외적으로 판결의 무효(당연무효)라는 방법을 이용하여 화해조서의 효력을 부정하는 경우가 있다. 이러한 태도는 기판력을 인정하는 판례의 태도와 상반되는 것은 아니지만, 당연무효가 되는 기준에 명확성을 결하는 문제가 있고, 이 점 때문인지 현재까지 형식상의 하자(예를 들면 화해조항의 청구가 특정되지 않은 경우[대판 1965.2.3, 64다1387]) 이외에, 화해조서의 내용이 공서양속이나 강행법규에 위반하여 당연무효를 인정한 사례는, 상법341조의 규정에 위배하는 회사의 자기주식취득행위는 당연히 무효이고 이러한 내용이 있는 회사와 주주와의 화해조서는 주주에 대해 기판력이 발생하지 않는다는 판례(대판 1964.11.12, 64다71190. 단, 이 판례는 대법원 홈페이지에는 실려 있지 않다)가 있다. 또한 조정이나 재판상 화해의 대상인 권리관계는 사적 이익에 관한 것으로서, 당사자가 자유롭게 처분할 수 있는 것이어야 하므로, 성질상 당사자가 임의로 처분할 수 없는 사항을 대상으로 한 조정이나 재판상 화해는 허용될 수 없고, 설령 그에 관하여 조정이나 재판상 화해가 성립하였더라도 효력이 없어 당연무효라고 해석하고 있다(대판 2012.9.13, 2010다97846).

그 밖에도 화해조서와 동일하게 해석하는 조정조서의 효력으로서 판결과 동일한 효력을 갖는 것은 아니라고 한 판례도 있다. 즉, 공유부동산을 현물분할하는 내용의 조정조서에 부동산에 관한 물권의 취득에 있어 등기를 요하지 아니하는 민법 187조 소정의 '판결'과 같은 효력이 없다(대판(전) 2013.11.21, 2011두1917).

② 무제한기판력설의 문제점

판례가 너무나도 확고하게 무제한기판력설에 따르고 있지만 다음과 같은 비판이 가능하다. 무제한기판력

설의 이론적 근거로서 중요한 것은 판결대용설일 것이다. 이에 대해서는 제한기판력설에서도 말하듯이 화해와 판결을 동일시할 수 없다는 점이 자주적 분쟁해결인 화해의 현실에 보다 즉응한 해석이라는 비판이 타당하다. 왜냐하면 화해의 성립에 있어, 법원은 화해의 하자에 대해 판결에서와 같이 당사자 쌍방에게 충분한 공격방어방법을 다하게 한 다음 심리판단하는 것이 아니고, 애당초 법원에 의한 충분한 심리판단을 기대할 수도 없다. 이러한 소송상 화해에 판결을 대용하는 효력을 인정한다 하여도, 판결과 전적으로 동일한 효력을 인정하는 것은 타당하지 않다.

또한 무제한기판력설의 중요한 근거는 법461조이다. 그러나 법461조의 본래의 대상인 결정과 명령은 원칙적으로 거의 기판력을 갖지 않는 점을 환기해야 한다. 화해조서에 대해 재심이 가능하고 기판력이 인정된다면 모든 결정이나 명령도 동일하게 기판력을 갖는다고 해석하는 것이 옳을 것이다. 그러나 화해에 기판력을 인정해야 한다는 논자 중에 같은 조의 대상인 결정이나 명령에도 전부 기판력을 인정해야 한다는 주장은 보이지 않는다. 원칙적으로 기판력이 없는 결정이나 명령에 재심을 인정한 취지에서 본다면, 화해조서에 재심을 인정했다고 해서 반드시 기판력을 인정했다고 해석하는 것은 타당한 해석이 아니다(김상수, 확정된 이행권고결정과 준재심, 법조652호, 266면 이하 참조).

③ 기판력을 부정해야 하는 이유

소송상 화해는 당사자의 자주적 분쟁해결이고 법원의 개입이라는 공권적 요소보다는 자주적 요소를 중시해야 하므로, 기판력부정설이 타당하다. 소송상 화해는 당사자에 의한 자주적 분쟁해결이므로, 당사자의 실체법상의 의사표시의 하자에 대해서는 법원에 의한 충분한 심리판단을 기대하기 힘들다. 이러한 경우 무제한기판력설에 따라 그 구제를 재심의 소만으로 한정한다면 화해당사자는 예기치 못한 손실을 받고, 더 나아가 사법불신을 양성하게 되며, 헌법상의 재판을 받을 권리의 침해가 될 수도 있다.

또한 소송상 화해에 기판력을 인정해야 하는 실질적인 근거도 존재하지 않는다. 즉, 화해의 하자에 대해 당사자의 자기책임을 물을 수 있는 절차보장을 결하고 있고, 기판력을 인정하는 근거로서 정확성의 담보와 공권적 분쟁해결의 요청이라는 요소가 존재하지 않는 점에서, 의사표시의 하자의 주장이 차단되는 기판력을 인정하는 것은 타당하지 않다.

④ 화해조서의 효력을 다투는 방법

무제한기판력설에 의하면 준재심만이 화해조서의 불복수단이 된다. 준재심에 의하는 경우에는, 재심사유에 관한 법451조1항1호나 2호 또는 4호나 5호와 같은 사정이 발생하여 재심의 소가 인정될 가능성은 매우 드물고 같은 조 같은 항 3호의 대리권 흠결의 사유가 대부분을 차지한다. 제소전 화해의 경우, 재심의 소가 제기되어 그 소가 적법하면 변론을 열어 재심사유의 존부에 대해 판단하고, 그 화해조서의 효력에 대해 종국판결을 한다. 화해조서가 취소되어 화해가 성립되지 않은 것이 되면 부활할 절차가 없지만(대판 1996.3.22, 95다14275; 대판 1998.10.9, 96다44051 참조), 당사자 쌍방이 새로이 소를 제기한다면 법388조2항에 의해 화해신청 시 소가 제기된 것으로 보아야 한다. 반면 소송상 화해의 경우에는 재심의 소가 적법하면 그 절차는 후술하는 기일지정신청과 같이 구소가 속행되고, 절차의 내용에서 보아 재심의 소의 제기는 기일지정신청과 같게 된다.

기판력을 인정하지 않는다면 재심의 소 이외로 당사자의 선택에 맡기는 방법(경합설), 원칙적으로 기일지정신청에 의하는 방법, 항상 별소(무효확인 또는 청구이의)에 의하는 방법이 있다. 이에 대해서는 원칙적으로 기일지정신청에 의하는 방법이 타당하다. 왜냐하면 이미 행해진 소송상태를 그대로 이용할 수 있고, 화해의 하자에 대해서는 당해 화해를 담당한 법원이 심리하는 것이 적당하며, 나아가 구소와의 관계도 명료해져 절차의 번복을 피하고 비교적 간단히 사건을 처리할 수 있기 때문이다.

나아가 화해가 해제된 경우, 사법상의 화해계약은 해제에 의해 화해 전의 권리관계가 부활하는 것이 일반적이지만, 소송상 화해에서 해제가 발생한 경우에는 그 처리를 기일지정신청, 아니면 별소의 제기에 의하는지 문제된다. 판례(대판 1965.3.2, 64다1514 등)는 별소의 제기를 인정한다.

참고판례 17-[판례8], 17-[판례9]

제9장

재판과 판결 일반

[9-1] 신청사항과 심판사항

[대상판결] 대판 1998.11.27, 97다41103

[사안] 甲은 자신이 소유하는 부동산에 관해 원인무효인 소유권이전등기의 명의인이 되어 있는 乙1과, 乙1을 채무자로 한 가압류등기를 한 가압류채권자 乙2를 피고로, 각각 원인무효인 소유권이전등기의 말소와 함께 가압류등기 등의 말소를 구하는 소를 제기하였다. 이때 법원은 乙2에 대한 소를 가압류등기의 말소가 아닌 소유권이전등기의 말소에 대한 승낙을 구하는 청구로 해석하여, 그 의사표시를 명하는 판결을 내릴 수 있는가?

[판결요지] "원인무효인 소유권이전등기 명의인을 채무자로 한 가압류등기와 그에 터잡은 경매신청기입등기가 경료된 경우, 그 부동산의 소유자는 원인무효인 소유권이전등기의 말소를 위하여 이해관계에 있는 제3자인 가압류채권자를 상대로 하여 원인무효등기의 말소에 대한 승낙(부동산등기법 제171조)을 청구할 수 있고, 그 승낙이나 이에 갈음하는 재판이 있으면 등기공무원은 신청에 따른 원인무효등기를 말소하면서 직권으로 가압류등기와 경매신청기입등기를 말소하여야 할 것이다(위 법 제172조). 그리고 소유자가 원인무효인 소유권이전등기의 말소와 함께 가압류등기 등의 말소를 구하는 이 사건의 경우, 甲 청구의 취지는 소유권이전등기의 말소에 대한 승낙을 구하는 것으로 해석할 여지가 있다 할 것이다."

[해 설]

① 처분권주의의 의의

처분권주의란 당사자가 소송의 개시, 소송물의 특정, 소송의 종료 등 분쟁의 실체적 해결에 대해 처분권능을 갖고, 이에 대해 자유롭게 결정할 수 있는 원칙을 말한다. 처분권주의의 발현으로서, 첫째로 민사소송은 당사자의 소의 제기에 의해 개시된다(단, 부수적 재판은 예외). 둘째로 심판의 대상과 그 범위를 확정하는 것은 당사자이다(법203조. 비송사건의 성질을 갖는 절차 또는 법원에게 재판의 내용에 대해 자유재량의 여지가 인정되는 절차에서는 적용되지 않는다. 이러한 예로는 경계확정소송 등 형식적 형성소송을 들 수 있다). 셋째로 당사자는 소송종료행위로서 소의 취하, 청구의 인낙과 포기, 소송상 화해를 할 수 있다. 사안에서 문제된 것은 위 세 가지 중에 두 번째에 관한 것이고, 보통 처분권주의가 문제되는 부분이기도 하다.

② 신청사항

법203조가 규정하고 있는 신청이란 법원에게 판결을 구하는 신청을 말한다. 원고로부터의 판결신청, 즉 소를 가리킨다. 이 신청을 둘러싸고 소송물, 권리구제의 종류, 그리고 그 범위에 관한 문제가 발생하는 것이다.

먼저 소송물에 의한 기준으로, 법원은 원고가 신청한 소송물에 대해 판결해야 하는데, 소송물론에 의해 결론에 차이가 날 수 있다.

권리구제의 종류와 순서에 있어서는, 이행·확인·형성소송이라는 틀에 법원은 구속된다. 따라서 이행소송에서 청구권의 확인판결, 또는 불법행위에 기해 원상회복을 구하는 소를 제기하였는데 손해배상의 지급을 명하는 판결 등은 처분권주의에 반한다. 또한 원고가 주위청구, 예비청구라는 순서를 붙인 경우에도 이 순서에 법원은 구속된다.

다음으로 권리구제의 범위에 관해 원고가 청구한 금액을 초과하는 금액을 정하는 판결이나 부동산의 일부 인도를 구하는 청구에 대해 전부인도를 명하는 판결은 처분권주의에 반하는 것으로 위법이다.

③ 당사자의 의사 해석

그러나 위와 같은 원칙에는 예외가 있다. 위 원칙을 엄격히 적용하게 되면 오히려 불합리하거나 부자연한 결과를 초래할 위험이 있고, 법203조의 취지는 당사자의 절차권, 당사자의 기대, 당사자에 대한 불의의 타격의 방지에 있기 때문이다. 말하자면, 법203조는 원고는 자신이 받을 판결사항을 결정할 수 있고, 피고 또한 원고가 신청한 사항 이외나 그 이상의 패소판결을 받지

않음을 의미하는 점, 당사자는 신청사항을 목표로 공격
방어방법을 제출하고 결석해도 예기치 못한 판결을 받
을 수 없다는 점에서 그 취지를 찾을 수 있다.

따라서 본인소송의 여부, 소송의 규모, 소송절차의
성격, 석명권행사의 정도 등의 고려에 입각하여 이러한
취지에 어긋나지 않는 한, 처분권주의에 위반되지 않는
다. 예를 들면 2,000만원청구 시 그 미만액의 판결을
하는 것과 같은 일부인용판결의 경우, 현재의 이행소송
에 대해 장래의 이행을 명하는 판결("개호비와 같이 장래
일정기간에 걸쳐 일정시기마다 발생하는 손해의 배상을 일시
금으로 청구하였다 하더라도 법원은 이를 정기금으로 지급할
것을 명할 수 있고, 정기금으로 지급할 것을 명할 것인지 여부
는 법원의 자유재량에 속한다 할 것이다"[대판 1992.11.27, 92
다26673])을 하거나 이 반대의 경우와 같다(또한 [9-2]
의 예 참조). 이러한 경우 형식적으로는 당사자가 요구
하지 않은 판결을 한 것이므로 법203조에 위반한다고
할 수 있지만, 실질적으로는 당사자를 위한 위와 같은
취지에 적합한 판결이므로 같은 조의 처분권주의에 위
반한다고 할 수 없다.

④ 사안의 해결

사안에서 문제된 원고의 신청은 가압류등기말소청
구이다. 처분권주의를 고수한다면, 법원은 이러한 신청
에 대해 원칙적으로 가압류등기의 말소 여부에 대한
판결을 내려야 할 것이고, 예를 들어 소유권이전등기의
말소를 청구한 것이라고 보아 거기에 대해 판결할 수
는 없을 것이다. 그러나 대상판결은 그러한 판결이 가
능하고 처분권주의에 위반되지 않는다고 판시하였다.

결국 사안은 위에서 본 바와 같이 당사자의 의사해
석에 의해 처분권주의의 예외가 인정되는 경우이다. 사
안에서 직접 소유권이전등기와 가압류등기의 말소를
청구한 것이 이전등기의 말소에 대한 승낙을 구하는
것으로 판단되었는데, 이것이 쌍방 당사자의 의사와 합
치하며, 나아가 법원의 소송진행에 대해 특별한 문제를
발생시키는 경우가 아니므로 대상판결의 입장은 타당
하다.

[9-2] 채무부존재확인소송과 심판사항

[대상판결] 대판 1971.4.6, 70다2940

[사안] 甲은 乙을 피고로 자신이 乙에게 부담하는 채무는 100만원에 불과하고 그 이외에는 채무가 존재하지 않는다는 채무부존재확인의 소를 제기하였다. 심리 결과 법원은 甲의 채무가 100만원을 초과한다고 인정하였다. 이 경우 법원은 어떠한 판결(예를 들면 청구기각판결)을 내려야 하는가?

[판결요지] "판결은 당사자가 신청한 사항에 대하여 할 것이나 소극적 확인소송에 있어서 X가 부존재확인을 구하는 목적인 법률관계가 가분하고 또 분량적으로 그 일부만이 존재하는 경우에는 그 청구 전부를 기각할 것이 아니고, 그 존재하는 법률관계의 부분에 대하여 일부패소의 판결을 할 수 있다 할 것이므로 원심이 이와 같은 취지에서 본건 채권 전부의 부존재는 인정이 되지 않으나 그 일부는 부존재한다는 취지로 판단한 것이다."

[해 설]
① 채무부존재확인소송의 특수성
사안에서는 甲이 요구한 신청에 대해 어떠한 심판을 내릴 수 있는지 문제된다. 甲이 요구한 것은 100만원의 채무존재의 확인인데, 100만원을 초과하는 채무의 존재가 인정되므로, 처분권주의 원칙대로 해석한다면 100만원의 채무만이 존재하는 것이 아니라는 청구기각판결을 내려야 할 것이다. 그러나 여기서도 처분권주의의 예외로서 당사자 의사해석에 의한 조정이 이루어진다. 채무부존재확인소송이라는 점에서 특별한 고려가 요청되는 부분이다.

② 일부패소판결
대상판결은 판례는 甲의 청구는 가분적인 것이므로 채무의 존재가 인정되는 한 그 금액을 확정해야 한다고, 즉 청구 전부의 기각이 아닌 일부인용(패소)판결을 해야 한다고 판시하였다. 이러한 해석은 결론적으로 타당하지만, 그 근거에 관해서는 특별한 언급을 하고 있지 않다(이러한 입장은 대판 1982.11.23, 81다393; 대판 1983.6.14, 83다카37; 대판 1994.1.25, 93다9422에서 그대로 이어지고 있다).

청구기각판결이 아닌 일부패소(또는 일부승소)판결을 해야 한다는 근거에 대해서는, 앞서도 다루었지만 일부패소판결이 원고나 피고에게 모두 이익을 부여한다는 점을 들 수 있다. 또한 그렇지 않으면 원고가 인정한 채무액 이외에는 아무런 확정이 없고 분쟁을 근본적으로 해결했다고는 볼 수 없기 때문이다.

③ 일부패소판결의 구체적 내용
채무부존재확인소송의 소송물은 원고가 주장하는 채무가 존재하지 않는다고 다투는 부분이다. 판례(대판 1983.6.14, 83다카37)는 이것을 "채무자가 채권자의 주장하는 채무 중 일부의 채무가 있음을 인정하고 이를 초과하는 채무는 없다고 다투는 경우 채무자가 인정하는 채무 부분에 대하여는 그 존재에 대하여 다툼이 없으므로 이 부분 채무의 존재에 대하여는 확인의 이익이 없다 할 것이고 이를 초과하는 채무의 존부에 대하여서만 다툼이 있으므로 채무자로서는 이 부분에 대하여서만 채무부존재의 확인을 구할 이익이 있다고 할 것이다."라고 판시하고 있다.

사안에서 심리한 결과 200만원의 채무가 존재한다면, 법원은 200만원을 초과하는 채무의 부존재를 확인하고 나머지 청구(200만원에서 甲이 제외한 100만원을 뺀 부분인 100만원 채무부존재)를 기각한다. 이때 200만원을 초과하는 부분의 부존재와 100만원의 존재(원고가 존재한다고 주장한 금액을 초과하여 인정된 금액)에 기판력이 발생하고, 원고가 소송물에서 제외한 100만원에는 기판력이 발생하지 않는다(단, 채무잔액이 200만원이라는 이유 중의 판단에는 신의칙이나 쟁점효에 의한 일정한 구속력을 인정할 수도 있을 것이다).

④ 일정 금액에 따른 판결방법
한편, 심리한 결과 50만원의 채무가 존재한다면 소송물은 100만원 초과분이므로, 50만원을 초과하는 부분의 부존재가 아닌 100만원을 초과하는 부분의 부존재확인을 판결(말하자면 전부인용판결)하는 것이 법203조와 합치한다. 기판력은 100만원을 초과하는 채무의 부존재에 발생하고, 위에서 본 바와 같이 원고가 소송물에서 제외한 100만원 이하 부분 중 법원이 그 존재를 인정한 50만원의 채무 부분에는 발생하지 않는다.

⑤ 금액의 상한이나 하한을 정하여 청구하는 경우

또한 상한(1,000만원 채무의 부존재확인)이나 하한(1,000만원 중 100만원을 초과하는 채무의 부존재확인)을 정하여 청구하는 경우에도, 200만원의 채무의 존재를 인정하였다면, 법원은 1,000만원 채무 중 200만원을 초과하는 부분의 부존재를 확인하고 그 나머지를 기각하는 판결을 한다.

이러한 경우에 기판력이 발생하는 것은, 상한을 정한 경우에는 800만원 부분의 부존재와 200만원의 존재 부분이다. 하한을 정한 경우에는 800만원 부분의 부존재와 100만원의 존재 부분에 기판력이 발생한다. 만일 50만원의 채무의 존재가 인정되어도 위에서 본 바와 같이 1,000만원 중 50만원을 초과하는 부분이 아닌 100만원을 초과하는 부분의 부존재확인을 판결해야 한다.

[9-3] 일부판결

[대상판결] 대판(전) 2000.11.16, 98다22253

[사안] 甲은 乙을 상대로 주위적으로 근저당권설정등기가 위법하게 말소되었음을 이유로 그 회복등기절차의 이행을 구하고, 예비적으로 이중매도에 가담한 불법행위를 원인으로 한 손해의 배상을 구하는 소를 제기하였다. 제1심은 주위적 청구에 관해 근저당권설정등기의 회복등기청구 중 甲의 지분 2/3 부분을 인용하고, 그 나머지 청구와 예비적 청구를 모두 기각하였다. 이에 대하여 乙은 그 패소 부분에 대해 항소하면서 그 부분 청구의 기각을 구하고, 한편 甲도 그 패소 부분에 대해 항소하면서 위 주위적 청구를 다시 구하였다. 이에 대해 원심은 甲의 주위적 청구를 기각하면서도, 위 예비적 청구에 대해서는 제1심에서 청구기각이 되었음에도 불구하고 甲이 이에 대해 항소를 하지 아니하였으므로, 따로 심리하지 아니한다고 하면서 아무런 판단을 하지 않았다. 이러한 원심판단에 대해 甲은 예비적 청구 부분에 대한 상고를 제기할 수 있는가?

[판결요지] "청구의 … 예비적 병합의 경우에는 원고가 붙인 순위에 따라 심판하여야 하며 주위적 청구를 배척할 때에는 예비적 청구에 대하여 심판하여야 하나 주위적 청구를 인용할 때에는 다음 순위인 예비적 청구에 대하여 심판할 필요가 없는 것이므로, 주위적 청구를 인용하는 판결은 전부판결로서 이러한 판결에 대하여 피고가 항소하면 제1심에서 심판을 받지 않은 다음 순위의 예비적 청구도 모두 이심되고 항소심이 제1심에서 인용되었던 주위적 청구를 배척할 때에는 다음 순위의 예비적 청구에 관하여 심판을 하여야 하는 것이다. 그리고 이와 같은 예비적 병합의 경우에는 수개의 청구가 하나의 소송절차에 불가분적으로 결합되어 있기 때문에 주위적 청구를 먼저 판단하지 않고 예비적 청구만을 인용하거나 주위적 청구만을 배척하고 예비적 청구에 대하여 판단하지 않는 등의 일부판결은 예비적 병합의 성질에 반하는 것으로서 법률상 허용되지 아니하며, 그럼에도 불구하고 주위적 청구를 배척하면서 예비적 청구에 대하여 판단하지 아니하는 판결을 한 경우에는 그 판결에 대한 상소가 제기되면 판단이 누락된 예비적 청구 부분도 상소심으로 이심이 되고 그 부분이 재판의 탈루에 해당하여 원심에 계속 중이라고 볼 것은 아니다. 이와 달리 원심이 주위적 청구를 배척하였음에도 예비적 청구에 대한 판단을 누락하였다면 누락된 예비적 청구 부분은 아직 원심에 소송이 계속 중이라 할 것이므로 이 부분에 대한 상고는 그 대상이 없어 부적법하다는 취지의 당원 판례의 견해는 이를 변경하기로 한다."

[해 설]

① 일부판결의 의의

사안에서는 청구의 예비적 병합에 있어 주위청구만을 기각하고 예비청구에 대해서는 아무런 판단을 하지 않은 위법한 일부판결에 대한 구제방법이 문제되었다. 일부판결이란 하나의 사건에서 심리의 대상인 청구의 일부에 대해 그 심리를 완료한 때에 내리는 종국판결을 말하고(법200조1항), 일부판결 후 나머지 청구에 내리는 판결을 잔부판결이라 한다. 일부판결은 종국판결이므로 잔부판결과는 별도로 상소의 대상이 된다. 법200조는 일부판결이 가능하더라도 이는 어디까지나 법원의 재량으로 하였다. 당사자도 그러한 재량의 행사에 대해 불복을 제기할 수 없다.

② 일부판결이 가능한 경우

첫째로 법200조1항의 경우로서, 일부판결을 하려면 일부판결의 대상인 청구에 관해 심리를 완료해야 한다(법200조1항). 1개의 청구의 일부에 관한 경우에는 청구의 내용이 가분이고, 일부판결과 잔부판결이 저촉되지 않아야 한다. 또한 병합된 복수 청구의 일부의 경우에도 동일하다(소의 객관적 병합으로서의 단순병합과 소의 주관적 병합으로서의 통상공동소송의 경우). 둘째로 법200조2항의 경우로서, 변론이 병합된 여러 사건 중의 어느 하나에 대해서, 반소가 제기된 경우의 본소 또는 반소 중의 어느 하나에 대해 일부판결이 가능하다(법200조2항).

③ 일부판결이 불가능한 경우

청구의 예비적 병합의 경우에는 병합의 성질상 일부판결이 불가능하다. 이것은 대상(전원합의체)판결이 "주위적 청구를 먼저 판단하지 않고 예비적 청구만을 인용하거나 주위적 청구만을 배척하고 예비적 청구에 대하여 판단하지 않는 등의 일부판결은 예비적 병합의 성질에 반하는 것으로서 법률상 허용되지 아니한다."라고 명확히 판시하고 있다. 병합된 양 청구 간에 밀접한 관계가 있고, 잔부판결의 결과에 따라 일부판결과 잔부판결 간에 모순이 발생할 우려가 있기 때문이다. 그 밖에 일부판결이 불가능한 경우로는, 동일한 권리관계를 목적으로 한 본소와 반소의 경우(채무의 부존재확인을 구하는 본소에 대해 당해 채무의 이행을 구하는 반소의 경우), 동일목적의 형성청구(이혼의 본소와 반소의 경우)의 경우, 합일확정에 의한 심판이 요구되는 경우(필수적 공동소송과 독립당사자 참가[대판 1981.12.8, 80다577]), 법률상 병합이 요구되는 경우(상법188조, 240조, 380조) 등이 있다. 더 나아가 청구의 단순병합에 있어서도, 병합된 2개의 청구의 내용이 서로 관련되고 이들에 대한 저촉된 판결이 확정됨으로써 실체법상 서로 모순된 법률상태가 발생하는 경우라면, 일부판결은 불가능하다고 해석해야 할 것이다.

한편 예비적 병합이 아닌 청구의 선택적 병합의 경우, 판례는 일부판결(병합된 청구의 일부만의 기각판결)이 불가능하다고 해석한다(물론 청구인용판결은 전부판결이므로 일부판결의 문제가 없다). 즉, 판례(대판 1998.7.24, 96다99)는 선택적 병합의 경우에는 수개의 청구가 하나의 소송절차에 불가분적으로 결합되어 있는 점을 이유로 한다(통설도 판례의 견해에 찬성).

그러나 선택적 병합이라는 병합형태가 인정되는 한, 일부판결과 잔부판결의 저촉의 문제가 발생하지 않으므로 일부판결이 가능할 것이다. 왜냐하면 구소송물론을 취하는 판례의 입장에서 보았을 때 선택적으로 병합된 청구가 모두 인용되어도 이것이 위법하다고는 할 수 없고, 반대로 이중패소를 방지한다는 예비적 병합과 같은 특성을 갖는 것도 아니며, 구소송물론의 문제점을 커버하려고 고안된 선택적 병합 자체로는 일부판결이 적당하다고는 할 수 없지만 그것이 불가능하다는 결론을 도출하기 위한 논거를 찾기 어렵기 때문이다.

④ 위법한 일부판결에 대한 구제방법

법원은 일부판결을 재량으로 할 수 있으므로, 당사자는 법원이 일부판결이 가능함에도 하지 않을 경우, 이에 대해 불복을 제기할 수 없다. 그러나 일부판결을 해서는 안 되는 경우에 일부판결을 하였다면, 당사자는 어떠한 불복을 제기할 수 있는지 문제된다. 대상판결에 의해 변경되기 전의 판례의 입장은, 일부판결이 불가능함에도 일부판결을 한 경우에는 재판의 누락으로서 추가판결로서 처리해야 하고, 상소는 그 대상이 없어 부적법하다는 해석이었다. 대상판결에 의해 일부판결이 불가능함에도 일부판결을 한 경우에는, 재판의 누락에 해당하여 추가판결로 해결하는 것이 아닌 판단누락의 일종으로 보아 상소로 구제해야 한다고 변경되었다(통설의 입장이기도 하였다). 위법한 일부판결은 판결 자체가 위법이고 실질적으로 하자 있는 전부판결이기 때문이다.

⑤ 상소심에서의 처리방법

위법한 일부판결에 대해 상소가 제기되면, 상소에 의해 사건 전체가 상소심으로 이전된다. 상소심에서는 판단누락으로서 원판결을 반드시 취소하고 환송 또는 자판하는 것이 타당하다. 또한 위법한 일부판결이라는 점은 절차의 위법으로서 소송요건과 유사하므로 직권으로 고려해야 할 것이다.

다음으로 상소로 취소되지 않거나, 상소가 제기됨이 없이 위법한 일부판결이 확정되면 법451조1항9호의 판단누락으로서 재심의 소를 제기할 수 있다. 원래 위법한 일부판결에서의 판단누락이란 청구에 대한 판단누락이고, 청구에 관한 판단누락이라면 추가판결로 해결해야 하지만, 추가판결이 불가능한 이상 청구에 관한 판단누락도 재심사유로서의 판단누락으로 해석할 수 있기 때문이다. 또한 설사 위법한 일부판결이 확정되어도 판단되지 않은 청구 부분은 기판력이 발생하지 않으므로, 다시 소를 제기할 수 있다(단, 이러한 처리는 청구의 예비적 경합의 경우 다시 패소할 가능성이 있고 이중패소를 방지한다는 예비적 병합의 의의가 상실될 우려가 있다).

제10장

기판력

[10-1] 기판력의 작용

[대상판결] 대판 1989.6.27, 87다카2478

[사안] 甲은 乙이 경영하는 광산의 광부로서 광산폭발사고로 인해 상해를 입고 乙을 피고로 그 손해의 배상을 청구하는 소를 제기하였다. 그러나 甲은 이미 이 사건 소에 앞서 乙을 상대로 하여 동일한 내용의 손해배상의 소를 제기하여 일부승소판결을 받았고 이 판결은 확정되었다(전소). 이에 乙은 甲의 소는 전소판결의 기판력에 저촉되는 것이라고 다투었다. 제1심은 청구기각을 2심은 소각하를 각각 판시하였는데, 청구기각 또는 소각하 중 어느 것으로 처리해야 하는가?

[판결요지] "제1심 판결은 甲의 이 사건 청구는 전소송의 당사자 및 소송물이 동일하여 전 소송의 판결의 기판력은 이 사건 청구에 미친다 할 것이므로 이에 저촉되는 甲의 이 사건 청구는 이 점에서 부당하여 이를 기각한다고 판시하고 있다. 제1심 판결의 취지는 전소송에서 한 甲 청구기각판결의 기판력은 이 사건 청구에 미친다 할 것이므로 이 사건에서는 전소판결의 내용과 모순되는 판단을 하여서는 아니되는 구속력 때문에 전소판결의 판단을 원용하여 甲 청구기각의 판결을 한다는 것으로서 이는 소송물의 존부에 대한 실체적 판단을 한 본안판결이라고 보아야 할 것이다."

[해 설]

① 기판력의 작용의 의의

기판력은 전소판결이 후소법원의 판단에 대해 미치는 일정한 구속력을 의미한다. 후소법원은 전소판결에 구속되어 판결을 하게 되고 이와 같이 전소의 기판력이 후소의 심판에 미치는 효과를 기판력의 작용이라 한다. 그 구속의 모습은 다시 적극적 작용과 소극적 작용으로 구분된다. 적극적 작용이란, 후소법원은 적극적으로 전소의 기판력을 받아들여 전소 판단을 전제로 판결을 해야 하는 것이다. 소극적 작용이란, 후소에서는 소극적으로 전소 기판력과 모순·저촉되는 주장·증명활동을 금지(전소의 판단과 모순·저촉되는 판단을 초래할 공격방어방법의 제출금지['차단']를 의미하는 심리를 하지

않는)하는 작용이다. 이러한 양 작용은 서로 보완하는 관계에 선다. 한편, 위와 같은 구속의 의미에 대해 심판의 금지라는 반복금지설(일사부재리설)과 모순된 판단의 금지라는 모순금지설(구속력설)이 주장된다.

② 기판력의 작용과 기판력의 범위

기판력의 작용과 혼동하기 쉬운 것은 기판력의 범위(한계)이다. 기판력의 객관적 범위란 기판력이 발생하는 청구의 범위를 가리킨다. 반면, 기판력의 작용이란 그렇게 발생한 기판력이 어떻게 후소에 작용하는가의 문제이다. 즉, 기판력이 객체라는 청구나 주체라는 당사자 등에게 구체적으로 어느 범위에서 발생하는지의 문제가 객관적 또는 주관적 범위이고, 작용은 그렇게 발생한 기판력이 과연 후소에 영향을 미치는지의 문제이다. 시적 범위는 기판력의 소극적 작용 그 자체를 가리키는 것이기도 하다. 따라서 범위는 전소판결의 기판력의 양에 관한 문제임에 비해, 기판력의 작용은 전소와 후소 간의 문제이다.

③ 기판력이 작용하기 위한 전소와 후소의 관계

기판력이 작용하려면 전소와 후소가 다음과 같은 관계에 있어야 한다.

i) 전소와 후소의 소송물이 동일한 경우

전소에서 패소확정판결을 받은 자가 다시 동일한 내용의 소를 제기한다면 전소판결의 기판력에 저촉된다. 또한 소송물인 청구와 표리관계에 있는 청구가 대상인 소송물의 경우도 포함된다. 전소에서 발생한 기판력의 대상이 되는 권리관계 자체가 후소의 소송물이 되어 있는 경우이다. 예를 들면 소유권확인의 소에서 패소한 원고가 동일한 물건의 소유권확인을 구하는 후소를 제기하는 경우나, 이행소송에서 패소한 원고가 동일한 청구권의 이행을 구하는 후소를 제기한 경우에는, 전소와 후소의 소송물이 동일하여 전소의 기판력이 작용한다. 채무이행을 구하는 전소에서 패소한 피고가 당해 채무부존재확인을 구하는 후소를 제기하는 경우에도 같다.

사안에서도 문제되듯이 전소기판력에 저촉되는 후소의 처리방법에 대해서는 청구기각 또는 소각하라는 두 가지 방법이 있다. 대상판결은 기판력의 작용의 문제로서 청구기각을 해야 한다고 판시하였다. 후소의 제소 자체는 적법하지만, 이미 판단이 내려져 있으므로 본안에 대한 판단으로서 청구기각을 해야 한다는 해석이다(구속력설). 한편, 학설의 대부분은 확정판결의 기판력은 동일 사건을 후소로 제기할 수 있는 소권 자체의 상실을 초래하게 되므로, 기판력에 저촉되는 후소는 소를 각하해야 한다는 해석이다(일사부재리설).

일사부재리설의 논거는 반복된 심리를 금지한다는 소송경제적 측면, 그리고 전소와 후소는 동일하므로 소권 자체를 상실시킨다는 두 가지로 요약된다. 각하나 기각을 단순히 비교한다면 전자가 소송경제에 도움이 된다고 일반적으로 말할 수 있다. 그러나 기판력의 작용으로 청구를 기각하는 경우라면, 그 심리의 내용은 기판력의 존재, 새로운 공격방어방법의 존재에 해당하고, 이에 대한 심리는 기판력의 작용으로 각하하는 경우에도 마찬가지로 심리해야 하는 것이므로, 후소법원이나 후소피고의 부담에는 실질적으로 차이가 없을 것이다. 또한 시간의 경과에 따라 분쟁의 내용은 전소확정판결 후에 항상 같다고는 할 수 없으므로, 후소 자체는 적법하다고 해석할 필요가 있다. 따라서 판례의 해석과 같이 청구기각을 해야 하고, 이러한 해석은 기준시 후의 새로운 사유가 주장되지 않는 경우라도 기판력의 기준시를 후소의 변론종결시로 재설정하는 것으로 타당하다.

위와 같은 경우 전소의 기판력은, 후소법원은 전소에서 내려진 권리의무의 존부에 관한 판단을 전제로 하여 그와 모순·저촉되는 판단을 해서는 안 된다는 적극적 작용을 한다. 또한 기판력의 시적 한계에 의해 전소 사실심 변론종결 후의 공격방어방법은 후소에서 차단된다는 소극적 작용을 한다. 반대로 전소에서 승소한 당사자가 전소판결과 동일한 권리의무관계를 대상으로 하는 후소를 제기하는 경우라면, 기판력이 작용되어 전소 기판력에 구속되는 후소법원은 동일한 판단을 하는 것이 된다. 그러나 이미 승소판결을 얻고 있는 상태이므로, 모든 소에 공통적으로 적용되는 소의 객관적 이익으로서 권리보호의 이익이 없으므로, 기판력 문제가 아닌 소의 이익의 문제로서 각하된다(예외로 특별히 소

의 이익이 인정되는 경우, 시효중단을 위해 달리 적절한 방법이 없는 경우[대판 1998.6.12, 98다1645], 판결원본의 멸실되어 강제집행을 신청하는 것이 곤란하게 된 경우, 판결 내용이 특정되지 아니하여 집행을 할 수 없는 경우[대판 1998.5.15, 97다57658]가 있다).

ⅱ) 전소의 소송물이 후소의 소송물의 선결관계가 되는 경우

전소의 소송물인 권리관계가 후소의 그것과 선결적 법률관계에 해당하는 경우에는 기판력이 작용한다. 선결관계란 전제가 되는 관계로서, 소유권확인을 구하는 전소에서 승소한 원고가 소유권확인의 대상인 목적물의 인도청구 등을 구하는 후소를 제기한 경우, 후소법원은 전소기판력에 따른 공격방어방법의 차단이라는 소극적 작용을 받으며, 적극적 작용으로 기준시에서의 소유권의 존재를 전제로 하여 본안판결로 심판해야 한다. 즉, 전소에서 원고가 패소하였다면 후소에서는 기준시후의 새로운 공격방어방법이 없는 한 청구기각을 해야 한다.

ⅲ) 전소의 소송물과 후소의 소송물 사이에 모순관계가 있는 경우

전후 양소의 소송물인 권리관계가 실체법상 모순·반대관계인 경우에도 전소의 기판력이 작용한다. 예를 들면 소유권확인의 전소에서 패소한 피고가 동일한 목적물의 소유권확인을 구하는 후소를 제기한다면, 전후 양소의 소송물은 동일하지 않지만, 전소의 기준시를 기점으로 하여 실체법상 1개의 목적물에 2개의 소유권이 존재할 수 없는 이상, 후소원고는 기준시 전의 사유를 공격방어방법으로 제출할 수 없고(소극적 작용), 기준시 후에 소유권취득의 사실을 주장하지 못하면 법원은 전소기판력에 구속되어 그와 모순·저촉되는 판단을 할 수 없으므로 결과적으로 청구기각판결을 내리게 된다.

참조판례 18-[판례9], 18-[판례10]

[10-2] 기판력의 시적 한계

[대상판결] 대판 1966.6.28, 66다780

[사안] 甲은 乙을 피고로 손해배상청구소송을 제기하여 승소의 확정판결을 받았다. 乙이 임의이행을 하지 않자 甲은 강제집행에 착수했는데, 乙은 그 확정판결의 변론종결 전에 甲에 대하여 상계적상에 있었던 채권을 가지고 상계의 항변을 주장하며 후소로 청구이의의 소를 제기하였다. 이러한 乙의 상계의 항변은 전소의 기판력에 저촉되는가?

[판결요지] "상계는 당사자 쌍방의 채무가 서로 상계적상에 있다 하여, 곧 채무소멸의 효력이 생기는 것이 아니고, 상계의 의사표시를 기다려, 비로소 그 효력이 생기는 것이므로, 채무자가 채무명의(집행권원)인 확정판결의 변론종결 전에 상대방에 대하여 상계적상에 있는 채권을 가지고 있다 하여도, 변론종결 후에 이르러 비로소 상계의 의사표시를 한 때에는, 민사소송법 제505조(민집44조) 제2항에 규정하는 이의원인이 변론종결 후에 생긴 때에 해당하는 것으로서, 당사자가 변론종결 전에 상계적상에 있음을 알았는가 몰랐는가에 관계없이 적법한, 청구이의사유가 된다고 할 것이다."

[해 설]

① 기판력의 시적 한계의 의의

기판력은 기준시(사실심변론종결시. 민집44조2항 참조) 당시의 권리관계를 확정한다는 의미가 있다. 이 기준시란 당사자가 공격방어방법을 제출할 수 있는 한계점을 가리키고, 이 시기가 지났다는 의미는 당사자가 더 이상 기준시 전에 이미 존재하고 있었던 공격방어방법을 제출하여 확정된 권리관계를 다툴 수 없다는 것을 말한다. 이것을 기판력의 시적 한계(시간적 범위)라고 한다.

후소에서 기준시 전에 발생한 공격방어방법을 제출하면 그로 인해 이미 확정된 권리관계와 모순되는, 즉 기판력에 저촉되는 경우가 발생하고, 이러한 결과를 막기 위해 기준시 전의 공격방어방법의 제출을 기판력으로 차단하게 되는 것이다. 이와 같이 기판력에 의해 기준시 전에 발생한 공격방어방법의 제출이 차단(실권)된

다는 점에서 기판력의 시적 한계는 기판력에 의한 차단효라고도 불린다. 따라서 기판력의 시적 한계의 문제를 해결함에 있어서는 공격방어방법의 제출이라는 관점과 기판력의 모순저촉이라는 관점, 이 2개의 관점에서 고찰할 필요가 있다.

② 형성권의 특수성

기판력의 시적 한계가 문제되는 것은 사안에서와 같은 상계권 등 사법상의 형성권을 행사하는 경우이다. 형성권은 일단 민법상의 제척기간이라는 보호를 받고 있기 때문이다. 형성권 이외의 경우에는 기준시 전에 발생한 공격방어방법을 들어 전소의 기판력과 모순되는 후소를 제기할 수 없다.

③ 형성권의 기준시 후의 행사

사안에서는 전소의 기준시 전에 발생한 상계권을 기준시 후인 청구이의소송(후소)을 통해 행사할 수 있는지 문제되었다. 대상판결은 상계의 효력이 발생하는 것은 상계적상시가 아닌 상계의 의사표시를 한 때이고, 이때 상계의 효력을 인정해도 판결의 기판력과 모순되는 것은 아니라는 이유를 근거로 기판력에 저촉되지 않는다고 판시하였다.

한편 상계권이 아닌 다른 형성권에 대해 판례는 다음과 같은 입장을 취하고 있다. 취소권에 대해 판례(대판 1979.8.14, 79다1105)는 "확정판결의 변론종결 전에 이미 발생하였던 취소권(또는 해제권)을 그 당시에 행사하지 않음으로 인하여 취소권자(또는 해제권자)에게 불리하게 확정되었다 할지라도 확정후 취소권(또는 해제권)을 뒤늦게 행사함으로써 동 확정의 효력을 부인할 수는 없게 되는 것이다."라고 판시하고 있다. 판례의 태도는 상계권은 기판력의 시적 한계에 영향을 받지 않지만, 취소권이나 해제권은 영향을 받는다는 입장이라 이해할 수 있다.

학설은 상계권에 대해 실권되지 않는다는 견해, 예외적으로 당사자의 지·부지에 의해 실권된다는 견해가

있다. 다음으로 취소권과 해제권의 경우에 관해 실권된다는 견해와 일정한 경우에 예외적으로 실권되는 경우가 있다는 견해로 구분된다. 또한 형성권에 관해 일반적으로 실권되지 않는다는 견해도 있다.

④ 형성권의 행사가 기판력에 저촉되는 경우

ⅰ) 기판력의 저촉

결론적으로 판례의 해석은 타당하다. 다만, 다음과 같은 관점에서의 추가적인 고찰이 필요하다. 기판력의 시적 한계의 문제는 기본적으로 기판력의 모순·저촉의 회피에 있다. 기준시 전에 발생한 공격방어방법을 주장하더라도 후소가 전소와는 다른 권리관계의 확정을 구하는 것이라면, 당연히 기판력의 저촉을 논의할 필요가 없게 된다(즉, 기판력의 문제가 아니다). 반대로 이러한 경우의 공격방어방법의 제출 자체는 그 주장가능성을 기판력이 아닌 신의칙으로 규율할 수 있다. 이 두 가지 점을 구분하여 대처할 필요가 있다는 점에 주의해야 한다.

ⅱ) 상계권의 행사

상계권의 경우에는 이미 기판력에 의해 확정된 권리관계(수동채권의 존재)와 모순되는 것을 주장하는 것이 아니다. 상계의 항변을 주장하려면 수동채권의 존재가 이미 기판력에 의해 확정되었음을 인정해야 하고, 상계의 항변으로 인해 상계적상시로 소급하여 수동채권이 소멸되는 것은 실체법이 부여한 특별한 효과이기 때문이다(민법493조2항). 따라서 상계권의 주장 자체는 전소판결의 기판력과 하등 모순되지 않는다. 그렇다면 결론적으로는 대상판결에서 말하는 것과 같이 기판력의 시적 한계의 문제로서 상계적상이 기준시 전이라도 상계권의 주장을 차단할 수 없다.

반대로 공격방어방법의 관점에서는 신의칙에 의해 이를 충분히 차단할 수 있다. 즉, 상계권의 행사가능성을 충분히 알고 있었으면서도 집행단계에 이르러 비로소 이를 행사하는 경우이다. 원고의 입장이라면 피고가 자신에게 반대채권을 갖고 있음을 쉽게 알 수 있으므로, 그 행사를 촉구하여 신의칙을 적용할 수 있는 토대를 만들 수 있을 것이다. 한편 일부의 학설이 상계권자의 고의(또는 과실)에 의해 기판력의 차단효를 논하는 것은 조건부 기판력과 같은 것으로서 기판력의 성격과 어울리지 않는다.

ⅲ) 그 외의 형성권의 행사

해제권의 경우에도 해제권이 행사되면 기준시의 권리관계와 모순되는지 볼 필요가 있다. 해제는 권리관계의 유효한 존재를 전제로 하면서 새롭게 그것을 해소하는 것을 말한다. 이 점에서 취소와 구별된다. 해제권을 행사해도 기준시의 권리관계의 존재는 인정하는 것이므로, 해제에 의한 권리관계가 기준시의 그것과 모순되는 것이라고는 볼 수 없고, 결국 상계권의 경우와 마찬가지로 기판력의 시적 한계에 의해 차단된다고는 할 수 없다고 해석하는 것도 가능할 것이다(다만, 해제권의 행사를 신의칙에 의해 공격방어방법의 제한으로서 규율하는 것은 물론 가능하다).

반대로 취소권의 경우에는 기준시의 권리관계의 부정을 목적으로 하는 것이므로, 취소 후의 권리관계는 당연히 기준시의 권리관계와 모순된다. 따라서 취소권의 경우에는 기판력의 시적 한계에 따른 차단효의 대상이 된다.

그 밖에 지상권자나 임차인의 건물매수청구권 등의 경우에도 상계권이나 해제권과 동일하게 해석해야 할 것이다(판례로서 대판 1995.12.26, 95다42195. 학설도 보통 상계권과 동일하게 해석하고 있다). 그러나 백지어음보충권의 경우에는 차단효의 대상이 된다. 즉, 보충권을 행사하지 않고 제기한 어음금청구소송에서 패소한 원고는 그 확정 후 보충권을 행사하여 재소하는 것은 전소기판력에 저촉된다(대판 2008.11.27, 2008다59230).

참고판례 16-[판례8], 16-[판례9]

[10-3] 일부청구의 기판력

[대상판결] 대판 1976.9.28, 76다2007

[사안] 甲은 乙을 피고로, 乙의 불법행위를 이유로 한 일실임금에 해당하는 재산상 손해금과 위자료를 청구하는 소를 제기하여 일부승소의 확정판결을 받았다. 그 후 다시 甲이 전소에서 명시하지 아니한 乙의 불법행위로 인한 재산상 손해배상을 청구한다면, 이러한 소는 전소의 기판력에 저촉되는가?

[판결요지] "전 소송에서 甲이 재산상 손해 중 일부의 청구를 유보하고 그 외의 일부만을 청구한 취지를 명시한 경우이어야 청구권이 있다 할 것이고 전 소송에서 일부청구하는 취지를 명시하지 아니하고 재산상 손해의 일부만을 청구하였다면 전소에 대한 판결의 기판력이 청구하지 아니한 부분에까지 미치게 되어 잔부에 대하여 이를 청구할 수 없다 할 것이다."

[해 설]

① 일부청구의 의의

일부청구란 금전이나 불특정물의 급부를 목적으로 하는 채권의 실현을 위한 이행소송에서 당해 채권 중 일부의 수액만을 청구하는 것을 말한다(나머지 부분을 잔부청구라고 한다). 예를 들면 금전 1억원을 반환받을 채권 중 그 일부인 5천만원만을 청구하는 경우이다. 일부청구가 이용되는 이유는 소송비용의 절약과 재판결과의 예측에 있다. 일단 당사자에게 처분권이 인정되어 있으므로 일부청구 자체는 적법하다고 할 수 있다. 그러나 소액사건심판법의 적용을 받기 위한 일부청구는 인정되지 않는다(소액사건심판법5조의2).

② 잔부청구에 대한 기판력

사안에서 보듯이 문제는 일부청구에 대해 내려진 판결이 잔부청구에 어떠한 영향을 미치는, 즉 기판력이 미치는지에 있다. 대상판결은 원고의 의사로서 명시적인 일부청구인지 여부에 의해 기판력의 확장 여부가 결정된다고 해석한다. 원고가 자신의 청구를 일부청구라고 명시했다면 당해 청구에 대한 판결 후에 잔부청구에 따른 제소가 가능하고, 반대로 명시하지 않았다면 잔부청구에 의한 제소가 불가능해진다는 해석이다.

명시의 유무로 구분하는 판례의 입장은 확고한 것으로 변함없이 그대로 유지되고 있다. 예를 들면 대판 1980.9.9, 80다60에서는 "불법행위를 이유로 소극적 재산상 손해를 청구하면서 그 일부를 유보하고 나머지만을 청구한다는 취지를 명시하지 아니한 이상 그 확정판결의 기판력은 청구하고 남은 소극적 손해에까지 미치게 되는 것이므로 그 나머지 부분을 다시 청구할 수 없다."고 판시한다. 또한 "수회에 걸친 외상매매의 총대금 중 특정 가능한 일부 개별적 매매대금이 아닌 그 총액의 수량적 일부에 대한 이행청구의 소를 제기하면서 일부청구임을 명시하지 아니한 경우에는 그 소송물은 그 대금채권 전부라 할 것이므로 그 일부청구에 대한 확정판결의 기판력은 그 대금채권 전부에 미친다"고 판시하고 있다(그 밖에 대판 1982.5.25, 82다카7).

③ 명시방법

한편, 일부청구임을 명시하는 방법에 관해 판례(대판 1986.12.23, 86다카536)는 "반드시 전체손해액을 특정하여 그중 일부만을 청구하고 나머지 손해액에 대한 청구를 유보하는 취지임을 밝혀야 할 필요는 없고 일부청구하는 손해의 범위를 잔부청구와 구별하여 그 심리의 범위를 특정할 수 있는 정도의 표시를 하여 전체 손해의 일부로서 우선 청구하고 있는 것임을 밝히는 것으로 족하다."고 해석한다.

판례가 명시라는 용어를 위와 같이 풀이한다면, 명시라는 용어 자체가 적당하다고는 말할 수 없을 것이다. 그러나 일단 원고가 일부청구임을 명시한다는 의미는 형식적 명시만이 아니라 실질적 묵시적 명시도 포함된다는 것이 판례의 태도이다.

한편, 학설은 이러한 판례의 입장을 따르는 것이 통설이다. 그 이유는 명시를 하지 않은 상태로 잔부청구를 하는 것은 신의칙위반이고, 따라서 이 반대해석으로 명시했다면 잔부청구가 가능하다는 논리이다. 보통 절충설이라고도 불린다. 이에 대해서는 명시에 관계없이 언제나 잔부청구가 가능하다는 입장(일부청구긍정설), 그것이 불가능하다는 입장(일부청구부정설이라 불린다)이 있다.

④ 일부청구의 판단대상과 판결의 결과에 따른 구분

ⅰ) 일부청구의 소송물

당사자의 입장을 고려한다면 판례와 같이 해석하는 것이 타당하다고도 할 수 있다. 그러나 명시방법을 폭넓게 인정한다면 명시의 유무가 명확해지지 않고, 기판력의 유무도 그에 따라 명확하지 않으므로 법적 안정성이라는 기판력의 존재의의에 반하게 된다.

일부청구 시의 일부청구를 전체 채권 중의 일부청구만을 의미하는 것으로 단정하는 것은 적절하지 않을 것이다. 하나의 채권이 있는데 거기서 일부(금액이나 수량)만을 청구하는 것이므로, 법원은 전체로서 채권의 존재를 판단해야 한다. 즉, 원고가 청구한 부분을 심판함에는 반드시 청구권의 존부를 판단해야 하고, 이 청구권이란 일부청구의 대상이 되는 채권 그 자체를 말한다. 청구권이 존재하지만 원고가 그 수액의 일부를 요구한 것이므로, 법원은 그것을 판결의 주문으로 명시할 뿐이다. 따라서 일부청구의 소송물은 일부청구임을 명시하는지 여부에 관계없이 청구권인 채권 자체라고 해석하는 것이 타당하다. 그렇다면 일부청구에 의한 시효의 중단도 전체로서의 하나의 청구권의 존재가 문제되는 것이므로 채권전부에 미친다고 해석해야 할 것이다.

ⅱ) 일부청구 기각판결 시의 잔부청구에 대한 효력

위와 같은 점은 일부청구의 기각판결에서 잘 나타난다. 법원이 원고의 일부청구를 기각하려면 청구권인 채권 자체가 존재하지 않음을 판단해야 한다. 이것은 원고가 일부청구임을 명시하는지 여부에 관계없다. 전체로서 하나의 청구권의 존재가 인정되지 않을 때 비로소 일부청구도 기각할 수 있기 때문이다(상계의 항변에 의해 청구기각하는 경우에도 [10-9]에서 보듯이 외측설에 의해 판단하게 되므로 달라지지 않는다). 따라서 기각판결의 경우에는 원고의 명시의 유무와 관계없이 잔부청구에 기판력이 미친다.

ⅲ) 일부청구 인용판결 시의 잔부청구에 대한 효력

한편, 일부청구 인용판결의 경우에는 법원은 원고의 신청에 구애되는 것이므로, 채권의 전부에 대해 그 존재를 인정하더라도 원고가 제시한 상한액에 맞게 판결을 내려야 한다. 그렇다면 일부청구인용의 경우에는 판례의 태도가 타당하다. 원고가 명시적으로 일부청구임을 밝히지 않았다면, 법원은 원고의 전부의 청구권에 판결을 내린 것이므로 잔부청구에도 기판력이 미친다. 반대로 일부청구임을 명시한 것이라면(적어도 신의칙상 피고에게 불리하다고 할 수 없는 정도의 명시) 잔부청구에 대해서는 기판력이 미치지 않는다.

[10-4] 계약해제를 이유로 한 대금반환청구소송판결의 기판력

[대상판결] 대판 2000.5.12, 2000다5978

[사안] 甲은 乙과 특정 토지의 매매계약을 체결하고 일정한 매매대금을 지급하였다. 그러나 乙의 기망으로 인해 매매계약의 목적을 달성할 수 없는 사유를 간과하고 체결하였다고 하여, 甲은 乙을 피고로 당해 의사표시를 취소하고, 원상회복으로 기지급한 매매대금의 반환을 요구하는 소를 제기하였다(전소). 이에 대해 법원은 乙의 기망행위는 인정되지 않고 당해 매매계약이 유효하다는 이유에서 甲의 청구를 기각하는 판결을 내렸고 확정되었다. 그러자 甲은 또다시 당해 계약이 유효함을 전제로 乙의 후발적인 이행불능을 원인으로 하여 매매계약을 해제하고, 그 원상회복으로서 기지급한 매매대금의 반환을 청구하는 소를 제기하였다(후소). 이러한 후소는 전소 확정판결의 기판력에 저촉되는가?

[판결요지] "계약해제의 효과로서의 원상회복은 부당이득에 관한 특별규정의 성격을 가지는 것이고, 부당이득반환청구에서 법률상의 원인 없는 사유를 계약의 불성립, 취소, 무효, 해제 등으로 주장하는 것은 공격방법에 지나지 아니하므로 그 중 어느 사유를 주장하여 패소한 경우에 다른 사유를 주장하여 청구하는 것은 기판력에 저촉되어 허용될 수 없다 할 것이다 … 甲이 전소에서 주장하였던 무효 또는 기망에 의한 의사표시의 취소의 효과로서 구하였던 매매대금반환의 성질은 부당이득반환이라고 할 것이고, 후소에서 계약해제의 효과인 원상회복으로서 구하는 것도 같은 성질의 것이라 할 것이므로, 이는 결국 전소의 소송물인 부당이득반환 청구권의 존부에 관한 공격방법을 후소에 다시 제출하여 전소와 다른 판단을 구하는 것이어서 전소의 확정판결의 기판력에 저촉되어 허용될 수 없는 것이라 할 것이다."

[해 설]

① 기판력의 객관적 범위

기판력의 객관적 범위란 전소에서 기판력으로 확정되어 후소에서 다시 주장할 수 없는 전소의 객체, 즉 청구의 범위를 말한다. 전소에서 기판력으로 확정된 청구란 판결주문에서 판단된 청구를 가리킨다(법216조1항). 판결주문은 청구취지에 상당하므로, 전소의 소송물과 같은 후소의 청구(=소송물)에 전소의 기판력(객관적 범위로서)이 미친다고 해석된다. 판결의 주문에서 판단된 청구에 기판력이 발생한다고 할 때, 주문에서 판단된 청구란 바로 소송물이란 점에는 이론(異論)이 없다. 전소의 소송물과 후소의 소송물이 같다면 당연히 후소는 전소 확정판결의 기판력에 저촉된다(전소판결 확정 전이라도 중복제소가 되어 각하된다).

소송물은 기판력의 객관적 범위나 중복제소의 문제를 해결할 때 전부는 아니지만 하나의 중요한 기준이 됨은 부인할 수 없다. 소송물론에 의해 구체적인 범위에 차이가 발생할 뿐이다. 더 나아가 기판력은 판결주문에서만 발생하는지에 대해서는 판결이유 중의 판단(법216조2항이 규정하는 예외의 대상이 되지 않는 경우이다)에도 기판력과 유사한 효력이 있다는 주장도 있다.

② 판례의 입장
ⅰ) 원칙

일단 소송물이 같다면 당연히 후소는 전소판결의 기판력에 저촉된다. 판례는 '소송물=기판력의 객관적 범위'라는 도식을 존중하는 입장이므로, 기판력의 저촉을 도출하기 위해 소송물의 동일성을 도출하려는 논리를 구사하려고 한다. 예를 들어 건물의 소유자임을 전제로 그 부지 점유로 인한 부당이득반환을 명하는 전소확정판결의 기판력은 당해 건물의 소유자로서 강제집행의 불허를 구하는 후소 제3자이의의 소에 미치지 않는다. 전소의 소송물인 부당이득반환청구권의 존부는 후소 제3자이의의 소의 소송물인 집행이의권의 존부와 다를 뿐 아니라, 전소기판력이 미치는 법률관계는 부당이득반환청구권의 존부이고 이 사건 건물의 소유권의 존부는 그 전제가 되는 법률관계에 불과하여 전소기판력이 미치지 않기 때문이다(대판 2009.3.12, 2008다36022). 또한 전소에서 원고가 단독상속인이라고 주장하여 소유권확인을 구하였으나 공동상속인에 해당한다는 이유로 상속분에 해당하는 부분에 한해 원고의 청구를 인용하는 판결이 선고되어 확정된 경우, 전소의 기판력이 전소 변론종결 후 상속재산분할협의에 의해 원고가 소유권을 취득한 나머지 상속분에 대한 소유권확인을 구하는 후소에는 소송물이 다르기 때문에 미치지 않는다(대판 2011.6.30, 2011다24340). 부당이득반환청구권과 불법행위로 인한 손해배상청구권은 서로 실체법상 별개의 청구권으로 존재하고 그 각 청구권에 기초하여 이행을 구하는 소는 소송법적으로도 소송물을 달리하므로, 채권자로서는 어느 하나의 청구권에 관한 소를 제기하여 승소확정판결을 받았다고 하더라도 아직 채권의 만족을 얻지 못한 경우에는 다른 나머지 청구권에 관한 이행판결을 얻기 위하여 그에 관한 이행의 소를 제기할 수 있다(대판 2013.9.13, 2013다45457).

그 밖에 원본채권청구에 대한 원고패소(청구기각)판결의 기판력이 후소 이자청구에도 미치는지에 대해서는, 이자청구가 원본대여 당일부터 전소의 변론종결일까지의 것이라면, 전소확정판결의 기판력은 이유 중의 판단(예를 들어 소비대차의 불성립 등)에는 발생하지 아니하고 원본청구와 이자청구는 소송물이 다르므로, 후소 이자청구에는 전소판결의 기판력이 미치지 않는다. 반대로 전소변론종결일 다음 날부터의 이자청구라면 전소의 청구와 후소의 청구는 소송물이 다르지만 변론종결일에 원본채권이 존재하지 않는다는 것이 확정되었으므로, 그 후의 이자채권이 존재한다는 주장은 선결관계로서 전소기판력이 작용(청구기각)한다(대판 1976.12.14, 76다1488).

ⅱ) 소송물을 탄력적으로 해석하는 경우

말소등기청구사건에서의 소송물은 당해 등기의 말소등기청구권이고 그 동일성식별의 표준이 되는 청구원인, 즉 말소등기청구권의 발생원인은 당해 '등기원인의 무효'에 국한된다(대판 1981.12.22, 80다1548). 따라서 전소의 변론종결 전까지 주장할 수 있었던 무효사유는 그것이 무권대리행위, 불공정한 법률행위이거나 또는 통모허위표시에 의한 매매무효를 이유로 하거나 간에 다 같이 청구원인인 등기원인이 무효임을 뒷받침하는 이른바 독립된 공격방법에 불과하여 서로 별개의 청구원인을 구성하는 것이 아니다(대판 1982.12.14, 82다카148, 149).

과세처분무효확인소송에서의 소송물은 권리 또는 법률관계의 존부확인을 구하는 것이며, 이는 청구취지만으로 소송물의 동일성이 특정되고, 따라서 당사자가 청구원인에서 무효사유로 내세운 개개의 주장은 공격방어방법에 불과하다(대판 1992.2.25, 91누6108).

③ 부당이득반환청구소송의 소송물

사안에서 전소는 기망을 이유로 한 의사표시의 취소와 그에 따른 대금반환청구이고, 후소는 후발적인 이행불능을 이유로 한 계약해제와 그에 따른 대금반환청구이다. 대상판결은 양소의 소송물이 같으므로 후소는 전소의 기판력에 저촉된다고 판시하였다. 소송물이나 기판력의 범위확장에 관해 경우에 따라서는 매우 인색하다고도 할 수 있는 판례의 입장에서 본다면, 대상판결은 매우 획기적인 판단이라고 할 수 있다(이 판례는 그 이유를 알 수 없지만, 법고을이나 대법원 홈페이지에는 실려 있지 않고, 법률신문의 상세 검색 사이트에서 전문을 찾을 수 있다(https://www.lawtimes.co.kr/Legal-Info/Case-Breaking-News-View?serial=1598).

이것으로 판례는 말소등기청구권, 과세처분무효확인청구권, 그리고 부당이득반환청구권에 대해 동일한 처리를 제시한 것이 되었다. 특히 부당이득반환청구소송의 판결이 내려진 후에 다시 동일한 법률상 원인 없는 이유로 제기된 부당이득반환청구소송은, 전소의 기판력과 저촉된다. 또한 이러한 판례의 해석은 다음과 같은 문제의 해결에 있어 귀중한 선례로 작용할 것이다.

아직 선례는 없지만, 임대차종료를 이유로 하는 부동산의 인도청구 시, 수개의 종료원인이 있어도 그것은 독립된 공격방어방법에 불과하고 소송물은 하나로 판단해야 하는 근거로 작용할 것이다. 또한 기존의 판례의 입장으로서 말소등기청구와는 달리 이전등기청구소송에 관해서는 각 등기원인마다 소송물이 별개라는 입장(대판 1997.4.25, 96다32133 등), 신체의 상해를 이유로 하는 불법행위소송 시 손해를 적극적, 소극적 재산상의 손해 및 정신적 손해로 3분하는 입장(대판 1976.10.12, 76다1313 등) 등이 앞으로 어떻게 변경될지 주목된다.

참고판례 16-[판례8], 16-[판례9]

[10-5] 손해배상청구소송판결의 기판력

[대상판결] 대판 1976.10.12, 76다1313

[사안] 甲은 乙을 피고로 하여, 갱내사고로 다친 손해 중 이미 소극적 재산상 손해로서 일실노임과 일실상여금을 청구하고 승소판결을 받았다(전소). 이 판결 확정 후 甲이 다시 乙을 피고로 전소에서 주장하지 않은 일실퇴직금을 청구(후소)하는 것은 전소판결의 기판력에 저촉되는가?

[판결요지] "불법행위로 말미암아 신체의 상해를 입었기 때문에 가해자에게 대하여 손해배상을 청구할 경우에 있어서는 그 소송물인 손해는 통상의 치료비 따위와 같은 적극적 재산상 손해와 일실수익상실에 따르는 소극적 재산상 손해 및 정신적 고통에 따르는 정신상 손해(위자료)의 3가지로 나누어진다고 볼 수 있다. 그리고 위에서 본 일실수익 상실로 인한 소극적 재산상 손해로서는 예를 들면 일실노임 일실상여금 또는 후급적 노임의 성질을 띤 일실퇴직금 따위가 모두 여기에 포함된다 … 이 사건 소송에서 소극적 재산상 손해의 한 가닥인 일실퇴직금을 청구하지는 못한다 할 것이다. 왜냐하면 위의 전소와 이 사건 소송의 청구는 소극적 재산상 손해라는 동일 소송물이기 때문이다."

[해 설]

① 인신사고에 의한 손해배상청구권

전소의 소송물과 후소의 소송물이 같다면, 원칙적으로 전소의 판결의 기판력은 후소에 미치게 된다. 사안에서는 전소와 후소 모두 불법행위를 이유로 한 손해배상을 구하는 것이고, 그 소송물의 이동(異同)이 문제된 것이다. 대상판결은 소극적 손해로서 소송물이 동일하다고 판단하였다. 이러한 판례의 해석은 보통 인신사고에 의한 손해배상청구소송의 소송물을 적극적 재산상의 손해, 소극적 재산상의 손해, 그리고 정신상의 손해라는 3가지로 나누는 입장이라고 해석되는 점이다.

② 판례의 입장

대상판결이 위와 같이 인신사고에 의한 손해배상청구소송의 소송물을 3분하는 이유는 명확하지 않다. 판례의 흐름을 먼저 살펴보도록 하자.

대판 1996.8.23, 94다20730에서는, "불법행위로 말미암아 신체의 상해를 입었다고 하여 가해자에게 재산상 손해배상을 청구함에 있어서 소송물인 손해는 적극적 손해와 소극적 손해로 나누어지고, 그 내용이 여러 개의 손해항목으로 나누어져 있는 경우 각 항목은 청구를 이유 있게 하는 공격방법에 불과한 것이다."라고 판시하였다.

이 판례에서 중요한 점은 그 전반 부분, 즉 불법행위로 말미암아 신체의 상해를 입었다고 하여 가해자에게 "재산상 손해배상을 청구함에 있어서 소송물인 손해는 적극적 손해와 소극적 손해로 나누어지고"라는 부분이다. 이 부분으로 인해 이 판례는 대상판결과는 달리 손해배상소송의 소송물을 2분하고 있다고 주장되는 경우도 있지만, 2분설이라고 단정하기는 곤란하다. 이 판례에서는 적극적 손해와 소극적 손해와의 관계를 명확히 한 것에 불과하다고 보아야 하기 때문이다. 이러한 점은 다음과 같은 판례에서도 엿볼 수 있다. 즉, 판례는 기본적으로 적극적 손해와 소극적 손해를 위의 판례에서처럼 소송물단위로 구분한다.

예를 들면 대판 1997.1.24, 96다39080에서는, "불법행위로 인하여 생명 또는 신체의 손상을 입은 경우에 있어서 적극적 손해와 소극적 손해는 소송물을 서로 달리하는 것이다."라고 하고, 또한 대판 1998.4.14, 96다2187에서는, "환송판결에서 환송 전 원심판결 중 소극적 손해에 관한 원고들 패소 부분만 파기하고, 나머지 상고는 기각한 경우, 환송 후 원심의 심판 범위는 소극적 손해에 관한 원고들 패소 부분과 환송 후 원심에서 확장된 부분에 한정되고, 환송 전 원심판결 중 원고들 승소 부분은 확정되므로 원심으로서는 이에 대하여 심리를 할 수 없다."라고 하고 있다. 이러한 입장은 소극적 손해가 적극적 손해에 대비되는 하나의 소송물이라는 점이다.

한편, 정신상의 손해인 위자료청구에 관해서는 대판

1990.6.22, 89다카27901에서 보듯이, "생명, 신체의 침해로 인한 손해배상청구에 있어서 재산상의 손해배상청구와 위자료청구는 소송물이 동일하지 아니한 별개의 청구이므로 제1심 판결에 대하여 항소하지 아니한 당사자에게 제1심 판결보다 많은 위자료의 지급을 명할 수 없다."라고 하는 것이 판례의 입장이다(그 밖에도 다수의 판례가 있다).

③ 판례의 입장의 평가

ⅰ) 소송물의 3분

위와 같은 판례의 입장을 본다면, 불법행위를 이유로 한 손해배상청구소송의 소송물은 각각 독립된 소송물인 적극적 손해와 소극적 손해, 그리고 위자료 즉 정신적 손해를 소송물로 인정하고 있음을 알 수 있다(학설로는 전손해 1개설과 재산적 손해와 비재산적 손해로 구분하는 2분설이 있다).

ⅱ) 학설의 비판과 그 타당성

이러한 판례의 입장은 특히 신소송물론을 주장하는 입장에서 강하게 비판받는 부분이다. 여기서 신소송물론과 구소송물론의 우열을 통해 판례의 태도를 비판하는 것은 그리 실제적이지 못하다. 판례는 기판력의 범위라는 법적 안정성을 중시해야 하는 입장에서 구소송물론을 취하고 있는 것이므로, 구소송물론이라는 판례의 입장에 따르더라도 그러한 결론이 타당하지 않다는 비판을 하는 것이 실제적이다.

판례는 앞의 [10-4]에서 보듯이 합리적으로 그 사건의 대상인 소송물의 범위를 획정하고 있다. 또한 후술 [13-1]에서 다루는 대판 1994.6.28, 94다3063에서는 특히, "불법행위로 인한 손해배상에 있어 재산상 손해나 위자료는 단일한 원인에 근거한 것인데 편의상 이를 별개의 소송물로 분류하고 있는 것에 지나지 아니한 것이므로 이를 실질적으로 파악하여"라고 판시하는 점도 특기할 만하다.

사안에서와 같은 경우에도 3번씩 소송을 할 수 있는 사태를 막아야 하므로 불법행위를 이유로 한 손해배상청구권이라는 하나의 소송물로 보아야 할 것이다.

[10-6] 후유증에 의한 손해배상청구

[대상판결] 대판 1980.11.25, 80다1671

[사안] 甲은 乙을 피고로 불법행위로 인한 손해배상청구 소송에서 치료비 등 적극적 손해배상청구를 하고 그 청구인용판결이 확정되었다(전소). 甲은 다시 전소 변론종결 후에 발생한 후유증에 의한 치료비 등 적극적 손해를 구하는 소를 제기하였다. 이러한 甲의 후소는 전소에서 그 청구가 유보되어 있지 아니한 새로운 소송이므로 그 기판력에 저촉되어 소의 이익이 없는 부적법한 것인가?

[판결요지] "불법행위로 인한 손해배상청구의 소송에 있어서 치료비등 적극적 손해배상의 청구는 특단의 사정이 없는 한 일개의 소송물이라 할 것이나 그 적극적 손해의 배상을 청구한 전소송의 변론종결 후에 새로 어떤 적극적 손해가 발생한 경우에 그 전소송의 변론종결 당시 그 손해의 발생이 예견할 수 없었고 또 그 부분청구를 포기하였다고는 볼 수 없는 등 특단의 사정이 있다면 비록 그 전소송에서 그에 관한 청구의 유보가 되어 있지 아니 하였다 하더라도 그 부분에 대한 손해배상의 청구는 위 전소송의 소송물과 동일성이 없는 별개의 소송물로서 그 소의 이익이 없다고 할 수 없어 전소송의 기판력에 저촉되어 부적법한 것이라고는 할 수 없다."

[해 설]

① 후유증에 의한 후소와 기판력

사안은 전소에서 청구하지 않은 후유증에 의한 손해배상청구의 가능성에 관한 문제이다. 소송물과 그에 따른 기판력의 원칙을 엄격히 적용한다면, 후유증에 의한 손해배상청구도 전소의 소송물이었고, 따라서 전소 변론종결시까지 주장하지 않는 한, 후소에서 제출할 수 없게 된다.

그러나 이러한 결과는 원고에게 지나치게 가혹하다는 이유에서, 변론종결시에는 발생하지 않았고 예측할 수 없었던 후유증에 기한 손해배상청구도, 동일 사고에 의한 손해배상소송의 판결에 관계없이 가능하다는 해석이 나오게 되었다. 문제는 그러한 해석을 어떠한 논

리로 도출하는지에 달려있다. 이에 대해서는 아래에서 보는 바와 같은 세 가지 방법이 제시되고 있다. 대상판결은 후유증에 의한 손해배상청구를 전소와는 다른 별개의 소송물로 판단하고 대응하고 있다.

② 판례의 태도

판례는 후유증에 의한 손해배상청구를 별개의 소송물로 파악하고 있다(대판 2007.4.13, 2006다78640. 그 밖에 대판 2002.2.22, 2001다71446이 있지만 비공개 판결로 되어 있다). 또한 대상판결은 별개의 소송물이 되기 위해서는 특별한 사정이 존재해야 하고, 그 예로서 손해발생의 예측불가능과 청구를 포기하지 않았을 것이라는 점을 들고 있다. 후자는 전자의 존재에 의해 추정되므로, 사실상 전소에서 예측할 수 없었던 후유증에 의한 손해배상청구는 별개의 소송물이라는 원칙이 판례의 태도라고 말할 수 있다.

③ 후유증에 의한 재소가능성

전소의 기판력이 미치지 않는 결론을 도출하는 방법으로는 다음과 같은 세 가지 입장을 생각할 수 있다.

첫 번째는 일부청구론으로 후유증에 의한 손해배상청구를 전소에서는 행사하지 않은 잔부청구로 보고, 당사자는 명시의 일부청구를 한 것으로 간주하여, 잔부청구에 대해 다시 제소할 수 있다는 해석이다. 두 번째는 기판력의 시적 한계설로 후유증에 의한 손해배상청구는 전소의 변론종결 후에 발생한 것으로서, 전소의 기판력에 관계없이 제소할 수 있다는 해석이다. 세 번째는 별개소송물설로 후유증에 의한 손해배상청구는 당사자가 전소에서 제출할 수 없었던 것이고, 따라서 전소의 기판력이 미치지 않는, 전소와는 별개의 소송물이라는 해석이다. 위에서 본 판례의 입장이기도 하다.

④ 재소가능성의 검토
ⅰ) 일부청구론의 문제점

불법행위에 기한 손해배상청구의 소송물을 전손해

로서의 1개라고 본다면, 후유증에 의한 손해배상청구는 일부청구라는 형태를 띤다. 그러나 명시의 유무라는 기준으로 판단할 수밖에 없는 일부청구론으로는, 결국 원고가 명시적으로 일부청구를 했다고 간주할 수밖에 없고, 이러한 해석은 일부청구의 한계를 벗어난 이론이 된다. 또한 일부청구론이라면 원고가 전소에서 자신의 채권의 수액이나 규모를 알 수 있는 경우인데 비해, 후유증에 의한 경우에는 채권의 전부를 미리 알 수 없는 경우에 해당한다. 따라서 일부청구론으로 해결하는 것에는 한계가 있다.

ⅱ) 기판력의 시적 한계론과 별개소송물론

그렇다면 기판력의 시적 한계론이나 별개소송물론으로 해결할 수밖에 없는데, 이 양 해석은 사실상 차이가 없을 것이다. 후소에서 제기되는 후유증에 의한 손해배상청구는 기준시 후에 발생한 청구권으로 본다는 점에서 일치하므로, 동일한 결과를 다른 각도에서 표현한 것에 불과하기 때문이다. 따라서 어차피 원고는 후유증에 의한 손해배상청구를 전소의 청구와는 별개의 소송물로서 전소의 기판력에 관계없이 적법하게 소구할 수 있다. 다만, 별개의 소송물로 본다면 전소의 기판력의 유리한 점을 원용할 수 없지만(이 부분은 전소판결의 신의칙에 근거한 효력으로서 이용하는 것이 가능하다), 기판력의 시적 한계론은 전소의 기판력을 원용할 수 있다.

ⅲ) 원고의 예측가능성의 문제

그 밖에 대상판결에서도 보듯이 별개소송물이 되려면 원고의 주관적 의사로서 예측가능성이 중요한 요건이 된다. 예측할 수 있음에도 주장하지 않았다는 사태를 회피하고, 그것이 원고의 절차권보장이나 피고에 대한 불이익을 회피한다는 점에서 그 타당성을 인정할 수도 있다. 그러나 손해를 예측하였다고 하여도, 원고가 그것만을 가지고 손해배상을 청구하는 것은 불가능하다. 정확한 손해의 내용이나 규모를 알 수 없고, 이것을 알았다면 전소변론종결시까지 당연히 소구할 수 있기 때문이다. 따라서 후유증에 의한 손해배상청구에는 원고의 예견가능성이라는 주관적인 의사에 관계없이, 기준시 후에 현실로 발생한 치료비등의 객관적인 것이 이에 해당할 것이다.

[10-7] 정기금판결의 기판력

[대상판결] 대판(전) 1993.12.21, 92다46226

[사안] 甲은 자신이 소유하는 X토지를 불법점유하고 있는 乙을 피고로 1992.4.경 다음과 같은 소를 제기하였다. 불법점유에 따른 손해배상책임으로서 금 250만원 및 1992.7.1.부터 乙이 X를 인도할 때까지 매월 금 50만원의 비율에 의한 금원. 또는 乙이 X를 아무런 권원 없이 점유하고 있는데 따른 부당이득반환으로서 같은 금액의 지급을 청구하였다. 이에 대해 乙은 甲에게 금 170만원 및 1992.7.1.부터 X를 매수할 때까지 월 금 33만원의 비율에 의한 금원을 지급하라는 판결이 확정되었다(전소). 그러나 그 후, 甲은 경제사정의 변동으로 X의 가격은 6배 내지 10배, 임대료는 8배 이상, 지방세법상의 과세시가표준액은 3배가량 앙등하였다는 등의 이유로, 다시 乙을 상대로 매월 지급액을 X에 대한 임대료 상당액인 월 금 280만원에서 전소판결에서 인용된 월 금 33만원을 공제한 금원으로 변경할 것을 구한다는 소를 제기하였다. 이러한 소는 전소판결의 기판력에 저촉되는가?

[판결요지] 〈다수의견〉 "전소판결에서 인용된 임료액과 적정한 임료액의 차액에 상당하는 부당이득금은 전소에서 청구하지 아니한 취지라고 보는 것이 정의와 형평의 이념에 부합되므로, 법원도 같은 취지에서 위와 같은 청구에 대하여만 판결을 한 것으로 볼 수 있을 것이고, 따라서 전소의 사실심 변론종결 후에 전소판결의 기초가 된 사정이 위와 같이 변경됨으로 말미암아 전소판결에서 인용된 임료액이 현저하게 상당하지 아니하게 된 경우에는, 일부청구임을 명시하지는 아니하였지만 명시한 경우와 마찬가지로 그 청구가 일부청구이었던 것으로 보아, 전소판결의 기판력이 그 일부청구에서 제외된 위 차액에 상당하는 부당이득금의 청구에는 미치지 않는 것이라고 해석함이 옳다고 생각되기 때문이다. 종전에 당원이 1971.4.30. 선고 71다430 판결 등에서 이와 다르게 판시한 의견은 변경하기로 한다."
〈별개의견〉 "전소에서의 청구를 일부청구로 볼 수 있는지 여부와 관계없이 기판력의 시적 범위의 이론에

의하여 전소판결의 기판력은 위와 같은 사정변경으로 인하여 증액된 부분의 지급을 구하는 이 사건 청구에는 미치지 아니한다고 보아야 할 것이다."

[해 설]

① 정기금판결의 의의

정기금판결은 장래 이행기가 도래하는 급부의무에 대해 계속적으로 지급을 명하는 판결로서(법251조 참조), 변론종결시를 기준으로 한 사정에 의해 지급금액이 정해진다. 판결에서 확정된 금액에 대해서는 기판력이 발생하므로, 원칙적으로 재심에 의해 당해 판결이 취소되지 않는 한, 그 금액의 변경을 구하는 소를 제기하는 것은 당해 판결의 기판력에 저촉하게 된다. 그러나 사안에서 보듯이 후소에 의해 사정변경을 이유로 한 손해액의 증액이나 감액으로 변경하는 것을 인정할 필요가 있다.

② 정기금판결 후의 금액변경가능성

정기금판결에서 금액산정의 기초가 된 사정이 그 후 현저하게 변동하여, 변론종결시를 기준으로 판결이 예측한 장래의 사정이 정확하지 않다는 것이 명확해졌다면, 기판력에 저촉된다는 이유로 후소에 의해 손해금액의 변경을 봉쇄하는 것은 적당하지 않고 또한 매우 가혹하다. 대상(전원합의체)판결은 그러한 점을 고려하여 정기금판결에 대해, 그 기판력에 관계없이 후소에 의해 사정변경을 이유로 한 금액의 증액이나 감액으로 변경하는 것이 가능하다고 한 판결이다. 기존의 판례를 변경하였고, 이로써 법252조가 신설된 계기가 되었다.

③ 현저한 사정의 변경

금액을 변경하기 위해서는 그 산정에 기초가 된 사정이 현저하게 변경되어야 한다. 사안에서 甲이 주장하는 사정의 변경이 이러한 예에 해당한다. 대상판결(다수의견)에 의하면 특히 "소송의 사실심 변론종결 후에 토지의 가격이 현저하게 앙등하고 조세 등의 공적인

부담이 증대되었을 뿐더러 그 인근 토지의 임료와 비교하더라도 그 소송의 판결에서 인용된 임료액이 상당하지 아니하게 되는 등 경제적 사정의 변경으로 당사자 간의 형평을 심하게 해할 특별한 사정이 생긴 때"라고 설명되고 있다. 따라서 甲이 요구하는 손해금액의 변경 자체에는 문제가 없다(통설).

반대로 다른 예이지만, 해고무효를 원인으로 하여, 해고 다음 날부터 복직시까지 해고 당시의 평균임금에 상당하는 임금의 지급을 구하는 소송을 제기하여 전부승소의 판결을 선고받아 그 판결이 확정된 후, 해고기간 중의 정기승급 및 임금 인상분에 상당하는 임금의 지급을 추가로 청구한 경우에는, 전소의 사실심 변론종결 후 당사자 사이의 형평을 크게 해할 사정이 생겼다고 볼 수 없다(대판 1999.3.9, 97다58194 참조). 또한 점유 토지의 인도시까지 정기금의 지급을 명한 판결이 확정된 뒤 점유 토지의 공시지가가 2.2배 상승하고 임료가약 2.9배 상승한 것만으로는, 그 액수산정의 기초가 된 사정이 현저하게 바뀜으로써 당사자 사이의 형평을 크게 침해할 특별한 사정이 생겼다고 할 수 없다(대판 2009.12.24, 2009다64215).

④ 정기금판결의 변경을 구하는 소의 특징

ⅰ) 일부청구에 근거한 입장

한편, 손해금액의 변경을 구하는 소가 인정된다면, 그러한 소는 어떠한 특징이 있고 전소의 기판력과 어떠한 관계에 있는지 문제된다. 이에 대해 대상판결의 다수의견은, 전소의 사실심 변론종결 후에 전소판결의 기초가 된 사정이 변경됨으로 말미암아 전소판결에서 인용된 임료액이 현저하게 상당하지 아니하게 된 경우에는, 일부청구임을 명시하지는 아니하였지만 명시한 경우와 마찬가지로 그 청구가 일부청구였던 것으로 보아, 전소판결의 기판력이 그 일부청구에서 제외된 위 차액에 상당하는 부당이득금의 청구에는 미치지 않는다는 해석을 하고 있다(이러한 견해는 명시의 여부가 중요한 관건이 되지만, 별개소송물설도 포함된다고 할 수 있다. 한편, 명시하지 않는 한 일부청구로 볼 수 없고 별개의 소송물로 보지 않을 수 없다는 견해가 있다).

ⅱ) 기판력의 시적 한계에 근거한 입장

반대로 별개의견은, 경제사정의 변동 등으로 그 액수가 변론종결 당시 예상할 수 없을 정도로 증감되어 전소의 인용액이 도저히 상당하다고 할 수 없을 정도가 되었다면, 이러한 사정의 변경은 전소의 변론종결시까지 주장할 수 없었던 사유가 그 후 새로 발생한 것으로 보아야 할 것이라고 해석한다.

ⅲ) 소송상의 형성소송

위와 같은 다수의견이나 별개의견은 기판력이 미친다는 것을 전제로 하여, 전자는 일부청구와 잔부청구의 관계에서, 후자는 기판력의 시적 한계에서 손해금액의 변경이 전소의 기판력의 영향을 받지 않도록 하려는 이론구성을 하고 있다. 그러나 일부청구라는 논리는 금액을 감액해야 하는 경우에는 타당한 근거가 되지 못한다. 기판력의 시적 한계로 다루는 것도 그 요건이 애매하여 기판력의 범위를 확정하려는 시적 한계의 의미를 상실시킬 우려가 있다.

따라서 그 근거에 관해서는 전소판결의 기판력이 미치지 않는다는 해석보다는, 기판력은 미치지만 재심이 인정되듯이, 직접 전소판결에 의해 확정된 금액의 변경을 요구하는 소송상의 형성소송이라고 해석하는 것이 기판력이라는 법적 안정성이나 전소와의 관계에서 간명하고 알기 쉽다. 이것이 또한 법252조의 신설에 의해 입법으로 명확히 변경을 구하는 소를 제기할 수 있다고 인정한 이상, 문리에도 적합한 해석이 될 것이다.

그러나 판례, 즉 대판 2011.10.13, 2009다102452에서는 대판 1999.3.9, 97다58194를 참조하여 "당사자 사이의 형평을 크게 해할 특별한 사정이 생긴 때에는 전소에서 명시적인 일부청구가 있었던 것과 동일하게 평가하여 전소판결의 기판력이 그 차액 부분에는 미치지 않는다."라고 판시하고 있다. 그러나 법이 개정되어 법252조가 직접 변경의 소를 인정하게 되었으므로, 도입 전의 판례를 참조로 하며 일부청구론으로 해석하는 것은 같은 조의 해석으로 적절하지 않다.

참고판례 16-[판례6], 16-[판례7]

[10-8] 등기청구소송판결의 기판력

[대상판결] 대판(전) 2001.9.20, 99다37894

[사안] 甲은 소유하는 X부동산을, 乙에게 증여를 원인으로 소유권이전등기를 경료하고, 乙은 다시 X의 등기를 丙에게 이전하였다. 한편 甲은 X에 관한 증여의 의사표시가 극심한 강박상태에서 이루어진 것이어서 무효이고, 따라서 乙 명의로 경료된 소유권이전등기는 원인무효의 등기이며, 이에 터잡아 이루어진 순차이전등기도 모두 원인무효라는 이유로, 乙과 丙을 피고로 위 각 소유권이전등기의 말소를 구하는 소송을 제기하였다. 그리고 이 판결에서 甲의 패소가 확정되었다(전소). 甲이 다시 乙을 상대로 진정명의회복을 원인으로 한 소유권이전등기를 구한다는 소를 제기하였다면(후소), 전소확정판결의 기판력은 후소에 미치는가?

[판결요지] 〈다수의견〉 "말소등기에 갈음하여 허용되는 진정명의회복을 원인으로 한 소유권이전등기청구권과 무효등기의 말소청구권은 어느 것이나 진정한 소유자의 등기명의를 회복하기 위한 것으로서 실질적으로 그 목적이 동일하고, 두 청구권 모두 소유권에 기한 방해배제청구권으로서 그 법적 근거와 성질이 동일하므로, 비록 전자는 이전등기, 후자는 말소등기의 형식을 취하고 있다고 하더라도 그 소송물은 실질상 동일한 것으로 보아야 하고, 따라서 소유권이전등기 말소청구소송에서 패소확정판결을 받았다면 그 기판력은 그후 제기된 진정명의회복을 원인으로 한 소유권이전등기 청구소송에도 미친다고 보아야 할 것이다.
이와 달리 소유권이전등기 말소청구소송에서 패소확정판결을 받은 당사자도 그 확정판결의 기판력이 진정명의회복을 원인으로 한 소유권이전등기 청구소송에는 미치지 아니하므로 다시 진정명의회복을 위한 소유권이전등기 청구소송을 제기할 수 있다고 본 견해는 이와 저촉되는 한도 내에서 변경하기로 한다."
〈별개의견〉 "전소와 후소를 통하여 당사자가 얻으려고 하는 목적이나 사실관계가 동일하고, 전소의 소송과정에서 이미 후소에서와 실질적으로 같은 청구나 주장을 하였거나 그렇게 하는 데 아무런 장애가 없었으며,

후소를 허용함으로써 분쟁이 이미 종결되었다는 상대방의 신뢰를 해치고 상대방의 법적 지위를 불안정하게 하는 경우에는 후소는 신의칙에 반하여 허용되지 않는다고 할 것이다."
〈반대의견〉 "실무상 확립된 구소송물이론과 위와 같은 실제적인 측면을 종합적으로 고려하여 진정명의의 회복을 원인으로 하는 소유권이전등기청구권을 인정하기로 한 마당에, 굳이 소송물과 기판력에 관한 종래의 대법원 입장과 상충되는 위험을 안고서, 비록 한정적이기는 하나, 이 청구권을 부인하는 것과 같은 결과에 이르게 되는 다수의견에는 찬성할 수 없고, 소유권이전등기의 말소청구와 함께 진정명의의 회복을 원인으로 하는 소유권이전등기청구를 중첩적으로 허용함이 타당하다고 생각한다."

[해 설]

① 등기청구소송의 소송물

사안의 대상(전원합의체)판결(다수의견)은 전소(말소등기청구소송)와 후소(진정명의 회복을 위한 이전등기청구소송)는 등기명의의 회복을 위한 등기청구권으로서 법적 근거와 성질이 동일하므로, 소송물도 동일하다고 판단하였다. 한편, 별개의견은 후소를 배척해야 하는 근거를 신의칙에서 찾고, 신의칙 적용을 위한 요건을 상세히 제시하고 있다. 반대로 후소배척을 부정하는 반대의견은 청구취지가 다르면 소송물도 다르고 구소송물론을 견지해야 하며, 결국 전소의 기판력은 후소에 미치지 않고, 변경되기 전의 판례에서처럼 이전등기청구를 인정해야 한다고 해석한다.

② 말소등기청구권의 탄력적 해석

위 별개의견이나 반대의견의 비판은 그다지 설득적이지 않다. 판례는 이미 특정 권리관계에 관해 소송물의 범위를 넓게 본다는 입장을 취하고 있었다([10-4] 참조). 다수의견은 기존의 판례 입장에 서서 소송물의 범위를 넓게 판단하여 소송물의 동일성을 인정한 것이

라고 해석할 수 있다. 말소등기청구와 진정명의회복을 위한 이전등기청구는 형식적으로 그 명칭은 다르지만, 후자는 전자에 갈음하여 특별히 인정된 것이고 소유권회복이라는 점에서도 권리관계가 동일하기 때문이다.

물론 위와 같은 소송물을 탄력적으로 해석하는 기존의 판례 입장이 청구취지는 같고 청구원인이 다른 경우에 소송물의 동일성을 인정한 것이므로, 대상판결의 근거가 될 수 없다는 비판을 생각할 수 있다. 그러나 이러한 비판도 그다지 합리적이지 못하다. 판례의 입장은 실체법상 인정되는 권리관계의 동일성에 착안한다는 탄력적인 소송물의 해석이므로, 말소등기청구라는 권리관계의 범위를 넓게 보아 진정명의회복을 위한 이전등기청구라는 권리관계를 포함하는 것으로 해석하는 것은 충분히 납득할 수 있는 것이다. 또한 형식론에 급급하여 이전등기청구를 인정하게 되면, 무엇보다도 말소등기청구는 아무런 의미도 없게 되고, 3심까지 소송을 수행한 당사자나 법원의 노력이 무용지물이 되어 재판의 실효성이 상실된다.

③ 등기청구소송과 소유권의 귀속

등기청구소송 판결의 기판력이 직접 대상이 된 등기청구권만이 아니라 그 전제가 되는 소유권의 존부에까지 미치는지에 대해, '소송물=기판력의 객관적 범위'라는 등식에서 본다면, 미치지 않는다는 판례(선례로 대판 1965.3.2, 64다1499)의 입장은 당연하다. 등기청구소송에서의 소송물은 등기청구권 자체이고, 소유권이 아니기 때문이다(통설). 그러나 소유권확인의 소를 제기하고 이에 대한 본안판결을 받을 수 있다면, 경우에 따라서는 앞의 등기청구소송을 무의미하게 한다는 점을 고려할 필요가 있다.

④ 등기청구소송 후 등기회복의 가능성

위와 같이 등기청구소송 후에 동일 부동산에 관한 등기청구소송을 재차 제기하는 것은 전소의 기판력에 저촉된다. 이는 대상판결을 통해서도 명확해졌다. 진정명의회복을 위한 이전등기청구가 불가능해진 관계로, 말소등기청구소송에서 패소확정판결을 받은 당사자는 기준시 전의 사유로 인해 등기명의자가 되는 길이 두절되었다. 따라서 이것은 변론종결시라는 기준시에서의 소유권의 확정을 의미한다고도 풀이할 수 있다. 말

소등기청구소송의 패소확정판결을 받은 당사자는 기준시 전의 사유로 소유권확인의 소를 제기할 수 없게 된 것이다.

그러나 소유권 자체의 확인과 등기청구권을 행사하는 것은 형식적으로 본다면 소송물을 달리 한다. 그렇다면 등기청구권이라는 특수한 형태의 권리행사는 그 소유권의 존재와 밀접불가분한 관계에 있다고 해석할 필요가 있다. 민법은 등기를 취득해야만 소유권자라고 규정한다(민법186조). 등기를 취득하지 못한 상태에서는 원칙적으로 소유권자라고 할 수 없다. 이를 위한 논리구성으로는 판결이유 중에 내려지는 소유권의 귀속에 대한 판단에 구속력이 발생한다는 전제하에 소유권확인의 소가 허용되지 않는다는 이론구성이 적절할 것이다. 이 근거에 관해서는 별개의견에서 말하는 신의칙이라는 논거를 적용할 수 있다. 즉, 소유권확인이라는 후소를 배척하는 근거는, 직접 소송물의 동일성을 도출하는 이론으로는 한계가 있고, 별개의견에서 말하는 신의칙에서 찾을 수 있을 것이다.

[10-9] 상계의 항변과 기판력

[대상판결] 대판 1984.3.27, 83다323

[사안] 甲은 乙에 대해 금 500만원의 채권을 갖고 있다. 乙 또한 甲에 대해 금 250만원의 반대채권을 갖고 있다. 甲은 乙에 대해 채권 전체의 일부인 금 350만원만의 지급을 요구하는 소를 제기하였고, 이 소송에서 乙은 금 250만원의 반대채권을 상계의 항변으로 제출하였다. 법원은 심리를 통해 당사자의 주장대로 甲의 乙에 대한 채권은 금 500만원이며, 甲은 그 중 일부인 금 350만원만의 변제를 요구한 것이고, 상계의 항변으로 제출한 乙의 甲에 대한 채권은 금 250만원임을 인정하였다. 이 경우 법원이 지급을 명해야 하는 금액은 얼마인가?

[판결요지] "甲이 乙에게 위 합계 금 500만원의 금전채권 중 그 일부인 금 350만원을 소송상 청구하고 있는 경우에 이를 乙의 반대채권으로서 상계함에 있어서는 위 금전채권 전액에서 상계를 하고 그 잔액이 청구액을 초과하지 아니할 경우에는 그 잔액을 인용할 것이고, 그 잔액이 청구액을 초과할 경우에는 청구의 전액을 인용하는 것으로 해석을 하여야 할 것이며 이와 같이 풀이하는 것이 일부청구를 하는 당사자의 통상적인 의사라고 할 것이다."

[해 설]

① 상계의 항변과 기판력

사안에서는 판결의 주문으로 판시해야 할 원고의 청구액의 범위가 문제된 것이다. 원래 기판력은 판결의 주문에 포함된 사항에 한하여 발생하므로(법216조1항), 상계의 항변에 기판력이 발생하지 않는다면 원고의 청구액을 그대로 인정하면 되지만, 그렇지 않다면 피고 측에 발생하는 기판력의 범위만큼 공제한 금액을 주문으로 표시해야 한다. 또한 사안에서와 같이 원고의 청구가 일부청구인 경우, 자동채권의 공제는 원고의 채권총액에서 하는지, 아니면 제소한 일부청구액에 한해서 하는지 문제된다.

상계의 항변에 대해서는, 판결이유 중에 판단된 상

계로 대항한 수액(보통 '대등액'이라 한다[민법492조])에 한해 기판력이 발생한다(법216조2항). 그러나 상계의 항변에 관한 판단은 어디까지나 항변이므로, 원고의 청구, 즉 소송물인 수동채권의 존부를 정하기 위해 판결의 주문이 아닌 그 이유 중에서 이루어짐에 불과하다. 그럼에도 판결의 이유에서 이루어진 상계의 항변에 대한 판단에 기판력이 인정되는 이유는, 원고의 청구를 소멸 또는 감액한 피고의 자동채권이 후소에서 다시 소송물로 행사되어, 피고에게 이중으로 이익을 부여하게 되는 것을 막기 위해서이다. 상계의 항변에 기판력이 발생하는 관계로 만일 복수의 자동채권에 기한 상계항변이 주장된 경우, 법원은 어느 자동채권에 대하여 상계의 기판력이 미치는지 밝혀야 한다(대판 2011.8.25, 2011다24814).

피고의 소송상 상계항변에 대해 원고가 다시 피고의 자동채권을 소멸시키기 위해 소송상 상계의 재항변을 하는 것은 허용되지 않는다(대판 2014.6.12, 2013다95964). 상계의 항변이 제출되었지만, 소송절차 진행 중 당사자 사이에 조정이 성립됨으로써 수동채권의 존재에 관한 법원의 실질적인 판단이 이루어지지 아니한 경우에는, 그 소송절차에서 행하여진 소송상 상계항변의 사법상 효과도 발생하지 않는다(대판 2013.3.28, 2011다3329).

② 상계의 항변에 대한 기판력의 범위

상계의 항변에 의해 발생하는 기판력은, 원고의 청구인 수동채권의 소멸 또는 감축을 야기하는 피고의 청구인 자동채권의 소멸(부존재)에 미친다. 수동채권에 대항한 자동채권의 범위에 한해 기판력이 발생한다는 이치이다. 따라서 자동채권이 부존재라는 이유로 상계의 항변이 부정되어도, 기판력은 상계의 항변으로 주장한 금액전체가 아니라 판결의 주문에서 판단된 원고의 청구금액에 한해서 발생한다. 예를 들면 원고가 100만원을 청구하고 피고가 120만원의 상계의 항변을 제출하였는데 상계의 항변이 부정되면, 기판력이 발생하는 것은 100만원에 한해서이고 20만원의 부분은 재소가 가능하다.

같은 이치로 자동채권의 존재가 인정되어 상계가 받아들여졌을 때 기판력이 발생하는 것은 상계에 의해 소멸한 자동채권의 부존재이다. 즉, 위의 예의 경우에 대등액으로 상계가 인정되었다면 기판력이 발생하는 것은, 상계에 의해 소멸한 자동채권의 부존재 부분인 100만원에 한한다. 다만, 기판력이 발생하는 것은 소구채권(원고가 소송물로 주장한 채권)에 대해 주장된 상계의 항변이고, 상계 주장의 대상이 된 수동채권이 소송물로 주장된 채권이 아닌 공격방어방법으로서의 동시이행항변으로 행사된 채권일 경우에는, 그러한 상계 주장에 대한 판단에는 기판력이 발생하지 않는다(대판 2005.7.22, 2004다17207). 기판력을 인정하면 동시이행항변에 행사된 채권의 존부나 범위에 관한 판결이유 중의 판단에 기판력이 발생하는 결과에 이르기 때문이다.

③ 청구인용금액의 범위

사안에서와 같이 원고의 일부청구에 대해 상계의 항변이 제출된 경우의 처리방법이 문제되는데, 대상판결은 채권 전액에서 상계를 해야 한다고 하여 소위 외측설에 따른다. 원래 원고의 청구가 일부청구인 경우, 자동채권의 공제는 원고의 채권총액에서 하는지, 아니면 제소한 일부청구액에 한해서 하는지에 대해서는 청구된 금액에서 공제한다는 내측설, 공제금액의 비율로 안분한다는 안분설, 그리고 잔액을 포함한 채권총액에서 공제한다는 외측설을 생각할 수 있다.

내측설에 의하면 원고가 청구한 350만원에서 250만원을 공제하게 되므로 100만원의 인용판결이 된다. 안분설에 의하면 반대채권(자동채권)은 원고 총채권의 50%이므로 350만원에서 그 반을 공제한 175만원의 인용판결이 된다. 그리고 외측설에 의하면 총액 500만원에서 250만원을 공제하게 되므로 250만원의 인용판결이 된다.

일부청구의 경우, 일부만 청구된 채권의 부존재가 확정되면, 잔부청구의 부존재도 확정된다는 관계에서, 법원이나 당사자는 채권 전부에 대해 심리절차를 진행하고 피고의 의사는 채권 전부에 대해 반대채권에 의한 상계를 주장한 것이므로, 대상판결과 판례와 같은 외측설이 타당하다. 특히 대상판결이 일부청구를 하는 당사자의 의사를 존중해야 한다고 설시했는데, 그 근거가

된 것은 과실상계에 관해 외측설을 따른 제 선례이다.

즉, 판례(대판 1976.6.22, 75다819)는 명확히 외측설에 의한다는 점을 "일개의 손해배상청구권 중 일부가 소송상 청구되어 있는 경우에 과실상계를 함에 있어서는 손해의 전액에서 과실비율에 의한 감액을 하고 그 잔액이 청구액을 초과하지 않을 경우에는 그 잔액을 인용할 것이고 잔액이 청구액을 초과할 경우에는 청구의 전액을 인용하는 것으로 해석하여야 할 것이며, 이와 같이 풀이하는 것이 일부청구를 하는 당사자의 통상적 의사라고 할 것이다. 이는 소위 외측설에 따른 이론인 바 외측설에 따라 원고의 청구를 인용한다고 하여도 이것이 당사자 처분권주의에 위배되는 것이라고 할 수는 없는 것이라고 할 것이다."라고 판시하고 있다.

④ 상계한 후의 금액이 일부청구액을 초과하는 경우

사안에서는 상계에 의해 대등액으로 소멸된 후의 금액(250만원)은 일부청구액 350만원을 초과하지 않는 금액이었는데, 만일 반대채권이 100만원에 불과하여 전자의 금액(400만원)이 350만원을 초과하는 경우에 법원은 청구인용금액을 얼마로 해야 하는지 문제된다. 이에 대해서는 대상판결이 설시하듯이 일부청구한 금액 전액인 350만원만을 인용하는 판결을 내려야 한다.

⑤ 상계의 항변에 대한 1심과 2심의 판단이 다른 경우의 처리

또한 소구채권 그 자체를 부정하여 원고의 청구를 기각한 제1심 판결과 소구채권은 인정하면서도 상계항변을 받아들인 결과 원고의 청구를 기각한 항소심판결은 법216조에 따라 기판력의 범위를 서로 달리하므로(후자는 자동채권이 소멸된 점에 기판력이 발생), 항소심으로서는 그 결론이 같다고 하여 원고의 항소를 기각할 것이 아니라 제1심 판결을 취소하고 다시 원고의 청구를 기각하는 판결을 해야 한다(대판 2013.11.14, 2013다46023).

참고판례 18-[판례11]

[10-10] 판결이유 중의 판단의 구속력

[대상판결] 대판 1984.10.23, 84다카855

[사안] 甲은 자신이 소유하는 X토지를 乙이 권원 없이 1972.1.1.부터 1981.12.31.까지 이를 점유·경작함으로써 위 기간 동안의 손해에 대한 배상을 구하는 소를 제기하였다(본소). 이 소에 앞서 乙은 甲을 피고로, 자신이 X토지를 1959.3.13.부터 20년간 소유의 의사로 평온공연하게 점유를 계속하여 왔으므로 1979.3.13. 그 취득시효가 완성되었다는 주장을 하였으나, 甲은 乙의 점유사실을 부인하고 나아가 다른 사람에게 임대하는 등, 甲이 점유하여 왔다고 주장하였다(전소). 전소에서는 乙패소판결이 내려지고 확정되었다. 이러한 전소의 경과를 토대로 乙은 본소에서, 甲은 전소에서 그 사건의 중요한 쟁점인 X에 대한 乙의 점유사실을 극력 부인하고 甲이 점유하여 왔다고 주장·증명하여 승소판결을 받았음에도, 태도를 바꾸어 乙이 X를 불법으로 점유하여 왔다고 주장한 것이므로, 본소는 부적법 각하되어야 한다고 주장하였다. 甲이 제기한 본소는 전소판결의 영향을 받는가?

[판결요지] "별소의 피고이던 甲이 그 소송에서 그 소송의 원고이던 乙이 주장하는 시효취득요건사실을 부인하고 반증을 제출한 것은 상대방의 시효취득주장에 대한 방어방법으로서 한 진술 및 입증에 불과한 것이며 그 소송에서 乙의 주장사실이 인정되지 아니한다 하여 乙이 패소한 것은 乙이 그 주장사실에 대한 입증을 다하지 못한 데 기인한 것이고 또 별소에서는 乙이 X를 1959.3.13.부터 20년간 소유의 의사로 평온공연하게 점유하여 옴으로써 1979.3.13.자로 시효취득하였는가의 여부가 그 쟁점이고 본소에서는 乙이 X를 1972.1.1.부터 1981.12.31.까지 점유하고 있었는가의 여부가 그 쟁점으로서 두 소송의 쟁점이 서로 다른 것임이 명백한 바 사정이 이러하다면 甲이 별소에서의 상대방의 주장사실을 부인하다가 그 주장사실과 일부 같은 내용의 주장을 하면서 본소를 제기하고 있다 하더라도 그 사실만으로는 본소가 신의칙에 반하는 것으로서 권리보호의 이익이 없는 부적법한 것이라고는 볼 수 없을 것이다."

[해 설]

① 판결이유 중의 판단의 구속력

앞의 기판력의 객관적 범위에서 보았듯이 기판력은 판결의 주문에만 미치는 것이 원칙이다(법216조1항). 그렇다면 판결이유 중의 판단에는 아무런 효력이 없는 것인지 문제된다. 판결의 이유는 주문이 정당함을 뒷받침하는 부분이다. 이러한 판단에 아무런 효력이 동반되지 않는다는 것은 판결 자체를 무의미하게 하는 것과 별 차이가 없다고도 말할 수 있다. 반면으로 판결이유 중의 판단에 어떠한 효력을 부여해야 하는지 또한 어려운 문제이다.

이 점에 대해서는 그 효력으로 기판력 자체를 직접 도출하는 것은 어려움이 있다. 이에 따라 등장한 것이 기판력과 유사한 효력을 부여한다고 하는 입장이다(소수설). 그러한 유사한 효력으로서는 쟁점효라는 것을 먼저 생각할 수 있다. 둘째로 신의칙에 의한 반복금지라는 효력(권리실효의 법리)이라고 주장하는 입장도 있다(다수설). 이 2개의 입장 사이에는 큰 차이가 있는 것처럼 주장하는 경우도 있지만, 자세히 본다면 그렇게 큰 차이가 나는 것은 아니다. 2개의 입장 모두 결론적으로 전소판결의 이유 중의 판단에 의해 후소에서의 판단을 금지하는 기능이 있기 때문이다. 굳이 차이를 들자면 전자는 기판력과 유사한 제도적 효력으로 파악하는 점, 그리고 자백되어 쟁점이 되지 않은 사항에 관해 전자는 그 부분에 쟁점효가 발생하지 않지만 후자는 그 부분과 반대되는 주장이 금지된다는 점에서 찾을 수 있다.

② 판례의 입장

대상판결은 단지 쟁점이 다르므로 문제가 되지 않는다는 입장이다. 그렇다면 쟁점이 같다면 어떠한지 생각해 볼 필요가 있다. 즉, 판례의 입장에서도 만일 쟁점이 같다면 신의칙상 전소에서 한 주장과 상반되는 후소에서의 주장이 금지된다고도 해석할 수 있을 것이다. 사안에서 전소의 쟁점은 乙의 20년간(1959.3.13.–1979.3.13.) 점유의 유무이다. 반대로 본소의 쟁점은 乙이 주장한 20년간의 점유기간과는 일치하지 않는 乙의 10년 간(1972.1.1.~1981.12.31.) 점유의 유무이다. 이 점에서는 대상판결이 설시하듯이 쟁점이 동일하다고는 할 수 없을 것이다.

③ 판결이유 중의 판단과 기판력

원래 판례는 판결이유 중의 판단에 기판력이 발생하지 않는다는 입장이다(대판 1965.7.6, 65다893, 대판 1983.9.27, 82다카770). 판례의 입장에서 본다면 전소와 후소의 쟁점의 동일성 여부는 아무런 문제가 되지 않을 것이다. 쟁점이 같건 다르건 어차피 판결이유 중의 판단에는 아무런 구속력이 없기 때문이다.

그러나 한편으로 판결이유 중의 판단의 중요성 또한 강조된다. 이 점은 대판 1970.7.28, 70누66, 67, 68에서, "확정판결의 기판력의 범위는 확정판결의 주문의 문언의 형식에만 의하여 판단할 것이 아니고 판결에 게재된 이유와 대조하여 인정하여야 할 것이므로 원판결에 의하면 그 주문에서 [피고가 1967.10.12.자로 원고들의 별지 제2목록 기재토지에 한 이의신청 기각한 재결을 취소한다]라고 기재되었을 뿐이고, 피고가 1967.10.12.자 원고들의 이의신청을 기각한 재결전부를 취소하라는 것이 아님을 알 수 있을 뿐더러 별지 제2목록 기재토지에 관한 이의를 그 목록 기재사항과 판결이유를 대조하여 검토하면 동 토지에 관한 손실보상가격에 관한 이의신청 기각재결을 취소한 것이다."라고 판시한 점에서도 알 수 있다.

또한 토지소유자와 관습에 의한 지상권자 사이의 지료급부이행소송의 판결의 이유에서 정해진 지료에 관한 결정은, 소송물에 대한 판단은 아니므로 기판력이 없는 것이 원칙이다. 그러나 그 판결이유에서 판단된 지료에 관한 결정은 소송물에 준한 심판대상으로서 그 소송의 당사자인 토지소유자와 관습에 의한 지상권자 사이에서는 지료결정으로서의 효력이 있다고 판단한 판례도 있다(대판 2003.12.26, 2002다61934).

④ 판결이유 중의 판단에 구속력을 인정해야 하는 이유와 구속력의 내용

ⅰ) 이유

위와 같은 판례의 흐름에서 본다면, 적어도 이제는 판결이유 중의 판단에 무엇인가 효력을 인정할 수 있

는 것이 아닌가도 생각된다. 이러한 태도는 판결이유가 갖는 중요성에 비추어 본다면 타당하고 유연한 입장이 될 것이다. 또한 참가적 효력([12−10] 참조)이나 파기판결의 구속력([13−5] 참조)은 판결이유 중의 판단에 관해 발생한다는 점을 상기할 필요가 있다(그 밖에 [10−8]의 별개의견 참조).

ⅱ) 구속력의 내용

물론 판결이유 중의 판단이 갖는 구속력은 무엇이고, 그러한 구속력은 어느 경우에 발생하는가라는 요건의 문제는 기판력에 준하는 효력이라는 점에서 중요한 문제가 될 것이다. 이 점은 일단 앞으로의 판례의 집적을 기다려야 할 문제이지만(사실 지금까지 판례는 쟁점효나 신의칙에 위배되지 않는다고만 할 뿐 위배된다고 판시한 것은 없다), 당분간은 신의칙의 문제로서 판결이유 중의 판단으로 인해 후소가 불가능하거나 후소에서 특정 주장이 불가능해지는 것으로 이해해야 할 것이다(아직 확고한 기반이 없는 상태에서 쟁점효라는 제도적 효력을 도출하는 것은 무리가 있다). 사안의 경우, 전소판결에서 乙이 패소한 이유(乙의 점유의 유무, 그 기간에 관한 판단)에 따라서는, 그 구속력에 의해 甲의 본소가 인정되지 않을 수도 있을 것이다.

[10-11] 기판력의 주관적 범위 – 변론종결 후의 승계인 –

[대상판결] 대판 1992.10.27, 92다10883

[사안] 甲은 A를 상대로 대지 소유권에 기한 방해배제청구로서, 그 지상건물 X의 철거를 구하는 소를 제기하여 승소확정판결을 받았다(전소). 그러나 B는 A로부터 전소의 계쟁건물인 X를 전소변론종결 전에 소유권이전등기청구권 보전의 가등기를 경료받았다가, 전소의 변론종결 후에 소유권이전의 본등기를 경료하고, 같은 날 B는 乙에게 다시 그 소유권이전등기를 경료하였다. 甲이 乙을 상대로 승계집행문을 부여받아 강제집행에 착수하자, 乙은 甲을 상대로 집행문부여에 대한 이의의 소(후소)를 제기하고, 자신이 전소판결의 기판력이 미치는 변론종결 후의 승계인이 아니라고 주장할 수 있는가?

[판결요지] "대지 소유권에 기한 방해배제청구로서 그 지상건물의 철거를 구하여 승소확정판결을 얻은 경우, 동 지상건물에 관하여 위 확정판결의 변론종결 전에 경료된 소유권이전청구권가등기에 기하여 위 확정판결의 변론종결 후에 소유권이전등기를 경료한 자가 있다면 그는 민사소송법 제204조(법218조) 제1항의 변론종결 후의 승계인이라 할 것이어서 위 확정판결의 기판력이 미친다고 할 것이다 … 가등기의 순위보전적 효력이란 본등기가 마쳐진 때에는 본등기의 순위가 가등기한 때로 소급함으로써 가등기 후 본등기 전에 이루어진 중간처분이 본등기보다 후순위로 되어 실효된다는 뜻일 뿐 본등기에 의한 물권취득의 효력이 가등기 때에 소급하여 발생하는 것은 아니고, 위와 같은 건물철거소송에서 확정판결이 미치는 철거의무자의 범위는 건물의 소유권 기타 사실상의 처분권의 취득시점을 기준으로 판단하여야 할 것이다."

[해 설]

① 변론종결 후의 승계인의 범위

기판력은 절차권 보장을 받게 되는 당사자에게만 그 효력이 있다(기판력의 상대성). 따라서 전소와 후소의 당사자를 달리 하는 경우라면 전소의 기판력은 후소의 당사자에게 미치지 않는다. 그런데 항상 당사자에게만 한정하는 것은, 분쟁의 실효적 해결이라는 점에서 적절하지 않다. 이에 따라 법은 당사자와 유사한 지위를 갖는 일정한 제3자에 대해 기판력이 미치는 경우를 규정하고 있다(법218조). 법218조1항은 변론종결 후의 승계인에게 당해 소의 판결의 기판력이 미친다고 규정한다. 사안에서도 乙은 전소의 변론종결 후에 X를 승계한 것이므로, 같은 조가 말하는 승계인이라고 할 수 있는데, 그렇다면 형식적으로 변론종결 후의 승계인이라면 항상 기판력이 미치는 승계인이 되는 것인지 문제되는 것이다. 대상판결은 전소가 물권으로서의 소유권에 기한 방해배제청구였다는 점, 그리고 B나 乙은 전소의 변론종결 후에 본등기가 마쳐진 전소 목적물의 승계인이라는 점을 명확히 하며 변론종결 후의 승계인에 해당한다고 하였다. 이러한 두 가지는 판례가 일반적으로 취하고 있는 태도에 해당하는 부분이다(변론종결 전에 가등기를 해도 변론종결 후에 본등기를 하면 변론종결 후의 승계인이 된다는 점에는 이론(異論)이 없다).

② 판례의 입장

ⅰ) 전소가 물권적 청구권에 기한 경우

판례는 소송의 목적물을 물권적인 것인지 아니면 채권적인 것인지로 구분하여, 전자의 경우에는 그 승계인이 기판력이 미치는 변론종결 후의 승계인이 되지만, 후자의 경우에는 그러하지 않다고 해석한다(대상판결에서도 물권적 방해배제청구권이 주장된 경우이다). 전소가 소유권에 기한 말소등기청구소송이라면 그 판결의 기판력은 승계인에게도 미친다(대판 1972.7.25, 72다935). 또한 부동산에 대한 근저당권설정등기 말소청구사건의 사실심 변론종결일 후에 그 부동산의 소유권을 경락취득한 자 또는 이를 전득한 자도 변론종결 후의 승계인이다(대판 1994.12.27, 93다34183).

ⅱ) 전소가 채권적 청구권에 기한 경우

반대로 채권적인 권리를 대상으로 하는 경우에는 승계인이 되지 않는다. 건물인도소송의 변론종결 후에 피고로부터 그 건물의 점유를 취득한 자는 그 소송에서의 소송물인 청구가 물권적 청구 등과 같이 대세적인 효력을 가진 것이 아닌, 대인적인 효력밖에 없는 채권적 청구만에 그친 때에는 승계인이 아니다(대판 1991.1.15, 90다9964). 또한 채권계약에 터 잡은 통행권에 관한 확정판결의 변론종결 후에 당해 토지를 특정 승계취득한 자는 승계인이 아니다(대판 1992.12.22, 92다30528). 이러한 판례의 입장은 말하자면 전소의 소송물과 후소의 소송물이 같거나 선결관계나 모순관계에 의해 기판력이 미치는 객관적 범위에 해당해야 함을 의미하는 것이기도 하다. 따라서 소송물이 동일하거나 선결문제 또는 모순관계에 의해 기판력이 미치는 객관적 범위에 해당하지 아니하는 경우에는 전소판결의 변론종결 후에 당사자로부터 계쟁물 등을 승계한 자가 후소를 제기하더라도 그 후소에 전소판결의 기판력이 미치지 아니한다(대판 2014.10.30, 2013다53939).

③ 물권적 청구와 채권적 청구의 구별의 필요성

ⅰ) 판례의 근거

판례는 위와 같이 청구권을 물권적인 것과 채권적인 것으로 구별하여 그에 따라 기판력이 미치는 승계인의 범위를 규율하고 있다. 그 근거는 반드시 명확하다고는 할 수 없지만, 일단 대세적인 권리와 대인적인 권리의 차이를 기준으로 하고 있는 입장이라고 이해할 수 있다. 이러한 입장은 변론종결 전의 승계에 의한 소송승계의 가능성에 관해 소송물의 승계의 경우에만 인정하고 계쟁물의 경우에는 인정하지 않는 입장([12-15] 참조)과 유사하다. 물권적 청구권이라면 1물1권주의에 의해 승계의 목적물이 소송물이라 할 수 있지만, 그렇지 않다면 소송물을 승계하였다고는 할 수 없기 때문이다.

ⅱ) 물권적 청구와 채권적 청구의 구별의 문제점

판례의 입장은 소송물논쟁 당시의 견해에 충실한 해석이다. 물권적 청구권이라면, 예를 들어 소유권에 기한 인도청구권이라면 목적물의 점유승계인은 완전한 권리를 승계한 자로서 당사자와 동일시할 수 있다. 반대로 채권적 청구권의 경우에는, 예를 들어 임대차계약 해지에 의한 원상회복으로서의 인도청구권이라면 매매에 의해 당해 건물을 매수한 제3자에게는 "매매는 임대차를 깨트린다."는 실체법상의 원칙상 대항할 수 없고, 당해 매수인은 승계인이 되지 않는다는 해석이다.

그러나 전소의 소송물이 물권적인 것인지 또는 채권적인 것인지 여부에 의해 승계인의 범위가 변하는 것은 아니라고 해석해야 할 것이다. 승계인에게 미치는 기판력의 범위에 차이가 있다고 할 수 있지만, 처음부터 승계인이 아니라는 해석은 타당하지 않다. 적어도 전소에서 확정된 원고의 피고에 대한 채권적인 청구권의 존부에 관해 승계인도 전소의 권리관계를 승계한 이상, 그와 모순되는 주장을 하게 하는 것은 합리적이지 않기 때문이다.

따라서 기본적으로 변론종결 후에 전소의 계쟁물(특정 청구를 대상으로 하는 소송물이 아니라 그보다 넓은 의미에서의 특정 청구의 전제가 되는 권리의무나 법률관계를 의미하는 것이다. 실체법적으로 말한다면 실질권과 청구권의 관계이고 청구권을 대상으로 하는 것이 소송물이며 청구권의 전제가 되는 실질권을 대상으로 하는 것이 계쟁물이다)에 관한 당사자적격을 전래적으로 취득한 자는 승계인에 해당하고, 전소의 당사자라면 받게 되는 기판력을 받게 된다. 그러나 승계인이라고 하여도 자신의 고유의 항변은 전소변론종결 후의 사유로서 전소기판력에 의해 차단되지 않고 후소에서 제출할 수 있다. 이것은 보통 형식설이라 불리는 해석이다(반면 실질설은 고유의 항변을 가진 제3자를 승계인이 아니라고 해석한다).

[10-12] 채권자대위소송판결의 주관적 범위

[대상판결] 대판(전) 1975.5.13, 74다1664

[사안] 채권자가 제3채무자를 상대로 채권자대위소송을 제기하고 이 판결이 확정된 후, 채무자가 제3채무자를 상대로 채권자가 제기한 것과 동일한 내용의 소를 제기하는 것은 전소판결의 기판력에 저촉되는가?

[판결요지] 〈다수의견〉 "채권자가 채권자대위권을 행사하는 방법으로 제3채무자를 상대로 소송을 제기하고 판결을 받은 경우에는 채권자가 채무자에 대하여 민법 405조1항에 의한 보존행위 이외의 권리행사의 통지, 또는 민사소송법 77조(법84조)에 의한 소송고지 혹은 비송사건절차법 84조1항에 의한 법원에 의한 재판상 대위의 허가를 고지하는 방법 등을 위시하여 어떠한 사유로 인하였던 적어도 채권자대위권에 의한 소송이 제기된 사실을 채무자가 알았을 경우에는 그 판결의 효력은 채무자에게 미친다고 보는 것이 상당하다 할 것이다 … 그러므로 채무자에게 고지 등의 방법으로 알게 하여 필요에 따라 소위 공동소송적 참가 기타의 방법으로 그 고유의 권리를 보호할 기회를 주는 동시에 그 기판력도 채무자에게 미치게 하자는 데 후자와 같은 해석의 의의가 있고 효용이 있다. 이와 같은 고지 등에 의하여 채무자에게 제소사실을 알리어야 한다는 법적 근거는 위에서 이미 설시하였거니와 실제 성실한 당사자라면 채권자대위권에 의한 소송의 원피고는 정정당당히 채무자에게 그 제소사실을 알려야 하고 또 알고도 이에 협력않고 불리한 판결을 받은 채무자에게 불이익을 주어도 위와 같은 법적 근거와 권리 위에 잠자는 채무자를 돕지 않는다고 하여 불공평하다고 할 수 없다고 할 것이다. 그러나 이 경우에 채무자가 모르는 사이에 확정된 판결의 효력은 채무자에게 미치지 않는다고 해석하여 종전 판례가 추구하려던 폐단도 방지하도록 보장하였다."

〈소수의견〉 "채권자가 한 대위소송을 채무자가 알든 모르든(지·부지 간에) 이에 대하여 모든 경우에 그 기판력이 있다고 해석하여야 한다. 그 이유는 다음과 같다.

첫째로 … 채권자대위권을 행사한 채권자에 대한 기판력이 피대위자인 채무자에게 미치는 것으로 보는 근거를 위 법문에 찾는 한에 있어서는 피대위자가 알고, 모르는 것을 가려서 기판력의 파급 여부를 가리기에는 그 법문상의 근거가 전혀 없다. 둘째로, 다수의견에서는 민법 제405조 제1항과 비송사건절차법 제84조 제1항의 규정을 들어 이 사건에서 대위권자인 채권자가 피대위자에게 알릴 방도가 있는 양으로 주장하지만 이 사건은 소유권이전등기 말소등기절차이행청구소송이므로 대위하는 채권자의 채권의 기한은 이미 도래된 경우일 뿐 아니라 오히려 그 권리의 행사는 보전행위에 가깝기 때문에 엄격한 의미에서는 위의 두 법조가 적용될 성질의 경우라고는 보기 어렵다고 생각한다. 셋째로, 법률상 이해관계가 있는 소송이 계속 중인 사실을 소송고지에 의하여 알았거나 또는 기타 방법에 의하여 알게 된 제3자가 계속 중인 소송에 보조참가를 하여 피참가인과 공동투쟁을 벌인 경우에도 이 제3자가 받을 수 있는 불이익은 기판력이 아니라 참가적 효력에 불과한 민사소송법 이론에 비추어 다수의견처럼 소송계속의 사실을 알았다고 하여 기판력을 미치게 하는 것은 피차 균형을 잃는 느낌이 든다. 넷째로 … 다수의견처럼 피대위자가 소송이 계속 중인 사실을 알았었는지의 여부에 따라서 증명하기 곤란한 주관적 사정에 의하여 기판력의 파급 여부에 영향을 미치게 한다면 법적 안정성을 내세우는 기판력의 정신과 정면으로 부딪치는 느낌이 든다."

[해 설]

① 채권자대위소송의 판결과 채무자

법218조3항에 의하면 소송담당자에 대한 확정판결은 피담당자에게도 그 효력이 미친다. 채권자대위소송은 법정소송담당에 해당하므로 법218조3항을 충실히 적용한다면 채무자에게도 일률적으로 판결의 효력이 미친다는 결론이 된다. 그러나 사안의 대상(전원합의체)판결의 다수의견은 채권자가 담당자로 제기한 채권자대위소송의 판결효가 일률적으로 채무자에게 미치는 것은 아니라는 해석이다. 원래 채권자가 채권자대위권을 행사하는 방법으로 제3채무자에 대하여 소를 제기하고 판결을 받은 경우에 그 확정판결의 효력은 당사자 아닌 채무자에게 효력이 미칠 수 없다는 입장(대판 1967.3.28, 67다212; 대판 1970.7.21, 70다866)이 대상판결에 의해 폐기되었다.

② 판결저촉 회피의 필요성

대상판결의 다수의견은 기존의 입장, 즉 기판력을 전적으로 인정하지 않는 입장과 달리 기판력을 제한적으로 인정하려는 입장이다. 기판력을 부정하면 대위소송판결의 확정 후에 채무자가 다시 자신의 채권을 주장하여 소를 제기했을 때, 그 내용은 대위소송과 전적으로 동일한 내용을 다투게 되는 것으로 채무자의 제소를 인정함으로써 양 판결의 효력의 저촉을 막을 수 없게 된다. 이에 기판력을 인정하려는 여러 입장이 등장하게 되었다.

첫 번째 입장은 채무자에게 유리하게 기판력이 미친다는 견해이다. 즉, 대위채권자가 승소하면 그 판결의 효력은 채무자에게도 미치지만, 반대이면 채무자에게는 미치지 않는다는 해석이다. 구체적으로는 채권자와 채무자의 관계를 대립형 아니면 협력형으로 구분하여 판결효의 확장을 인정하는 입장이다. 그러나 이 견해에 대해서는 과연 쉽게 대립형 또는 협력형으로 나누는 것이 가능한지 등 문제가 제기되었다.

두 번째로 등장한 것이 바로 다수의견에서도 말하는 채무자에게 소송고지를 하는 등, 채무자의 절차권을 보장한다면 기판력도 확장된다는 이론이다. 현재의 다수설이라 할 수 있다. 이 입장은 절차보장설이라고도 하며, 기판력이 미치는 것은 절차권의 보장을 받았기 때문이라는 일반적인 기판력의 근거론에서 발생, 전개된 것이라고 할 수 있다.

그 밖에 채권자대위소송을 소송담당으로 파악하지 않고 고유적격에 의한 채권자의 제소로 본다면, 판결효는 당연히 채무자에게 미치지 않는다. 그러나 앞서([5−10]) 보았듯이 소송담당이 아닌 고유적격에 의한 제소로 보는 점에는 문제가 있다.

③ 채무자에게 판결효가 미치는 이유

ⅰ) 다수의견의 문제점

채무자에게 판결효가 전혀 미치지 않는다는 해석은 타당하지 않다. 제한적으로 미친다는 입장에서는 다수의견이 말하는 절차보장설이 가장 설득적이다. 그러나 다수의견과 같이 주관적 사정에 의해 기판력의 범위를 확정하는 것은 타당하지 않다.

ⅱ) 소수의견이 타당한 이유

첫째로 법218조3항은 명확히 소송담당 시 그 지·부지에 관계없이 피담당자에 대한 판결효의 확장을 긍정하고 있고, 변론종결 후의 승계인의 경우에서처럼 그 지·부지를 문제삼는 것은 타당하지 않다. 피고결석이라는 예외적인 사정이 없는 한, 법원이 채무자의 증인신문을 하는 등 채무자도 소송계속사실을 알게되는 것이 일반적일 것이다.

둘째로 소송고지를 통해 소송계속사실을 채무자에게 알려야 하는 점에 대해서도, 소수의견에서와 같이 소송참가에 따른 참가적 효력이 발생할 뿐이라는 문제점의 지적 이외에, 채권자가 승소해도 소송계속사실을 채무자가 몰랐다면 그 기판력이 미치지 않을 테고 채무자는 제3채무자에게 재차 소를 제기할 수 있다는 불합리한 결과를 초래한다는 문제를 지적할 수 있다.

반대로 채권자가 패소해도 소송계속사실을 모른 채무자가 제3채무자에게 다시 소를 제기할 수 있다는 해석도 불합리하다. 만일 채권자와 제3채무자가 공모하여 채무자의 이익을 침해하려고 제3채무자승소를 이끌어 낸 경우에는, 상법406조나 행정소송법31조를 유추하여 채무자에게 사해재심을 인정하는 것이 타당하다.

셋째로 채무자의 절차권 보장을 위해 채무자가 소송계속사실을 알아야 한다면, 누군가 통지할 의무를 부담해야 한다. 그러나 이 의무를 현행법의 해석으로 인정하는 것은 곤란하다(민집227조, 238조에 의해 추심소송에서는 채무자에게 압류명령이 송달되고 소송이 고지되는 것과 비교할 필요가 있다). 단, 민법의 해석으로 채권자가 채무자에게 의무적으로 통지할 것을 고려할 수 있을 것이다.

[10-13] 반사효

[대상판결] 대판 1993.2.12, 92다25151

[사안] 甲은 乙을 피고로 소유권이전등기청구소송을 제기하였지만 패소확정판결을 받았다. 그 후 乙 명의의 등기는 매매계약을 통해 丙으로 이전등기가 경료되었다. 그러나 甲은 乙에 대해 자신에게 이 사건 각 부동산에 관한 소유권이전등기청구권이 있음을 전제로, 乙과 丙 사이의 매매계약이 통정허위표시임을 이유로 乙을 대위하여 丙 명의의 소유권이전등기말소를 구하는 소를 제기하였다. 이러한 경우 甲에게는 전소판결의 효력이 미치는가?

[판결요지] "甲의 청구는 乙에 대한 소유권이전등기청구권을 보전하기 위하여 乙을 대위하여 丙 명의의 소유권이전등기의 말소를 청구하는 것인데, 채권자가 채권자대위권의 법리에 의하여 채무자에 대한 채권을 보전하기 위하여 채무자의 제3자에 대한 권리를 대위 행사하기 위하여는 채무자에 대한 채권을 보전할 필요가 있어야 할 것이므로 이 사건 甲의 청구를 인용하기 위하여는 우선 甲의 乙에 대한 소유권이전등기청구권을 보전할 필요가 인정되어야 할 것이고, 그러한 보전의 필요가 인정되지 않는 경우에는 이 사건 청구에 관한 소부분은 부적법하므로 법원으로서는 직권으로라도 이를 각하하여야 할 것이다. 그런데 甲이 乙에 대한 소유권이전등기청구권이 있다고 주장하여 乙을 상대로 소유권이전등기절차 이행의 소를 제기하였으나 패소의 확정판결을 받았고 … 위 판결의 기판력으로 말미암아 甲으로서는 더 이상 乙 내지 丙에 대하여 소유권이전등기청구를 할 수 없게 되었다고 할 것이고 … 甲으로서는 乙의 丙에 대한 권리를 대위행사함으로써 위 소유권이전등기청구권을 보전할 필요가 없게 되었다고 할 것이니, 원심으로서는 직권으로 甲의 이 사건 청구를 부적법한 것으로서 각하하였어야 할 것이다."

[해 설]

① 반사효의 의의

기판력은 당사자 간에만 미친다. 따라서 甲과 乙 간의 판결의 효력은 甲과 乙에게 미치고 丙에게는 미치지 않는다(또한 판례에 의하면 甲의 청구는 채권적 청구로서 丙은 변론종결 후의 승계인에 해당되지 않는다). 그러나 대상판결은 甲의 丙에 대한 소를 각하해야 한다고 판시하고 있다. 그렇다면 대상판결은 과연 학설에서 말하는 반사효를 인정한 것인지 문제된다.

반사효란 학설상, 판결의 부수적 효력으로 주장되는 판결효를 말한다. 넓게는 판결의 법률요건적 효력이라 말할 수 있다. 본래의 법률요건적 효력이란 판결이 당사자에게 실체법적으로 일정한 효력을 부여하는 경우, 예를 들면 판결이 확정되면 시효가 진행하거나 변화하는 등(민법178조2항, 동165조1항 참조)의 효력을 의미한다. 이러한 경우 당사자가 아닌 제3자도 당사자와의 관계(의존관계나 종속관계)에 따라 일정한 실체법상의 지위를 취득하게 되고, 이 점에 의해 당사자에 대한 판결효가 제3자에게 영향을 미치게 된다는 것이 판결의 반사효라는 것이다. 반사효는 기판력과 달리 직권조사사항이 아닌 원용사항이고, 반사효를 받게 되는 제3자는 공동소송적 보조참가가 아닌 통상의 보조참가가 가능하다고 주장된다.

② 반사효의 적용례

반사효를 주장하는 학설에서는 보통 다음의 경우를 예로 든다. ⅰ) 주채무자와 채권자 간의 주채무자승소판결은 제3자인 보증인에게 유리하게 반사효를 미치게 된다. ⅱ) 합명회사와 채권자 간의 회사채무에 관한 판결은 무한책임사원에게 반사효를 미친다. ⅲ) 공유자의 1인이 제3자에 대해 공유물반환·방해배제청구에서 승소하면 다른 공유자에게도 유리하게 반사효가 미친다. ⅳ) 연대채무자의 1인이 채권자에 대해 상계의 항변에 의해 승소판결을 받으면 다른 연대채무자에게 유리하게 반사효가 미친다. ⅴ) 임대인과 임차인 간의 임차권의 존재를 확정하는 판결은 전차인에게 유리하게 반사효를 미친다.

③ 판례의 입장

대상판결은 선례(대판 1986.2.11, 85다534)를 인용하고 있고, 이 선례에서는 "피고로부터 갑, 을을 거쳐 부동산을 전전매수한 원고가 갑을 상대방으로 하여 위 부동산을 을을 거쳐 매수한 것을 청구원인으로 하여 매매를 원인으로 한 소유권이전등기절차 이행의 소를 제기하였다가 패소하고 그 판결이 확정되었다면 원고는 위 확정판결의 기판력에 의하여 갑에 대하여 위 부동산에 관하여 소유권이전등기절차의 이행을 더 이상 구할 수 없게 되었고, 따라서 갑을 대위하여 피고에게 그 명의의 등기말소절차 등의 이행을 구할 수도 없다."라고 판시하고 있다. 이 선례는 반사효라기보다는 기판력이 직접 원고에게 미친다는 해석으로 보인다.

이러한 점은 최선례(대판 1967.5.16, 67다372)에서, "피고가 소외 갑을 상대로 하여 얻은 확정판결의 기판력이 제3자인 원고에게 대하여서는 미치지 아니하나 이 사건에서처럼 원고가 위 소외 갑을 대위하여 소외 갑의 입장에서 피고를 상대로 위 두 사람 사이의 확정판결에 의한 소유권이전등기의 말소등기절차이행청구를 한다면 제3자인 원고도 위의 확정판결의 기판력을 받는다 할 것이다."라고 판시하여 기판력이 확장됨을 명시하고 있다.

④ 반사효가 아닌 기판력에 의한 처리

위와 같은 판례의 입장은 학설에서 주장하는 반사효가 아닌 기판력 자체의 확장으로 풀이하는 것이다. 특히 대상판결이 "직권으로 갑의 이 사건 청구를 부적법한 것으로서 각하하였어야 할 것이다."라고 판시한 점에서도 그러하다. 즉, 기판력으로 인한 당사자적격의 흠결을 이유로 소를 각하한 것이다.

결국 다음과 같은 이유로 학설이 반사효를 적용해야 한다고 주장하는 경우에는, 판례와 같이 반사효가 아닌 기판력의 확장 여부로 해결해야 하는 것이 타당하다. 그 논거로는 다음을 들 수 있다.

ⅰ) 실체법상의 근거규정이 없음에도 반사효에 의해 청구(제소)할 수 없다는 결론을 도출하는 것은 곤란하다. 예를 들면 반사효가 적용된다는 주요 형태인 주채무자승소판결의 경우, 보증채무의 소멸을 도출하기 위해서는 실체법이 아닌 소송법상의 기판력에 의해 그러한 효력을 도출해야 하기 때문이다(즉, 반사효가 아닌 기판력 자체로서 도출해야 한다).

ⅱ) 또한 반사효는 사실상 기판력과 동일한 작용을 함에도 불구하고, 직권조사사항이 아닌 원용사항이고 공동소송적 보조참가가 아닌 보조참가가 가능하다는 해석은 기판력과 다른 반사효를 인정할 실익이 없음을 의미한다.

ⅲ) 반사효를 적용하지 않는다면 주채무자승소판결의 경우 실체법상 모순이 발생한다는 주장에 대해서도, 실체법상의 모순이 발생하는 경우에는 모두 필수적 공동소송이 되어야 함에도, 주채무자와 보증인이 필수적 공동소송의 관계가 아님을 상기할 필요가 있다(또한 설사 주채무자와 보증인이 통상공동소송으로 병합된 경우에도 채권자를 포함한 3자간의 관계가 친족관계나 거래관계에 있는 경우라면 반드시 이해관계가 공통된다고는 볼 수 없고, 인부(認否)가 갈리는 경우에는 변론을 분리할 수 있다는 점에 주의해야 할 것이다).

[10-14] 판결의 대세효

[대상판결] 대판 1988.4.25, 87누399

[사안] 회사 甲은 A를 대표이사로 선임하였다. 그런데 甲의 주주들이 주주총회에서 A를 대표이사로 선임한 이사회결의의 각 무효확인을 구하는 소를 제기하여 승소확정판결을 받았다. 한편, 세무서 乙은 A가 甲의 대표이사로 선임되어 등기되어 있던 기간 동안, 甲의 대표자로서 업무를 수행하며 올린 수입은 모두 甲에게 귀속되는 것이라고 하여 과세처분을 하는 경우, 위 확정판결의 효력은 乙에게도 미치는가?

[판결요지] "이사회의 결의에 하자가 있는 경우에 관하여 상법은 아무런 규정을 두고 있지 아니하나, 그 결의에 무효사유가 있는 경우에는 이해관계인은 언제든지 또 어떤 방법에 의하든지 그 무효를 주장할 수 있다고 할 것이지만, 이와 같은 무효주장의 방법으로서 이사회결의무효확인소송이 제기되어 승소확정판결을 받은 경우 그 판결의 효력에 관하여는 주주총회결의무효확인 소송 등과는 달리 상법 제190조가 준용될 근거가 없으므로 대세적 효력은 없다고 할 것이다 … 그 판결의 효력은 위 소송의 당사자 사이에서만 발생하는 것이고, 乙을 포함한 위 소송의 당사자 아닌 사람들과의 사이에 있어서는 A가 대표이사로서 한 행위에 아무런 영향을 미치지 않는다."

[해 설]

① 기판력의 상대효와 대세효

기판력은 법218조에 규정된 자에게만 상대적으로 미치는 것이 원칙이다. 그러나 분쟁의 내용에 따라서는 상대적이고 개별적인 해결이 오히려 법률관계의 혼란을 초래하여 분쟁의 해결에 도움이 되지 않는 경우가 있다. 하나의 소송을 통하여 분쟁의 발생을 미연에 방지하고 획일적으로 기판력을 미치게 할 필요가 있는 경우가 있기 때문이다.

예를 들어 가사소송과 단체소송의 경우 등이 위와 같은 경우에 해당하고, 제3자에게도 기판력을 확장할 필요가 있다. 이러한 경우 기판력이 미치는 제3자는 기판력으로 확정된 법률관계와 관련이 있는, 즉 그러한 기판력 있는 판단에 구속력을 받는 자이고, 그러한 제3자에게는 기판력을 받게 된다는 점에서 절차권을 보장할 필요가 있다.

② 특정 범위의 제3자에 대한 기판력의 확장

법이 기판력이 확장되는 제3자의 범위를 특정하여 규정하는 경우이다. 예를 들면 파산채권확정소송의 판결은 파산채권자 전원에게 기판력이 확장된다(채무자회생468조1항). 또한 정리채권·정리담보권의 확정소송의 판결은 정리채권자, 정리담보권자, 주주의 전원에게 효력이 미친다(채무자회생176조1항). 그 밖에 추심의 소의 판결은 소환을 받은 채권자에게도 그 효력이 미친다(민집249조4항). 위와 같은 경우에 법이 특정 제3자에게 기판력을 확장하는 이유는, 권리관계의 획일적 확정의 필요가 있다는 점, 그리고 그 대상인 특정 제3자에게는 절차권이 보장되어 있다는 점 때문이다.

③ 일반 제3자에 대한 확장 - 대세효 -

i) 의의

법이 기판력이 확장되는 제3자의 범위를 특정하지 않은 경우이다. 전술하였듯이 제3자는 기판력으로 확정된 법률관계와 관련이 있는 자이지만, 그 범위가 미리 정형적으로 확정될 수 없다는 점에서, 이러한 기판력의 확장을 대세효라 부른다.

ii) 가사관계소송

가사소송법2조가 규정하는 사건 중, 가류·나류 사건의 경우에는 가사법률관계의 안정을 꾀한다는 점에서, 청구인용의 기판력은 일반 제3자에게, 청구배척(기각)의 기판력은 제3자가 당해 소송에 참가할 수 없었음에 대하여 정당한 사유가 없는 경우에 한해 미친다(가사소송법21조). 다만, 가사법률관계의 존부를 확정하는 것이 아닌 소송판결은 이에 해당되지 않는다.

iii) 회사·사단관계소송

이 경우에는 당해 단체에 관여하는 주체가 다수에

이르기 때문에, 단체의 운영이 원활해지도록 다수인 간에 문제가 되는 법률관계의 획일적 확정이 필요하다. 또한 이로 인해 그러한 법률관계에 의해 파생되는 법률관계에 관한 분쟁도 발본적으로 해결할 수 있게 된다. 이 점에서 법은 회사·사단관계소송의 경우에 대세효를 규정하는 것이 일반적이다.

설립무효 또는 설립취소소송의 판결(상법190조), 결의취소의 소(상법376조), 결의무효 및 부존재확인의 소(상법380조) 등이 이에 해당된다. 단, 어느 경우에나 기판력이 확장되는 것은 청구인용판결의 경우이고, 청구기각판결의 경우에는 확장되지 않는다. 이 점은 가사관계소송과의 차이점이기도 하다. 왜냐하면 단체의 법률관계의 주체는 복수로 존재하고, 그러한 자의 소권을 존중할 필요가 있기 때문이다.

그 밖에 청구기각판결의 경우에는 재소의 가능성이 있지만, 이에 따른 법률관계 안정의 요청에 대해서는 출소기한의 제한(상법328조1항 등)이라는 대책이 마련되어 있다(행정소송의 경우에도 청구인용의 판결은 대세효가 있지만 청구기각의 판결은 그러하지 않다[행정소송법29조1항, 38조1항]).

④ 제3자에 대한 절차권보장

대상판결은 이사회결의무효확인판결에 대세효가 없음을 명확히 판시하였다. 그 이유는 주주총회결의무효확인소송 등과는 달리 상법190조가 준용될 근거가 없기 때문이다(주주총회결의무효확인의 판결이 대세효를 갖는 점에 관해서는 [5-8] 참조). 위와 같은 대세효의 의의에서 보았을 때 왜 대상판결이 사안에서 대세효를 부정하였는지 살펴보도록 하겠다.

대상판결이 대세효를 부정한 이유는 이하에서 보는 바와 같은 제3자에 대한 절차권보장의 방법에 관해 아무런 규정이 없기 때문이다. 따라서 현재의 입법하에서는 대상판결이 설시하듯이 이사회결의무효확인판결이 대세효가 없다고 해석하는 것이 타당하다.

대세효의 근거가 되는 제3자의 절차권보장과 관련하여, 첫째로 특정 범위의 제3자에 대한 확장의 경우에는, 법은 당해 제3자에게 절차권이 보장되어 있음을 전제로 기판력을 확장하고 있으므로 크게 문제되지 않는다.

둘째로 일반 제3자에 대한 확장의 경우에는, 먼저 가사관계소송에서는 그러한 소의 당사자적격이 가장 밀접한 이해관계를 갖는 자나 적절히 소송수행을 할 수 있는 자에게 국한된다. 또한 가사관계소송은 필요적 공동소송이 되는 경우가 많다는 점에서 이해관계인이 소송에서 배제되지 않도록 하고 있다.

셋째로 심리의 방식으로 변론주의가 아닌 직권탐지주의가 채택되어 있다(가사소송법12조, 17조). 또한 공동소송적 보조참가나 독립당사자참가에 의해 제3자가 심리에 참가하는 방법이 인정된다. 판결확정 후라도 재심의 소를 제기할 수 있으므로, 제3자가 부당한 손해를 받지 않도록 제도적으로 보장되어 있다. 입법적으로는 제3자가 소송계속의 사실을 알게 할 소송고지 또는 통지를 위한 제도적 보완이 필요하다.

넷째로 회사·사단관계소송의 경우에도 전술한 가사관계소송에서 유사한 대책이 마련되어 있다. 먼저 당사자적격에 관해서는 법이 원고적격을 규정하는 경우가 많다. 그러한 규정이 없더라도 해석상 가장 밀접한 법률상의 이해관계를 갖는 자를 원고적격자로 보아야 한다.

그 밖에 사해적 소송수행의 방지를 위해 처분권주의의 제한이나 변론주의의 제한이 주장되기도 한다. 그러나 이러한 소송에서도 기본이 되는 것은 법률관계의 형성 및 변동이 사인의 의사에 맡겨져 있다는 점에서, 처분권주의와 변론주의를 근간으로 하되, 법원에 의한 화해의 통제나 제3자의 소송참가 등에 의해 사해적 소송수행이 방지되어야 한다. 그 밖에 상법406조에 의해 사해재심의 소를 제기할 길이 열려 있다. 제3자의 절차보장을 위해 피고인 회사가 소의 제기를 공고하게 하는 것(상법187조 등)도 제3자에 의한 참가를 유도하는 것으로 실익이 있다.

[10-15] 판결의 편취

[대상판결] 대판(전) 1978. 5. 9, 75다634

[사안] 甲으로부터 부동산을 매수하였다는 허위의 매매계약서를 작성한 乙은 甲을 상대로 위 매매로 인한 소유권이전등기절차 이행청구의 소를 제기하였다 (전소). 이 때 乙은 甲의 주소를 허위로 표시하였기 때문에 그 허위주소에 소송서류가 송달되고, 甲이 아닌 성명불상자가 그 소송서류를 수령하여 자백간주의 형식으로 乙의 승소판결이 선고되었고, 그 판결정본도 위와 같은 방법으로 송달되어 같은 판결이 형식상 확정되었다. 이 때 乙승소의 전소판결이 있음에도 甲은 乙을 상대로 당해 소유권이전등기말소를 청구할 수 있는가?

[판결요지] "판결(종국판결)이 당해 소송절차 내에서 통상적인 불복방법에 의하여 취소 변경될 수 없게 되면, 즉 상소제기등의 통상적인 불복방법으로써 다툴 수 없는 상태에 이르게 되면(소송행위의 추완신청이나 재심의 소의 제기로써 취소변경되는 것은 무방하다) 그 판결을 확정판결이라고 말하고 이러한 상태에 있어서의 판결의 불가변경성을 판결의 형식적 확정력이라고 하며, 이와 같이 판결이 형식적으로 확정되면(판결에 형식적 확정력이 생기게 되면) 그 확정판결에는 소송당사자나 법원이 그 판결의 내용인 특정한 법률효과의 존부에 관한 판단과 상반되는 주장이나 판단을 할 수 없게 되는 효력이 생기게 되는데 이러한 효력을 실질적(내용적)으로 판결을 확정시킨다고 하여 판결의 실질적 확정력이라고도 하고 또 이미 판단된 사건, 즉 기판사건이 가지는 효력이라는 의미에서 기판력이라고도 한다. 그러니 종국판결의 기판력은 판결의 형식적 확정을 전제로 하여 발생하는 것이다.

본건 사위판결의 경우에 있어서는 판결정본이 제소자가 허위로 표시한 상대방의 허위주소로 보내져서 상대방 아닌 다른 사람이 그를 수령한 것이니 상대방에 대한 판결정본의 송달은 부적법하여 무효이고 상대방은 아직도 판결정본의 송달을 받지 않은 상태에 있는 것으로서 그 판결에 대한 항소기간은 진행을 개시하지 않은 것이라고 보아야 할 것이다. 그렇다면 본건 사위판결은 형식적으로 확정된 확정판결이 아니어서 기판력이 없는 것이라고 할 것이고 민사소송법 제422조(법451조) 제1항 제11호에 '당사자가 상대방의 주소 또는 거소를 알고 있었음에도 불구하고 … 허위의 주소나 거소로 하여 소를 제기한 때'를 재심사유로 규정하고 있으나 이는 공시송달의 방법에 의하여 상대방에게 판결정본을 송달한 경우를 말하는 것이고(공시송달의 방법에 의하여 상대방의 허위주소에다가 판결정본을 송달하였다고 하여도 공시송달의 방법을 취하였기 때문에 그 송달은 유효한 것으로 보아야 하기 때문이다) 본건 사위판결에 있어서와 같이 공시송달의 방법에 의하여 송달된 것이 아닌 경우까지 재심사유가 되는 것으로 규정한 취지는 아니라고 할 것이며 따라서 항소설에 따른 본원판결, 즉 본건과 같은 사위판결은 확정판결이 아니어서 기판력이 없다는 본원판결 등은 정당하다."

[해 설]

① 판결편취의 의의

사안에서는 편취된 판결(사위[詐僞]판결이라고도 한다)이 기판력을 갖는지 문제되었다. 기판력이 있다면 그에 따른 구제방법(甲의 불복방법)도 달라진다. 기판력이 없다면 물론 일단 아무런 제약이 없으므로 편취를 당한 측에서도 자신의 권리를 보호하기가 용이하다. 대상판결은 허위주소로 송달을 하게 하여 판결을 편취한 경우, 적법한 송달이 아니므로 송달의 효력은 발생하지 않고 따라서 판결은 확정되지 않으며, 결국 기판력도 발생하지 않는다는 해석이다. 반대로 공시송달의 경우라면 판결은 확정되지만 재심의 소를 제기할 수 있다는 입장이다. 이 점에서 본다면 송달의 적법성과 그에 따른 상소의 제기가능성에 따라 판결의 확정 여부를 결정하는 것이 판례의 입장이다.

② 허위주소로의 송달에 의한 경우

위와 같이 허위주소로 송달을 하게 하여 판결을 편취하는 경우에는 항소기간이 진행되지 않아 기판력이 발생하지(판결이 확정되지) 않는다는 것이 판례의 일관된 입장이다. 즉, 대판 1982.4.13, 81다1350에서는, "상대방의 주소를 허위로 기재하여 제소함으로써 판결정본을 상대방이 아닌 다른 사람이 수령한 경우에는 적법한 송달이 있기까지는 상소기간이 진행되지 아니하여 판결이 확정될 수 없는 것인 만큼 그 판결에 기판력을 인정할 수 없고, 그 판결이 외형상 확정되었다 해서 그 집행으로서 소유권이전등기를 경료하였더라도 그 등기는 원인무효의 등기이다."라고 판시한다.

또한 대판 1994.12.22, 94다45449에서도, "제1심 판결정본이 적법하게 송달된 바 없으면 그 판결에 대한 항소기간은 진행되지 아니하므로 그 판결은 형식적으로도 확정되었다고 볼 수 없고, 따라서 소송행위 추완의 문제는 나올 수 없으며 그 판결에 대한 항소는 제1심 판결정본 송달 전에 제기된 것으로서 적법하다."라고 판시하고 있다. 즉, 판례의 태도는 항소설이라고도 부른다.

③ 공시송달에 의한 경우

반대로 공시송달에 의한 경우에는 대상판결이 설시하듯이 송달 자체를 유효한 것으로 본다. 예를 들어 대판 1987.3.24, 86다카1958에서는, "공시송달의 방법에 의하여 상대방에 대한 판결정본이 송달된 경우에는 비록 당사자가 상대방의 주소를 허위로 기재하여 제소하였다 하더라도 그 송달은 유효하고, 따라서 그 판결에 대하여 상고제기 기간 안에 상소를 하지 아니하면 판결은 형식적으로 확정된다."라고 설시하고 있다. 또한 법173조에 의한 소송행위 추후보완도 가능하고, 추후보완이 아닌 재심을 선택한 경우 추후보완 상소기간이 도과하여도 재심기간 내에 재심의 소를 제기할 수 있다(대판 2011.12.22, 2011다73540).

학설은 법451조1항11호의 재심사유가 있으므로, 판결은 형식적으로 확정되고 따라서 상소의 추후보완이나 재심에 의해 그 취소를 구한다는 입장이 일반적이다. 사안(허위주소 송달)에서와 같은 경우 판례와 학설의 차이는, 판례에 의하면 판결이 확정되지 않은 것이 되지만, 학설의 경우에는 판결이 형식적으로 확정된다는 점에 있다.

④ 판결의 무효를 통한 구제의 필요성

위와 같은 판례와 학설의 태도를 살펴보면, 먼저 학설에서 재심사유의 존재를 근거로 하는 것은 타당하지 않다. 재심사유는 한정열거적인 것이 아니고 예시적인 것이라고 해석해야 한다(재심사유란 기판력을 정당화할 수 없는 사유를 의미하므로 기판력의 정당화근거를 흠결하는 경우에는 재심사유를 유추해야 한다. 예를 들면 사해재심 등이 있다). 재심사유가 있다고 항상 재심에 의해서만 불복을 주장할 수 있다는 해석은 당사자의 권리구제를 부당하게 제한시키는 것이기 때문이다. 이러한 점에서 본다면, 허위표시에 의한 공시송달의 경우에는 재심사유에 해당하여 판결이 확정된다는 판례의 해석은 타당하지 않다. 이 경우에도 소송에 관여할 기회가 부여되어야 한다는 절차권 보장의 관점에서 허위주소로의 송달과 동일하게 다루어야 할 것이다.

한편, 판례는 허위주소로 송달한 경우의 구제로서 항소설을 취하는데, 이에 의하면 제1심에 관여하지 못한 당사자로서는 제2심부터 소송에 관여하게 되므로 절차권의 보장을 받지 못하게 되고, 3심제에 어긋나는 것이 된다. 이 점에서는 판결이 확정되지 않고 기판력이 발생하지 않는 이상, 또한 판례의 구제방법 자체가 항소만이 아닌 별소를 인정하는 취지이므로, 항소도 가능하지만 반드시 그에 의할 필요는 없고 별소의 제기도 가능하다고 풀이해야 한다(따라서 청구이의소송도 가능하다). 그렇다면 사실상 항소설과 무효설은 실질적으로 차이가 없는 것이 될 것이다. 결론적으로 사안에서의 판례의 해석은 타당하다.

참고판례 18-[판례2]

[10-16] 외국판결의 효력

[대상판결] 대판 1988.4.12, 85므71

[사안] 甲은 한국에 거주하는 乙을 상대로 미국법원에 이혼소송을 제기하여 승소판결을 받았다. 이에 대해 乙이 甲을 상대로 당해 미국법원의 판결이 무효임을 청구하는 소를 한국법원에 제기했을 때, 당해 미국법원의 판결은 우리나라에서도 효력을 갖는가?

[판결요지] "민사소송법 제203조(법217조) 제1호는 외국법원의 이혼판결에도 적용된다 할 것이고, 이 규정의 취지는 우리나라에서 외국판결을 승인하기 위하여는 그 판결을 한 외국법원이 당해 사건에 관하여 우리나라의 법률 또는 조약 등에 의한 국제재판관할원칙에 따라 국제재판관할권을 가지고 있음이 인정되어야 한다는 것으로 풀이되며, 한편 우리나라의 법률이나 조약 등에는 섭외이혼사건의 국제재판관할에 관한 규정을 찾아 볼 수 없으므로 섭외이혼사건에 있어서 위 규정에 의한 외국법원의 재판관할권의 유무는 섭외이혼사건의 적정, 공평과 능률적인 해결을 위한 관점과 외국판결 승인제도의 취지 등에 의하여 합리적으로 결정되어야 할 것인바, 섭외이혼사건에 있어서 이혼판결을 한 외국법원에 재판관할권이 있다고 하기 위하여는 그 이혼청구의 상대방이 행방불명 기타 이에 준하는 사정이 있거나 상대방이 적극적으로 응소하여 그 이익이 부당하게 침해될 우려가 없다고 보여지는 예외적인 경우를 제외하고는 상대방의 주소가 그 나라에 있을 것을 요건으로 한다고 하는 이른바, 피고주소지주의에 따름이 상당하다고 보아야 할 것이다.

乙은 우리나라에 주소가 있었고, 당시 乙이 행방불명 기타 이에 준하는 사정이 있었다거나 甲의 이혼청구에 적극적으로 응소하였다고 볼 자료가 없으므로, 위 법원에서는 위 이혼청구사건에 관하여 재판관할권이 있다고 할 수 없고, 따라서 위 법원의 위 이혼판결은 민사소송법 제203조(법217조) 제1호의 요건이 결여되어 우리나라에서는 그 효력이 없다고 보아야 할 것이다."

[해 설]

① 외국판결의 승인

외국판결(확정판결만이 아니라 이와 동일한 효력이 인정되는 재판[합하여 '확정재판등'이라고 한다]도 승인의 대상이 된다)도 법217조가 규정하는 소정의 요건을 갖추면 우리나라의 판결과 동일한 것으로 승인 받을 수 있다. 다만, 외국판결의 승인만을 요구하는 경우는 사안에서와 같은 이혼사건이 대부분이고(실제로 집행할 필요가 없거나 해석상 집행판결이 요구되지 않는 경우), 대개는 외국판결을 우리나라에서 집행하기 위해 그 집행판결을 요구하는 것이 보통이다(민집26, 27조). 따라서 외국판결의 승인과 집행은 동시에 이루어지는 것이 일반적이고, 그 요건 또한 동일하다.

② 승인의 요건 – 국제관할권의 존재

대상판결은 앞의 [2-2]에서도 보았듯이 피고주소주의라는 관점에서 미국법원에 당해 이혼사건의 관할권이 있다고는 할 수 없으므로, 당해 외국판결은 우리나라에서 승인될 수 없고, 결국 효력을 갖지 않는다고 판단한 것이다.

승인을 위한 첫 번째 요건은 외국판결을 내린 당해 외국법원에 국제관할권이 있어야 한다는 것이다. 사안의 외국판결은 이혼판결인데, 이에 대해서도 대상판결은 법217조가 규정하는 외국판결로서 동일한 요건을 요구하고 있다. 법217조가 판결의 종류를 구별하지 않고, 신분상 청구에 관한 외국판결승인의 규정이 별도로 존재하고 있지 않으므로, 위 법문의 확정판결에는 신분상 청구에 관한 판결도 포함된다고 해석해야 한다. 결국 사안에서의 외국판결 자체가 첫 번째 승인요건을 갖추고 있지 않으므로 대상판결의 해석은 타당하다.

③ 승인의 그 밖의 요건
ⅰ) 통상의 송달

두 번째 승인요건은 같은 조 2호의 패소피고가 공시송달이 아닌 통상의 송달을 받아야 한다는 요건이다.

이 송달의 의미에 대해서는 예를 들어 미합중국 워싱턴주법에서 워싱턴주 밖에 주소를 둔 피고에게 60일의 응소기간을 부여한 소환장을 송달하도록 규정하고 있는데, 한국에 주소를 둔 피고에게 20일의 응소기간만을 부여한 소환장을 송달하고 한 워싱턴주의 결석판결은 법217조2호의 적법한 방식에 의한 송달이라고 할 수 없다(대판 2010.7.22, 2008다31089).

ii) 공서양속

세 번째 요건은 외국판결의 내용이 우리나라의 공서양속에 반하지 않아야 한다는 것이다(법217조3호). 예를 들면 동일 당사자 간의 동일 사건에 관하여 대한민국에서 판결이 확정된 후에 다시 외국에서 판결이 선고되어 확정되었다면 그 외국판결은 대한민국판결의 기판력에 저촉되는 것으로서 대한민국의 선량한 풍속 기타 사회질서에 위반된다(대판 1994.5.10, 93므1051, 1068). 이러한 공서양속에는 절차적 공서를 포함하는데, 방어할 기회를 부여하였음에도 이를 임의로 포기하였다면 이는 공서양속위반에 해당되지 않는다(대판 1997.9.9, 96다47517).

공서양속 위반 여부는 승인 여부를 판단하는 시점에서 외국판결의 승인이 대한민국의 국내법 질서가 보호하려는 기본적인 도덕적 신념과 사회질서에 미치는 영향을 외국판결이 다룬 사안과 대한민국과의 관련성의 정도에 비추어 판단해야 하고, 이때 그 외국판결의 주문뿐 아니라 이유 및 외국판결을 승인할 경우 발생할 결과까지 종합하여 검토해야 한다(대판 2012.5.24, 2009다22549). 그 밖에 법217조의2가 새로이 추가되어, 손해배상에 관한 확정재판등이 대한민국의 법률 또는 대한민국이 체결한 국제조약의 기본질서에 현저히 반하는 결과를 초래하면 그 전부 또는 일부를 승인할 수 없고, 이때 법원은 외국법원이 인정한 손해배상의 범위에 변호사보수를 비롯한 소송과 관련된 비용과 경비가 포함되는지와 그 범위를 고려하여 승인의 여부를 심리해야 한다.

iii) 상호보증

네 번째는 상호보증이 있어야 한다는 요건이다(법217조 4호). 즉, 당해 외국판결을 한 외국에서도 우리판결이 외국판결로서 승인될 수 있는 것이어야 한다는 점이다. 지금까지 상호보증이 없다고 판단된 외국판결로는 미합중국 네바다주 법원의 판결(대판 1971.10.22, 71다1393), 호주법원의 판결(대판 1987.4.28, 85다카1767)이 있다. 그러나 뉴욕주 법원의 판결은 상호보증을 인정한다(대판 1989.3.14, 88므184, 191). 판례는 상호보증의 유무를 실질적으로 판단하여 우리의 민사소송법과 같은 요건으로 또는 그보다 관대한 요건으로 우리의 판결의 효력을 인정하면 상호보증이 있다고 해석하고 있다.

제11장

소의 객관적 병합 – 복수청구소송

[11-1] 단순병합과 예비적 병합의 구별

[대상판결] 대판 1975.7.22, 75다450

[사안] 원고인 채권자가 본래적 급부청구에 더하여 이에 대신할 전보배상을 부가하여 대상청구를 병합한 경우, 이 병합은 어떠한 형태의 병합인가?

[판결요지] "본건 청구는 그 본래적 급부청구에다가 이에 대신할 전보배상을 부가하여 청구한 것으로서 본래적 청구와 대상청구를 병합한 것임을 알 수 있는바 대상청구는 본래적 급부청구의 현존함을 전제로 하여 이것이 판결확정 후에 이행불능 또는 집행불능이 된 경우에 대비하여 전보배상을 미리 청구하는 경우로서 양자의 경합은 현재의 급부청구와 장래의 급부청구와의 단순병합에 속한다 할 것이고 이 경우의 대상금액의 산정시기는 사실심변론의 종결 당시의 본래적 급부의 가격을 기준으로 산정하여야 함이 상당하다."

[해 설]

① 청구병합의 의의

청구의 병합은 보통 복수청구에 해당하는 하나의 형태라고 불린다. 복수청구에는 청구병합 이외에 주지하는 바와 같이 소의 변경, 반소, 중간확인의 소가 있다. 복수청구는 동일 당사자 간의 복수의 청구가 심판의 대상이 되는 경우를 말하고, 당사자나 법원 모두 복수청구를 병합·심판하는 것이 경제적이고 편리하기 때문에 이용된다. 복수청구를 발생시키는 당사자의 소송행위는 위의 4가지이고, 그 중에서 반소와 중간확인의 소는 특별유형에 해당한다. 법원의 행위인 변론의 병합에 의해서도 유사한 결과(동일한 사실인정)가 발생한다.

청구의 병합은 하나의 소장으로 복수의 청구를 주장하는 경우이다(법253조). 병합의 요건은 ⅰ) 복수청구가 동종의 절차에 의하는 것이라는 점, ⅱ) 각 청구에 관한 관할권의 존재라는 점, ⅲ) 그리고 법률상의 병합금지조항의 부존재라는 점이다. 병합소송의 심판 시에는 우선 소송요건과 병합요건이 조사되는데, 병합요건 흠결 시에도 가능한 한 독립한 소송으로 처리하는 것이 바람직하다. 이러한 청구의 병합에는 단순병합, 선택적 병합, 그리고 예비적 병합이라는 3가지 형태가 있다. 선택적 병합이나 예비적 병합의 경우에는 피고에게 불이익이 없는 경우에 가능하고, 피고의 방어권이 상실되는 경우에는 불가능하다.

② 청구병합의 형태 – 단순병합

단순병합이란 청구의 양립(병립)이 가능한 경우에 모든 청구에 대한 인용을 요구하는 병합형태이다. 따라서 모든 청구에 대해 인용판결이 가능하면 단순병합이다.

사안에서는 본래적 급부청구와 대상청구가 병합된 경우인데, 이러한 병합은 청구의 병합형태 중 어디에 속하는지 문제되었고, 대상판결은 예비적 병합이 아닌 단순병합에 해당됨을 명확히 판시하였다. 대상청구는 본래적 급부청구가 현존함을 전제로 하여 이것이 판결확정 후에 이행불능 또는 집행불능이 되는 경우를 대비하여 전보배상을 미리 청구하는 경우로서, 양자의 경합은 현재의 급부청구와 장래의 급부청구와의 단순병합에 속하게 되는 것으로 타당한 판단이다.

이러한 경우의 대상금액은 대상판결에서 보듯이 사실심 변론 종결 당시의 본래적 급부의 가격을 기준으로 산정해야 한다. 또한 목적물의 인도청구와 장래의 강제집행의 불능을 대비한 손해배상청구를 병합하면, 양 청구를 모두 인용하는 것은 모순되지 않고 현재의 급부청구와 장래의 급부청구의 단순병합이 된다.

그러나 위와 같은 인도청구와 대상청구에 있어서 집행시가 아닌 변론종결시 현재의 이행불능에 대비해 대상청구를 하는 경우에는 그러한 이행불능이 확실한 한 인도청구는 기각할 수밖에 없으므로, 예비적 병합이 된다(대판 1962.6.14, 62다172 참조). 따라서 변론종결시 현재의 이행불능이 인정되지 않으면 법원은 인도청구를 인용하고, 대상청구에 관해서는 아무런 판단을 하지 않는다. 반대로 그 이행불능이 인정되면 인도청구를 기각하고 대상청구에 관해 심리·판단한다. 그러나 전자의 경우에는 어차피 집행시의 이행불능의 가능성이 남아 있고, 그렇게 되면 원고는 다시 대상청구의 소를 제기해야 하므로, 변론종결시 현재의 이행불능에 대비한 대상청구를 예비적으로 병합하는 것은 그다지 실제적이지 않다. 원고로서는 명확히 병합의 형태를 정할 필요가 있고, 법원으로서도 그 점이 명확하지 않으면 석명권을 행사해야 한다.

단순병합으로 해야 할 수 개의 청구를 선택적 또는 예비적 청구로 병합하여 청구하는 것은 허용되지 않는다. 만일 법원이 단순병합 청구로 보정하게 하는 등의 조치를 취함이 없이 본안판결을 하면서 그 중 하나의 청구에 대하여만 심리·판단하여 이를 인용하고, 나머지 청구에 대한 심리·판단을 모두 생략하는 내용의 판결을 하고 피고만이 항소하면 제1심 법원이 심리·판단하여 인용한 청구만이 항소심으로 이심될 뿐, 나머지 심리·판단하지 않은 청구는 여전히 제1심에 남아 있게 된다(대판 2008.12.11, 2005다51495).

③ 청구병합의 형태 – 선택적 병합

선택적 병합이란 복수의 청구에 관해 택일적으로 하나의 청구에 대한 인용을 요구하는 병합형태를 말한다(참고로 민법380조의 선택채권에 기한 청구는 선택적 병합도 청구의 병합도 아니다). 선택적 병합은 보통 동일한 목적을 위해 양립하는 청구의 경우, 즉 청구권경합의 경우에 인정할 필요가 있다. 다만, 구소송물론에서는 그 가능성 내지는 유효성이 인정되지만, 신소송물론에서는 실익이 거의 없다.

또한 복수의 청구가 양립하지만, 반드시 동일한 목적을 목표로 하지 않는 경우에도 선택적 병합을 인정할 수 있는지 문제된다. 예를 들어 유산상속청구와 상속에 의해 취득한 재산의 공유지분확인청구를 선택적으로 병합하거나, 또는 불법행위에 의한 손해배상의무를 부동산으로 대물변제한다는 합의가 있지만 그 의무가 이행되지 않은 경우, 손해배상청구와 당해 부동산의 이전등기청구를 선택적으로 병합하는 것은 인정할 수 있을 것이다.

선택적 병합을 예비적 병합으로 한 경우에도 병합의 형태는 당사자의 의사가 아닌 병합청구의 성질을 기준으로 판단해야 하고, 제1심 법원이 주위적 청구를 기각하고 예비적 청구만을 인용하는 판결을 선고하여 피고만이 항소를 제기하면, 항소심으로서는 두 청구 모두를 심판의 대상으로 삼아 판단해야 한다(대판 2014.5.29, 2013

다96868).

④ 청구병합의 형태 – 예비적 병합

예비적 병합은 양립할 수 없는 청구에 관해, 그 심판에 순위를 정해 요구하는 청구병합의 형태이다. 제1순위 청구인 주위청구(주위적 청구)와 제2순위 청구인 부위청구(예비적 청구 또는 부위적 청구)의 관계가 된다. 예비적 청구가 인정되려면 실체법상 양립할 수 없는 청구의 어느 쪽에라도 원고가 승소할 이익이 있어야 한다. 또한 양 청구의 관계상 그것을 예비적으로 심판해야 할 합리적 필요성이 존재해야 한다.

예비적 병합과 다른 청구의 병합과의 차이점은 병합된 청구의 심판에 관한 순서를 붙였다는 점이다. 즉, 주위적 청구를 먼저 심리하고, 그것이 인정되지 않을 때 예비적 청구에 관해 심리해야 한다는 순서이다. 일반적인 예비적 병합의 예로서는, 매매계약에 기한 대금지급청구와 매매계약의 무효를 대비한 목적물반환청구의 경우이다(이때 단순병합과 별소에 의하는 것이 곤란한 이유는 별도의 심리·판단에 따른 모순된 이유로 이중패소의 가능성이 있기 때문이다).

예비적 병합을 위와 같은 진정예비적 병합 이외에, 부진정예비적 병합이라 부르는 경우도 있다. 예를 들어 상계가 불가능한 불법행위에 기한 청구를 제1순위로, 상계가 가능한 채무불이행에 기한 청구를 제2순위로 하여 병합하였을 때, 법원이 그러한 순서에 따라 심리·판단하였다면 부진정예비적 병합으로서 의미가 있다고 한다(대판 2002.9.4, 98다17145에서도 이러한 병합형태를 인정하였다). 부진정예비적 병합에서 주위적 청구의 일부를 기각하고 예비적 청구보다 적은 금액만을 인용하는 경우에는, 법원은 당사자에게 예비적 청구의 심리 여부에 관해 석명권을 행사하고 당사자의 의도에 따라 예비적 청구를 심판해야 한다(대판 2002.10.25, 2002다23598).

참고판례 17−[판례13], 18−[판례12], 18−[판례13]

[11-2] 소의 예비적 병합과 상소

[대상판결] 대판 1995.2.10, 94다31624

[사안] 甲은 乙을 상대로 2개의 청구를 예비적으로 병합하여 소를 제기하였다. 제1심 법원은 甲의 주위적 청구와 예비적 청구를 병합·심리한 끝에 주위적 청구는 기각하고 예비적 청구만을 인용하는 판결을 선고하였다. 이에 대해 乙만이 항소하였는데, 이때 항소심은 예비적 청구를 기각하는 대신 항소되지 않은 주위적 청구를 인용할 수 있는가?

[판결요지] "항소제기에 의한 이심의 효력은 당연히 사건 전체에 미쳐 주위적 청구에 관한 부분도 항소심에 이심되는 것이지만, 항소심의 심판범위는 이에 관계없이 乙의 불복신청의 범위에 한하는 것으로서 예비적 청구를 인용한 제1심 판결의 당부에 그치고 甲의 부대항소가 없는 한 주위적 청구는 심판대상이 될 수 없는 것이다."

[해 설]

① 예비적 병합의 심판

법원은 예비적 병합에 대해 병합된 청구가 조건관계에 있으므로 일괄 처리해야 한다. 따라서 변론의 제한은 가능하지만 분리는 불가능하다(주위적 청구만을 기각[또는 각하]하고 예비적 청구에 대해서는 아무런 판단을 하지 않으면 위법한 일부판결[9-3]이 된다). 법원은 주위적 청구를 인용하든지, 아니면 주위적 청구를 기각(각하)하면서 예비적 청구를 인용하거나 예비적 청구도 기각(각하)하게 된다. 주위적 청구를 인용한 경우라면 예비적 청구에 대해 심리·판단할 필요가 없고, 이러한 경우에 설사 예비적 청구에 대해 판단하였다 하더라도 그 효력이 없다(대판(전) 2000.11.16, 98다22253). 청구병합의 경우에는 하나의 절차에서 심리되는 이상, 개별청구에 대한 소송자료와 증거자료는 나머지 청구에 대해서도 동일한 소송자료와 증거자료가 된다(통상공동소송에서 적용되는 공동소송인 독립의 원칙과의 차이점이다).

② 예비적 병합과 상소

주위적 청구를 인용하는 경우에는 예비적 청구를 심리할 필요가 없고, 이러한 판결에 대해서는 피고만이 상소의 이익을 갖게 된다. 이때 제1심에서 심판되지 않은 예비적 청구에 대해, 제1심과는 달리 상소심이 주위적 청구를 기각하는 경우에는 당사자의 심급의 이익과는 관계없이 심리·판결할 수 있다(대판(전) 2000.11.16, 98다22253). 왜냐하면 예비적 청구에 대해서는 제1심에서 아무런 심리나 판결도 없었던 것이므로 원고의 부대항소가 필요하지 않은 점, 후술하듯이 주위적 청구와 예비적 청구는 관련청구로서 소송자료와 증거자료의 공통으로 인해 사실상 제1심에서 심리된 것이라고 볼 수 있는 점, 그리고 원고는 상소심에서 소의 변경에 의해 추가적 병합이 가능하므로(법262조, 408조) 이것과의 균형을 유지해야 한다는 점을 고려해야 하기 때문이다. 또한 제1심의 판결은 하나의 전부판결이기 때문이다.

그 밖에 예비적 병합의 형태가 원고가 2개의 청구를 예비적으로 병합하는 것이 아닌 원고의 본소청구에 대해 피고가 예비적 반소를 제기하였는데, 제1심이 본소청구를 배척하고 나아가 피고의 예비적 반소도 각하하자 원고만이 항소를 제기하면 항소심은 다음과 같이 처리한다. 항소심에서는 제1심에서 피고의 예비적 반소를 각하한 것은 효력이 없으므로, 피고가 항소를 제기하지 않아도 원고의 항소를 받아들여 원고의 본소청구를 인용하려면 피고의 예비적 반소청구도 심판대상으로 삼아야 한다(대판 2006.6.29, 2006다19061, 19078).

③ 주위청구기각·예비청구인용 시의 상소심의 심판범위

주위청구기각부분도 확정이 차단되어 상소심으로 이심된다. 이 이유는 앞서 지적한 바와 같이 하나의 전부판결이기 때문이다. 주위청구기각·예비청구인용 시에는 원고와 피고 모두가 상소의 이익을 갖게 되는데, 원고만이 상소를 제기한 경우, 상소심은 주위청구가 이유 있다고 판단하면 피고의 부대항소에 관계없이, 판결주문으로 예비적 청구인용부분도 실효됨을 명확히 한다는 점에서 원판결의 취소를 명확히 하고 주위청구인용의 판결을 한다.

④ 피고만의 상소와 상소심의 심판범위

사안에서 문제된 것으로 피고만이 상소를 제기하고 원고는 상소나 부대상소를 하지 않았을 때, 상소심의 심판범위에 대해 대상판결은 예비적 청구를 기각하는 대신 주위적 청구를 인용할 수는 없다고 판단하였다. 이러한 판례의 해석은 현재의 일관된 판례의 입장이기도 하다(대판 1995.1.24, 94다29065 등). 판례의 입장은 상소를 제기한 피고에게 불이익하게 원판결을 변경할 수 없다는 점([13-3]에서 보는 불이익변경금지의 원칙[법415조]), 그리고 어차피 원고는 상소를 제기하지 않았으므로 원고에게 부당하지 않다는 점을 이유로 하고 있다고 풀이할 수 있다. 이러한 판례의 입장은 학설(통설)에서도 거의 그대로 받아들여지고 있다.

⑤ 주위적 청구의 심판 가능성

ⅰ) 확정차단효

판례의 입장은 충분히 납득할 수 있다. 특히 상소를 제기하지 않은 원고의 불이익은 상소를 포기한 것이므로 어차피 고려할 필요가 없다는 점에서도 그러하다. 그러나 이러한 해석에 전혀 문제가 없는 것은 아니다. 즉, 원고의 입장에서는 항상 자신도 부대상소를 해야만 한다고 말할 수 있는지 문제된다. 앞서 본 것처럼 주위청구부분은 상소에 의해 상소심으로 이심되고 확정도 되지는 않지만, 사실상 변경이 불가능해지므로 확정된 것과 거의 같은 결과를 초래한다. 그렇다면 상소를 제기하지 않았음에도 확정되지 않고 이심된다는 논리는 그다지 합리적이지 않다.

ⅱ) 원고의 이익

또한 상소심에서는 예비적 병합이라는 점에서 필연적으로 예비적 청구 자체는 물론 주위적 청구와의 관계도 심리하게 되지만, 주위적 청구를 인용하고 싶어도 원고가 상소를 하지 않은 이상 예비적 청구 부분만 취소해야 한다는 결론이 된다. 이러한 결론(원고의 전면패소)은 양 청구에서 패소하지 않으려고 예비적으로 청구를 병합하여 제소한 원고의 입장과는 모순된다. 이러한 결론을 원고가 부대상소를 제기하지 않았다는 이유만

으로 수긍하는 것은 타당하지 않다는 반대론도 생각해 볼 수 있다.

ⅲ) 주위적 청구를 심판할 수 있다는 입장

즉, 원고가 명시적으로 부대항소를 제기하지 않아도, 상소심이 주위청구 부분도 심판할 수 있다는 반대론이다. 이러한 견해는 다음과 같은 논거로 그 가능성을 주장한다. 먼저 정책적으로 예외를 인정하여 사적인 분쟁의 합리적인 해결을 꾀하자는 것이다. 다음으로 하나의 불가분인 전부판결인 이상, 상소심도 그 전부에 대해 심판해야 한다는 논거이다. 마지막으로는 위에서도 언급한 원고의 의사(전면패소를 피하려는)를 존중하자는 점이다.

ⅳ) 불이익변경금지와의 관계

그러나 이러한 근거가 있다고 하여도, 극복하기 어려운 점은 불이익변경금지의 원칙과의 관계이다. 피고만이 상소한 경우, 처분권주의나 당사자자치의 원칙에 의해 피고가 요구한 불복의 범위에 법원은 구속된다. 따라서 피고가 예상치 못한 부분에 재판을 한다면, 결국 불이익변경금지의 원칙에 저촉된다고 해석해야 하고, 원고의 이익을 위해서는 법원이 부대항소를 촉구하는 석명권을 행사하는 것이 타당할 것이다.

[11-3] 중간확인의 소

[대상판결] 대판 1973.9.12, 72다1436

[사안] 甲은 乙을 상대로 부동산에 관한 소유권이전등기청구의 소를 제기하여 소송을 진행하다가, 항소심에서 당해 부동산에 관한 소유권확인청구를 추가하는 것은 가능한가?

[판결요지] "청구의 기초에 변경이 없다고 볼 당해 부동산에 관한 소유권확인청구를 추가하는 소변경을 제2심에서도 유효하게 할 수 있다."

[해 설]

① 중간확인의 소의 의의

중간확인의 소란 소송계속 중에 청구의 전제가 되는 권리관계의 확인을 구하는 소를 말한다. 기판력이 소송물에 한정된다는 이유 때문에 기초가 되는 권리관계의 확인을 구한다는 점에 의의가 있다.

이러한 점은 사안에서의 소송물인 이전등기청구(또는 말소등기청구)에는 소유권이 포함되지 않고, 소유권에 관한 중간확인의 소를 제기함으로써 소유권에 대해서도 기판력으로 동반한 확정을 받게 된다는 것을 말한다. 또한 중간확인의 소가 있기 때문에 기판력은 판결의 주문에만 발생하고, 판결의 이유 부분에 대해서는 별도로 중간확인의 소에 의해 기판력을 받으면 된다는 근거가 되기도 한다. 그러나 중간확인의 소는 거의 이용되고 있지 않고 그 의의에 대해서는 좀 더 생각해 볼 필요가 있다.

대상판결은 소의 추가적 변경이라고 표현하고 있는데, 중간확인의 소는 추가적 병합의 한 형태이다(반대로 피고가 제기할 수도 있고 이것은 반소의 형태가 된다). 사안에서 甲이 제기한 소유권확인의 소는 법264조가 규정한 중간확인의 소에 해당한다고 할 수 있고, 이와 같이 중간확인의 소를 인정한 점에 대상판결의 의의가 있다.

② 중간확인의 소의 요건

ⅰ) 소의 변경으로서의 요건

중간확인의 소는 소의 변경의 하나(추가적 변경)이므로, 소의 객관적 병합의 요건을 포함하는 소의 변경에 관한 요건(피고가 제기한 경우라면 반소의 요건)을 갖추어야 한다. 따라서 사실심 변론종결 전 등의 요건이 요구된다. 대상판결이 청구의 기초에 변경이 없다고 한 점은 동일한 부동산에 관한 이전등기청구에 추가하여 확인청구를 하는 것이므로 타당하다.

ⅱ) 확인의 소로서의 요건

또한 하나의 확인의 소인 이상, 확인의 소로서의 요건(특히 다툼이 있는 권리관계의 확인)을 갖추어야 한다. 중요한 것은 중간확인의 소라는 점에서 확인의 대상이 기존의 청구의 전제가 되는 선결적 권리관계이어야 한다는 점이다. 대상판결은 소의 변경에 관한 요건만을 언급할 뿐, 소유권의 확인이 이전등기청구의 전제가 되는 권리관계에 해당하는지는 언급하고 있지 않다. 대상판결에서의 양 청구가 판례의 입장([5-4]에서 본 이행청구가 가능해도 확인청구가 가능한 예)에 의한다면 논리상 전제가 되는 권리관계임은 충분히 납득할 수 있다. 이전등기청구(또는 말소등기청구)는 소유권이 전제가 되고, 소유권의 귀속 여하에 따라서는 이전등기청구의 문제가 다시 재연될 여지가 있기 때문이다.

한편 대판 1984.6.26, 83누554, 555에서는, "원고가 피고(경기도지사)에 대하여 폐천부지교환거부처분의 취소를 구하는 본래 청구에 대하여 중앙토지수용위원회의 위 폐천부지에 대한 보상금재결처분의 효력 유무가 선결관계에 있다고 할 수 없어 위 재결처분의 무효확인을 구하는 중간확인의 소는 부적법하다."라고 설시하고 있다.

③ 중간확인의 소의 절차

ⅰ) 원칙적 신소의 제기

중간확인의 소도 하나의 소이므로 신소의 제기에 관한 요건에 준해 규율된다. 그러나 절차의 위배는 상대방이 이의를 제기하지 않는 한, 이의권의 상실이 된다. 또한 변호사의 대리권에 당연히 포함되는지 아니면 특별수권사항인지 문제되는데, 신소의 제기라면 후자가 될테지만, 원래의 소의 전제관계임을 고려한다면 전자라고 해석하는 것이 타당하다.

ii) 원래의 청구와의 관계

원래의 청구와 중간확인청구는 소의 단순병합의 관계가 되고, 그에 대해서는 하나의 전부판결을 해야 한다. 전제관계가 되는 이상 변론의 분리는 인정되지 않는다. 반면 소의 변경이나 반소에 해당하므로 기존의 소송결과를 이용할 수 있다. 또한 원래의 소가 취하되거나 각하되어도 중간확인의 소는 독립한 소로 취급될 수 있다. 단, 항소심에서의 중간확인의 소라면, 제1심을 거치지 않는 독립의 소가 되는 관계상 이러한 처리가 불가능해진다.

[11-4] 소의 변경

[대상판결] 대판 1984.2.14, 83다카514

[사안] 甲은 乙1과 乙2를 상대로 제1 내지 제5부동산이 자신의 소유임의 확인을 구한다는 청구와 함께, 乙1에 대해서는 제1부동산에 관하여, 乙2에 대해서는 제2 내지 제4부동산에 관하여 각 그 명의의 소유권보존등기의 말소 및 그 토지의 인도를 청구하였다. 그 후 항소심에 이르러 甲이 제1심에서 청구하지 않았던 乙2에 대한 제1부동산의 소유권보존등기의 말소 및 그 토지의 인도를 추가하여 청구하였다면, 이러한 청구의 추가는 소의 변경으로 허용되는가?

[판결요지] "이(甲의 청구의 추가)는 위 제2 내지 제4부동산에 대한 그것과 동일 원인에 기인하는 수량적 청구의 확장에 불과하여 청구의 기초에 변경이 있다고 볼 수 없으며 소송경제상으로 보나 당사자 보호의 필요성으로 보아 항소심에서 청구의 변경이 허용된다."

[해 설]

① 소의 변경 일반

ⅰ) 의의

소의 변경이란 계속된 소에서 소의 대상인 청구를 변경하는 것이고, 소의 주관적 병합이라 할 수 있는 임의적 당사자변경에 대응하는 객관적 변경을 말한다(법 262조). 청구취지와 청구원인에 의해 특정된 청구를 변경하는 것이다.

ⅱ) 인정되는 이유

청구의 변경이 소의 변경에 해당되지 않는다면 구소를 취하해야 하고, 만일 취하가 불가능하다면 두 개의 소에 대한 변론의 병합을 요구할 수밖에 없다. 반대로 구소를 수행할 의미를 상실한 경우 구소에 대신하는 신소를 인정하거나 구소에 신소를 추가하는 것을 인정한다는 소의 변경이 인정되는 이유는, 청구의 내용이 변경되는 경우라도 가능한 한 기존의 소송의 결과를 그대로 이용하여 적절한 판결을 받을 수 있기 때문이다. 이 점에서는 원고에게는 매우 유리한 제도인 반면, 피고에게는 상대적으로 기존의 소송결과를 감수해야

하고, 또한 구소에 대해 본안판결을 받을 기회를 상실할 여지가 있다는 불리한 점이 있다. 이러한 원고와 피고의 이익을 조정하기 위해 소의 변경에는 여러 가지 요건이 요구된다.

ⅲ) 종류

소의 변경에는 새로운 청구를 추가하는 추가적 변경(소의 객관적 병합이 된다)과 구청구를 새로운 청구로 대신하는 교환적 변경이 있다. 후자의 경우에는 구청구의 취하에 해당하므로 피고의 동의가 필요하다(법266조2항). 사안에서의 소의 변경은 추가적 변경에 해당한다.

② 소의 변경의 요건

소의 변경에는 사안에서 문제되는 청구의 동일성의 변경이라는 요건 이외에 현저히 소송절차를 지연시키지 않을 것, 그리고 사실심 변론종결 전까지 이루어질 것(대상판결이 항소심에서의 소의 변경을 인정한 이유가 여기에 있다)이라는 요건이 필요하다. 소의 변경은 신소의 제기라는 의미를 가지므로 서면으로 해야 하는 것이 원칙이다.

③ 청구의 기초의 동일성

ⅰ) 의의

사안은 소의 추가적 변경에 해당하는데, 이 경우 새로 추가된 청구는 기존의 청구와의 관계에서 청구의 기초에 변경이 없어야 한다. 대상판결은 "동일한 원인에 기인하는 수량적 청구의 확장"이라는 점에서 청구의 기초에 변경이 없다고 해석하였다.

이 요건은 청구의 기초에 변경이 있으면 신청구를 소의 변경으로 주장하는 것이 불가능하고 새로운 소의 제기가 필요하다는 것을 의미한다. 청구의 기초의 변경 여부에 대해서는 소송물론에 의해 차이가 발생할 수 있다. 즉, '청구의 기초'에서 말하는 청구란 보통 소송물을 의미하는 것으로 풀이된다. 따라서 소송물의 변경이라면, 소의 변경에 관한 요건을 구비하느냐에 따라 그것이 소의 변경이 되는 경우가 있고, 반대로 소송물

의 변경이 아니라면 소의 변경 자체도 문제가 되지 않는다는 것을 의미한다. 예를 들어 이전등기청구소송의 소송물은 각 등기원인에 따라 달라진다는 판례에 의하면 등기원인의 변경이 소의 변경이 될 수 있지만(대판 1997.4.25, 96다32133; 대판 1997.4.11, 96다50520 등에서 이러한 소의 변경을 인정한다), 소송물을 넓게 파악하여 등기원인을 공격방어방법으로 본다면 소송물의 변경이 아니므로 애당초 소의 변경은 문제되지 않는다. 또한 사해행위취소 및 원상회복청구를 하면서 그 보전하고자 하는 채권을 추가하거나 교환하는 것(대판 2012.7.5, 2010다80503), 원래의 부당이득반환청구에서 교환적으로 파산채권확정청구로 변경하는 것(대판 2013.2.28, 2011다31706)은 모두 소송물이 동일하여 소의 변경이 되지 않는다.

ⅱ) 판례의 입장

이 요건에 대해 판례는 청구의 근거가 되는 사실관계의 동일성에 중요한 포인트를 둔다(학설의 경우에는 약간의 견해의 대립이 있지만 결론상 차이가 없다). 예를 들면 심판의 기초가 되는 사실자료가 공통된 것(대판 1969.12.23, 69다1867 등), 또는 각 청구가 동일한 생활사실 또는 경제적 이익에 관한 것(대판 1997.4.25, 96다32133 등)이라면 청구의 기초가 동일하다.

ⅲ) 피고의 동의가 있는 경우

이 요건은 기존의 소송의 결과를 유용함으로써 발생될 수 있는 피고의 불이익을 방지하려는 목적에서 인정된 것이다. 따라서 설사 청구의 기초에 변경이 있더라도 피고가 그러한 변경에 동의한다면, 즉, 소송의 도중에 변경된 청구를 다투는 것에 동의한다면 청구의 기초의 변경이라는 요건은 불필요하다(판례와 통설의 입장이다. 청구의 기초의 변경에 대하여 피고가 지체 없이 이의를 진술하지 아니하고 변경된 청구에 관한 본안의 변론을 한 때에도 같다[대판 1982.1.26, 81다546 등]).

④ 변경신청에 대한 법원의 조치

ⅰ) 소의 변경이 없는 경우

법원은 소의 변경이 없다고 판단함에도 당사자가 이를 다투면, 중간판결로서 또는 종국판결 중의 이유에서 판단한다.

ⅱ) 소의 변경요건을 갖추지 못한 경우

소의 변경에 해당하지만 그 요건을 흠결한 경우, 법원은 직권 또는 상대방(피고)의 신청에 따라 변경불허결정을 해야 한다(법263조). 변경을 불허하는 중간적 재판에 대해서는 독립한 불복수단이 없다(대판 1992.9.25, 92누5096). 또한 법원은 소의 변경불허가결정을 하지 않고 종국판결의 이유에서 변경불허의 판단을 할 수 있고, 불허가결정을 전제로 구청구에 대해 판결이 내려지면 이 판결은 변경을 요구한 청구를 묵시적으로 각하한다는 것을 포함하는 전부판결이다. 이 판결에 대해 항소가 제기되면 신·구 양 청구가 이심된다(소의 교환적 변경이라면 구청구에 대해서는 소송종료선언을 한다).

ⅲ) 소의 변경에 대한 판단을 하지 않은 경우

법원이 소의 변경 허부와 관련된 신청에 대해 아무런 판단을 하지 않은 채 구청구에 대해서만 심판한 경우, 원고는 항소를 제기할 수 있다[9-3]의 대판(전) 2000.11.16, 98다22253 참조).

ⅳ) 소의 변경신청을 인정하는 경우

법원이 변경신청을 인정하면 그대로 신청구에 대해 심리하게 되지만, 만일 상대방이 다투는 경우라면 결정으로 판단한다(법263조의 유추). 이 변경허가결정에 대해 피고는 불복할 수 없다.

ⅴ) 항소심에서 소가 교환적으로 변경된 경우

항소심에 이르러 소가 교환적으로 변경된 경우, 구청구는 취하되어 그에 해당하는 제1심 판결은 실효되고 신청구만이 항소심의 심판대상이 된다. 따라서 제1심이 원고의 청구를 일부인용한 데 대하여 피고만이 항소하였고, 항소심에서 소의 교환적 변경이 있는 경우에는, 구청구에 대한 재판에 해당되는 피고패소 부분을 취소한다거나 원고의 청구를 기각한다거나 피고의 항소를 기각한다는 주문표시를 하지 않고(대판 1980.7.22, 80다127 등), "당심에서 교환적으로 변경된 원고의 청구를 기각한다."라는 표시를 하는 것이 실무이다. 소의 추가적 변경인 경우에도 항소심은 마찬가지로 변경된 청구임을 명확히 하는 판결을 해야 한다.

참고판례 17-[판례10], 18-[판례16]

[11-5] 반소

[대상판결] 대판 1971.12.14, 71다2314

[사안] 甲은 乙을 상대로 대지 X에 관한 소유권이 자신에게 있음을 이유로 X에 있는 가옥의 철거를 구하는 소를 제기하였다. 이에 대해 乙은, X의 소유권을 매매에 의하여 취득하였으나 그 소유권이전등기를 받지 못했으므로, 전소유자들을 대위하여 X의 소유권을 다투고 그 이전등기의 말소를 구하는 반소를 제기하였다. 이러한 반소는 허용되는가?

[판결요지] "반소는 본소의 청구나 방어방법에 견련되는 경우에는 제기할 수 있는 것이고 반드시 본소청구와 동일한 사실관계와 법률관계가 있는 경우에 한하여 반소를 제기할 수 있는 것이라고 단정할 수는 없는 것이다 … 이 사건에 있어서는 그 청구는 물론 그 방어방법에 있어서도 견련되어 있음이 분명하니 이 사건 반소제기를 허용한 원심조치는 정당하다."

[해 설]

① 반소의 의의

반소란 피고 측에게 인정된 소의 병합방법이다(법 269조). 원고는 소의 객관적 병합, 소의 변경, 그리고 중간확인의 소에 의해 소를 병합할 수 있다. 이에 비해 피고는 중간확인의 소 이외에 반소에 의해 소의 병합을 요구할 수 있다. 반소는 하나의 소로서 별소를 통해 주장할 수 있는 청구를 대상으로 하는 것이지만, 본소청구와의 병합심판이라는 점에 반소의 의의가 있다. 반소청구와 본소청구와의 관계는 단순병합(단순반소)이나 예비적 병합(예비적 반소)관계가 된다. 후자는 본소청구가 인용된다면 반소청구를 주장하겠다는 것이다.

② 반소의 요건

ⅰ) 관련관계

반소가 인정되려면 소의 병합에 관한 일반적 요건 이외에 반소 특유의 요건이 필요하다. 특히 문제가 되는 것은 사안에서 보듯이 본소청구와 반소청구와의 관련성, 달리 말해 관련관계이다(구법에서는 '견련'이라는 용어로 사용). 피고에게 쉽게 반소제기를 인정하게 되면 절차지연의 수단으로 반소가 남용되고, 결국 원고의 신속한 권리실현에 도움이 되지 않기 때문에 요구되는 요건이다. 따라서 관련관계가 없어도 원고가 동의를 하면 반소를 제기할 수 있다. 또한 원고가 피고의 반소청구에 대해 이의를 제기함이 없이 변론을 한 경우에는 반소청구의 적법 여부에 대한 이의권을 포기한 것이 된다(대판 1968.11.26, 68다1886, 1887).

대상판결은 양 청구 간에 동일한 사실관계 또는 법률관계(소송물 자체의 동일 이외에 쌍무계약에 의한 대립채권, 동일 사고에 의한 손해배상채권, 동일 목적물에 대한 쌍방의 소유권 등의 확인의 경우)가 있다면 관련관계가 있다고 판단하였다. 즉, 소송물이 같은 경우에 한하지 않고, 청구권을 근거 짓는 사실이나 법률관계가 공통되는 경우에 관련관계가 인정된다. 여기에 반소는 방어방법으로 주장되는 것이므로, 본소청구에 대한 항변으로서 작용하는 것이어야 한다. 사안에서 반소청구는 본소청구의 대상인 X의 소유권에 관한 것이고, 반소청구의 인용이 본소에 대한 기각을 의미하므로 방어방법이 되고 항변으로서 기능한다고 할 수 있다. 따라서 관련관계가 인정된다.

그 밖에 관련관계가 인정된 예로는, 건물에 대한 소유권이전등기말소의 본소청구에 대해 그 건물의 철거를 구하는 반소청구(대판 1962.11.1, 62다307), 임대차종료를 원인으로 건물인도를 청구하는 본소와 건물소유자의 그 건물에 대한 급수 및 전기공급의 단절로 인한 손해배상의 반소청구(대판 1967.3.28, 67다116, 117, 118), 본소인 이혼소송에 대해 피고가 반소로 이혼을 구하는 경우(대판 1998.6.23, 98므15, 22 등)가 있다.

ⅱ) 제소로서의 요건

관련관계 이외에도 반소는 하나의 소의 제기에 해당하므로, 단순히 방어방법에 지나지 않는 것은 반소로서 인정되지 않는다. 예를 들면 본소원고의 청구기각신청 이상의 적극적 내용이 내포되어 있지 아니한 반소청구(대판 1964.12.22, 64다903, 904), 임차인의 임대료청구의 본소에 대한 사용료감액의 반소청구(대판 1969.4.29, 68다1884, 1885)가 그러하다.

iii) 항소심에서의 원고의 동의

항소심에서 제출하는 반소에 대해서는 원고의 동의가 필요하지만, 원고가 이의 없이 반소의 본안에 대해 변론을 하면 동의한 것이 된다(법412조). 이는 원고의 심급의 이익을 보호하기 위해서이다. 이를 엄격히 해석한 판례(대판 1974.5.28, 73다2031, 2032)도 있지만, 원고의 동의에 관해서는 완화된 입장을 보이는 것이 다수의 판례이다. 이미 대판 1969.3.25, (68다1094, 1095에서는, "(주위적 반소청구를 한 후의) 예비적 반소청구는 새로운 반소의 변경으로서 민사소송법243조(법270조) 같은 법235조(법262조)1항에 의하여 항소심에 있어서도 반소원고는 반소청구의 기초에 변경이 없고 소송절차를 지연케 함이 현저하지 아니한 경우에는 반소피고의 동의가 없다 하여도 적법하게 예비적 반소청구를 할 수 있다."라고 판시하였다.

더 나아가 반소청구의 기초를 이루는 실질적인 쟁점에 관하여 제1심에서 본소의 청구원인 또는 방어방법과 관련하여 충분히 심리되었다면, 상대방에게 제1심에서의 심급의 이익을 잃게 하거나 소송절차를 현저하게 지연시킬 염려가 없으므로, 상대방의 동의 여부와 관계없이 항소심에서의 반소제기가 허용된다(대판 1996.3.26, 95다45545, 45552, 45569 등).

마찬가지로 제1심에서 적법하게 반소를 제기하였던 당사자가 항소심에서 반소를 교환적으로 변경하는 경우에 변경된 청구와 종전 청구가 실질적인 쟁점이 동일하여 청구의 기초에 변경이 없으면 그와 같은 청구의 변경도 허용된다(대판 2012.3.29, 2010다28338, 28345). 그 밖에 상대방의 심급의 이익을 해할 우려가 없는 경우에 해당되는 예로서, 형식적으로 확정된 제1심 판결에 대한 피고의 항소추후보완신청이 적법하여 해당 사건이 항소심에 계속된 경우에 하는 반소가 있다(대판 2013.1.10, 2010다75044, 75051).

이와 같은 판례의 입장은 원고의 심급의 이익을 해치지 않는 경우라면 원고의 동의는 필요하지 않다는 것이다. 이와 같이 원고의 동의가 요구되지 않는 경우를 정리한다면, 소의 변경이나 중간확인의 소에 해당하는 것으로 그에 관한 요건을 갖춘 반소, 제1심에서 충분히 심리된 청구원인 또는 방어방법과 관련된 반소, 그리고 소송물인 권리관계와 동일한 내용의 반소가 그것이다.

③ 반소의 절차

반소도 하나의 소이므로 본소의 절차에 따라 진행된다. 다만, 반소라는 점을 명확히 해야 한다. 반소요건을 흠결한 경우에도 하나의 소이므로 독립한 소로서 인정할 필요가 있다. 반소는 소의 병합으로서 본소청구와 병합하여 심리하는 것이 원칙이지만, 원고가 동의한 관련관계가 없는 반소라면 변론을 분리할 수 있을 것이다(통설).

반소는 본소청구가 있음으로써 제기된 것이므로, 본소가 취하되어도 반소에는 영향이 없고(대판 1970.9.22, 69다446), 이 경우 반소의 취하 시에는 본소를 취하한 원고의 동의가 불필요하다(법271조). 그러나 판례는 본소가 각하된 경우에는 이를 유추적용할 수 없고, 원고의 동의가 있어야 한다고 해석한다(대판 1984.7.10, 84다카298).

항소심에서 반소가 제기되고 항소가 취하되거나 각하되면 제1심을 거치지 않은 소가 되는데, 이때에는 독립한 소라는 점에서 제1심으로 이송해야 할 것이다. 판례(대판 2003.6.13, 2003다16962, 16979)는 항소가 부적법 각하되면 반소에 대해 판결할 필요 없이 소송절차가 종료된다고 해석한다.

제12장

소의 주관적 병합 – 다수당사자소송

[12-1] 공동소송인독립의 원칙

[대상판결] 대판 1994.5.10, 93다47196

[사안] 甲은 각 계쟁 토지의 보존등기명의인에 해당하는 乙들을 상대로 당해 등기말소를 구하는 소를 제기하였다. 이 소송에서 乙1은 공시송달에 의한 기일소환을 받은 탓으로 아무런 주장을 하지 못했지만, 그와 통상의 공동소송관계에 있는 다른 乙들은 위 각 등기가 실체관계에 부합한다는 주장을 하였다. 이러한 경우, 다른 乙들의 위 주장은 乙1에게도 그 효력이 미치는가?

[판결요지] "민사소송법 제62조(법66조)의 명문의 규정과 우리 민사소송법이 취하고 있는 변론주의 소송구조 등에 비추어 볼 때, 통상의 공동소송에 있어서 이른바 주장공통의 원칙은 적용되지 아니한다고 할 것일 뿐 아니라, 乙들의 위 주장은 그들의 각 등기가 실체관계에 부합하는 등기라는 주장으로서, 甲의 위 乙들에 대한 청구에 대한 항변에 불과할 뿐이고 乙1에 대한 청구와는 무관한 것이어서, 주장공통의 원칙이 적용될 것인가 여부와는 상관없이, (원심이) 乙1이 그 명의의 등기가 실체관계에 부합하는 등기라는 항변을 한 것으로 보아 판단한 것은 잘못이라 할 것이다."

[해 설]

① 통상공동소송

통상공동소송이란 일정한 요건하에 다수인이 원고 또는 피고라는 공동소송인으로 참가하지만, 그 처리에 있어 반드시 합일확정하여 재판을 할 필요가 없는 소의 주관적 병합형태를 말한다. 통상공동소송은 개별적인 소의 제기 또는 응소가 인정됨에도 불구하고 공동소송의 관계가 된 것이므로, 각 당사자 간에는 당사자로서의 독립한 지위를 인정할 필요가 있다. 이 점에서 통상공동소송 시의 각 공동소송인에게 인정되는 원칙을 공동소송인 독립의 원칙이라 한다(법66조).

② 공동소송인의 독립의 원칙

공동소송인은 각자에게 인정된 처분권이나 절차권을 적절히 행사하여 자신에게 유리하게 소송을 수행할 수 있다. 반대로 자신이 한 행위는 다른 공동소송인에게는 영향을 미치지 않는다. 예를 들어 소송의 발생 또는 종료와 관련된 행위, 즉 소의 취하, 청구의 포기와 인낙, 화해나 상소의 제기는 다른 공동소송인에게 영향을 미치지 않는다. 사실의 주장이나 자백 등 소송자료와 관련된 행위도 변론주의에 입각하여 다른 공동소송인에게는 영향이 없다. 또한 공동소송인 중의 1인에 대한 중단이나 중지사유의 발생도 다른 공동소송인에게는 효력이 미치지 않는다.

반대로 필수적 공동소송에 있어서는, 항목 [12-4]에서 보듯이 공동소송인 중 1인에게 중단 또는 중지의 원인이 발생한 때에는 다른 공동소송인에 대하여도 중단 또는 중지의 효과가 미치고, 위와 같은 결론과 정반대의 결론에 이른다.

③ 공동소송인독립의 원칙의 제한

통상공동소송에서는 판결의 합일확정이 보장되지 않고, 판결의 내용이 각 공동소송인 간에 서로 모순될 가능성도 배제할 수 없다. 판례(대판 1991.4.12, 90다9872)도 이러한 판결의 모순점을 인정하여, "순차경료된 등기 또는 수인 앞으로 경료된 공유등기의 말소청구소송은 권리관계의 합일적인 확정을 필요로 하는 필요적 공동소송이 아니라 보통공동소송이며, 이와 같은 보통공동소송에서는 공동당사자들 상호간의 공격방어방법의 차이에 따라 모순되는 결론이 발생할 수 있고, 이는 변론주의를 원칙으로 하는 소송제도 아래서는 부득이한 일로서 판결의 이유모순이나 이유불비가 된다고 할 수 없다."라고 판시하고 있다.

공동소송인 독립의 원칙을 관철하면, 통상공동소송은 다른 공동소송인의 소송행위의 내용을 알게 되고 이것을 자신에게 유리하게 사용하는 것에 불과하므로, 굳이 통상공동소송이라는 주관적 병합형태를 인정할 실익이 희박하다. 특히 여러 요건(법65조가 규정하는 통상공동소송이 인정되기 위해 필요한 요건)을 부과해야 한다는 의미도 퇴색한다. 이러한 점에서 보통 다음과 같은 두 가지 점에서 공동소송인 독립의 원칙을 제한하게 되고, 그 제한의 가능성 내지는 한계의 문제가 등장한다.

④ 증거공통의 원칙

통상공동소송임에도 불구하고 일반적으로 인정되는 것이 증거공통의 원칙이다. 공동소송인 중의 1인이 제출한 증거는 다른 공동소송인의 원용에 관계없이, 그들에 관한 증거로서 사실인정의 자료로 쓸 수 있다(공동소송인 중의 1인의 증거제출행위는 다른 공동소송인에게도 효력이 미친다는 증거조사결과의 공통이다)는 원칙을 말한다(따라서 공동소송인이 제출한 증거에 대해 다른 공동소송인은 반대신문을 할 수 있다).

이러한 원칙을 인정하게 된 이유는 결론적으로 법관의 자유심증주의와의 관계에서 비롯된다. 즉, 하나의 심리를 통해 인정할 수 있는 진실은 하나이다. 증거조사를 통해 법관은 심증을 갖게 되는데, 증거공통의 원칙이 인정되지 않는다고 하여 이러한 심증을 당해 증거를 제출한 자에게만 사용할 수 있고 다른 공동소송인에게는 사용할 수 없다면, 하나의 심리를 통해 하나의 진실을 밝혀내야 한다는 자유심증주의에 반하기 때문이다. 또한 하나의 심리를 해야 한다는 공동소송의 취지에도 반하게 된다. 다만, 자백의 경우에는 당사자가 제출한 증거로서 판단하는 것은 적합하지 않고, 소송행위로서 공동소송인 독립의 원칙이 적용되는 부분이다(대판 1971.2.9, 70다231).

공동소송인 중의 1인에 의한 변론 전체의 취지도 증거조사의 결과와 유사한 것으로 그 공통이 인정된다. 변론 전체의 취지의 자유로운 이용 또한 법관의 자유심증주의와의 관계에서 필수 불가결한 것이기 때문이다. 물론 변론 전체의 취지의 보충성을 전제로 한다면, 이를 공통으로 한다는 것에도 그에 따른 제약이 따르지만, 법원은 공동소송인 중의 1인의 자백도 변론 전체의 취지로서 이를 모든 공동소송인에게 공통된 자료로 하여 사실인정을 할 수 있다(통설).

⑤ 주장공통의 원칙

사안에서와 같이 공동소송인 중의 1인이 한 주장은, 증거와 같이 다른 공동소송인이 적극적으로 원용하지 않아도, 그들에게 주장된 것으로 보고 소송자료로서 사용할 수 있는지 문제된다. 대상판결은 소극적으로 해석하고 있다. 즉, 원용이 필요하다는 해석이다. 변론주의라는 소송구조를 취하고 있는 점을 근거로 한다.

대상판결이 변론주의를 근거로 한 것은, 소송자료의 설정이 당사자에게 맡겨져 있다는 주장책임을 고려한 것이다. 당사자는 특정한 사실을 심리의 대상으로 할 수 있다는 변론주의에서 본다면, 이러한 내용 자체가 공동소송인 독립의 원칙에 포함되어 있으므로 대상판결의 해석은 타당하다. 즉, 증거조사를 위한 특정한 사실의 주장은 당사자에게 맡겨져 있는 것이고, 이러한 사실의 주장을 증거공통의 원칙에서 근거가 된 자유심증주의로 합리화할 수 없다.

그러나 공동소송인 중의 1인의 행위가 다른 공동소송인에게도 유리한 경우(사안의 경우가 이에 해당된다), 그 원용의 정도를 합리적으로 해석할 필요가 있다. 즉, 이 사안의 경우 사실관계가 명확하지 않지만(아마도 전혀 소송관여의 기회가 없었다고 보여지지만), 乙1이 적극적으로 또는 명시적으로 나머지 乙들의 주장을 원용하지 않더라도, 그와 모순되지 않으며 그것을 전제로 소송수행을 하는 경우라면, 당사자의 의사 해석으로 묵시의 원용을 충분히 인정할 수 있을 것이다.

[12-2] 유사필수적 공동소송

[대상판결] 대판 1991.12.27, 91다23486

[사안] A는 B에 대한 소유권이전등기청구권을 보전하기 위해, B를 대위해 乙을 상대로 이 사건 소유권이전등기 말소등기절차의 이행을 구하는 소를 제기하였다. 이 소송계속 중에 A가 사망하자 그 상속인들인 甲들이 소송수계를 하여 이들이 공동원고가 되었다. 이 경우 甲들은 통상공동소송인가 필수적 공동소송인가?

[판결요지] "甲들은 다수 채권자의 지위에서 소송의 방법으로 채권자대위권에 의하여 채무자의 권리를 공동으로 행사하는 결과가 된 것이다. 채무자가 채권자대위권에 의한 소송이 제기된 것을 알았을 경우에는 그 확정판결의 효력은 채무자에게도 미친다는 것이 판례인바, 다수의 채권자가 각 채권자대위권에 기하여 공동하여 채무자의 권리를 행사하는 이 사건의 경우 소송계속 중 채무자인 B가 제1심 증인으로 증언까지 한 바 있어 당연히 채권자대위권에 의한 소송이 제기 중인 것을 알았다고 인정되므로 그 판결의 효력은 B에게도 미치게 되는 것이다. 따라서 甲들은 유사필요(필수)적 공동소송관계에 있다고 하여야 할 것이다."

[해 설]

① 유사필수적 공동소송의 의의

유사필수적 공동소송이란, 각 당사자에게 개별적으로 당사자적격이 인정되지만(단독으로 원고나 피고가 될 수 있지만), 당사자적격을 갖는 자 모두에게 판결의 효력이 미치게 되어 그러한 자가 공동소송인이 되면 그 판결을 함에 있어 합일확정의 필요성이 요구되는 공동소송의 형태를 말한다. 즉, 개별 제소(피제소)가 가능하지만 공동으로 제소한(피제소된) 경우, 당사자 간의 관계가 당사자가 되지 않더라도 판결효를 받게 되는 경우라면, 판결의 모순저촉을 피하기 위해 공동소송인 독립의 원칙이 적용되지 않고 필수적 공동소송으로서 합일확정이 요구되는 공동소송의 형태이다.

② 유사필수적 공동소송의 예

위와 같이 판결의 효력이 제3자에게 확장되는 경우, 그러한 자가 당사자가 되는 공동소송은 유사필수적 공동소송이 된다. 이러한 예로는 회사관계소송이나 가사관계소송의 경우가 대부분이다. 수인이 제기하는 주주총회결의취소 또는 무효확인의 소나 회사의 합병 또는 설립의 무효나 취소에 관한 소, 수인이 제기하는 이사회결의무효확인의 소(대판 1963.12.12, 63다449), 수인이 제기하는 혼인무효 또는 취소의 소 등이다.

③ 다수의 채권자가 제기한 대위소송의 경우

사안에서는 수인의 채권자에 의한 채권자대위소송은 어떠한 형태의 공동소송인지 문제되었다. 채권자대위소송의 판결은 원고가 아닌 다른 일반 채권자에게는 직접 미치지 않고 본인인 피담당자(채무자)에게 미치게 된다. 이러한 경우에도 합일확정의 필요성이 요구되는지의 문제이기도 하다. 대상판결은 채무자 B에게 판결의 효력이 미치므로 유사필수적 공동소송이 된다고 설시하고 있다. 즉, 대상판결은 학설에서 말하는 반사효가 甲들에게 미치는 관계로 유사필수적 공동소송이 성립된다고 언급하고 있지는 않다.

한편, 통설은 사안에서와 같은 경우 판결효로서의 반사효가 미치기 때문에 유사필수적 공동소송이 된다고 해석한다. 그러나 이미 [10-13]에서 살펴보았듯이, 반사효라는 판결의 부수적 효력을 인정할 실익은 거의 없고, 유사필수적 공동소송이라 해석하기 위해서는 채무자에게도 기판력이 미치게 되어 채무자가 행사할 수 없다면 채권자도 대위행사가 불가능하다는 논거를 제시해야 할 것이다.

이 판례의 해설(최세모, 대법원판례해설(제17호), 96면)은 "채무자에게 기판력이 미치게 되는 대위소송판결이 확정된 경우에는 그 반사적 효과로서 다른 채권자들 역시 채권자대위소송을 제기할 수 없다 할 것인바 만약 공동으로 채권자대위소송을 제기한 다수의 채권자들이 필요적 공동소송관계에 있다고 하지 아니할 때에

는 그 다수의 채권자들이 공동으로 채권자대위소송을
제기하였다가 패소한 다음 그 중 일부 채권자가 상소
를 제기하지 아니하면 그에 대한 판결은 확정되게 되
고 그 판결의 효력은 채무자에게 미치게 됨에 따라 원
심판결에 잘못이 있다 할지라도 다른 채권자들이 상소
로써 다툴 수 없게 되어 부당한 결과를 초래하게 된다
할 것이다."라고 말하고 있다. 이 해설은 채무자에게
기판력이 미치게 되면 채무자와 제3채무자 간의 법률
관계가 확정되고, 따라서 다른 채권자가 채권자대위소
송을 하여도 그러한 법률관계의 확정을 깨트릴 수 없
다는 것이라고 풀이할 수 있다. 채권자대위소송의 판결
효의 범위([10-12] 참조)를 그와 같이 보는 한 타당한
해석이다.

  그러나 위와 같은 해석에서 사용하고 있는 반사적
효과라는 용어는 그것이 판결효의 하나로서의 반사효
를 의미하는 것인지는 명확하지 않다. 오히려 거기서
말하는 "반사적 효과로서"라는 부분은 학설에서 말하
는 판결효로서의 반사효를 의미하는 것이 아니고, 본인
이 할 수 없는 것은 담당자도 할 수 없다는 소송담당에
따른 소송법상의 효과를 의미한다고 해석해야 할 것이
다. 결국 반사효의 적용 여부에 관계없이, 사안의 경우
에는 대상판결이 설시하고 있듯이 유사필수적 공동소
송이 된다. 그 밖에 판결효를 받게 되어 유사필수적 공
동소송이 되는 예로 수인의 채권자에 의한 추심소송(민
집249조2항), 수인의 주주에 의한 주주대표소송이 있다.

참고판례 16-[판례12]

[12-3] 고유필수적 공동소송

[대상판결] 대판(전) 2005.9.15, 2004다44971

[사안] A 종중의 구성원인 甲은, 종중결의를 받아 종중재산인 목적물의 보존행위로서 등기의 말소를 청구하는 소를 종원 개인의 자격으로 단독으로 제기할 수 있는가?

[판결요지] "민법 제276조 제1항은 "총유물의 관리 및 처분은 사원총회의 결의에 의한다.", 같은 조 제2항은 "각 사원은 정관 기타의 규약에 좇아 총유물을 사용·수익할 수 있다."라고 규정하고 있을 뿐 공유나 합유의 경우처럼 보존행위는 그 구성원 각자가 할 수 있다는 민법 제265조 단서 또는 민법 제272조 단서와 같은 규정을 두고 있지 아니한바, 이는 법인 아닌 사단의 소유형태인 총유가 공유나 합유에 비하여 단체성이 강하고 구성원 개인들의 총유재산에 대한 지분권이 인정되지 아니하는 데에서 나온 당연한 귀결이라고 할 것이다.

따라서 총유재산에 관한 소송은 법인 아닌 사단이 그 명의로 사원총회의 결의를 거쳐 하거나 또는 그 구성원 전원이 당사자가 되어 필수적 공동소송의 형태로 할 수 있을 뿐 그 사단의 구성원은 설령 그가 사단의 대표자라거나 사원총회의 결의를 거쳤다 하더라도 그 소송의 당사자가 될 수 없고, 이러한 법리는 총유재산의 보존행위로서 소를 제기하는 경우에도 마찬가지라 할 것이다. 이와 달리 법인 아닌 사단의 대표자 개인 또는 구성원 일부가 총유재산의 보존을 위한 소를 제기할 수 있다고 판시한 대법원 1958.2.6. 선고 4289민상617 판결 등은 이 판결의 견해와 저촉되는 범위에서 이를 변경하기로 한다."

[해 설]

① 고유필수적 공동소송의 의의

고유필수적 공동소송이란 유사필수적 공동소송과는 달리 제소 단계에서부터 공동소송이 강제되고, 모두 당사자가 되지 않는 한 부적법 각하되는 공동소송이다. 특정의 소송이 고유필수적 소송이 된다면 원고의 입장에서는 제소에 따른 난점이 발생한다. 원고 측의 고유필수적 공동소송이라면 모든 당사자가 원고가 되지 않는 한 제소가 불가능하다(원고 측 고유필수적 공동소송임에도 원고가 되는 것을 거부하는 자가 있는 경우의 처리방법에 대해 일본 최고재판소는 그러한 자를 피고로 하는 것을 인정하였다. 제1심 판결에 대해 피고가 원고가 된 공유자만을 상대로 항소를 제기하면 이러한 항소는 합일확정의 원칙에 의해 피고가 된 공유자에게도 미치고, 법원은 주문에서 토지경계는 소에 관여한 당사자 전원에게 합일확정이 되므로 인접하는 토지의 경계를 확정하는 취지를 하나의 주문으로 표시하면 된다고 한다). 피고의 경우에도 모든 피고를 찾아내야 한다는 어려움이 있다. 따라서 고유필수적 공동소송이 인정되려면 특별한 요건이 필요하고, 이것은 청구의 실체법적 성격에 좌우된다.

② 고유필수적 공동소송이 되는 일반적인 경우

ⅰ) 관리처분권이 수인에게 귀속된 경우

고유필수적 공동소송이 되려면 소송의 대상인 권리관계의 관리처분권이 수인에게 귀속되어야 한다(대판 1965.7.20, 64다412). 관리처분권이 수인에게 귀속되어 있다고 풀이되는 경우로는, 수인의 파산관재인, 수인의 정리회사관재인, 그 밖에 수인의 수탁자와 수인의 선정당사자가 있다. 수인의 유언집행자에게 유증의무이행을 구하는 소송(대판 2011.6.24, 2009다8345), 친자관계를 직접적인 대상으로 부모와 자에게 제기하는 소(대판 1970.3.10, 70므1 등)도 고유필수적 공동소송이다.

ⅱ) 타인 간의 권리관계의 변동을 요구하는 경우

관리처분권이 공동으로 귀속되어 있다고 할 수 있는 타인간의 권리관계의 변동을 요구하는 경우에도 고유필수적 공동소송이 된다. 제3자가 부부를 상대로 제기하는 혼인무효·취소소송(대판 1965.10.26, 65므46), 회사와 청산인을 상대로 제기하는 청산인해임의 소(대결 1976.2.11, 75마533), 집합건물의 구분소유자들이 관리인과 관리단을 상대로 제기하는 관리인해임청구소송(대판 2011.6.24, 2011다1323), 양친자를 상대로 제기하는 입양무효·취소의 소, 공유자가 다른 공유자를 상대로 제기하는 공유물분할소송도 마찬가지이다.

③ 공동소유의 문제

i) 총유의 경우

총유의 경우에는 공동소유자의 지분권이 인정되지 않기 때문에(민법276조1항), 총유재산의 관리 및 처분에 관한 소송은 공동소유자 전원이 고유필수적 공동소송인이 된다(대판 1994.5.24, 92다50232). 사안에서 문제된 총유물의 보존행위에 관한 소송은 구성원이 개별적으로 제소할 수 있다고 풀이하여야 한다는 판례(대판 1994.4.26, 93다51591 등)도 있었지만, 대상(전원합의체)판결은 그러한 과거의 판례를 변경하여 총유재산의 보존행위로서 소를 제기하는 경우에도 고유필수적 공동소송이 된다고 판시하였다. 그 이유는 총유의 경우, 공유나 합유의 경우에서처럼 보존행위는 그 구성원 각자가 할 수 있다는 규정(민법265조단서 또는 272조단서)을 두고 있지 않기 때문이라는 점이다.

ii) 합유의 경우

합유의 경우에는 지분권이 인정되지만 그 지분권의 처분이나 분할에 제한이 가해지는 관계로 총유와 유사하다. 이것은 관리처분권이 전합유자에게 귀속되어 있기 때문이다. 합유인 조합재산에 속하는 권리(채권)에 관한 소송(대판 1967.8.29, 66다2200 등)은 고유필수적 공동소송이다. 단, 합유재산에 관한 소가 고유필수적 공동소송이 되어도 합유인 경우에는 임의적 소송담당이 인정된다([5-9] 참조).

그러나 합유재산의 보존행위는 각 구성원이 독자적으로 할 수 있으므로(민법272조단서), 합유물에 관해 경료된 원인무효의 소유권이전등기의 말소를 구하는 소송은 합유물에 관한 보존행위로서 합유자 각자가 할 수 있다(대판 1997.9.9, 96다16896). 또한 조합의 채무는 각 조합원의 채무로서 그 채무가 불가분의 채무이거나 연대의 특약이 없는 한 조합채권자는 각 조합원에 대하여 지분의 비율에 따라 또는 균일적으로 변제의 청구를 할 수 있으므로, 고유필수적 공동소송이 아니다(대판 1985.11.12, 85다카1499 등).

iii) 공유의 경우

공유의 경우에도 그 관리처분권의 귀속의 내용에 따라 고유필수적 공동소송의 성립 여부가 결정된다. 즉, 보존행위가 아니라면 고유필수적 공동소송이고, 보존

행위라면 각 공유자가 단독으로 당사자가 될 수 있다(통설). 공유토지 일부에 대해 취득시효완성을 원인으로 공유자들을 상대로 제기하는 소유권이전등기청구소송(대판 1994.12.27, 93다32880, 32897 등), 수인 앞으로 경료된 공유등기의 말소청구(대판 1991.4.12, 90다9872) 등은 고유필수적 공동소송이 아니다. 공유자가 원고가 되는 경우, 공유물에 관한 각 공유자의 보존행위에 속하는 것이라면 단독 제소가 가능하다. 예를 들어 공유물의 인도청구(대판 1969.3.4, 69다21), 방해배제청구, 등기말소청구 등이 있다. 또한 공동상속재산의 지분에 관한 지분권존재확인을 구하는 소송은 필수적 공동소송이 아니다(대판 1965.5.18, 65다279; 대판 2010.2.25, 2008다96963, 96970).

반대로 공유재산 자체(부동산 공동매수인의 목적물 전체)에 대한 이전등기청구(대판 1961.5.4, 4292민상853), 공동에게 관리처분권이 귀속된 공유재산 자체에 관한 공유권의 확인(대판 1994.11.11, 94다35008), 공동상속인이 다른 공동상속인을 상대로 어떤 재산이 상속재산임의 확인을 구하는 소(대판 2007.8.24, 2006다40980), 준공유에 해당하는 청약권에 기하여 청약의 의사표시를 하고 그에 대한 승낙의 의사표시를 구하는 소(대판 2003.12.26, 2003다11738), 복수채권자가 준공유하는 매매예약완결권의 행사로서 채무자에 대한 매매예약완결의 의사표시 및 이에 따른 가등기에 기한 소유권이전등기의 이행을 구하는 소(대판 1985.5.28, 84다카2188)는 모두 고유필수적 공동소송이다.

[12-4] 필수적 공동소송의 심판

[대상판결] 대판 1996.12.10, 96다23238

[사안] 甲은 토지 X의 합유자 전원인 乙들을 상대로 甲의 소유권이전등기를 구하는 소를 제기하였다. 이 소송의 변론 도중에 乙들 중의 1인이 청구를 인낙하자, 甲도 합유자 1인을 제외한 나머지 乙들에 대한 소를 취하하였다. 이러한 인낙이나 취하는 유효한가?

[판결요지] "이 사건 소송은 합유물에 관한 소송으로서 고유필요적 공동소송이라 할 것이고, 따라서 합유자 전원을 피고로 하여야 할 뿐 아니라 합유자 전원에 대하여 합일적으로 확정되어야 하므로, 합유자 중 일부의 청구인낙이나 합유자 중 일부에 대한 소의 취하는 허용될 수 없다 할 것이다."

[해 설]

① 합일확정의 필요성

합일확정의 필요성이란 모든 공동소송인에 대한 소송 결과의 통일을 말한다(즉, 하나의 팀으로서 그 구성원에게 동일한 승패가 내려진다는 의미이다). 만일 합일확정을 할 필요가 없다면 공동소송인 간의 승패가 제각기 나누어질 수 있다. 합일확정을 해야 한다는 원칙을 따르기 위해 공동소송인 독립의 원칙을 제한하는, 즉 대상판결에서 보는 바와 같은 특별한 원칙이 나타나게 되는 것이다. 한편, 변론의 병합을 통해서도 유사한 결과가 초래되지만, 이는 어디까지나 사실인정의 통일에 불과하고, 법적인 의미에서의 재판의 통일까지를 의미하는 것은 아니다.

② 소송자료의 통일

i) 필수적 공동소송인 중의 1인이 한 유리한 행위

필수적 공동소송인 1인이 한 소송행위는 그것이 유리한 경우에는 다른 공동소송인에게도 효력이 발생한다(법67조1항). 공동소송인은 이익공동체라는 입장에서 유리한 소송행위라면 전원이 승소하려는 것이고, 합일확정의 필요성에 반하지 않기 때문이다. 반대로 공동소송인 1인이 한 불리한 소송행위는 공동소송인 전원은 물론 그것을 한 자에게도 효력이 발생하지 않는다. 그러한 것을 인정하면 사안에서도 보듯이 판결의 결과가 모순되게 되어 합일확정을 기할 수 없기 때문이다.

ii) 필수적 공동소송인 중의 1인이 한 불리한 행위

대상판결에서 언급되어 있듯이 필수적 공동소송인 중의 1인이 한 청구의 인낙은 다른 합유자에게 불리한 행위이므로 효력이 발생하지 않는다. 여기서 유리·불리의 구분은 공동소송인의 입장을 기준으로 결정할 수밖에 없는데, 상대방의 주장을 다투고 적극적으로 자신들의 권리를 주장하는 것은 유리한 행위이고, 반대로 상대방의 주장을 다투지 않고 자신들의 권리를 포기하는 행위는 불리한 행위이다.

따라서 사안에서와 같이 패소를 의미하는 공동피고 중의 1인이 청구를 인낙하는 것 이외에도, 화해를 하거나 상소권을 포기하는 것은 불리한 행위가 된다. 반대로 공동피고 중의 1인이 원고의 주장을 다투는 항변, 부인, 상소의 제기 등은 유리한 행위이다. 공동원고의 경우라면 이와 반대로 생각하면 된다.

한편, 공동피고 중의 일부에 대한 취하(구체적으로는 원고의 소 취하에 대한 공동피고 중의 일부의 동의)도 고유필수적 공동소송의 경우에 취하에 의해 소가 부적법한 것이 되므로, 본안판결을 받을 기회를 상실시킨다는 점에서 불리한 행위가 된다. 따라서 사안에서 소의 취하도 인정되지 않는다.

단, 고유필수적 공동소송이 아닌 유사필수적 공동소송의 경우에는 제소 자체가 강제되는 것이 아니고, 소송에서 탈퇴하여도 소가 부적법한 것이 되지 않으므로 취하가 가능하다. 즉, 전자의 경우에는 반드시 당사자가 되어야 하지만, 후자의 경우에는 임의에 맡겨져 있기 때문이다. 이러한 원리는 반대로 공동원고의 경우에도 그대로 적용된다. 공동원고 중의 1인이 하는 소의 취하는 그 원고의 소송에서의 탈퇴를 의미하므로, 다른 원고의 소가 각하되게 되고 결국 불리한 행위이다. 그러나 유사필수적 공동소송이라면 그러하지 않다.

그 밖에 공유물분할소송이 항소심 계속 중 당사자인

공유자의 일부 지분이 제3자에게 이전되었고, 그 제3자가 당사자로 참가하지 않은 상태에서 변론이 종결된 경우, 공유물분할청구의 소는 분할을 청구하는 공유자가 원고가 되어 다른 공유자 전부를 공동피고로 해야 하는 고유필수적 공동소송이므로, 항소심 계속 중에 승계참가나 소송인수 등의 방식으로 그 일부 지분권을 이전받은 자가 이 사건 소송의 당사자가 되었어야 함에도 그렇지 못하였으므로 이 사건 소송 전부가 부적법하게 된다(대판 2014.1.29, 2013다78556).

iii) 상대방이 한 행위

공동소송인 1인이 하는 행위와는 달리, 상대방이 공동소송인 1인에게 하는 행위는 다른 공동소송인에게도 효력이 발생한다(법67조2항). 상대방은 전체로서 하나의 당사자와 소송을 수행하는 것이 되고, 소송절차의 효율적인 진행을 위해서도 필요불가결하기 때문이다. 단, 이것은 상대방이 공동소송 중의 1인에게 하는 경우이고, 법원이 공동소송인에게 기일의 소환 등을 하는 경우에는 공동소송인 전원에게 해야 한다.

③ 소송진행의 통일

i) 의의

사안과는 직접 관련이 없지만, 필수적 공동소송의 경우에는 공동소송인 전원에 관한 하나의 절차에 의한 재판을 한다는 소송진행의 통일이 요구된다. 그 내용으로는 변론의 분리가 불가능한 점, 일부판결이 불가능하다는 점이 있다. 또한 공동소송인 1인에 대한 중단이나 중지의 사유는 공동소송인 전원에게도 동일한 사유가 된다(법67조3항. 대판 1983.10.25, 83다카850).

공동소송인 중의 1인이 상소를 제기하면 그것은 유리한 행위로서 다른 공동소송인에게도 효력이 미치므로, 전원이 상소를 제기한 것이 되고 전원에 대해 확정차단과 이심의 효력이 발생한다(대판 1991.12.27, 91다23486에서, "공동소송인 중 일부의 상소제기는 전원의 이익에 해당된다고 할 것이어서 다른 공동소송인에 대하여도 그 효력이 미칠 것이며, 사건은 필요적 공동소송인 전원에 대하여 확정이 차단되고 상소심에 이심된다고 할 것이다."고 판시하고 있다). 반대로 상대방이 공동피고 중의 1인에 대해 상소를 제기했다면 앞서 본 원칙에 의해 전원에 대해 상소를 제기한 것이 된다.

ii) 상소의 경우의 문제

이러한 경우 상소를 제기하지 않거나 상소를 제기당하지 않은 공동소송인의 상소심에서의 지위가 문제된다. 단순히 상소심당사자설이라는 학설도 있고, 판례는 명확하지 않지만 "필요적 공동소송에 있어서 당사자표시 중 상고하지 않은 피고를 단순히 '피고'라고만 표시하고, 주문 중 상고비용을 상고한 피고에게만 부담시킨 사례"로 인용되고 있는 대판 1993.4.23, 92누17297과 대판 1995.1.12, 94다33002가 있다(독립당사자참가 시의 상소에 대해서는 [12-12] 참조).

그러나 상소심당사자설이라는 것은 [12-12]에서도 다루는 것처럼 타당하지 않다. 또한 필수적 공동소송의 경우에는 위에서 본 필수적 공동소송의 심판원칙에 의해(또한 대판 1991.12.27, 91다23486 참조), 공동소송인 중의 1인이 상소하면 나머지 공동소송인도 상소를 한 것이 되므로 상소인으로 다루고, 공동소송인 중의 1인에 대해 상소하면 나머지 공동소송인에게도 상소한 것이 되므로 피상소인이라고 해석해야 할 것이다.

[12-5] 예비적·선택적 공동소송

[대상결정] 대결 2007.6.26, 2007마515

[사안] A아파트 112동의 입주자 및 사용자인 甲들은 乙을 피고로 삼아, "乙이 아파트 입주자대표회의 구성원 중 112동 동대표 지위에 있지 아니함을 확인한다."는 내용의 '동대표지위부존재확인'의 소를 제기하였다. 이 소송 도중에 甲들은 아파트 입주자대표회의도 피고로 추가하는 '주관적·예비적 피고의 추가' 신청을 한 경우, 이것은 법70조의 예비적·선택적 공동소송으로 인정되는가?

[판결요지] "민사소송법 제70조 제1항은 공동소송인 가운데 일부의 청구가 다른 공동소송인의 청구와 법률상 양립할 수 없거나 공동소송인 가운데 일부에 대한 청구가 다른 공동소송인에 대한 청구와 법률상 양립할 수 없는 관계에 있는 경우에는 필수적 공동소송에 관한 규정을 준용한다고 규정하고 있는바, 여기에서 '법률상 양립할 수 없다'는 것은, 동일한 사실관계에 대한 법률적인 평가를 달리하여 두 청구 중 어느 한 쪽에 대한 법률효과가 인정되면 다른 쪽에 대한 법률효과가 부정됨으로써 두 청구가 모두 인용될 수는 없는 관계에 있는 경우나, 당사자들 사이의 사실관계 여하에 의하여 또는 청구원인을 구성하는 택일적 사실인정에 의하여 어느 일방의 법률효과를 긍정하거나 부정하고 이로써 다른 일방의 법률효과를 부정하거나 긍정하는 반대의 결과가 되는 경우로서, 두 청구들 사이에서 한 쪽 청구에 대한 판단이유가 다른 쪽 청구에 대한 판단이유에 영향을 주어 각 청구에 대한 판단과정이 필연적으로 상호 결합되어 있는 관계를 의미하며, 실체법적으로 서로 양립할 수 없는 경우뿐 아니라 소송법상으로 서로 양립할 수 없는 경우를 포함하는 것으로 봄이 상당하다.

법인 또는 비법인 등 당사자능력이 있는 단체의 대표자 또는 구성원의 지위에 관한 확인소송에서 그 대표자 또는 구성원 개인뿐 아니라 그가 소속된 단체를 공동피고로 하여 소가 제기된 경우에 있어서는, 누가 피고적격을 가지는지에 관한 법률적 평가에 따라 어느 한 쪽에 대한 청구는 부적법하고 다른 쪽의 청구만이 적법하게 될 수 있으므로, 이들 각 청구는 법률상 양립할 수 없는 경우에 해당한다."

[해 설]

① 예비적·선택적 공동소송의 의의

예비적·선택적 공동소송이란 공동소송인 가운데 일부의 청구가 다른 청구와 법률상 양립할 수 없거나 공동소송인 가운데 일부에 대한 청구가 다른 공동소송인에 대한 청구와 법률상 양립할 수 없는 경우, 법원이 필수적 공동소송의 심판원칙을 준용하여, 모든 공동소송에 관한 청구에 대해 심판하는 공동소송을 말한다(법70조). 복수의 당사자가 예비적 또는 선택적으로 병합된 경우, 그러한 병합이 유효하다면 법원은 그에 대해 필수적 공동소송의 심판원칙을 준용하여 모든 청구에 대해 심판해야 한다는 것을 가리킨다.

예를 들어 무권대리인에 의해 계약이 체결된 경우에 본인에 대한 계약상의 청구와 무권대리인에 대한 손해배상청구, 공작물의 점유자에 대한 손해배상청구와 그 소유자에 대한 손해배상청구를 병합하는 경우이다. 이때 본인에 대한 청구를 1차적으로 심판하여 달라고 하면 예비적 병합이 되고, 순서에 관계없이 심판하여 달라고 하면 선택적 병합이 된다.

② 소의 주관적·예비적 병합을 둘러싼 판례와 학설의 대립

원래 소의 주관적·예비적 병합에 대해 판례(대판 1972.11.28, 72다829 등)는 주로 예비적 피고의 상대적 불이익을 이유로 허용하지 않았다. 학설은 판례에 찬성하는 부정설과 긍정설의 대립이 있었다. 신법은 논란이 있었던 주관적·예비적 병합에 관한 문제를 해결하고, 실제의 권리의 모습을 소송에 반영하여 분쟁을 신속하고 통일적으로 해결할 수 있다는 점에서 예비적·선택적 공동소송이라는 특수한 형태의 공동소송을 도입하였다.

③ 예비적·선택적 공동소송의 요건

ⅰ) 법률상 양립불가능

대상결정은 양립불가능에 대해 "동일한 사실관계에 대한 법률적인 평가를 달리하여 두 청구 중 어느 한 쪽에 대한 법률효과가 인정되면 다른 쪽에 대한 법률효과가 부정됨으로써 두 청구가 모두 인용될 수는 없는 관계에 있는 경우" 또는 "당사자들 사이의 사실관계 여하에 의하여 또는 청구원인을 구성하는 택일적 사실인정에 의하여 어느 일방의 법률효과를 긍정하거나 부정하고 이로써 다른 일방의 법률효과를 부정하거나 긍정하는 반대의 결과가 되는 경우"라고 해석한다. 또한 '법률상'에서 말하는 법이란 실체법뿐 아니라 소송법도 포함하는 것으로 해석한다.

대상결정이 말하는 법률상 양립할 수 없는 경우의 두 가지 예는, 첫 번째의 경우가 순수한 의미에서의 법률상 양립할 수 없는 경우이고, 두 번째의 경우는 사실상 양립할 수 없는 경우를 가리킨다. 사안에서의 대표자 또는 구성원 개인뿐 아니라 그가 소속된 단체가 공동피고로서 예비적·선택적으로 병합될 수 있다고 판단된 것은, 결국 법률상 양립할 수 없는 경우를 말한다. 왜냐하면 누가 피고적격을 가지는지에 관한 법률적 평가에 따라 어느 한 쪽에 대한 청구는 부적법하고 다른 쪽의 청구만이 적법하게 될 수 있으므로 각 청구가 서로 법률상 양립할 수 없게 되기 때문이다.

반대로 부진정연대채무의 관계에 있는 채무자들을 공동피고로 하여 이행의 소가 제기된 경우, 그 공동피고에 대한 각 청구는 법률상 양립할 수 없는 것이 아니므로 예비적·선택적 공동소송이 아니다(대판 2009.3.26, 2006다47677). 단, 양 청구를 병합하여 통상의 공동소송으로 보아 심리·판단할 수 있다. 이때 다음의 절차에서 보는 상소로 인한 확정차단의 효력도 상소인과 그 상대방에 대해서만 생기고 다른 공동소송인에 대한 관계에는 미치지 않는다(대판 2012.9.27, 2011다76747). 통상공동소송에 불과하기 때문이다.

ⅱ) 사실상 양립불가능

대상결정은 앞서 보았듯이 사실상 양립할 수 없는 경우에도 예비적·선택적 병합이 가능하다는 해석으로 보인다. 예를 들어 불법행위의 가해자가 A 또는 B 중의 어느 1명인 경우에 당해 2명을 피고로 하는 경우이다. 이 경우에 이 2명에 대한 손해배상청구권은 물론 병존할 수 없지만, 이것은 사실의 차원에서 양립할 수 없다는 것만을 의미한다. 같은 사실이 한편으로 어느 청구권을 발생시키는 사실이고 다른 한편으로 별개의 청구권의 발생을 방해하는 사실인 관계에 있을 뿐, 법률상 양립할 수 없는 경우에는 해당되지 않을 것이다. 필수적 공동소송의 심판원칙을 적용해야 하고, 법원의 소송지휘권을 엄격히 제한하는 경우에 해당되므로, 그 요건은 한정적이고 명확하게 해석해야 하고, 법70조도 '청구'가 법률상 양립할 수 없다는 점을 명시하고 있다. 따라서 사실상 양립할 수 없는 경우마저 포함시키는 것은 적용범위가 지나치게 확대될 우려가 있고, 변론의 병합 등의 소송운영으로 처리해야 할 것이다.

④ 절차 – 필수적 공동소송원칙의 준용

예비적 또는 선택적 병합은 원고의 신청에 따라 원고들 또는 피고들을 그와 같이 병합한다는 것으로 해석된다. 그 요건을 갖추면 법원은 필수적 공동소송에 관한 규정을 준용하여 절차를 진행한다. 준용의 범위는 조문상으로 명확하지 않지만 일반적으로 독립당사자참가에서의 절차에 준하게 될 것이다.

공동소송인들 간의 재판의 분리 확정을 허용하면 형평에 반하고 또한 이해관계가 상반된 공동소송인들 사이에서의 소송진행 통일을 목적으로 하는 입법취지에 반하는 결과가 초래되는 경우에는 상소심으로 이심되고 분리 확정이 허용되지 않는다(대판 2008.7.10, 2006다57872). 또한 일부 공동소송인에 대해서만 판결을 하거나 남겨진 자를 위하여 추가판결을 하는 것도 허용되지 않고, 주위적 공동소송인과 예비적 공동소송인 중 어느 한 사람이 상소를 제기하면, 다른 공동소송인에 관한 청구 부분도 확정이 차단되어 상소심에 이심되고, 이러한 경우 상소심의 심판대상은 주위적·예비적 공동소송인들 및 상대방 당사자 간의 결론의 합일확정 필요성을 고려하여 판단해야 한다(대판 2011.2.24, 2009다43355). 그러나 예외적으로 공동소송인 간의 관계가 통상공동소송의 관계라면 상소심으로 이심되지 않는다(대판 2011.9.29, 2009다7076).

참고판례 16-[판례10], 18-[판례15]

[12-6] 소의 주관적 추가적 병합

[대상판결] 대판 1980.7.8, 80다885

[사안] 甲은 원심판결 정본의 송달을 받고 상고기간 내에 피상고인을 乙1 및 乙2로 표시한 상고장을 원심법원에 제출하였다. 그 후 상고기간 도과 후 乙3을 피상고인으로 추가하는 당사자표시정정 신청서를 제출한 경우, 이러한 당사자의 추가는 인정되는가?

[판결요지] "당사자변경은 당사자로 표시된 자의 동일성이 인정되는 범위 안에서 그 표시만을 변경하는 경우에 한하여 허용되는 것이므로 종래의 당사자에 곁들여서 새로운 당사자를 추가하는 것은 당사자표시변경으로서 허용될 수 없는 것이고 이는 추가된 당사자에 대한 새로운 상소제기로 보아야 할 것인바, 甲의 乙3에 대한 상고는 상고제기기간 경과 후에 제기된 것으로서 각하를 면하지 못할 것이다."

[해 설]
① 주관적 추가적 병합의 의의

주관적 추가적 병합은 소제기 시부터 병합하여 공동소송인이 되는 통상의 주관적 병합과 구별된다. 즉, 추가적 병합은 후발적으로 공동소송관계가 성립하는 경우인데, 여기에는 당사자의 행위에 의한 것과 제3자의 행위에 의한 것이 있다. 추가적 병합은 하나의 절차에서 관련 당사자 간의 분쟁을 일회적이고 통일적으로 처리할 수 있다는 이점이 있다.

그러나 도중에 소송에 병합되는 당사자의 절차권의 보장과 소송절차의 복잡화에 따른 기존의 당사자나 법원의 이익도 고려해야 한다. 따라서 주관적 추가적 병합이 인정되려면 이러한 이익을 고려한 합리적인 필요성이 요구된다(그 밖에 기본적으로 소의 주관적 병합의 요건을 갖추어야 한다).

② 주관적 추가적 병합의 형태

일정한 주관적 추가적 병합은 민사소송법에 의해 인정되는 경우가 있다.

i) 제3자의 의사에 의한 경우

법83조가 규정하는 공동소송참가가 있다. 참가에 의해 유사필수적 공동소송이 되는 경우에 한정하여, 당사자로서의 권리보호의 기회를 부여하기 위해 인정한 병합형태이다. 보통 원고로서 병합되는 경우를 말하고, 피고로서 병합되는 경우는 생각하기 힘들다(소를 제기당한 것도 아닌데 일부러 피고가 되려는 자는 생각하기 힘들다). 그 밖에 법81조의 참가의 경우에도 추가적 병합이 된다.

ii) 당사자의 의사에 의한 경우

법82조에 의해 승계인에게 소송을 인수시키는 경우가 있다. 병합되는 제3자가 권리나 의무의 승계인이라는 점에서 합리적인 필요성이 있다(당사자에 의한 경우에는 제3자에 의한 경우와는 달리 보통 피고의 병합이 된다).

③ 법률에 규정이 없는 경우의 인정가능성

사안에서는 소계속 후 원고에 의해 새롭게 피고가 추가될 수 있는지 문제되었다. 대상판결은 이러한 당사자의 추가가 인정되지 않는다고 판시하였다. 이러한 대상판결의 입장이 과연 모든 경우에 주관적 추가적 병합을 부정한 것인지, 아니면 한정적인 의미로서 일정한 경우에는 인정될 여지가 있다는 의미인지를 명확히 할 필요가 있다.

i) 판례의 입장

대상판결의 논리는, 추가적 병합은 당사자를 변경하는 것이고 이것은 표시의 정정으로는 불가능하며 신소의 제기의 요건을 갖추어야 한다는 것이다(상고인을 추가한 것에 관한 대판 1991.6.14, 91다8333도 이를 불허하고 있다). 또한 법률에 규정이 있는 경우는 그러한 추가적 병합을 인정하지만, 법률에 규정이 없다면 신소의 제기로 보고 법원의 소송행위로서 변론의 병합에 의해 공동소송관계를 성립시킬 수 있다는 논리라고 말할 수 있다(이 점은 [12-16]에서 보는 임의적 당사자변경에 관한 판례의 논리와 유사하다). 이러한 판례의 입장에 대해서는 신소의 제기와 변론의 병합이라는 우회적인 절차보다는 직접적으로 주관적 추가적 병합을 인정하자는 견해도 있다.

ⅱ) 인정가능성

문제는 법률에 규정이 없는 경우에도 주관적 추가적 병합을 인정할 수 있는지에 있다. 판례는, 법률에 의한 경우에는 인정하는 입장이다. 이러한 해석을 바탕으로 법률이 인정하는 취지를 유추적용할 수 있는 경우라면, 법률이 없어도 주관적·추가적 병합을 인정할 여지는 없지 않을 것이다. 판례와 같이 일률적으로 추가적 병합을 불허하는 것이 아닌 구체적 상황에 따라 그 허용가능성을 인정할 수 있는 살펴보도록 하겠다.

ⅲ) 제3자에 의한 추가적 병합

제3자에 의한 경우와 당사자에 의한 경우로 나누어 생각할 수 있다. 전자로는 동일 사고의 피해자가 이미 같은 피해자가 제기한 소송에 원고로 가입하는 경우이다. 이러한 경우에는 제3자의 이익은 스스로 소송에 가입을 했다는 점에서 고려할 필요가 없다.

반대로 기존의 당사자의 이익은 어떻게 되는지 고려해야 한다. 새로운 당사자는 소송의 결과를 보고 무임승차하게 된다는 점을 지적할 수 있을 것이다. 기존의 당사자가 수행한 소송의 결과를 불로소득한다는 점이기도 하다. 또한 새로운 원고의 출현으로 절차의 진행이 반복되는 경우도 있을 수 있다. 법원의 이익은 그다지 문제되지 않겠지만, 기존의 당사자의 이익은 위와 같이 큰 문제가 된다. 따라서 기존의 당사자의 불이익이 없는 것이 아닌 한, 추가적 병합을 인정하는 것은 곤란하다.

ⅳ) 당사자에 의한 경우

다음으로 당사자에 의한 경우에는 연대채무자 중의 나머지 채무자를 병합하는 경우나 고유필수적 공동소송에서 탈락한 공동피고의 추가의 경우를 생각할 수 있다. 후자는 법68조에 의해 입법적으로 해결되었다. 전자의 경우에는 제3자에 의한 경우와는 달리 기존의 소에 가입해야 되는 제3자의 이익이 문제된다. 도중에 급거 피고로 소송에 가입해야 하고 그때까지의 소송의 결과를 승인해야 한다는 제3자의 불이익은 중대하다고 할 수 있다.

따라서 그러한 불이익이 있는 한, 제3자를 피고로 추가 병합하는 것은 곤란하다. 단, 추가로 병합하는 것이 불가능하더라도 당해 제3자에 대한 신소를 제기하고, 이 소를 기존의 것과 변론을 병합하는 것을 생각할 수 있는데, 이 경우에도 변론의 병합은 당해 제3자의 불이익(기존의 소송결과의 유용가능성)을 고려하여 주의 깊게 인정해야 할 것이다. 사안도 이러한 경우에 해당하는 것이고, 제3자가 피상고인으로 추가되는 것은 당해 제3자의 불이익이 현저하다고 할 수 있으므로 대상판결의 해석은 타당하다.

[12-7] 선정당사자

[대상판결] 대판 1997.7.25, 97다362

[사안] 甲들은 건축회사 A가 지은 아파트를 분양받은 사람들이다. 그런데 A의 대표이사 B는 당해 아파트의 등기가 A에 남아 있는 것을 기화로, 乙들로부터 개별적으로 금전을 차용하고 그들에게 근저당권을 설정해 주었다. 이에 甲들은 乙들을 상대로 근저당권설정등기의 말소를 구하는 소를 제기하며 동시에 甲1을 선정당사자로 선정한 경우, 이러한 선정당사자는 유효한가?

[판결요지] "공동의 이해관계가 있는 다수자는 선정당사자를 선정할 수 있는 것인데, 이 경우 공동의 이해관계란 다수자 상호간에 공동소송인이 될 관계에 있고, 또 주요한 공격방어방법을 공통으로 하는 것을 의미한다고 할 것이므로 다수자의 권리·의무가 동종이며 그 발생원인이 동종인 관계에 있는 것만으로는 공동의 이해관계가 있는 경우라고 할 수 없을 것이어서 선정당사자의 선정을 허용할 것은 아니라고 할 것이다. 그런데 이 사건은 甲들이 각 그 해당 근저당권자를 상대로 한 근저당권설정등기 말소청구사건을 병합한 것으로서 소송의 목적이 된 권리가 동종이고 발생원인이 동종인 것에 불과하여 다수자 상호간에 공동소송인이 될 관계에는 있다 할 것이나, 주요한 공격방어방법을 공통으로 하는 경우에는 해당하지 아니하여 공동의 이해관계가 있다고 볼 수는 없으므로 선정당사자를 선정할 공동의 이해관계가 있다고 할 수 없을 것이다."

[해 설]

① 선정당사자의 의의

선정당사자란 공동의 이해관계가 있는 다수의 당사자 중에서 총원(선정자)을 위해 당사자로 선정된 자를 말한다(법53조). 같은 조에서 보듯이 총원이 법인이나 당사자능력이 인정되는 비법인단체가 아닌 경우에 이용할 수 있다. 소의 제기 전부터 선정하는 경우가 있고, 소제기 후 선정하면 기존의 당사자들은 그 소송에서 탈퇴한다(법53조2항). 만일 선정당사자 자신도 공동의 이해관계를 가진 사람으로서 선정행위를 하였다면, 선정행위를 하였다는 의미에서 선정자로 표기하는 것이 허용된다(대판 2011.9.8, 2011다17090).

선정당사자제도는 그 운영 여하에 따라서는 다수인을 당사자로 하는 소송을 쉽게 해결할 수 있다는, 즉 판결의 효력이 총원에게 미치므로 소송절차가 단순화된다는 이점이 있다. 선정당사자는 일체의 소송행위가 가능하고, 결과적으로 법률로 인정되는 임의적 소송담당의 한 형태이다(임의적 소송담당에 대해서는 [5-9] 참조). 선정자가 소송계속 중 사망하여도 상속인들이 선정행위를 철회 또는 취소하는 등 특별한 사정이 없는 한, 소송수계 여부에 관계없이 선정당사자의 소송행위에 아무런 영향이 없다(대판 2001.10.26, 2000다37111). 만일 선정당사자의 자격에 흠이 있음에도 법원이 이를 간과하여 그를 당사자로 한 판결이 확정되면 유효하고 재심으로 취소할 수 없다(대판 2007.7.12, 2005다10470).

② 선정당사자의 요건상의 문제

ⅰ) 다수의 당사자

선정당사자를 이용하려면 그에 따른 일정한 요건을 갖추어야 한다. 법53조1항은 간단히 "공동의 이해관계가 있는 다수자"라는 점을 요구하고 있다(그 밖에 소의 주관적 병합으로서의 요건을 갖추어야 한다). 이것은 다수자가 관련된 소송을 선정당사자에게 담당시킨다는 점에서 그 해석상의 문제는 둘째 치고 당연한 요건이기도 하다. 먼저 '다수자'라는 요건에 관해서는 특별한 제한이 없으므로 이론상으로는 1인이 아닌 복수라면 가능하다.

ⅱ) 공동의 이해관계

선정당사자를 이용하려면 사안에서도 문제된 공동의 이해관계라는 요건이 필요하다. 대상판결은 소송의 목적이 된 권리·의무와 그 발생원인이 동종이며, 다수자가 공동소송인이 될 수 있어야 하고, 각 당사자 간에 주요한 공격방어방법을 공통으로 하는 경우에 공동의 이해관계가 있다고 판단하였다. 그러면서 사안에서는 주요 공격방법이 공통되지 않는다고 하여 선정당사자로서 인정하지 않았다. 여기서 권리·의무와 발생원인의 동종 및 다수자가 공동소송인이 될 수 있어야 한다는 요건은 사실상 선정자나 선정당사자가 공동소송인 관계에 속하게 되는 것이므로 당연한 요건이기도 하다.

그보다 어려운 문제는 대상판결이 말하듯이 "주요한 공격방어방법을 공통으로 하는 경우"라는 요건이다. 대상판결은 주요한 쟁점의 공통성 또한 공동소송으로서 선정당사자를 이용하기 위한 최소한의 요건이고, 나아가 공동의 이해관계란 주요한 공격방어방법의 공통에 해당된다는 해석이다. 단, 대상판결은 왜 이 요건이 요구되고, 사안에서는 왜 공동분양자들이 그것을 갖추고 있지 않은지는 언급하고 있지 않다.

그 밖의 요건으로 선정행위에 있어서 선정자의 수권은 반드시 필요하다.

③ 주요한 공격방어방법의 공통
ⅰ) 사안에서의 유무

대상판결은 각 당사자 간에 주요한 쟁점의 공통성을 요구하고 있는데, 이것은 당사자 간의 관계가 필수적 공동소송이 아니라도 가능하다는 견해로 통설이기도 하다. 그러나 사안에서는 주요한 공격방어방법을 공동으로 하지 않고, 선정당사자의 상대방(사안에서의 乙들)이 동일한 법적 지위를 갖고 있다는 당사자 간의 법률관계에 관해서만 공통된다는 것(소송의 목적이 된 권리가 동종이고 발생원인이 동종인 것)이 대상판결의 입장이다.

즉, 사안에서는 선정당사자의 상대방인 乙들은 개별적으로 저당권설정계약을 하였고 선정자와 乙들 간의 법률관계는 각각의 입장에 따라 달라질 수 있다. 따라서 그것은 주요한 공격방어방법의 공통성까지도 갖추고 있다고 할 수 없는, 달리 말해 선정자와 乙들 간의 주요한 공격방어방법에는 乙들 개개인에 있어서 차이가 있다는 해석이라고 이해할 수 있다.

그 밖의 예로 특정 종중이 자신의 임야1과 임야2는 소유권보존등기의 명의인들에게 명의신탁한 것이라고 주장하면서 그 등기명의인들을 상대로 명의신탁해지를 원인으로 한 소유권이전등기절차의 이행을 구한 소송에서, 당해 임야1과 임야2에 대해 피고가 된 총 25명 중의 1명을 선정당사자로 선정하는 것은, 단지 소송의 목적이 된 권리가 동종이고 발생원인이 동종인 것에 불과하며 주요한 공격방어방법을 공통으로 하는 경우에는 해당하지 아니하여 공동의 이해관계가 있다고 해석되지 않는다(대판 2007.7.12, 2005다10470).

ⅱ) 인정되는 예

한편, 주요한 공격방어방법이 동일하다고 할 수 있는 경우란, 대판 1999.8.24, 99다15474에서와 같은 경우이다. 여기서는 "원고인 임차인들이 피고를 임대차계약상의 임대인이라고 주장하면서 피고에게 그 각 보증금의 전부 내지 일부의 반환을 청구하는 경우, 그 사건의 쟁점은 피고가 임대차계약상의 임대인으로서 계약당사자인지 여부에 있으므로, 그 임차인들은 상호간에 공동소송인이 될 관계가 있을 뿐 아니라 주요한 공격방어 방법을 공통으로 하는 경우에 해당함이 분명하다고 할 것이어서, 민사소송법 제49조(법53조) 소정의 공동의 이해관계가 있어 선정당사자를 선정할 수 있다."라고 판시하고 있다.

즉, 원고인 각 임차인들과 피고의 법률관계는 피고가 임대인으로서 계약당사자라는 공통된 법률관계에 관한 것이므로 주요한 공격방어방법이 같은 경우에 해당한다. 이와 유사한 경우로는 동일한 사고에 의해 손해를 입은 다수의 피해자, 연대채무자, 공동소유자, 그리고 약관을 다투는 동종의 보험금청구권자 등을 들 수 있다.

[12-8] 보조참가의 이익

[대상판결] 대판 1979.8.28, 79누74

[사안] 甲은 지방자치단체장 乙을 상대로 공유수면의 매립공사준공인가유보처분(부관의 효력이 문제된 것으로 甲은 그 무효를 주장하고, 이하의 丙의 경우에는 乙과 같이 그 유효를 주장한 경우이다)의 취소를 구하는 소를 제기하였다. 이 소송에 丙은 다음과 같은 이유로 乙측에 보조참가를 신청하였다. 즉, 丙은 90세대의 영세민들로 구성된 새나라 농장정착사업소 소장이자 영세민의 1명으로서, 이 사건 공유수면매립공사 시에 위 영세민들과 함께 공사 준공 후 매립토지를 분배받아 자립할 목적으로 동 매립공사에 취업하였는데, 동 매립공사가 준공되었음을 원인으로 하여 매립토지를 분배받아야 할 수배권자이므로, 이 사건 소송결과에 대해 이해관계가 있다고 주장한 경우, 丙의 보조참가의 이익은 인정되는가?

[판결요지] "이 사건 부관 14항에서 말하는 취로 영세민은 위 시행령의 조항에서 말하는 이해관계인이라고 보지 못할 바도 아니다 … 어느 소송사건에 당사자의 일방을 보조하기 위하여 보조참가를 하려면, 당해 소송의 결과에 대하여 이해관계가 있어야 할 것이요 여기에서 말하는 이해관계라 함은 사실상, 경제상 또는 감정상의 이해관계가 아니라 법률상의 이해관계를 가리켜 뜻한다고 할 것이며, 법률상의 이해관계라 함은 당해 소송의 판결의 기판력이나, 집행력을 당연히 받는 경우 또는 당해 소송의 판결의 효력이 직접 미치지는 아니한다고 하더라도, 적어도 그 판결을 전제로 하여 보조참가를 하려는 자의 법률상의 지위가 결정되는 관계에 있는 경우를 말한다고 해석하여야 할 것인바 … 이 사건 보조참가신청이유가 위와 같은 것이라면, 이는 앞서 본 바에 따라 이 사건 소송결과에 대하여 경제상의 이해관계가 있다고는 할 수 있을지언정 이른바 법률상의 이해관계가 있다고는 할 수 없다고 봄이 상당하다."

[해 설]

① 보조참가의 이익의 의의

보조참가를 하려면 그에 따른 법률상의 이익이 있어야 한다. 즉, 소송의 결과에 이해관계가 있어야 하고, 이것을 보통 소송결과에 대한 법률상의 이익이라고 하거나 단순히 보조참가의 이익이라고 한다. 보조참가의 이익에 대해서는 일반적으로 사실적, 감정적 또는 경제적 이해관계(이익)가 아닌 법률상의 이해관계라고 이해되고 있다. 이러한 점은 재판에서는 법률상의 이익이 문제되는 이상 당연하다고도 할 수 있다.

② 법률상의 이익

대상판결이 丙의 보조참가를 인정하지 않은 이유는, 丙의 이익은 말하자면 반사적 이익으로서 경제적 이익이라고는 볼 수 있지만, 그것이 법률상의 이익이라고는 볼 수 없다는 점이다. 즉, 丙에게는 침해당할 법적 이익은 없다고도 할 수 있다는 점이다. 이러한 대상판결의 해석은 그 후의 판례에서 그대로 이어지고 있다. 단, 보조참가의 이익이라는 점에서 추상적인 기준에 불과하고, 구체적인 기준에 관해서는 각 사례에 따라 차이가 발생하게 된다. 이러한 판례의 입장에 대해서는 대다수의 학설이 찬성하고 있다.

또한 형식상은 임의대리인이지만 실질적으로는 법정대리인과 같은 기능을 하는 자의 보조참가가 인정되지 않듯이(대판 1997.3.25, 96후313, 320), 이러한 법률상의 이익은 제3자로서의 법률상의 이익을 의미한다.

③ 소송결과에 관한 법률상의 이익

i) 소송결과의 의의

한편, 보조참가를 위해 소송결과에 법률상의 이익이 있어야 하는 경우, 그러한 소송결과가 무엇을 가리키는지 문제된다(판결주문에 한정된다는 소송물한정설과 판결이유도 포함된다는 소송물비한정설이 있다). 대상판결은 "소송의 판결의 기판력이나, 집행력을 당연히 받는 경우 또는 당해 소송의 판결의 효력이 직접 미치지는 아니한다고 하더라도, 적어도 그 판결을 전제로 하여 보조참가를 하려는 자의 법률상의 지위가 결정되는 관계에 있는 경우"라고 판시하고 있다. 전자의 경우(기판력이나 집행력을 당연히 받는 경우)는 보통 강학상 공동소송적 보조참가라고 불리는 경우이다. 후자는 "판결을 전제로 하여"라고 하고 있으므로, 명확하지는 않지만 앞의 문장이나 후술([12-10])하는 참가적 효력과의 관계에서 볼 때, 소송의 결과로서의 판결이유 중의 판단을 의미한다고 해석된다. 일반적인 예로는 아래의 판례 이외에 보증채무이행소송 시의 주채무자의 보조참가(또는 채무의 소멸을 이유로 주채무자의 채권자에 대한 저당권설정등기 말소청구소송으로의 보증인의 보조참가), 항공회사를 피고로 하는 손해배상청구소송에서 기체의 구조적 결함이 문제되었을 때의 기체제조자나 설계자의 참가를 들 수 있다.

또한 임대인 甲이 임차인 乙을 상대로 임대차계약상의 임료액이 경제사정변경 등으로 상당하지 않다고 하여 임료증액분의 지급을 구하는 소에 丙이 甲과 乙 간의 임대차계약은 甲, 乙 그리고 丙 사이에 체결된 합작투자계약에서 丙이 투자를 하는 전제조건으로 약정된 사항들을 기초로 한 것이라는 이유로 보조참가하는 경우(대판 1992.7.3, 92마244), 甲이 불법행위를 이유로 乙을 상대로 제기한 손해배상청구소송에 乙과 공동불법행위자의 관계에 있는 丙이 甲 측에 보조참가를 하는 경우(대판 1999.7.9, 99다12796)에는 보조참가의 이익이 인정된다.

그러나 甲이 乙대학을 상대로 제기한 등록금환불을 구하는 소에 다른 丙대학이 甲이 승소하면 소송의 간접적 영향으로서 파급효가 미치게 되어 자신의 교육재정의 대부분을 차지하는 등록금제도 운영에 차질이 생기게 된다는 이유로 참가하는 경우(대판 1997.12.26, 96다51714), 어업권을 명의신탁한 자가 수탁자가 제기한 어업권에 대한 손실보상금청구소송에 보조참가를 하는 경우(대판 2000.9.8, 99다26924)에는 보조참가의 이익이 인정되지 않는다.

④ 판결이유 중의 판단에 관한 이해관계

판례는 전체적으로 보조참가가 가능한 보조참가인의 이해관계를 판결이유 중의 판단에 관한 이해관계라고 해석하는 입장이다. 보조참가인에게는 일정한 판결의 효력(참가적 효력)이 미친다. 이 효력은 판결의 결과에 이해관계가 있기 때문에, 그러한 소송에 관여하였다는 점에서 받게 되는 효력이다. 그렇다면 판결의 결과는 당연히 판결의 주문에 국한되지 않는다. 판결의 주문에 한해서만 법률상의 이해관계가 발생한다면, 당연히 판결의 이유가 갖는 효력에 대해 이해관계를 가져도 법률상의 이익을 갖는다고는 할 수 없을 것이다. 이것은 법률상의 이해관계가 없음에도 참가적 효력은 발생한다는 이상한 결과가 된다.

따라서 판결의 주문에 국한시키는 것은 타당한 해석이 아니다. 판결이유 중의 판단에 대해 이해관계를 갖는다면, 보조참가의 이익이 긍정되며, 결국 판례의 견해는 타당하다. 또한 이러한 점에서도 판결의 효력을 판결의 주문이 갖는 전통적인 효력에 한정시키는 것은 앞서 본 것([10-10])처럼 타당한 해석이 아니다. 이는 기판력의 객관적 범위에서 문제되는 쟁점효의 인정 여부와 관계없이 보조참가의 이익 독자의 문제로서 소송결과에 대한 이해관계를 파악해야 하는 것을 의미한다.

참고판례 17-[판례11]

[12-9] 보조참가인의 지위

[대상판결] 대판 2007.2.22, 2006다75641

[사안] 보조참가인 A에 대해 기일통지서를 송달하지 아니한 채 제1차 변론준비기일 및 제1차 변론기일이 진행되었다. 그런데 본안에 관한 A의 주장이 기재된 보조참가신청서가 제1차 변론준비기일에 진술한 것으로 간주되었고, A가 제2차 변론기일에 직접 출석하여 변론할 기회를 가졌으며, 위 변론 당시 A는 위와 같이 기일통지서를 송달받지 못한 점에 대해 아무런 이의를 하지 않았다. 이 경우 기일통지서를 송달하지 않은 것은 위법한가?

[판결요지] "보조참가인의 소송수행권능은 피참가인으로부터 유래된 것이 아니라 독립의 권능이라고 할 것이므로 피참가인과는 별도로 보조참가인에 대하여도 기일의 통지, 소송서류의 송달 등을 행하여야 하고, 보조참가인에게 기일통지서 또는 출석요구서를 송달하지 아니함으로써 변론의 기회를 부여하지 아니한 채 행하여진 기일의 진행은 적법한 것으로 볼 수 없다 … 그러나 … 본안에 관한 보조참가인의 주장이 기재된 보조참가신청서가 원심 제1차 변론준비기일에 진술한 것으로 간주되었고 보조참가인이 원심 제2차 변론기일에 직접 출석하여 변론할 기회를 가졌으며 위 변론 당시 보조참가인은 위와 같이 기일통지서를 송달받지 못한 점에 관하여 아무런 이의를 하지 아니하였음을 알 수 있는 바, 그렇다면 보조참가인에 대하여 기일통지를 하지 아니한 위와 같은 절차진행상의 흠은 치유가 되었다고 봄이 상당하다."

[해 설]

① 보조참가의 의의

보조참가란 소송의 결과에 이해관계를 갖는 제3자가, 계속 중인 소의 당사자 일방을 승소시켜 자기의 이익을 지키기 위해 당해 소송에 참가하는 형태를 말한다(법71조). 채권자가 주채무자를 피고로 제기한 소에 보증인이 주채무자를 승소시키기 위해 피고 측에 보조참가하는 경우가 일반적인 예이다. 보증인인 보조참가

인을 참가인, 참가인이 승소시키려는 당사자(주채무자인 피고)를 피참가인(주된 당사자), 그리고 피참가인의 상대방(채권자인 원고)을 상대방당사자 또는 상대방이라고 호칭한다. 보조참가인은 당사자가 되는 것이 아니지만, 그 행위는 피참가인을 위해 효력을 갖고, 대리인과는 달리 자신의 이름으로 소송행위를 한다.

보조참가는 타인 간에 소송이 계속되어 있어야만 가능하다. 그러나 당사자로 참가하는 것이 아니므로, 계속 중의 소의 심급을 묻지 않고 상고심에서도 가능하다. 또한 스스로 재심의 소를 제기함으로써, 소송계속을 부활시켜 부활된 소송에 보조참가할 수 있다. 보조참가가 가능하려면 소송당사자가 아닌 제3자이어야 하는데, 여기에는 소송담당의 경우의 피담당자, 또는 다른 공동소송인이나 그 상대방을 위해 보조참가하는 통상공동소송인 중의 1인이 포함된다. 그 밖에 앞의 [12-8]에서 보았듯이 보조참가의 이익이 필요하다.

② 참가절차

보조참가의 신청은 참가인이 소송행위를 하려는 법원에 대해 서면이나 구술로 하고, 보조참가인에게 인정되는 소송행위를 하면서 동시에 참가신청을 할 수 있다(법72조). 신청 시에는 참가취지와 이유를 명확히 하여야 하고(법72조1항), 신청서면의 부본은 당사자 쌍방에게 송달된다(법72조2항).

참가신청에 대해 당사자의 이의가 있으면, 참가인은 참가이유를 소명해야 하고, 법원은 결정으로 그 허부를 재판한다(법73조). 당사자가 이의하지 않거나 이의 없이 변론하여 이의권을 상실하면, 당연히 참가가 인정된다는 것이 구법(구법67조, 68조)의 태도였지만, 신법73조2항은 법원이 직권으로 조사하여 참가불허결정을 하여야 한다는 규정을 추가하였다.

참가허부결정에 대해서는 즉시항고를 할 수 있다(법73조3항). 이 재판이 확정될 때까지 참가인은 소송행위를 할 수 있는데, 참가가 확정적으로 인정되지 않으면 참가인이 한 소송행위의 효력은 상실되지만, 당사자가

원용하면 효력을 갖는다(법75조). 그 밖에 참가신청의 취하에 대해서는, 당사자로서 참가한 것이 아니므로 당사자 쌍방의 동의 없이 소송계속 중 언제나 가능하다. 취하되면 참가인이 한 소송행위는 소급적으로 무효가 되지만, 법75조2항의 유추를 근거로 당사자의 원용을 인정할 수 있다.

③ 보조참가인의 지위

ⅰ) 독립성과 종속성

보조참가인은 당사자는 아니지만 당사자에 준하는 지위를 갖는다. 이러한 이유로 사안에서 보조참가인에게도 기일통지서를 송달할 필요가 있다는 점이 대상판결에 의해 명확히 판시되었다. 또한 대상판결은 그러한 기일통지서의 흠결은 치유될 수 있다고 판단하였다.

위와 같이 보조참가인은 자신의 이름으로 공격방어방법의 제출, 상소의 제기 등 모든 소송행위를 할 수 있고, 이 효과는 피참가인에게 귀속한다(법76조. 독립성). 따라서 사안에서 보듯이 보조참가인에게는 기일의 소환이나 송달 등이 별도로 이루어진다(이 점은 또한 이미 대판 1964.10.30, 64누34; 대결 1968.5.31, 68마384 등에서 판시된 바이기도 하다). 반대로 이러한 송달은 보조참가인의 절차권을 보장하려는 것이므로, 앞서 보았듯이 보조참가인 스스로 기일통지를 받지 않아도 절차권을 침해한 것이라고 할 수 없는 경우에는 그 하자가 치유된다.

그러나 당사자가 아니므로, 보조참가인에게 중단의 사유가 발생해도 절차는 중단되지 않고, 상소도 주된 당사자가 상소를 제기할 수 있는 한도 내에서 가능하며, 보조참가인에게 독자의 기피사유를 인정할 필요성도 없다(종속성). 또한 증거방법으로서 당사자신문의 대상이 아닌 증인이나 감정인이 될 수 있다.

ⅱ) 보조참가인의 소송행위의 제한

보조참가인의 종속성에 의해, 그 소송행위 중 일정한 경우에는 다음과 같은 제한이 가해진다(법76조1항단서, 76조2항 참조).

즉, 피참가인이 더 이상 할 수 없게 된 행위(시기에 늦은 공격방어방법, 이의권 상실, 철회할 수 없는 자백 등. 단, 상소기간은 예외를 인정할 수 있지만, 판례[대판 1969.8.19, 69다949; 대판 2007.9.6, 2007다41966]는 보조참가인의 상고제기기간 내에 제기된 상고가 이미 피참가인의 상고제기기간을 경과한 것이라면, 보조참가인은 참가할 때의 소송의 진행

정도에 따라 피참가인이 할 수 없는 소송행위를 할 수 없다는 이유에서 부적법하다고 해석한다), 주된 당사자의 소송행위와 저촉하는 행위(피참가인이 자백한 사항을 다투는 것, 피참가인이 상소권을 포기한 경우의 상소의 제기 등이다. 단, 피참가인이 단지 지연손해금 부분에 대해 불복이므로 항소한다고만 하고, 원금 부분에 대해서는 그 의사가 명시되지 않는 경우에 참가인이 원금 부분에 대해 제기한 항소는 적극적으로 저촉하는 행위가 되지 않는다[대판 2002.8.13, 2002다20278]), 소송의 계속(소의 변경이나 반소의 제기)이나 소멸에 관한 사항(청구의 포기나 인낙 그리고 화해 등), 주된 당사자에게 불이익한 소송행위(자백), 그리고 피참가인에게 속하는 실체법상의 권리행사(시효의 원용이나 상계의 항변 등의 형성권의 행사) 등을 할 수 없다.

또한 보조참가인들이 제기한 항소를 피참가인은 포기 또는 취하할 수 있다. 즉, 대판 2010.10.14, 2010다 38168은 "민사소송법 제76조 제2항은 참가인의 소송행위가 피참가인의 소송행위에 어긋나는 경우에는 참가인의 소송행위는 효력을 가지지 아니한다고 규정하고 있는데, 그 규정의 취지는 피참가인들의 소송행위와 보조참가인들의 소송행위가 서로 어긋나는 경우에는 피참가인의 의사가 우선하는 것을 뜻하므로 피참가인은 참가인의 행위에 어긋나는 행위를 할 수 있고, 따라서 보조참가인들이 제기한 항소를 포기 또는 취하할 수도 있다."라고 판시하였다.

[12-10] 보조참가인에 대한 판결의 효력

[대상판결] 대판 1988.12.13, 86다카2289

[사안] 甲은 乙에게 금 5억원을 대여하였는데 乙이 이를 변제하지 못하자, 乙을 상대로 양도담보의 약정에 따라 이 사건 토지 중의 지분 일부와 그 지상에 신축 중인 아파트 200세대 중 80세대 및 상가 1동의 건물에 관한 지분권이전등기와 건물인도를 청구하였다. 이 소송에는 당해 아파트를 신축하여 원시취득하였다고 주장하는 丙이 유효하게 乙 측의 보조참가인으로 참가하여 甲이 주장하는 사실을 부인하였음에도, 乙이 甲의 청구를 인낙하였다. 이 경우 인낙조서의 효력은 甲과 丙 사이에도 발생하는가?

[판결요지] "보조참가인이 피참가인을 보조하여 공동으로 소송을 수행하였으나 피참가인이 그 소송에서 패소한 경우에는 형평의 원칙상 보조참가인이 피참가인에게 그 패소판결이 부당하다고 주장할 수 없도록 구속력을 미치게 하는 이른바 참가적 효력이 있음에 불과하고 피참가인과 그 소송상대방 간의 판결의 기판력을 참가인과 피참가인의 상대방과의 사이에까지 미치게 하는 것은 아니다."

[해 설]

① 참가적 효력의 의의

법77조는 특별한 예외를 제외하고는 보조참가인이 참가한 소송의 판결은 당해 참가인에게도 효력이 미친다고 규정한다. 이와 같이 보조참가인에게 미치는 판결의 효력을 일반적으로 참가적 효력이라 한다. 참가적 효력은 그 주관적 범위로서 乙과 丙, 즉 피참가인과 보조참가인과의 사이에서만 발생한다는 것이 대상판결에서 보듯이 판례의 해석이다(물론 인낙조서의 효력으로서 기판력이 있음을 전제로 한 것이지만 판결의 경우에도 그대로 해당될 것이다).

참가적 효력의 주관적 범위에 대해서는 대상판결이 설시하듯이 피참가인 패소 시에 참가인과의 사이에서 발생하는 것이고(패소판결의 효력이 참가인에게도 미친다), 피참가인과 그 소송 상대방 간의 판결의 기판력이 참가인과 피참가인의 상대방과의 사이에까지 확장되는 것은 아니다. 통설은 이러한 판례의 태도에 찬성한다. 그러나 학설 중에는 상대방과 보조참가인 사이에도 참가적 효력이 미친다고 주장하는 견해가 있다. 이 견해를 보통 신기판력설이라고 한다.

② 참가적 효력의 필요성

참가적 효력에 관한 주관적 범위를 해결하기 위해서는 참가적 효력이란 무엇인지를 이해할 필요가 있다. 먼저 그것이 인정되는 이유는 다음과 같다. 즉, 참가적 효력이란 보조참가인이 참가했음에도 피참가인이 패소하였다면, 그 책임은 보조참가인과 피참가인이 공평하게 분담해야 한다는 취지이다. 이것을 인정하지 않으면 누구나 쉽게 아무런 부담 없이 보조참가를 하게 되기 때문이다. 보조참가를 하여 소송을 수행한 이상은 그에 응분한 책임을 부담해야 한다.

또한 다음과 같은 예, 즉 주채무자가 피고(보증인)에게 보조참가하여 주채무가 없음을 다투었는데 청구인용판결이 나온 경우(보증인패소), 보증인이 주채무자에게 구상권을 행사하면 주채무자는 주채무의 존재를 다툴 수 없다는 예에서 쉽게 이해할 수 있다.

따라서 참가인에게 패소의 공동책임을 부담시킬 수 없는 경우에는 피참가인과 참가인 사이에 참가적 효력이 발생하지 않는다. 즉, 사안의 丙에게는 법77조에 의해 또한 대상판결이 "원고가 그 소송의 피고보조참가인으로 참가하여 그 사실을 부인하였음에도 불구하고 피고가 이를 인낙한 경우라면 그 인낙조서의 효력은 원고에게까지 미칠 수 없다."라고 판시한 점에서 보듯이 참가적 효력이 미치지 않는다.

③ 참가적 효력의 내용

이러한 참가적 효력은 보조참가인이 당사자와는 다르다는 차이점에서 특별한 예외가 법77조에 규정되어 있다. 또한 통상의 판결의 효력, 즉 기판력과는 다음의 점에서 차이가 있다고 풀이된다.

즉, 기판력은 당사자 간에 그 승패와 관계없이 발생하지만, 앞서 보았듯이 참가적 효력의 경우에는 승패에 관련되는 점(피참가인 패소의 경우에만 문제), 앞의 예에서 보듯이 주채무의 존부는 소송물이 아니고, 판결의 이유에서 판단되는데 참가적 효력은 판결의 주문은 물론 판결이유 중의 판단도 포함한다는 점(판결이유 중에 판단될 수밖에 없는 주채무의 존부에 관한 판단에 참가적 효력이 발생하지 않는다면, 참가자에 대한 판결의 효력으로서의 참가적 효력을 인정할 실익이 없어진다), 그리고 기판력은 직권조사사항이지만 참가적 효력은 당사자 간의 공평을 위해 존재하므로 당사자의 원용이 있을 때 참작된다는 점이다.

④ 참가적 효력의 범위

ⅰ) 주관적 범위

사안에서 문제된 참가적 효력의 주관적 범위에 대해 대상판결은 보조참가인과 피참가인 사이에서만 발생한다고 하였다. 기판력과는 동일하다고는 할 수 없는 참가적 효력을 인정할 수밖에 없고, 참가적 효력이 인정되는 이유도 앞서 보았듯이 참가자와 피참가자 간의 패소책임의 분담에 있으므로 대상판결의 해석은 타당하다.

한편, 신기판력설은 그 주장하는 바가 쟁점효를 기반으로 하는 것이다. 쟁점효가 인정된다면 충분히 설득력을 갖는다. 그러나 신의칙에 의한 특정한 제한으로서 사안에서와 같이 문제되는 당사자행위 자체를 규율하면 충분할 것이다.

ⅱ) 객관적 범위

참가적 효력의 객관적 범위로서 판결이유 중의 판단에 참가적 효력이 발생한다. 이 범위와 관련하여 판결이유 중의 판단에는 당해 판결의 이유라면 모든 것이 포함되는지 문제된다. 참가적 효력은 패소책임의 공평부담을 기조로 하는 것이므로, 확정판결의 결론의 기초가 된 사실상 및 법률상의 판단으로서 보조참가인이 피참가인과 공동이익으로 주장하거나 다툴 수 있었던 사항에 한하여 발생한다(대판 1986.2.25, 85다카2091).

또한 대판 1997.9.5, 95다42133에서는, "확정판결에 필수적인 요소가 아니어서 그 결론에 영향을 미칠 수 없는 부가적 또는 보충적인 판단이나 방론 등에까지 미치는 것은 아니다 … 확정판결에 필수적인 요소로서

그 결론의 기초가 된 사실상, 법률상 판단에 해당된다고 볼 수 없고, 판결의 결론에 영향을 미칠 수도 없는 부가적인 판결 이유의 당부만을 문제 삼아 따로 불복하여 다툴 수도 없었던 것이다."라고 판시하고 있다. 패소결과에 대한 책임부담이라는 점에서 본다면 당연히 패소와 관련된 이유 중의 판단에 구속되는 것이므로 타당한 해석이다. 결국 판결에서 판단된 보조참가인의 법적 지위에 관련된 판단에 참가적 효력이 발생하는 이상, 그러한 법적 지위와는 관련이 없는 부가적·보충적 판단, 그 밖에 방론에는 참가적 효력이 발생하지 않는다. 소가 확정판결이 아닌 화해권고결정으로 종료된 경우에도 참가적 효력이 발생하지 않는다(대판 2015. 5.28, 2012다78184).

[12-11] 권리주장참가

[대상판결] 대판 1964.6.9, 63다987

[사안] 甲은 乙을 피고로, 甲 소유인 임야 X에 대해 乙이 문서를 위조하여 소유권이전등기를 하였으니 그 등기는 원인무효라는 이유로 소유권이전등기말소를 구하는 소를 제기하였다. 이에 대해 乙은 X가 甲의 소유가 아니고 乙은 수탁자로서 정당히 甲으로부터 직접 소유권이전등기를 받은 것이라고 주장하였다. 한편, 이 소송에 丙이 참가를 신청하여, X 중의 일부가 자신의 소유라는 이유에서, 乙에 대해서는 소유권이전등기말소청구를 하고, 甲에 대해서는 위 부분에 대한 소유권이전등기절차를 청구하였다. 이러한 丙의 독립당사자참가는 적법한가?

[판결요지] "독립당사자참가를 하려는 자는 소송목적의 전부 또는 일부가 자기의 권리임을 주장하거나, 소송의 결과에 의하여 권리침해를 받을 우려가 있다고 주장하는 자라야 하고 하나의 판결로서 3당사자 간의 권리의무 또는 법률관계를 모순 없이 해결하여야 할 경우라야 할 것인 바 丙은 … 아직 소유권이전등기를 하지 아니하였고, 乙에게의 이전등기가 甲명의로 보존등기를 거쳐 乙에게 이전등기가 되었음이 명백하고 … 甲의 乙에게 대한 소유권이전등기말소청구와 丙의 乙에게 대한 소유권이전등기말소청구와는 양립할 수 있고, 또 甲의 乙에게 대한 소유권이전등기말소청구와 丙의 甲에게 대한 소유권이전등기청구와도 양립할 수 있다 할 것이므로 결국 위의 甲의 乙에게 대한 청구와 丙의 乙에게 대한 청구 및 丙의 甲에게 대한 청구인 3개의 청구는 하나의 판결로서 모순 없이 해결하여야 할 경우에 해당된다 할 수 없으므로 丙의 참가신청은 결국 독립당사자참가의 요건을 구비하지 못한 부적법한 것이다."

[해 설]
① 독립당사자참가의 의의
　독립당사자참가란 원고와 피고 중의 어느 한 편에 참가하는 것이 아닌 독립된 지위에서 하는 당사자참가를 말한다(법79조). 따라서 제3의 입장이 아닌 원고나 피고 측에 참가하는 공동소송참가와 차이가 있고, 당사자로서 참가한다는 점에서 보조참가와도 구별된다. 이러한 점을 표현한 것이 법79조1항 전문이 요구하는 "소송의 목적의 전부나 일부가 자기의 권리임을 주장"해야 한다는 요건이다. 독립당사자참가에서 편면참가(예를 들어 원고만을 상대로 참가하는 등 원고와 피고 모두에게 권리주장을 하지 않는 경우)가 가능한지 문제되는데(판례는 과거 대판 1965.3.16, 64다1691, 1692 등에서 부적법하다고 하였다), 신법79조1항이 입법적으로 그 가능성을 인정하였다. 또한 독립당사자참가는 신소를 제기하는 것이므로 소제기로서의 소송요건, 예를 들면 참가청구가 확인청구라면 확인의 소로서의 이익을 갖추어야 한다(대판 2012.6.28, 2010다54535, 54542).

② 권리주장참가와 사해방지참가
　독립당사자참가에는 권리주장참가(법79조1항 전문)와 사해방지참가(법79조1항 후문)가 있다. 전자는 사안에서 문제된 참가의 형태이다. 후자는 원고와 피고 간에 참가인을 사해하려는 의사가 있다면 참가가 가능하다는 사해의사설에 의해 참가가능성이 인정된다(사해방지참가는 피고에 대한 원고의 청구와 참가인의 청구가 양립할 수 없어야 한다는 권리주장참가의 요건이 요구되지 않는다).
　예를 들어 원고가 피고에 대해 부동산에 관한 대물변제계약을 원인으로 한 소유권이전등기절차의 이행을 구하는 소에서, 참가인이 피고가 유일한 재산인 위 부동산을 가장양도형식으로 타인 명의로 소유권이전등기를 경료하여 주어 참가인에 대한 채무를 면탈하려고 한다는 이유로 참가하는 경우(대판 1990.4.27, 88다카25274, 25281). 말소된 근저당권설정등기의 회복등기를 구하는 소송에서 그 후순위 근저당권자가 당해 소송의 대상인 근저당권의 부존재확인을 구하는 청구를 사해방지참가소송으로서 제기하는 경우(대판 2001.8.24, 2000다12785, 12792)이다. 그러나 사해방지참가를 함으로써 자신의 권리를 보호할 수 있어야 하고, 원고의 피고에 대한 본소청구의 원인행위가 사해행위라는 이유로 원고에 대해 사해행위취소를 청구하면서 사해방지참가를 하는 것은, 사해행위취소의 상대적 효력에 의해 참가인이 승소하더라도 원고와 피고 사이의 법률관계에는 아무런 영향이 없어 사해방지참가의 목적을 달성할 수 없으므로 부적법하다(대판 2014.6.12, 2012다47548, 47555).

③ 권리주장참가와 청구의 성격

ⅰ) 권리주장참가의 요건

권리주장참가가 인정되려면 본소청구와 참가인의 청구가 법률상 양립(청구의 예비적 병합이나 주관적 예비적 병합에 있어서와 동일한 의미)하지 않아야 한다. 왜냐하면 삼면소송(대판 1980.7.22, 80다362, 363 등)인 독립당사자참가는, 합일확정을 통해 하나의 승자, 하나의 청구권의 존재만을 인정해야 하는 절차이기 때문이다(원고도 승소할 수 있고 참가인도 승소할 수 있다면 독립당사자참가를 인정할 필요성이 없다).

다만, 소송 목적의 전부나 일부가 자기의 권리임을 주장하면 되는 것이므로, 참가하려는 소송에 수 개의 청구가 병합되고 그중 어느 하나의 청구라도 참가인의 주장과 양립하지 않는 관계에 있으면 그 본소청구에 대한 참가가 허용되고, 양립할 수 없는 본소청구에 관하여 본안에 들어가 심리한 결과 이유가 없는 것으로 판단된다고 하더라도 참가신청이 부적법하게 되지 않는다(대판 2007.6.15, 2006다80322, 80339). 예를 들어 원고의 주위적, 예비적 동산인도청구 중 주위적 청구만이 소유권에 기초한 참가인의 주장과 양립하지 않는 관계에 있는데, 본안판단 결과 주위적 청구가 기각되어도 권리주장참가가 부적법하게 되는 것은 아니다.

ⅱ) 부동산의 이중양도와 권리주장참가

사안은 부동산의 이중매매와 같은 법률관계 시(등기회복을 청구하는 자가 복수인 경우)의 권리주장참가에 대한 것이다. 대상판결은 위와 같은 권리주장참가의 요건을 엄격히 요구하여 원고의 청구와 참가인의 청구가 법률상 양립한다는 점에서 불허하였다(대판 1969.3. 25, 68다2435, 2436 등도 같다). 판례에 의하면, 부동산의 이중양도 시 매수인(보통 등기를 취득하지 않은 제1매수인)은 등기를 취득하지 않은 관계에서 소유권확인을 구하는 것도 불가능하고, 이전등기를 청구하는 것도 매수인의 이전등기청구는 법률상 양립할 수 있는 것이므로 독립당사자참가가 불가능해진다.

④ 청구가 양립해서는 안 되는 이유

위와 같은 난점(부동산 이중양도 시의 관련 당사자 간의 분쟁의 일회적 해결의 필요성)을 완화하기 위해 법률상 양립하지 않는다는 결론을 도출하려는 학설도 있다. 학설은 본안심리의 결과 양립되어도 참가인의 청구 주장 자체에 의해 양립하지 않으면 독립당사자참가를 인정해야 한다는 견해이다.

그러나 학설이 예로 드는 판례(대판 1988.3.8, 86다148, 149, 150, 86다카762, 763, 764; 대판 1996.6.28, 94다50595, 50601)의 사안은 부동산 이중양도라고 말할 수 없을 것이다. 독립당사자참가의 존재의의에서 본다면 청구의 양립이라는 요건은 피할 수 없는 부분이다. 양 청구가 양립하고 모순되지 않는 권리라면, 굳이 서로 대립하면서 소를 수행하고 합일확정으로 판결을 내려야 한다는 이유를 찾기 힘들기 때문이다. 또한 부동산 이중양도 시, 등기를 누가 먼저 취득해야 하는지(매도인이 누구에게 먼저 등기를 이전해야 하는지)를 법원이 정한다는 것은 불가능하고, 매수인의 각 이전등기청구권 자체가 실체법상 독립한 별개의 권리이기 때문이다. 따라서 판례의 견해가 타당하다.

참고판례 17-[판례12]

[12-12] 독립당사자참가와 상소

[대상판결] 대판 2007.10.26, 2006다86573, 86580

[사안] 甲(원고)은 乙(피고)을 상대로 하여 어업면허권의 이전을 구하는 소를 제기하였다. 이 소의 계속 중에 丙(참가인)은 독립당사자참가를 하여 甲에게는 어업권의 확인을 乙에게는 어업면허권의 이전을 각각 청구하였다. 제1심에서는 甲과 丙의 청구를 모두 인용하는 판결이 내려졌다. 제1심 판결에 대해, 각각 다음과 같이 甲과 丙의 항소가 제기되었다. 즉, ① "丙의 乙에 대한 제1심 승소 부분"의 취소를 구하는 甲의 丙에 대한 항소 및 "甲의 乙에 대한 제1심 승소 부분"의 취소를 구하는 丙의 甲에 대한 부대항소, ② "甲의 乙에 대한 제1심 패소 부분"의 취소를 구하는 甲의 乙에 대한 항소 및 "丙의 乙에 대한 제1심 패소 부분"의 취소를 구하는 丙의 乙에 대한 부대항소가 각각 제기되었다. 한편 乙은 항소를 제기하지 않았다.

원심에서는, 甲과 乙 또는 丙과 乙 사이에 이 사건 어업권에 관한 증여계약이 체결되었다고 할 수 없다고 하여, ①에 대해서는 항소와 부대항소를 각각 인용하여, 제1심 판결 중 乙의 甲 및 丙에 대한 각 패소 부분을 취소하고, 그 부분에 해당하는 甲 및 丙의 乙에 대한 청구를 각각 기각하였다. 또한 ②에 대해서는 항소와 부대항소를 각각 기각하였다. 이러한 항소심판결로 인하여, 제1심 판결에서 인용되었던 甲의 乙에 대한 청구와 丙의 乙에 대한 청구 부분까지 원심에서 모두 기각되는 결과가 되었다. 이와 같이 제1심 판결에 대해 항소 또는 부대항소를 제기한 바 없는 乙에 대한 제1심 판결보다 더 유리한 내용의 원심판결은 이익변경금지원칙 위반인가?

[판결요지] "독립당사자참가 … 소송에 대하여 본안판결을 할 때에는 … 세 당사자들 사이에서 합일확정적인 결론을 내려야 할 것이고, 이러한 본안판결에 대하여 일방이 항소한 경우에는 제1심 판결 전체의 확정이 차단되고 사건 전부에 관하여 이심의 효력이 생긴다. 그리고 이러한 경우 항소심의 심판대상은 실제 항소를 제기한 자의 항소취지에 나타난 불복범위에 한정하되 위 세 당사자 사이의 결론의 합일확정의 필요성을 고려하여 그 심판의 범위를 판단하여야 할 것이고, 이에 따라 항소심에서 심리·판단을 거쳐 결론을 내림에 있어 위 세 당사자 사이의 결론의 합일확정을 위하여 필요한 경우에는 그 한도 내에서 항소 또는 부대항소를 제기한 바 없는 당사자에게 결과적으로 제1심 판결보다 유리한 내용으로 판결이 변경되는 것도 배제할 수는 없는 것이다."

[해 설]

① 독립당사자참가와 상소

독립당사자참가소송에서 내려진 판결에 대해 패소한 자 2명 중 1명은 상소를 제기하고 나머지 1명이 상소를 하지 않는다면, 상소하지 않은 자의 상소심에서의 지위가 문제된다. 학설은 보통 상소심당사자설이 주장되고, 그 논리적 귀결이라는 연역적인 방법으로 상소심에서의 심리구조를 논하는 것이 일반적이다. 대상판결은 항소를 제기하지 아니한 乙에게 유리한 항소심판결을 내릴 수 있다고 판단하였다. 즉, '합일확정이 필요한 한도'에서 항소하지 아니한 乙에게 이익으로 변경하는 것이 가능하다는 해석을 판례로서는 처음으로 제시하였다. 학설은 판례의 입장을 상소심당사자설이라고 말하는 것이 보통이지만, 대상판결에서 보듯이 판례가 상소심당사자설에 해당한다고는 단정할 수 없을 것이다.

② 이심의 효력

대상판결에서 보듯이 상소를 제기하지 않은 乙에 대한 판결 부분도 확정되지 않고 상소심으로 이심된다. 이에 대해 상소를 제기하지 않은 자에 대한 판결만은 분리 확정된다는 입장이 있다. 이 견해에 따른다면 분리 확정됨으로써 상소심에서는 더 이상 독립당사자참가소송이라는 3당사자 소송이 아닌 2당사자 소송구조로 환원된다.

③ 상소를 제기하지 아니한 자의 지위와 상소심의 구조

학설은 상소를 제기하지 않은 자의 상소심에서의 지

위에 대해 상소인 또는 피상소인 중의 어느 한쪽의 지위를 갖는다는 입장(상소인설 또는 피상소인설), 절충적인 입장으로 상소인 또는 피상소인이라고 일률적으로 정할 수 없다는 입장(양지위겸유설 또는 상소심당사자설)이 있다. 전자는 상소인인 동시에 피상소인이라는 두 가지 지위를 갖는다는 견해이고, 후자는 상소인도 피상소인도 아닌 단순한 상소심당사자라는 견해이다. 대상판결도 결론적으로는 이러한 절충적인 입장에서 말하는 결론을 받아들인 것이다. 판례(대판 1981.12.8, 80다577)는 "참가인들도 항소심에서의 당사자라고 할 것임에도 불구하고"라고 판시하였는데, 이 판례는 취하신청에 대한 동의가 필요하다는 판단을 함에 있어서 필요한 한도에서 항소심에서의 당사자라는 표현을 한 것에 불과하고, 그 이후 판례는 상소심당사자설인지 여부에 대해 명확하게 판단하지 않았다.

④ 독립당사자참가와 상소심에서의 심리원칙

대상판결은 특별히 학설에서 말하는 어느 하나의 입장을 취한 것이 아니고, 또한 어느 하나의 입장을 취하지 아니하여도 상소심에서의 심리구조는 합일확정의 필요성이라는 한도 내에서 합리적으로 처리할 수 있다는 입장이다. 합일확정의 필요성이라는 기준으로 상소심의 심리구조, 특히 이익변경금지의 적용배제의 유무를 정할 수 있다는 점에서 그러하다. 결과적으로 상소심당사자설인지 여부에 관한 점을 떠나 상소하지 아니한 자에 대한 판단 부분을 이익으로 변경할 수 있다고 판단한 해석은 타당하다.

대상판결은 독립당사자참가소송의 형태가 3당사자를 판결의 명의인으로 하는 하나의 종국판결을 선고함으로써 그들 사이에서 합일확정적인 결론을 내려야 하는 것임을 명확히 하였다. 따라서 원고, 피고 그리고 참가자라는 3당사자 사이의 결론의 합일확정을 위해 필요한 경우라면, 그 한도 내에서 상소심판결의 경우 이익변경금지의 원칙의 적용도 배제된다는 해석론을 제시한 것이다. 즉, 3당사자 간의 모순 없는 해결을 위하여 통상의 소송에서 피상소인에게 적용되는 이익변경금지의 원칙도 배제될 수 있다.

⑤ 상소심당사자설의 평가

한편, 위와 같은 판례의 해석에 의하면, 논리적으로

는 상소를 제기하지 아니한 자의 지위도 상소인이거나 피상소인이라는 어느 한쪽에 해당될 것이다. 상소심당사자설은 당사자대립구조를 취하는 소송구조와는 어울리지 않는다([4−3]의 판례도 이 점을 지적한다). 즉, 쟁송성을 갖는 소송에서 원고(상소인)도 아니고 피고(피상소인)도 아닌 제3의 입장을 가진 당사자를 인정하는 것이 되기 때문이다. 따라서 합일확정의 필요성이 인정되는 한도에서 상소를 제기하지 아니한 자의 지위도 논리적으로 상소인 또는 피상소인 어느 하나로 각각의 케이스에 따라서 정해질 것이다.

대상판결은 상소하지 않은 피고에 대한 이익변경이 가능하다는 원칙론만을 확인하는 것에 그쳤다. 해석론으로는 합일확정의 필요성을 바탕으로 제1심에서 승소한 것은 누구인지, 상소를 제기하는 것은 누구인지 등의 고려를 통해 상대적으로 각각의 사례에 대처할 필요가 있다. 독립당사자참가에서 상소를 제기할 수 있음에도 하지 않은 '피고'의 경우에는 상소인의 지위가, 반대로 '원고'나 '참가인'의 경우에는 피상소인의 지위가 부여된다고 해석해야 할 것이다. 이 점을 알기 쉽게 정리하면 아래의 <표 1>, <표 2>, <표 3>과 같다.

〈표 1〉 피고승소

	원고	피고	참가인
1심 결과	패소	승소	패소
원고 상소	상소인	피상소인	★피상소인
참가인 상소	★피상소인	피상소인	상소인

〈표 2〉 원고승소

	원고	피고	참가인
1심 결과	승소	패소	패소
참가인 상소	피상소인	★상소인	상소인
피고 상소	피상소인	상소인	★피상소인

〈표 3〉 참가인승소

	원고	피고	참가인
1심 결과	패소	패소	승소
원고 상소	상소인	★상소인	피상소인
피고 상소	★피상소인	상소인	피상소인

※ ★은 상소할 수 있음에도 상소하지 않은 자를 가리킴.

[12-13] 공동소송적 보조참가

[대상판결] 대판 1969.1.21, 64누39

[사안] 甲은 행정기관인 乙이 丙과의 사이에 특정 재산에 관한 매매 계약을 체결하자 이 乙의 처분의 취소를 구하는 행정소송을 제기하였다. 이때 丙이 乙 측에 보조참가를 하였다면 이 참가는 어떠한 형태의 소송참가인가?

[판결요지] "행정소송에 있어서 피고인 처분 행정청에 보조참가를 한 자의 소송법상의 지위는 행정소송의 성질에 비추어 공동소송적 보조참가인의 지위에서 소송을 수행한다."

[해 설]

① 공동소송적 보조참가의 의의

공동소송적 보조참가란 통상의 보조참가와 유사하지만, 당해 참가인의 지위가 후자에 비해 보다 강력한 당사자와 유사한 지위가 부여되는 참가형태를 말한다(통설). 이와 같이 통상의 보조참가인과 공동소송적 보조참가인과의 지위에 차이가 있는 것은 당해 참가인에게는 그러한 필요성이 있기 때문이다.

일반적으로 공동소송적 보조참가인이 되는 경우는, 사안에서와 같은 행정처분취소소송에서 처분의 유효를 주장하며 참가하는 보조인, 그 외에 회사를 피고로 하는 소송에 참가하는 이사, 파산관재인을 당사자로 하는 소송에 참가하는 파산자, 채권자대위소송에 참가하는 채무자 등이다. 모두 당사자적격이 인정되지 않아 공동소송참가는 불가능하고 보조참가를 하는 경우이다. 신법은 78조에서 공동소송적 보조참가를 명문으로 인정하고 필수적 공동소송의 심판원칙이 준용된다고 규정하고 있다.

② 요건

공동소송적 보조참가의 요건으로는 먼저 당해 참가인에게도 판결의 효력이 미친다는 점이다. 대상판결은 행정소송의 성질에 비추어 당해 판결의 효력(기판력)이 보조참가인에게도 미치는 경우에 해당하므로, 공동소송적 보조참가가 된다고 판시하였다. 대상판결은 사안에서의 소송참가를 과거 강학상 인정되던 공동소송적 보조참가의 예로서 판단하였다는 점에 의의가 있다.

한편, 공동소송적 보조참가의 요건으로 당해 참가인에게도 판결의 효력이 미친다는 점은 물론 수긍할 수 있는 점이지만, 과연 그러한 요건만으로 충분한지는 명확하지 않다. 일단 판례와 이를 입법한 법78조의 입장에 따라 판결효가 미치게 되는 보조참가인은 공동소송적 보조참가인의 지위를 갖는다. 이러한 공동소송적 보조참가인은 일반의 보조참가인과는 어떤 점에서 차이가 있는지 살펴보면 다음과 같다.

③ 공동소송적 보조참가인의 지위

ⅰ) 보조참가인과의 차이

보조참가인의 지위는 당사자보다 떨어지고 매우 제한된 지위에 있음은 이미 [12-9]에서 다루었다. 한편, 공동소송적 보조참가인은 보조참가와는 다른 참가제도를 인정하는 이상 통상의 보조참가인보다는 당사자에 가까운 특별한 지위가 부여된다. 그 이유는 판결효가 미치는 점에서 그 한도에서는 당사자에 버금가는 절차권을 부여할 필요가 있기 때문이다. 다만, 이하에서 보는 바와 같은 공동소송적 보조참가에 관한 특칙 이외에는 통상의 보조참가에 준한다.

ⅱ) 피참가인의 소송행위와 저촉되는 행위

먼저 피참가인의 소송행위와 저촉되는 행위도 피참가인에게 유리한 경우라면 효력이 발생한다는 것이다. 예를 들면 대판 1967.4.25, 66누96에서는, "행정처분취소판결의 효력은 당사자는 물론, 그 관계의 제3자에게 대하여도 그 효력이 미치는 것이고, 당사자에 대한 소송 판결이 보조참가인과 피참가인의 상대방과의 관계에 있어서도 그 효력이 미치는 경우에는 민사소송법 제63조(법67조) 제1항을 유추하여 동법 제70조(법76조) 제2항의 제한은 배제되고, 보조참가인이 상고를 제기한 후에 피참가인이 상고권포기 및 상고취하를 하여도 보조참가인의 상고는 그 효력이 지속된다 할 것이다."

라고 판시하고 있다. 즉, 피참가인의 상고권포기라는 소송행위와 저촉되는 보조참가인의 상고제기도 피참가인에게 유리한 행위로써 유효하다는 점이다.

또한 대판 1970.7.28, 70누35에서도, "보조참가인이 제기한 재심의 소를 피참가인이 취하하는 경우에도 위 상고취하에 준하여 보조참가인에 대한 관계에 있어서는 그 취하의 효력이 없다고 해석하는 것이 옳을 것이다."라고 앞의 판례에 따라 판시하고 있다. 이러한 원리에서 공동소송적 보조참가인에게 불리한 피참가인의 행위는 그 효력이 부정된다고 할 수 있다.

iii) 기간의 진행

그 밖에 학설상 인정되는 것은 피참가인과 공동소송적 보조참가인의 상소기간은 별개로 진행된다는 점이다. 동일하게 공동소송적 보조참가인에게 소송절차의 중단이나 중지사유가 발생해도 당연히 절차가 중단되거나 중지되지 않는다. 다만, 공동소송적 보조참가인에게 판결의 효력이 미친다는 점에서, 절차권보장을 위해 필요한 경우에는 소송절차를 정지할 필요가 있다.

④ 공동소송적 보조참가의 필요성

한편, 공동소송적 보조참가에 대해서는 아직 판례나 학설상 확고한 이론으로 자리 잡고 있다고는 할 수 없다. 위에서 본 바와 같이 기판력이 미친다면 당연히 보조참가를 할 수 있는지, 나아가 통상의 보조참가인과는 다른 권리의무가 부과되는지, 그 밖에 필수적 공동소송의 특칙이 어느 정도까지 준용되는지, 판례와 학설은 아직 명확하지 않다고 할 수 있다.

또한 이러한 형태의 공동소송을 꼭 인정해야 할 실제상의 필요성이 있는지도 의문이다. 예를 들면 기판력이 제3자에게 확장되는 경우에는 행정소송, 회사관계소송이나 신분관계소송에 있어서의 일반적인 제3자와 같이 제3자의 이익을 그다지 고려하지 않아도 되기 때문에 판결효를 미치게 하는 경우가 대부분이다. 또한 제3자가 관여하는 사항에 대해 당사자에게 독자적인 소송수행자격이 부여되고, 그에 의해 제3자의 이익도 충분히 반영된다는 점을 전제로 하여 제3자에게 기판력을 미치게 하는 경우도 있다(파산관재인과 파산자, 유언집행자와 유언자 등).

따라서 대상판결에서 丙에게 통상의 보조참가인과는 다른 지위를 인정할 필요가 있는지, 또한 丙이 乙과

는 상반된 소송행위를 계속 취해 나간다면 그것은 어떻게 처리해야 하는지 등 여러 문제가 있다. 결국 공동소송적 보조참가에 관해서는 그 의의나 참가의 이익 등 그 내용에 관해 앞으로의 판례·학설의 전개를 좀 더 지켜 볼 필요가 있다.

참고판례 16-[판례11], 18-[판례14]

[12-14] 소송고지

[대상판결] 대판 1986.2.25, 85다카2091

[사안] 甲은 乙이 자신을 피고로 제기한 송수관로 누수방지공사 중의 사고로 인한 손해배상청구소송에서 패소하고(전소), 乙에게 당해 손해를 배상한 후 丙에게 구상권을 행사하는 소를 제기하였다(본소). 본소에서 甲은, 전소에서 丙에게 자신에게 보조참가할 것을 요구하는 소송고지를 하였고, 전소판결은 甲과 丙 사이에 공사도급계약관계가 있었다고 인정하여 확정된 것이므로, 丙이 본소에서 甲과의 사이에 공사도급계약관계가 없었다고 다투는 것은 전소확정판결의 판단에 배치된다고 주장하였다. 이에 대해 丙은 그 송수관로 누수방지공사를 甲으로부터 수급한 사실의 유무에 관한 한 甲과는 이해관계가 상반되는 입장이었고, 따라서 그 사실유무는 丙이 전소에서 보조참가를 하여 상대방에 대하여 甲과 공동이익으로 다툴 수 있었던 사항이 아니라, 고지자인 甲과 서로 다투어야 될 사항이었다는 점에서 그러한 전소판결의 효력을 받지 않는다고 다투었다. 이 경우 소송고지를 받은 丙은 전소판결의 효력을 받는가?

[판결요지] "소송고지제도는 소송의 결과에 대하여 이해관계를 가지는 제3자로 하여금 보조참가를 하여 그 이익을 옹호할 기회를 부여함과 아울러 한편으로는 고지자가 패소한 경우의 책임을 제3자에게 분담시켜 후일에 고지자와 피고지자 간의 소송에서 피고지자가 패소의 결과를 무시하고 전소확정판결에서의 인정과 판단에 반하는 주장을 못하게 하기 위해 둔 제도이므로 피고지자가 후일의 소송에서 주장할 수 없는 것은 전소확정판결의 결론의 기초가 된 사실상, 법률상의 판단에 반하는 것으로서 피고지자가 보조참가를 하여 상대방에 대하여 고지자와의 공동이익으로 주장하거나 다툴 수 있었던 사항에 한한다 할 것이다. … 丙이 소송고지를 받은 甲과 乙의 전소확정판결에서 위 누수방지공사를 甲이 丙에게 도급준 것으로 인정하였다 하더라도 丙이 이 사건에서 그 누수방지공사를 甲으로부터 수급한 바 없다고 다투는 것은 위 확정판결에서의 인정과 판단에 반하는 것이라고 볼 수 없다."

[해 설]

① 소송고지의 의의

소송고지란, 참가의 기회를 부여함과 동시에 불참시의 제재를 가하려는 제도이다(법84조, 85조). 소송에 참가할 수 있는 자라면 참가의 형태가 보조참가에 한하지 않고, 모든 참가의 형태에 인정된다. 소송고지의 실제상의 필요성은 이하에서 보는 바와 같이 참가하지 않는 자에게 참가적 효력을 미치게 하는 점에 있다. 소송고지는 예외적으로 반드시 해야 하는 경우가 있다(추심소송의 경우인 민집238조 등).

② 요건

소송고지는 소송이 계속되고 참가가 가능하다면 심급에 관계없이 가능하다(단, 피고지자의 절차권 보장 여하에 따라 참가적 효력이 제한될 가능성이 있다). 고지자의 자격은 당사자나 당사자를 위한 보조참가자, 그리고 피고지자이다. 피고지자의 자격은 제3자로서 소송참가를 할 수 있어야 한다는 점이다. 여기서 말하는 참가란 보통 보조참가의 경우를 가리킨다.

제3자의 범위에 상대방당사자는 포함되지 않지만 보조참가인, 자신의 공동소송인은 포함된다. 당사자 모두에게 고지를 받는 것도 가능하다. 소송고지는 법정의 소송고지서를 작성하여 피고지자에게 송달함으로써 한다(법85조2항). 피고지자에게 송달되지 않으면 고지의 효력은 발생하지 않는다(대판 1975.4.22, 74다1519).

③ 피고지자에 대한 소송고지의 효과
i) 참가적 효력의 발생유무

사안에서는 소송고지가 피고지자에게 송달되고 당해 피고지자가 소송에 참가하지 않는 경우(참가 가능한 때 참가한 것으로 간주되어), 언제나 피고지자에게 참가적 효력이 미치는지 문제되었다. 대상판결은 일정한 경우에 참가적 효력이 미치지 않는다고 판시하였다. 이러한 견해는 다음과 같은 점에서 타당하다(여러 가지 이유가 주장되고 있지만 학설도 결론적으로 고지를 받았음에도 불구하고 참가를 하지 않은 경우에 무조건 참가적 효력이 발생하지 않는다고 해석한다).

ii) 참가적 효력의 발생요건

먼저 적어도 보조참가를 시키기 위해 소송고지를 한 것이므로, 보조참가 자체가 불가능하다면 보조참가를 할 수 있음에도 하지 않은 것에 대한 제재로서의 참가적 효력을 미치게 할 근거를 상실한다.

또한 설사 보조참가 자체는 가능하다고 해도 사안과 같이 피고지자 丙이 고지자 甲 측에 참가하는 것을 기대하기 어려운 경우(대상판결이 말하는 "공동이익으로 주장하거나 다툴 수 없었던" 경우)에도 보조참가를 요구할 정당한 근거가 없으므로 참가적 효력이 미치지 않는다. 즉, 고지자와 피고지자가 협력하여 소송수행을 할 수 있는 경우가 아니므로, 참가적 효력이 미치지 않는다.

iii) 참가적 효력의 범위

참가적 효력은 대상판결이 말하고 있듯이 또한 앞의 [12−10]에서의 참가적 효력에서 언급했듯이 "전소확정판결의 결론의 기초가 된 사실상, 법률상의 판단"에 미친다.

따라서 "제3자가 고지자를 상대로 제기한 전부금청구소송에서 피고지자가 소송고지를 받고도 위 소송에 참가하지 아니하였지만 고지자가 위 소송에서 제3자로부터 채권압류 및 전부명령을 받기 전에 피고지자에게 채권이 양도되고 확정일자 있는 증서에 의하여 양도통지된 사실을 항변으로 제기하지 아니하여 위 소송의 수소법원이 위 채권압류 및 전부명령과 위 채권양도의 효력의 우열에 관하여 아무런 사실인정이나 법률판단을 하지 아니한 채 고지자에게 패소판결을 하였다면 피고지자는 위 소송의 판결결과에 구속받지 아니한다." (대판 1991.6.25, 88다카6358)

iv) 그 밖의 효과

판례에 의하면 소송고지의 요건이 갖추어진 경우에 그 소송고지서에 고지자가 피고지자에 대하여 채무의 이행을 청구하는 의사가 표명되어 있으면, 민법174조에 정한 시효중단사유로서의 최고의 효력이 인정된다(대판 1970.9.17, 70다593 등). 또한 시효중단효의 발생시점에 대해, 시효중단제도는 제도의 취지에 비추어 볼 때 그 기산점이나 만료점을 원권리자를 위하여 너그럽게 해석하는 것이 바람직하고, 소송고지에 의한 최고는 보통의 최고와는 달리 법원의 행위를 통하여 이루어지는 것이므로, 만일 법원이 소송고지서의 송달사무를 우연한 사정으로 지체하는 바람에 소송고지서의 송달 전에 시효가 완성된다면 고지자가 예상치 못한 불이익을 입게 된다는 점 등을 고려하면, 소송고지에 의한 최고의 경우에는 법265조를 유추적용하여 당사자가 소송고지서를 법원에 제출한 때에 시효중단의 효력이 발생한다(대판 2015.5.14, 2014다16494).

[12-15] 계쟁물양도와 소송승계

[대상판결] 대판 1971.7.6, 71다726

[사안] 甲은 乙을 상대로 건물 X의 철거를 구하는 소를 제기하였다. 이 소송의 도중(변론종결 전)에 乙은 이 사건 소송의 목적이 된 X의 등기를 丙에게 이전하였다. 이에 甲은 丙에게 당해 등기의 말소를 구하기 위해 丙이 소송인수를 할 것을 요구할 수 있는가?

[판결요지] "소송당사자가 민사소송법 제75조(법82조)의 규정에 의하여 제3자로 하여금 그 소송을 인수하게 하기 위하여서는 그 제3자가 소송계속 중 그 소송의 목적된 채무를 승계하였음을 전제로 하여 그 제3자에 대하여 인수한 소송의 목적된 채무이행을 구하는 경우에 허용되고 그 소송의 목적된 채무와는 전혀 별개의 채무의 이행을 구하기 위한 경우에는 허용될 수 없다."

[해 설]

① 소송승계의 의의

소송승계란 소송계속 중이고 변론종결 전에 당사자의 사망 또는 계쟁물의 양도라는 사태가 발생하여, 진정한 당사자로 하여금 소송을 승계시키는 제도이다. 사안과 같은 경우에는 소송 도중에 계쟁물이 양도된 경우로서, 당해 양수인인 丙에게 소송을 승계시키는 제도를 말한다. 계쟁물양도의 경우에는 권리의무관계의 포괄승계로서의 당연승계와는 달리 보통 특정승계라고도 한다. 권리의무관계의 포괄승계의 경우에는 당연승계로서 거의 승계의 가능성이 문제되지 않지만, 특정 권리·의무의 승계라는 특정승계의 경우에는 기존의 소송과의 관계에서 승계의 가능성이 문제된다.

특정승계에는 참가승계(법81조)와 인수승계(법82조)가 있다. 사안에서와 같이 승계인을 소송으로 끌어들이는 것이 인수승계이고, 승계인이 스스로 소송에 가입해 오는 것이 참가승계이다. 어느 경우에나 권리승계인 및 의무승계인의 참가승계나 그에 대한 인수승계가 인정된다. 소송이 승계되면 시효중단, 기간준수효과의 유지(법81조)와 종전 소송상태의 유지라는 효력이 발생한다. 소송비용은 포괄승계와 특정승계 사이에 차이가 있다(후자의 경우 소송비용은 승계되지 않는다).

② 계쟁물의 양도

i) 양도가능성

사안에서와 같은 계쟁물양도에 대한 입법형태로는 계쟁물양도금지주의, 당사자항정주의 그리고 소송승계주의가 있다. 계쟁물양도금지주의란 계쟁물의 매매는 벌금형을 받는 범죄이고 그 계약을 무효로 하여, 양도 자체가 소송 내외에서 아무런 효과를 발생시키지 않는다는 원칙이다. 당사자항정주의란 위의 양도금지원칙과는 달리 소송상으로만 당해 매매를 무효로 하여 그 판결의 효력을 소송계속 중(변론종결 전)의 승계인에게까지 확장시키는 원칙을 말한다.

우리 법이 취하는 소송승계주의는 계쟁물의 양도가 소송상으로도 유효하게 되어 승계인을 당사자로 소송에 가입시키려는 원칙을 말하고, 승계인의 보호가 가장 확실하다(소송을 승계하지 않는 한 변론종결 전의 승계인에게는 기판력이 미치지 않는다).

ii) 계쟁물의 의의

한편, 소송승계의 경우에는 위에서 사용한 계쟁물의 의미가 문제된다. 이것을 소송물로 한정하는지 아니면 계쟁물이라는 형태로 확대하는 것인지 논의된다. 후자는 특정청구를 대상으로 하는 소송물만이 아니라, 그보다 넓은 의미에서의 특정청구의 전제가 되는 권리의무나 법률관계까지 포함된다.

대상판결은 건물철거청구권의 실현을 위한 소송에서 피고의 철거의무가 승계된 것이 아니고 피고의 소유권이 이전된 것이므로, 소송물이 다르기 때문에 인수승계가 불가능하다는 입장을 취하고 있다. 판례의 대부분은 소송승계 시의 특정물 양도의 경우, 특정물을 소송물로 보는 입장을 취한다(대판 1983.3.22, 80마283 등).

판례와 판례에 찬성하는 견해는 변론종결 전후에 관계없이 소송물로서 물권적 청구권이 승계의 대상이 된다는 입장이다. 다음으로 변론종결 전후에 관계없이 소송물로서 물권적 청구권과 채권적 청구권을 포함하는 것이 승계의 대상이 된다는 견해가 있다. 마지막으로 변론종결 전의 승계의 대상을 종결 후의 그것보다 넓게 계쟁물로 보는 견해가 있다.

iv) 소송승계의 원인으로서의 계쟁물 양도

사안이나 그 밖의 판례의 사안을 보면 알 수 있듯이, 각 사안의 피고가 자신의 소유권을 제3자에게 양도하고 만일 그러한 사실이 소제기 전에 판명된다면, 원고는 피고가 아닌 제3자에게 그러한 소송을 제기할 것이므로 제3자는 어차피 원고가 제기한 소송의 당사자적격의 이전을 받은 자에 해당된다. 결국 소송승계의 대상을 소송물에 국한하는 태도는 타당하지 않고, 계쟁물이 양도되고 이로 인해 원고가 제기한 소의 피고로서의 당사자적격을 이전받은 제3자라면, 인수승계 또는 참가승계의 대상이 된다고 해석해야 할 것이다. 특히 당사자적격이 이전된다는 것은 대판(전) 1969.5.27, 68다725에서, "원고는 본소제기 후에 소유권을 양도한 것이라 하여도 피고에게 대하여 방해배제를 계속 청구할 아무런 권리도 인정될 수 없는 법리라 할 것이다."라고 판시한 바와 같이, 계쟁물의 양도가 당사자적격의 상실을 의미한다는 논리에서도 쉽게 이해할 수 있다.

③ 승계의 절차

ⅰ) 참가승계와 인수승계

소송승계는 권리의 승계인지 의무의 승계인지에 관계없이 인정된다. 그러나 피고가 계쟁물을 양도하는 경우에 양수인이 스스로 참가승계를 하는 경우는 생각하기 힘들다. 소송에서 탈퇴하게 되는 양도인이 스스로 인수승계를 요구할 수 있는지에 대해서도 원칙적으로 불가능하다고 해석해야 한다. 피승계인(양도인)의 상대방이 인수승계를 요구하지 않았음에도 피승계인이 소송에서 탈퇴할 수 있는지 문제되고, 인수승계를 요청한 것은 승계인에 대한 청구를 주장하는 것인데, 피승계인이 승계인에 대해 권리보호의 이익(소의 이익)이 있는 청구를 주장하는 것은 생각하기 힘들기 때문이다.

ⅱ) 승계방법

참가나 인수신청은 새로운 청구의 정립을 동반하는 것이므로 사실심 변론종결시까지 해야 한다. 신청에 대해서는 결정으로 재판하고 각하결정에 대해서는 즉시항고가 가능하지만, 인용결정에 대해서는 중간재판이라는 점에서 독립하여 불복할 수 없다(대판 1981.10.29,

81마357 등). 인수신청이 있는 경우, 신청의 이유로서 주장하는 사실관계 자체에서 그 승계적격의 흠결이 명백하지 않는 한, 승계인에 해당하는지 여부에 관계없이 결정으로 그 신청을 인용해야 한다(대판 2005.10.27, 2003다66691). 승계인에 해당하는지 여부는 피인수신청인에 대한 청구의 당부와 관련하여 판단할 사항으로, 심리한 결과 승계사실이 인정되지 않으면 청구기각의 본안판결을 하면 되고, 인수신청 자체를 부적법하게 하는 사유가 아니다.

소송승계 후의 심리원칙에 대해서는 원칙적으로 참가승계는 독립당사자참가의 형태(권리주장참가)가 되고, 나머지는 통상공동소송형태를 취한다. 승계인이 스스로 참가하는 참가승계와는 달리, 승계인이 자신의 의사에 관계없이 소송상태를 승계해야 하는 인수승계의 경우, 승계인은 기존의 소송상태를 승계하는 것이 원칙이지만, 자신의 고유한 공격방어방법을 제출할 수 있다. 항소심에서 승계가 있고 기존의 당사자가 탈퇴한 경우, 항소심은 제1심 판결을 변경하여 승계참가인의 청구에 대한 판단을 해야 하고, 단순히 피고의 항소를 기각하는 판결을 함으로써 제1심 판결을 그대로 유지하는 것은 허용되지 않는다(대판 2004.1.27, 2000다63639).

그 밖에 승계참가인은 소송절차를 현저히 지연시키는 경우가 아닌 한 승계한 권리와 청구의 기초가 바뀌지 아니하는 한도 안에서 청구의 취지 또는 원인을 바꿀 수 있고(법81조, 262조), 그 변경하고자 하는 청구의 내용이 반드시 종전 원고로부터 권리승계를 한 것이어야만 한다거나 이에 관해서도 승계참가의 요건을 갖출 필요는 없으며, 일단 승계참가가 이루어진 이상 기존의 청구와 사이에 청구의 기초에 변경이 없는 한 상대방에 대한 자기 고유의 권리를 주장하는 것도 무방하다(대판 2012.7.5, 2012다25449. 단, 이러한 경우 시효의 중단 또는 법률상 기간준수의 효력이 소급되는 것은 권리승계를 주장하는 청구에 한정하여 적용된다).

참고판례 17−[판례14]

[12-16] 임의적 당사자변경

[대상판결] 대결 1997.10.17, 97마1632

[사안] 甲은 공사도급계약상의 수급인이 그 계약명의인인 乙이라고 하여 乙을 상대로 소를 제기하였다. 그러나 심리 도중 변론에서 乙이 공시송달 중인 상태에서 乙의 보조참가인 丙이 자신이 수급인이라고 주장하는 답변을 하고 증거를 제출함에 따라, 당해 계약의 수급인은 乙이 아닌 丙이라고 하면서 피고경정을 구하는 경우, 이러한 피고의 경정은 인정되는가?

[판결요지] "민사소송법 제234조의2(법260조) 제1항 본문은 "원고가 피고를 잘못 지정한 것이 명백한 때에는 제1심 법원은 원고의 신청으로 피고의 경정을 허가할 수 있다."고 피고의 경정을 제한적으로 허용하고 있는바, 위 규정에서 피고를 잘못 지정한 것이 명백한 때라고 함은 청구취지나 청구원인의 기재내용 자체로 보아 원고가 법률적 평가를 그르치는 등의 이유로 피고의 지정이 잘못된 것이 명백하거나 법인격의 유무에 관하여 착오를 일으킨 것이 명백한 경우 등을 말한다 할 것이고, 이 사건과 같이 … 계약명의인이 아닌 실제상의 수급인이 누구인지는 증거조사를 거쳐 사실을 인정하고, 그 인정 사실에 터잡아 법률 판단을 하여야 인정할 수 있는 사항이므로, 위 법규정 소정의 '피고를 잘못 지정한 것이 명백한 때'에 해당한다고 볼 수 없고, 乙이 공시송달 중인 상태에서 丙이 자신이 수급인이라고 주장하였다 하여 달리 볼 수도 없다."

[해 설]

① 임의적 당사자변경의 의의

임의적 당사자변경이란, 소제기 후 당사자의 의사에 의해 당사자가 변경되는 경우를 말한다. 당사자의 변경에 해당하므로 당사자가 추가적으로 가입되는 경우와 기존의 당사자가 새로운 당사자로 교체되는 경우를 포함한다. 전자는 소의 주관적·추가적 병합이나 당사자의 인입(引入)이론에 해당하는 분야이고, 협의로는 후자만을 가리킨다. 당사자의 절차권을 보장하면서, 소의 취하와 전소 결과의 유용을 가능하게 한다는 점에 그 취지가 있다.

② 유사제도와의 차이

소의 변경(법262조. [11-4] 참조)은 당사자의 변경 없이 상대방에 대한 청구를 변경하는 것이므로, 당사자가 변경되는 것이 아닌 점에서 양자는 명확히 구분된다. 법정 당사자변경으로는 ⅰ) 당연승계(법233조 이하의 각 조문에 의한 승계의 경우), ⅱ) 참가 또는 인수승계(법81조, 82조. [12-15] 참조)라는 소송의 승계가 있다. 소송이 승계되는 경우이므로 당사자의 승계(변경) 전후의 전소와 후소의 단절은 발생하지 않고, 변경 전의 당사자도 애당초 당사자적격자였고 이 적격이 이전되었다는 점에 차이가 있다.

당사자의 표시의 정정([4-1] 참조)은 당사자 동일성의 변경 없이 그 표시만을 바꾸는 것이고 당사자의 변경을 의미한다는 점에서 임의적 당사자변경과 가장 유사하다. 그러나 표시의 정정은 변경 전후의 당사자의 동일성이 변경되지 않는 경우(변경전의 소송을 전제로 한 당사자의 표시만의 변경)에 가능하다.

③ 법적 구조

ⅰ) 복합설

임의적 당사자변경의 법적 성격에 대해 복합설과 특수행위설이 주장된다. 복합설은 임의적 당사자변경을 신소의 제기와 구소의 취하라는 두 개의 소송행위가 복합된 것이라고 해석한다(다수설). 구체적으로는 신소와 구소의 병합(반드시 필요적인 것은 아니다) 후에, 구소의 취하가 수반된다고 해석한다. 복합설을 엄격히 적용하면 임의적 당사자변경은 신소의 제기이므로 제1심에서만 가능하고, 그 효과도 소의 병합에 불과하므로 임의적 당사자변경이라는 제도의 취지가 퇴색하게 된다. 단지 이 정도의 효과를 부여하는 것이라면 굳이 임의적 당사자변경이라는 제도를 만든 의의가 상실되기 때문이다. 물론 복합설을 취한다고 하여 위와 같이 엄격하게 해석할 필요는 없다. 복합설에 의해서도 임의적 당사자 변경의 취지를 살리는 해석, 즉 제소수수료나 전소결과의 유용(변론의 병합)을 인정하는 유연한 해석이 가능하다. 다만, 복합설을 취하는 한 신소의 제기이므로 임의적 당사자변경이 인정되는 것은 제1심에 한정된다.

ⅱ) 특수행위설

특수행위설은 임의적 당사자변경을 하나의 특수한 소송행위로서 파악한다. 이 견해는 변경 전후의 당사자에 대한 소송의 관련성의 존재, 구피고의 동의의 필요성, 항소심에서의 신피고의 동의의 필요성, 그리고 상고심에서의 불가능이라는 요건이 갖추어지면 당사자의 신청에 의해 당사자가 변경되고 기존의 소송이 속행된다고 해석한다.

ⅲ) 양설의 차이

복합설을 엄격히 적용할 때 양자의 차이는 현저하지만, 복합설을 탄력적으로 해석 적용한다면 양자의 차이는 거의 없다. 양자의 차이가 실질적으로 없다면 소송법에 특별한 소송행위라는 규정이 없는 이상 복합설이 타당하다. 또한 법260조에서 보아도 복합설이 타당함을 엿볼 수 있다. 특수행위설이라고 한다면 항소심에서도 당사자의 변경이 가능하지만, 사실상 항소심이 되어 당사자를 잘못 지정한 것이 판명된다는 것도 생각하기 힘들다.

④ 요건

ⅰ) 피고가 아닌 원고의 변경가능성

법260조의 해석상 먼저 문제가 되는 요건은 원고의 변경가능성이다. 조문에는 피고를 경정한다고 되어 있으므로 변경할 수 있는 것은 피고에 한한다고 보는 것도 가능하다. 실제로 변경의 필요가 발생하는 것은 소극적으로 제소에 대응하는 피고의 경우가 대부분이다. 그러나 원고의 변경 가능성도 부인할 수 없다. 원고의 이익에 합치하고, 피고의 변경이 인정된다면 당연히 원고의 변경을 인정하는 것이 공평하며, 피고에게 있어서도 이중의 응소부담을 제거하고 1회적으로 분쟁을 처리할 수 있기 때문이다. 그러나 판례(대판 1994.5.24, 92다50232)는 특별한 이유는 붙이지 않고, 원고의 변경이 인정되지 않음을 간접적으로 판시하였다.

ⅱ) 구피고에 대한 취하의 요건

구소의 취하가 전제되는 이상 구피고에 대한 취하의 요건을 갖추어야 한다. 이 점은 소의 취하에 관한 조문을 적용하여 충분히 대처할 수 있지만, 변론종결시까지라는 요건과 같은 조 단서에서의 피고의 동의의 필요성, 그 밖에 동의의 간주(법260조3항, 4항) 등, 명확성을 기하기 위해 상세한 조문을 두고 있다. 반대로 신소의 제기에 관한 요건은 법원이 변경을 허가했을 때 갖추면 된다(법260조3항).

ⅲ) 당사자를 잘못 지정한 것이 명백한 때

사안에서는 甲이 피고를 乙에서 丙으로 변경신청을 한 것이 법260조가 인정하는 것인지 문제되었다. 대상판결은 임의적 당사자변경이 인정되는 요건을 판단하여 그 변경을 불허하였다.

이 요건은 피고를 명백히 잘못 지정한 관계로, 원고는 피고적격 흠결에 의한 소각하판결을 받지 않고 구소를 속행하고자 피고의 변경을 구할 필요가 있는 경우를 의미한다. 잘못 지정한 것이 명백한지 여부에 대해, 대상판결은 "청구취지나 청구원인의 기재내용으로 보아 원고가 법률평가를 그르치거나 또는 법인격의 유무에 착오를 일으킨 것이 명백한 경우"로서, 적격자가 아니므로 용이하고 명백하게 소각하를 할 수 있다고 판단되는 경우라고 해석한다.

즉, 잘못 지정한 것이 명백하므로 본안에 관한 판단 등 엄격한 절차를 거치지 않고 쉽게 당사자를 변경할 수 있어야 하고, 그렇지 않으면 종국판결로 판단해야 하기 때문이다. 또한 당사자의 지정이 명백히 잘못 되었다면 법원에게는 당사자의 변경에 관한 석명권을 행사할 의무가 발생한다(대판 1990.1.12, 89누1032). 결과적으로 대상판결의 해석은 타당하다.

위와 같이 풀이한다면, 법원이 명백히 잘못 지정된 당사자의 변경을 허가하는 것은 전소와 후소가 일정한 연계관계가 있음을 인정한다는 취지이다. 당사자변경을 허가하는 결정은 소장인지의 유용과 전소결과의 유용을 절차적인 면에서 허가한다는 재판이고, 이렇게 파악하지 않는다면 허부의 결정이라는 재판은 특별한 의미가 없게 되기 때문이다.

제13장

상소와 재심

[13-1] 상소의 이익

[대상판결] 대판 1994.6.28, 94다3063

[사안] 甲은 乙 소유 화물자동차의 운행으로 인해 상해를 입었다고 하여 乙을 상대로 재산상 손해와 위자료의 배상을 구하는 소를 제기하였다. 제1심에서 甲은 재산상 손해 부분에 대하여는 전부승소하고 위자료에 대하여는 일부패소판결을 받았다. 이에 甲만이 위자료에 관한 일부패소 부분에 대한 불복과 함께, 재산상 손해의 부분에 대해서도 항소를 제기하여 금액을 추가로 지급해 달라는 취지로 청구를 확장하였다. 甲이 이와 같이 재산상의 손해에 관한 전부승소에 대해 제기한 항소에는 항소의 이익이 있는가?

[판결요지] "전부승소한 경우에도 법은 상대방이 항소를 제기하여 확정이 차단된 경우에는 청구취지의 확장을 위하여 부대항소를 하거나 항소심에서 청구취지의 확장을 하여 그 나머지 부분의 청구를 할 수 있도록 허용하고 있고, 하나의 소송물에 관하여 형식상 전부 승소한 당사자의 상소이익의 부정은 절대적인 것이라고 할 수도 없다.

甲은 이 사건에서 재산상의 손해(소극적 손해)를 청구함에 있어 제1심에서 중복장애에 있어서의 합산장애율의 산정이나 한시적 장애의 회복시점에 대한 판단을 잘못하여 일실이익 손해 중 일부를 빠뜨리고 청구한 것으로 보이는바, 이 사건과 같이 甲은 재산상 손해(소극적 손해)에 대하여는 형식상 전부승소하였으나 위자료에 대하여는 일부패소하였고, 이에 대하여 甲이 甲패소 부분에 불복하는 형식으로 항소를 제기하여 사건 전부가 확정이 차단되고 소송물 전부가 항소심에 계속되게 된 경우에는, 더욱이 불법행위로 인한 손해배상에 있어 재산상 손해나 위자료는 단일한 원인에 근거한 것인데 편의상 이를 별개의 소송물로 분류하고 있는 것에 지나지 아니한 것이므로 이를 실질적으로 파악하여, 항소심에서 위자료는 물론이고 재산상 손해(소극적 손해)에 관하여도 청구의 확장을 허용하는 것이 상당할 것이고, 이렇게 해석한다고 하여 乙의 법적 안정성을 부당하게 해하거나 실체적 권리를 침해하는 것도 아니

고, 그러하지 아니하고 원심과 같이 재산상 손해(소극적 손해)에 대한 항소의 이익을 부정하고 청구취지의 확장을 허용하지 아니하면 원고는 판결이 확정되기도 전에 나머지 부분을 청구할 기회를 절대적으로 박탈당하게 되어 부당하다고 아니할 수 없다."

[해 설]

① 상소의 이익의 판단기준

상소의 이익의 유무는 원칙적으로 형식적 불복설에 의한다(통설). 판례도 마찬가지로 판결주문을 형식적 기준으로 하여 상소의 이익을 판단한다. 예를 들면 "상소인은 자기에게 불이익한 재판에 대하여서만 상소를 제기할 수 있다."라고 판시하고 있다(대판 1973.9.25, 73다565 등). 반대로 불복불요설이라고 할 수 있는 실질적 불복설은, 상소심에서 제1심 판결보다 유리한 판결을 구할 이익이 있다면 상소의 이익을 인정하는 것이지만, 이 설을 취하는 학설은 찾기 어렵다.

그 밖에 신실체적 불복설도 주장된다. 이 견해는 이혼소송에서 청구기각판결을 받은 피고가 판결의 결과로 불가능해지는 반소나 별소제기의 기회를 확보하기 위해 항소를 제기할 이익이 있고(단, 일본의 인사소송법 25조2항에 해당하는 조문이 우리 가사소송법에는 없는 관계로 우리나라에서도 그러한 결과가 되는지는 의심스럽다), 이것을 확대하여 판결효에 의해 청구를 주장할 기회를 박탈당하게 되는 경우에도 상소의 이익을 인정해야 한다고 주장한다.

② 형식적 불복설과 그 예외

형식적 불복설에 따라 판결주문에 의해 불이익하지 않다고 판단되는 전부승소의 경우에는 상소의 이익이 없는 것이 원칙이다. 한편, 전부승소의 여부에 대해 판례(대판 1994.11.4, 94다21207)는, 원고의 청구가 "원고는 피고에 대하여 원고로부터 금 586,412,830원 및 이에 대한 1987.12.4.부터 완제일까지 연 6푼의 비율에 의한 금원을 지급받은 다음 이 사건 부동산에 관하여 경료

된 판시 근저당권설정등기의 말소등기절차를 이행할 것을 청구한 것"이고, 이에 대해 제1심은 "피고는 원고가 선이행의무가 있음을 자인하고 있는 위 금 586,412,830원 및 이에 대한 1987.12.4.부터 그 판결선고일인 1992.10.2.까지 연 6푼의 비율에 의한 금원(금 756,360,087원=586,412,830원+586,412,830×1763/365×0.06)보다 적은 금액임이 계산상 명백한 금 7억원을 원고로부터 지급받은 다음 위 근저당권설정등기의 말소등기절차를 이행하라는 판결을 선고받았음이 분명"한 경우라면 "원고는 실질상 모두 승소한 것이나 다름없다."라고 판단하였다. 판결주문의 금액에 대해서는 위와 같이 원고의 청구액과 인정액을 구체적으로 비교할 필요가 있다.

그러나 형식적 불복설에서도 약간의 예외가 인정된다. 먼저 소각하판결에 대해 피고는 상소의 이익이 있다(대판 1985.4.23, 84후19). 기각판결을 받기 위해서이다. 반대로 피고가 특히 소각하를 구했음에도 청구기각판결을 하였다면 소송요건이 직권조사사항이라는 점에서 불복이 인정되지 않는다. 단, 재판권의 흠결이나 법률상의 쟁송에 관한 사항 등 보정이 불가능한 소송요건, 또는 중재합의의 항변을 이유로 소각하를 구하였는데 청구기각판결이 내려진 경우에는, 피고에게는 당해 기각판결에 대해 상소를 제기할 이익이 있다. 원고가 소송요건을 보정하여 재소할 가능성을 두절시킬 수 있는 점에 피고의 이익이 인정되기 때문이다.

다음으로 피고가 예비적 상계로 주장한 청구가 성립되어 원고의 청구가 기각된 때와 같이 판결이유 중에 판단된 반대청구의 존부에 예외적으로 기판력이 발생하는 경우(법216조2항)에도 청구기각판결에 대해 피고는 상소의 이익을 갖는다(대판 1993.12.28, 93다47189). 피고는 실질적으로 상계의 항변이 아니면 패소했다는 내용의 기판력을 받은 것이 되어 반대청구를 소멸시키지 않고 청구기각판결을 받을 이익이 있기 때문이다(유사한 예로 청구의 예비적 병합 시, 주위청구기각·예비청구인용의 판결의 경우 원고와 피고 모두에게 상소의 이익이 있다).

그 밖에 항소인은 특정한 이유를 주장하여 제1심 판결의 취소환송판결을 구하였는데 다른 이유에 기한 취소환송판결이 내려진 경우에도 상고를 제기할 이익이 있다. 취소환송판결에는 일정한 구속력(법원조직법8조, 법436조2항 참조)이 발생하고, 항소인이 주장한 특정이유에 대한 제1심 판결이 취소되지 않았기 때문이다.

③ 일부청구의 경우의 항소의 이익

사안은 일부청구의 경우에 해당되는데, 대상판결은 청구의 단순병합에 의해 전부승소 부분의 판결이 확정되지 않고, 부대항소의 예에서 보듯이 청구확장의 가능성이 인정되며, 나아가 실질적으로 하나의 손해로서 그 금액을 확장하는 것이므로, 피고에게도 불이익한 것이 아니라는 이유를 근거로 상소의 이익이 있다고 해석한다. 이러한 해석은 "항소의 이익을 부정하고 청구취지의 확장을 허용하지 아니하면 원고는 판결이 확정되기도 전에 나머지 부분을 청구할 기회를 절대적으로 박탈당하게 되어 부당하다고 아니할 수 없다."에서 알 수 있듯이 신실체적 불복설과 유사하다.

그러나 대상판결은 청구의 단순병합 시 상소하지 않은 판결이 확정되지 않는다고 하여도, 상소심에서의 심리범위는 상소인이 불복한 부분에 제한되게 되는 점(법407조1항)을 간과하고 있다. 사안은 전형적인 일부청구에서의 청구확장을 위한 것이므로, 일부청구의 기판력의 문제와 관련하여 해결할 필요가 있다. 즉, 일부청구임을 명시하였다면 잔부를 별소로 제기할 수 있으므로 항소의 이익을 인정할 필요가 없다. 반대로 명시하지 않은 경우라면, 청구 자체의 만족을 얻은 것이므로 항소의 이익을 인정할 필요가 마찬가지로 없다고 해석해야 할 것이다. 신실체적 불복설에도 타당한 점(파기환송판결에 관한 경우 등)이 있지만, 예비적 상계의 항변처럼 불리한 판결효를 받았다고는 볼 수 없기 때문이다.

또한 대상판결의 해설(전병식, 대법원판례해설 제21호, 316면)도 "항소의 이익에 관한 판결 설시가 직접적이지 못하고 소극적인 설시에 그치고 있는 점에서는 일말의 아쉬움이 남고 전부승소자의 항소이익의 인정문제에 관하여는 향후 판례의 집적에 의하여 그 내포와 외연이 명확해져야 할 것으로 믿는다."라고 언급하고 있다. 직접 비판하는 것은 아니지만 문제점이 있음을 암시하고 있다.

[13-2] 부대항소

[대상판결] 대판 1995.3.10, 94다51543

[사안] 甲은 乙회사의 시내버스에 의한 교통사고를 당하고, 乙을 상대로 그 배상을 구하는 소를 제기하였다. 제1심 법원은 甲의 일부승소의 판결을 내렸다. 乙이 항소하자 甲도 청구를 확장하는 부대항소를 하였다. 항소심은 乙이 甲에게 일정 금액의 이행을 할 것을 명함과 동시에 정기금 내지 장래의 지급을 명하는 판결을 내렸다. 이에 대해 甲만이 상고하였는데, 상고심은 甲의 상고를 일부 받아 들여 원심판결 중 정기금채무로 지급할 것을 명한 부분(장래 지급을 명한 부분 포함)을 파기환송하였다. 이때 환송심에서 乙은 항소를 취하할 수 있는가?

[판결요지] "항소는 항소심의 종국판결이 있기 전에 취하할 수 있는 것으로서(민사소송법 제363조(법393조) 제1항), 일단 항소심의 종국판결이 있은 후라도 그 종국판결이 상고심에서 파기되어 사건이 다시 항소심에 환송된 경우에는 먼저 있은 종국판결은 그 효력을 잃고 그 종국판결이 없었던 것과 같은 상태로 돌아가게 되므로 새로운 종국판결이 있기까지는 항소인은 피항소인이 부대항소를 제기하였는지 여부에 관계없이 항소를 취하할 수 있고, 그 때문에 피항소인이 부대항소의 이익을 잃게 되어도 이는 그 이익이 본래 상대방의 항소에 의존한 은혜적인 것으로 주된 항소의 취하에 따라 소멸되는 것이어서 어쩔 수 없다 할 것이므로, 이미 부대항소가 제기되어 있다 하더라도 주된 항소의 취하는 그대로 유효하다 할 것이다."

[해 설]

① 부대항소의 의의

부대항소란 피항소인이 항소인의 항소제기 후에 하는 신청(항소)을 말한다(법403조). 그 목적은 청구에 관한 원판결을 다시 자신에게 유리하게 변경할 것을 요구하는 점에 있다. 부대항소에 의해 항소심의 심판범위는 원래의 항소의 범위를 벗어나 부대항소의 한도로 확장된다.

부대항소가 인정되는 이유는 일부인용(패소)판결에 대한 당사자 쌍방의 항소 기회를 부여해 주기 위해서이다. 일부승소자는 상대방의 태도를 보고 만일 상대방도 항소를 제기한다면 자신도 항소를 제기하지만, 반대로 상대방도 항소를 제기하지 않는다면 자신도 제1심판결에 만족한다는 경우가 발생할 수 있고, 이러한 경우에 항소의 제기를 기다려 불복을 신청하려는 당사자의 이익을 보호할 필요가 있기 때문이다. 피항소인은 항소권이 소멸된 뒤에도 부대항소가 가능하다(법403조).

② 부대항소와 불복의 이익

ⅰ) 불복이익불요설

전부승소자가 부대항소를 통해 청구의 확장이 가능한지에 대해, 판례나 통설은 부대항소는 불복의 이익을 전제로 하는 항소의 성격을 갖지 않기 때문에 가능하다고 해석한다. 판례(대판 1967.9.19, 67다1709)는 "원고가 전부 승소하였기 때문에 원고는 항소하지 아니하고 피고만 항소한 사건에서 청구취지를 확장 변경함으로써 그것이 피고에게 불리하게 된 경우에는 그 한도에서 부대항소를 한 취지로 볼 것이다."라고 판시하였고 통설도 같은 해석이다.

ⅱ) 불복이익필요설

부대항소도 불복신청의 하나로서 불복의 이익이 필요하다고 하고, 전부승소자가 청구의 확장을 위해 부대항소를 하는 것은 불가능하다는 해석이다. 그 논거로는 첫째로 법403조의 문언은 부대항소인도 항소의 이익을 가져야 한다는 것을 전제로 하는 점, 둘째로 이하에서 보는 독립부대항소도 항소제기기간 내의 부대항소를 의미하는 이상 항소의 이익이 필요하다는 점, 그리고 셋째로 원래 항소의 이익을 가졌지만 항소권을 상실한 피항소인에게 불복신청의 기회를 부여하는 것이 목적이라는 점이다. 부대항소도 불복신청이라는 점을 부인할 수 없는 이상, 불복이익필요설에 찬성한다.

제13장 상소와 재심

③ 부대항소의 방식

피항소인은 항소심의 변론종결 전까지 항소의 방식에 따라 부대항소를 제기할 수 있다(법403조). 이때 항소의 제기와는 달리 항소심 변론종결시까지 가능하므로 항소심에 직접 부대항소장을 제출하는 것도 가능할 것이다. 앞서 보았듯이 피항소인의 항소제기기간 경과 후에도 가능하고, 항소인의 항소권이 소멸된 경우에도 가능하지만, 피항소인이 부대항소권 자체를 포기하였다면 불가능하다. 그 밖에 부대항소인은 부대항소에 따른 수수료를 납부해야 하는지에 관해, 앞의 불복이익의 필요성에서 보았듯이 납부해야 할 것이다(민사소송등인지규칙26조).

④ 항소의 취하가능성

사안에서는 부대항소의 전제가 된 항소가 취하될 수 있는지, 나아가 파기환송 후의 항소 취하의 가능성이 문제되었다. 이에 대해 대상판결은 파기환송에 의해 항소심 종국판결이 없었던 것이 되므로 법393조에 의해 항소의 취하가 가능하고, 또한 항소가 취하되었다면 사건 자체를 소송종료선언으로 종결해야 한다는 입장이다.

법393조를 보면, 항소인은 항소심 종국판결 전까지 피항소인의 동의 없이 항소를 취하할 수 있다(항소취하 합의에 의한 경우 소취하의 합의에서 보았듯이 그것을 법률행위로 보면 항소각하로, 소송계약으로 보면 취하에 의한 소송종료선언으로 처리된다). 대상판결은 항소의 취하는 항소인의 고유권한이고, 그로 인해 부대항소도 그 이익을 잃게 되는 것은 그 이익이 본래 상대방의 항소에 의존한 은혜적인 것이므로 부득이하다고 해석하고 있다.

한편, 학설은 일반적으로 위와 같은 파기환송 후의 항소취하를 인정하는 판례의 견해에 찬성한다. 항소취하가 인정된다면 법404조에 의해 부대항소도 실효되는 것으로 해석하는 것이다.

파기환송에 의해 항소심에서는 아무런 종국판결도 내려지지 않은 것이므로, 사안에서 乙의 항소의 취하를 인정하는 해석은 타당하다. 파기환송이 甲의 상고에 의한 것이지만, 부대항소의 존재이유에서 본다면 甲에게 매우 불공평한 것이라고는 할 수 없다. 위에서도 언급했지만 부대항소란 원래 항소인이 항소를 제기하지 않는다면 항소를 제기하지 않는다는 피항소인의 의사를 존중하여 인정된 것이기 때문이다. 그렇다면 부대항소

에 의해 항소취하의 가능성을 봉쇄하는 것은 타당하지 않고, 결국 항소가 취하되거나 소각하되면 부대항소도 효력을 상실한다고 해석해야 한다(법404조도 특히 부대항소의 종속성이라는 표제하 본문에서 위와 같이 정하고 있다).

다만, 법404조 단서가 규정하는 부대항소인의 항소제기기간 내에 제기된 부대항소는 독립부대항소로 불려지고 항소로서의 효력을 갖게 되므로, 항소가 취하되거나 각하되어도 실효되지 않는다. 또한 부대항소인도 부대항소를 취하할 수 있고 이때 상대방의 동의는 불필요하다.

참고판례 18 － [판례17]

[13-3] 불이익변경금지

[대상판결] 대판 1983.12.27, 82누491

[사안] 甲의 제소에 대해 원심은 소의 이익이 없다는 이유로 소각하판결을 하였다. 이에 대해 甲만이 상고를 제기했는데, 甲의 청구 자체에 이유가 없는 경우에 상고심은 청구를 기각하는 판결을 내릴 수 있는가?

[판결요지] "이 사건 청구가 이유 없는 바에야 甲만이 불복상고한 이 사건에 있어 원심의 소각하판결을 파기하여 청구를 기각함은 甲에게 불이익한 결과가 되므로 원심판결을 유지하기로 한다."

[해 설]

① 불이익변경금지원칙의 의의

불이익변경금지의 원칙이란 상소심의 심판의 원칙으로서 그 심판의 범위가 상소인의 불복의 범위에 한정되고, 따라서 상소인의 입장에서는 상소를 함으로써 상소를 안 한 것보다 불리한 판결을 받지 않는다는 원칙을 말한다(법415조, 431조).

불이익변경금지의 원칙은 처분권주의와도 일맥상통한 원칙이며, 불복을 하는 상소인의 불이익을 구제한다는 상소의 목적에서 도출되는 원칙이기도 하다. 이 원칙이 적용되려면, 이익 또는 불이익의 여부를 판단해야 하는데, 이는 앞의 [13-1]에서 보았듯이 판결효를 기준으로 판단되므로 판결의 주문에 의한다. 판결의 이유 중의 판단을 기준으로 한 불이익 여부는 상계의 항변 등 예외적인 경우에만 문제된다.

불이익변경금지의 원칙은 일반적으로 다음과 같은 예로 설명할 수 있다. 1,000만원의 청구에 대해 500만원의 일부인용을 한 경우, 원고가 패소 부분 중 400만원의 항소를 제기하면, 항소심의 심판범위는 이 400만원에 국한되고, 1,000만원의 청구권이 존재하지 않는다고 판단하여도 제1심 판결을 취소하여 청구를 기각할 수 없다(항소를 기각함에 그친다). 이것이 불이익변경금지의 원칙이다. 반대로 500만원 전부에 대해 청구권의 존재를 인정하여도 400만원 한도에서 청구를 인용할 수 있다. 이것을 이익변경의 금지의 원칙이라고 한다

(따라서 불이익변경금지와 이익변경금지라는 양 원칙은 표리관계에 있다). 또한 금전채무불이행의 경우에 발생하는 원본채권과 지연손해금채권은 별개의 소송물이므로, 불이익변경에 해당하는지 여부는 원금과 지연손해금 부분을 각각 따로 비교하여 판단하여야 하고, 별개의 소송물을 합산한 전체 금액을 기준으로 판단하여서는 아니 된다(대판 2009.6.11, 2009다12399).

② 소각하판결에 대한 상소심에서의 청구기각 가능성

사안에서와 같이 소각하판결에 대해 상고심에서 당해 청구 자체에 이유가 없다면 상고심은 청구기각을 해도 불이익변경금지의 원칙에 위반되지 않는지 문제된다. 대상판결은 소각하에서 청구기각으로의 변경은 불이익변경에 해당(즉, 상고를 기각)된다고 판시하였다.

형식적으로 본다면 사안의 甲의 입장이라면 소각하판결보다는 청구기각판결이 불리한 판결이다. 소각하판결은 기판력으로써 청구권 자체를 부정하는 것이 아니고, 다시 당해 청구권에 기해 제소할 가능성이 남아 있기 때문이다. 그렇다면 소각하판결에 대해 상고심에서 청구기각판결을 하는 것은 상고인에게는 불이익으로 변경하는 것이다.

그 밖에 판례(대판 1987.7.7, 86다카2675)는, "소를 각하한 제1심 판결에 대하여 원고만이 불복상소하였으나 심리한 결과 원고의 청구가 이유가 없다고 인정되는 경우 그 제1심 판결을 취소하여 원고의 청구를 기각한다면 오히려 항소인인 원고에게 불이익한 결과로 되어 부당하므로 항소심은 원고의 항소를 기각하여야 한다."라고 판시하고 있다.

이러한 판례의 해석과 달리 청구기각으로의 변경은 상소심의 심판범위에서 본다면 반드시 불이익으로 변경한다고 해석할 수 없다는 입장도 생각해 볼 수 있다. 즉, 소각하판결에 대한 불복을 다루는 상소심의 심판범위는 소각하의 당부를 심판하는 것에 국한되는 것이 아니고, 청구에 관한 본안판결을 구하는 상소인의 신청을 심판하는 것도 포함되며, 따라서 청구에 이유가 없

다면 청구기각을 하는 것도 가능하다는 주장이다.

생각건대 소각하판결에 대해 상소인이 요구하는 것은 그 당부에 관한 판단에 의해 파기환송이나 청구인용을 받으려는 점에 있고, 상소심도 필요적 파기환송이나 충분한 심리라는 이유에 따라 청구인용의 여부를 판단한다(법418조). 그렇다면 소각하판결에 대해 상소심에서 청구를 인용한다면 이는 이익변경금지의 예외로 인정된다고 할 수 있으므로(법418조 단서), 이 한도 내에서는 불이익변경금지의 예외도 인정할 수 있고, 따라서 청구기각을 하는 것도 가능하다고 해석할 수 있을 것이다.

③ 그 밖의 불이익변경금지원칙의 적용례

제1심 판결은 원고 甲이 피고 乙1에게 약 3,000만원을 변제하면 乙1이 점유하는 부동산을 인도받을 수 있고, 피고 乙2에게 약 3,000만원을 변제하면 乙2가 점유하는 부동산을 인도받을 수 있다는 것이었다. 甲이 제기한 항소심에서는, 甲이 약 3억7,000만원을 변제하여야만 乙1과 乙2가 점유하는 부동산을 인도받을 수 있다는 판결을 내렸다. 이와 같이 항소심이 동시이행의 판결에 있어 반대급부의 내용을 원고에게 불리하게 변경한 경우 불이익변경금지 원칙에 반하는지 문제되었다.

이에 대해 판례(대판 2005.8.19, 2004다8197, 8203)는, 항소심은 당사자의 불복신청범위 내에서 제1심 판결의 당부를 판단할 수 있고, 설사 제1심 판결이 부당하다고 인정되는 경우라 하더라도 그 판결을 불복당사자의 불이익으로 변경하는 것은 허용되지 않는다고 판단하였다. 그리고 불이익하게 변경된 것인지에 관하여 기판력의 범위를 기준으로 하나, 동시이행의 판결에 있어서는 원고가 그 반대급부를 제공하지 아니하고는 판결에 따른 집행을 할 수 없어, 비록 피고의 반대급부이행청구에 관하여 기판력이 생기지 아니하더라도 반대급부의 내용이 원고에게 불리하게 변경된 경우에는 불이익변경금지원칙에 반한다고 해석하였다.

위와 같이 불이익변경의 여부는 원심의 판결의 기판력과 상소심의 판결의 기판력을 비교하여 판단한다. 즉, 이익 또는 불이익의 여부는 판결효를 기준으로 기판력이 발생하는 판결의 주문에 의한다. 판결주문에 의해 형식적으로 판단하는 것인데, 이것은 상소의 이익에서의 형식적 불복설과 동일한 구조를 갖는다. 상소의

이익 여부라는 점에서 반대로 생각한다면, 원고가 피고를 상대로 3,000만원의 선이행을 조건으로 등기청구를 구하는 소를 제기하였는데, 판결은 원고가 피고에게 2,000만원의 선이행을 조건으로 등기청구를 인용하는 판결을 내린 경우, 원고는 전부승소를 한 것이므로 상소의 이익이 없고, 이러한 점은 이미 대판 1994.11.4, 94다21207에서 판시된 바이다. 따라서 위와 같은 경우에 불이익한 판결을 받았음은 쉽게 이해할 수 있다.

반면에 판결이유 중의 판단을 기준으로 한 불이익의 여부는 상계의 항변 등 예외적인 경우에만 문제된다. 예를 들어 피고의 상계항변을 인용한 제1심 판결에 대하여 피고만이 항소하고 원고는 항소를 제기하지 아니하였는데, 항소심이 피고의 상계항변을 판단함에 있어 제1심이 자동채권으로 인정하였던 부분을 인정하지 아니하고 그 부분에 관하여 피고의 상계항변을 배척하였다면, 그와 같이 항소심이 제1심과는 다르게 그 자동채권에 관하여 피고의 상계항변을 배척한 것은 항소인인 피고에게 불이익하게 제1심 판결을 변경한 것에 해당된다(대판 1995.9.29, 94다18911).

반대로 불이익변경금지원칙에 반하지 않는 다음과 같은 예가 있다. 불법행위로 인한 손해배상사건에서 과실상계사유에 관한 사실인정이나 그 비율을 정하는 것은 그것이 형평의 원칙에 비추어 현저히 불합리하다고 인정되지 않는 한 사실심의 전권사항에 속하므로(대판 2007.1.11, 2006다62782 등), 제1심 판결에 대하여 쌍방이 불복·항소한 경우, 항소심에서 원고의 과실과 관련한 새로운 소송자료가 제출되지 않았다 하더라도, 항소심은 속심이므로 이미 제출된 소송자료를 통하여 과실상계사유에 관한 사실인정이나 그 비율을 제1심과 다르게 정할 수 있다(대판 2008.7.10, 2006다43767).

[13-4] 상고이유 – 이유불비 –

[대상판결] 대판 1995.3.3, 92다55770

[사안] 甲은 대한민국 乙을 상대로 부동산 X의 소유권보존등기말소를 청구하면서, 乙이 X를 취득하게 된 근거법률인 국가보위에 관한 특별조치법 및 징발재산정리에 관한 특별조치법에 대하여 헌법재판소에서 위헌 여부를 심리 중에 있다는 이유로, 그 결정이 있은 다음에 재판을 해달라면서 변론의 연기를 요청하였다. 그러나 원심은 이를 받아들이지 아니하였고, 이에 甲은 변론재개신청을 하면서, 위 징발재산정리에 관한 특별조치법에 대해 별도의 위헌심판제청신청서를 제출하였다. 원심은 이를 받아들이지 아니한 채, 위 각 특별조치법이 위헌이라는 甲의 주장을 명시적으로 설시하지 아니하고, 그 청구를 기각하는 판결을 선고하였다. 이러한 원심의 조치에 대해 甲은 이유불비를 상고이유로 하여 상고를 제기할 수 있는가?

[판결요지] "민사소송법 제394조 제6호(법424조1항6호) 소정의 절대적 상고이유인 판결에 이유를 명시하지 아니한 경우라 함은 이유를 전혀 기재하지 아니하거나 이유의 일부를 빠뜨리는 경우 또는 이유의 어느 부분이 명확하지 아니하여 법원이 어떻게 사실을 인정하고 법규를 해석, 적용하여 주문에 이르렀는지가 불명확한 경우를 일컫는다 할 것이므로, 원심판결이유에 주문에 이르게 된 경위가 명확히 표시되어 있는 이상 이 사건 각 특별조치법이 위헌이라는 甲의 주장을 판단하지 아니하였다는 사정만으로 원심판결에 이유를 명시하지 아니한 위법이 있다고 할 수 없다 … 원심이 이 사건 각 특별조치법에 기한 행정처분으로 乙이 X에 대한 소유권을 적법하게 취득하였다고 판단한 내용 가운데에는 위 각 특별조치법이 위헌이어서 그에 기하여 이루어진 소유권이전등기가 무효라는 甲의 주장을 배척한다는 취지도 포함되어 있다고 봄이 상당하다."

[해 설]
① 상고이유 – 절대적 상고이유
법424조는 당해 사유와 판결주문과의 인과관계를 필요로 하는 일반적 상고이유(법423조)와는 달리, 무조건이고 절대적으로 상고이유가 되는 절대적 상고이유를 열거한다. 예를 들어 소장부본부터 공시송달의 방법으로 송달되어 피고가 귀책사유 없이 소나 항소가 제기된 사실조차 모르는 상태에서 피고의 출석 없이 변론기일이 진행된 경우, 법424조1항4호를 유추적용하여 절대적 상고이유가 된다(대판 2011.4.28, 2010다98948).

절대적 상고이유가 있으면 다른 이유에 의해 판결이 정당하다 하더라도 상고를 기각할 수 없는 것이 원칙이지만 '상고심절차에 관한 특례법'에 의한 제한이 있다. 한편, 재심사유 중 법424조가 규정하지 않은 사유도 법령위반으로서의 일반적 상고이유가 된다는 것이 판례(대판 1962.8.2, 62다204)·통설인데, 법451조1항4호의 재심사유는 사유의 성격상 절대적 상고이유라고 해석해야 할 것이다.

② 이유불비의 예
아무런 이유도 기재하지 않은 경우만이 아니라, 판결에 영향을 미치는 중요한 사항에 대한 판단을 유탈(누락)한 경우(대판 1969.6.10, 68다1859)에도 해당한다. 이유가 명확하지 않은 경우에도, 즉 주문의 취지가 명확하지 않거나 주문과 이유가 일치하지 않은 경우에도 이유불비에 해당한다. 그 밖에 사실인정에서 주문에 이르기까지의 과정이 명확하지 않은 경우, 중요한 사항에 관한 이유가 서로 모순되어 결론이 어떻게 도출되었는지 알 수 없는 이유모순이 있다. 단, 증거의 취사선택에 관한 이유불비는 일반적 상고이유인 채증법칙 위반의 문제가 된다.

판례가 인정한 이유모순으로 다음의 사례가 있다. "연대보증인의 연대보증채무에 대한 부담금액이 대출원금뿐이고 이자는 연대보증인이 기업구조조정 대상기업으로 선정되어 대출은행이 포함된 채권금융기관협의회의 주관은행과 체결한 경영정상화약정의 효력에 의해 모두 면제된 것이라면, 대출은행이 연대보증인으로부터 지급받은 금전 및 주채무자의 파산관재인으로부터 지급받은 금전 중 일부로 연대보증채무의 원금을 모두 변제받은 이상, 그 후 대출은행이 연대보증인으로부터 추가로 지급받아 연대보증채무의 이자의 변제에 충당한 금전은 그 전액이 대출은행이 연대보증인으로부터 초과 변제받은 금액이라고 보아야 함에도, 이와 달리 연대보증인이 대출은행에 지급한 금전의 합계액에서 원금을 뺀 나머지 금액이 초과 변제받은 금액이라고 판단한 원심판결에 민사소송법 제424조 제1항 제6호가 규정하는 이유모순의 위법이 있다."(대판 2010.7.15, 2008다39786)

③ 위헌제청에 관한 이유를 설시하지 않은 경우

사안에서는 절대적 상고이유로서의 이유불비(법424조1항6호)란 무엇인지 문제되었다. 이에 대해 대상판결은 위헌제청에 관한 점을 판결이유에서 설시하지 않은 채 판결을 내린 것이 상고이유로서의 이유불비에 해당하지 않는다고 판시하였다.

사안은 이유를 전혀 기재하지 않은 경우에 해당하지 않고, 또한 판단누락에 해당하는 것도 아니므로(이 이유는 甲의 위헌주장을 배척하는 내용이 판결이유에 간접적으로 나와 있다는 점을 들고 있다), 결국 판단과정상의 이유불비에 해당할 여지가 있다. 그러나 대상판결은 이 점에 대해서도 "소유권을 적법하게 취득하였다고 판단한 내용 가운데에는 … 甲의 주장을 배척한다는 취지도 포함되어 있다."고 판시하고 있다.

위와 같은 판례의 해석은 사실인정과 주문에 이르는 판단과정상의 불명확성이 이유불비가 될 수 있다는 점을 명시한 점에 의의가 있다. 단, 그러한 이유에 해당되어 상고이유로 인정된 경우는 사안에서도 그렇듯이 아직 실례가 없다. 앞으로의 판례의 집적을 기다려야 할 문제이지만, 이러한 판시에 의해 하급심에게는 보다 신중하게 판결을 작성하게 될 동기를 부여하게 되었다고도 평가할 수 있을 것이다.

그 밖에 이유불비와 이유모순은 형식적으로 구분되는데, 대상판결도 지적하듯이 주문에 이르기까지의 판단과정상의 불명확은 이유모순에도 해당할 수 있다. 그러나 특정사유를 이유불비·이유모순으로 명확히 구별하여 사용하지는 않는 것이 보통이다.

[13-5] 파기판결의 효력

[대상판결] 대판(전) 1995.2.14, 93재다27, 34

[사안] 파기환송판결의 내용이 종전의 대법원판례와 상반되어 실질적으로 판례를 변경한 것임에도 불구하고, 대법관 전원의 3분의 2 이상의 전원합의체에서 재판하지 않고 대법관 4인으로 구성된 부에서 재판하였으므로, 대법원의 그러한 재판은 법 451조1항1호 소정의 "법률에 의하여 판결법원을 구성하지 아니한 때"에 해당한다고 주장하면서, 당사자는 이 파기환송판결을 대상으로 재심의 소를 제기할 수 있는가?

[판결요지] "(먼저 대법원의 환송판결이 종국판결인지 여부에 관해서는 다음과 같이 판시한다)

대법원의 환송판결도 당해 사건에 대하여 재판을 마치고 그 심급을 이탈시키는 판결인 점에서 당연히 제2심의 환송판결과 같이 종국판결로 보아야 할 것이다. 따라서 위의 견해와는 달리 대법원의 환송판결을 중간판결이라고 판시한 종전의 대법원판결은 이를 변경하기로 한다."

(다음으로 대법원의 환송판결이 재심대상을 규정한 법451조1항 소정의 "확정된 종국판결"인지 여부에 관해서는 다수의견, 별개의견 그리고 반대의견으로 나뉘었다)

〈**다수의견**〉 "대법원의 환송판결은 형식적으로 보면 "확정된 종국판결"에 해당하지만, 여기서 종국판결이라고 하는 의미는 당해 심급의 심리를 완결하여 사건을 당해 심급에서 이탈시킨다는 것을 의미하는 것일 뿐이고, 실제로는 환송받은 하급심에서 다시 심리를 계속하게 되므로 소송절차를 최종적으로 종료시키는 판결은 아니며, 또한 환송판결도 동일 절차 내에서는 철회, 취소될 수 없다는 의미에서 기속력이 인정됨은 물론, 법원조직법 제8조, 민사소송법 제406조(법436조) 제2항 후문의 규정에 의하여 하급심에 대한 특수한 기속력은 인정되지만 소송물에 관하여 직접적으로 재판하지 아니하고 원심의 재판을 파기하여 다시 심리판단하여 보라는 종국적 판단을 유보한 재판의 성질상 직접적으로 기판력이나 실체법상 형성력, 집행력이 생기지 아니한다고 하겠으므로 이는 중간판결의 특성을 갖는

판결로서 "실질적으로 확정된 종국판결"이라 할 수 없다. 따라서 환송판결을 대상으로 하여 제기한 이 사건 재심의 소는 부적법하므로 이를 각하하여야 한다."

〈**별개의견**〉 "대법원의 소부에서 종전의 대법원의 법령해석과 배치되는 재판을 하였다 하여 그것이 법원조직법 제7조 제1항 제3호 소정의 "종전에 대법원에서 판시한 헌법, 법률, 명령 또는 규칙의 해석 적용에 관한 의견을 변경할 필요가 있음을 인정한 경우"에 해당한다고 볼 수 없고, 나아가 그것이 민사소송법 제422조(법451조) 제1항 제1호 소정의 "법률에 의하여 판결법원을 구성하지 아니한 때"에 해당한다고 보아서도 아니 된다. 그렇다면 재심대상판결의 판시가 종전의 대법원판례와 상반되어 실질적으로 판례를 변경하는 것인데도 전원합의체가 아닌 소부에서 재판하였다는 것은 적법한 재심사유가 될 수 없다."

〈**반대의견**〉 "1981.9.8. 선고 80다3271 전원합의체 판결로 대법원의 환송판결이 확정된 종국판결에 해당함에는 이론이 있을 수 없게 된 마당에 환송판결의 기속력의 성질에 관하여 당원이 이미 중간판결설을 배척하였음에도 불구하고 다시 환송판결에는 기판력, 집행력, 형성력이 없고 실질적으로 중간판결의 특성을 갖는다는 이유로 여전히 그 재심을 허용하지 않으려는 것은 위 전원합의체 판결의 근본취지에 배치될 뿐만 아니라, 이론적으로도 일관성을 잃고 있다는 것을 지적하지 않을 수 없다."

[해 설]

① 파기판결의 효력

상고심이 파기판결을 하는 경우에는 환송 또는 이송해야 하고(법436조), 자판하는 것은 예외적이다(법437조). 법436조2항단서에 의해 환송을 받은 법원은 상고법원이 파기의 이유로 한 법률상 및 사실상의 판단에 기속되어 환송받은 사건을 다시 심판해야 한다. 이러한 효력을 파기판결의 기속력이라고 한다. 동일한 문제에 관해 하급심과 상급심 간에 차이가 발생하여 사건의 종

결을 기대할 수 없는 사태를 막기 위한 효력이다.

② 파기판결의 법적 성격

파기판결이 중간판결인지 종국판결인지 문제된다. 대상(전원합의체)판결이 지적하듯이 심급을 이탈시킨다는 점에서 종국판결인 점에는 이론이 없다. 중간판결은 종국판결을 전제로 내려지는 것이므로, 상고법원이 더 이상 사건을 심리하지 않고 파기환송하기 때문이다.

다음으로 종국판결이라면 파기판결의 기속력은 어떠한 성격의 효력인지 문제된다. 이에 대해 대상판결은 언급하지 않지만 기판력이라는 견해와 특수효력이라는 견해가 주장된다. 그러나 어느 설에 의하건 직접적으로 해석론에 영향을 미치는 경우가 발생하는 예는 드물고(위와 같은 효력이 발생한다는 점에 차이가 없다), 설명을 위한 이론상의 다툼, 즉 기판력설에 의하면 그러한 효력을 충분히 설명할 수 없다는 논쟁에 가깝다.

③ 기속력의 내용

파기판결은 법436조2항단서에 의해 하급심법원을 구속하는 효력을 갖는다. 동일심급 내의 효력으로서 상급심판례의 구속력을 의미하는 것이 아니고, 반대로 상고법원도 스스로 판단한 파기의 이유에 구속된다. 따라서 대법원 소부에서 한 파기판결에 대법원도 구속되므로, 전원합의체가 판례변경의 방법으로 그와 다른 판단을 하는 것은 허용되지 않을 것이다(대판 1995.5.23, 94재누18. 그러나 파기판결의 내용 자체에 중대한 하자가 있다면 전원합의체에 의한 판례변경의 방법으로 그와 다른 판단을 내릴 수 있다[대판(전) 2001.3.15, 98두15597]고 하지만 문제가 없지 않다[김상수, 파기판결의 구속력과 전원합의체, 판례월보 369호(2001), 7면 이하 참조]).

기속력이 발생하는 것은 사실상의 판단과 법률상의 판단이다. 전자는 상고심이 파기를 하게 된 절차위반을 판단하면서 인정한 사실을 말하고, 본안인 사실을 포함하지 않는다. 따라서 소송능력 등의 직권조사사항에 관한 판단을 위해 인정한 사실(대판 1977.2.8, 76다2802), 상고이유로서 주장된 재심사유를 인정한 경우의 재심사유에 해당되는 사실에 기속력이 발생한다. 또한 법률상의 판단이란 파기의 사유를 말하고, 원판결의 판단을 부당하다고 판단한 점에 대해서만 기속력이 발생한다. 단, 상고심이 직접 파기의 이유로 한 부정적 판단만이 아니라 논리상 당연히 그 전제가 되는 간접적 또는 긍정적 판단에도 발생한다(대판 1991.10.25, 90누7890).

④ 파기판결에 대한 재심의 소

사안에서 파기판결이 재심의 소의 대상이 되는지 문제되었는데, 대상판결(다수의견)은 파기판결이 재심의 소의 대상인 확정된 종국판결이 아니라고 하여 재심의 소를 각하하였다(별개의견은 파기환송판결도 재심의 소의 대상이 될 수 있으나 판례의 저촉은 재심사유가 아니므로 재심의 소를 각하해야 한다는 것이고, 반대의견은 파기환송판결은 재심의 소의 대상이므로 재심사유의 존부 및 당부판단을 해야 한다고 하였다).

재심의 가능성에 대해서는 기본적으로 대법원의 판결은 선고와 동시에 형식적으로 확정되고, 따라서 상소를 통한 불복을 할 수 없으므로, 결국 재심의 소만이 유일한 불복절차가 된다는 점에 주의해야 할 것이다.

ⅰ) 종국판결이면 가능하므로 본안판결만이 아니라 소송판결의 경우가 포함되고, 파기판결도 어차피 확정된 종국판결이므로, 반대의견처럼 재심의 소의 제기를 인정해야 할 것이다. 이러한 해석이 논리적이고 단순명료하다.

ⅱ) 다수의견이 확정된 종국판결의 내용에 따른 예외를 인정한다면, 기본적으로 그러한 재판은 처음부터 종국판결이 아니라고 인정해야 할 것이다. 이것은 한편으로 종국판결이라 하면서도 다른 한편으로 원래의 종국판결과는 다르다는 것을 인정하는 것으로, 원래의 종국판결과 다르다면 애당초 종국판결이라고 해석할 필요가 없음을 반증한다.

ⅲ) 파기환송판결에 대해 재심의 소가 봉쇄되면, 파기환송판결의 기속력은 결국 모든 법원을 구속하고, 전원합의체가 판례변경의 방법을 통해서 바꿀 수 있는 길밖에 없게 되어 당사자의 불복수단으로서 충분하지 않다.

[13-6] 재심사유

[대상판결] 대판 1989.10.24, 88다카29658

[사안] 재심원고 甲은 재심피고 乙이 재심의 대상이 된 소송사건에서 제출한 증거를 위조하였다는 이유로 乙을 고소하였으나, 乙은 그 이전에 출국하여 피소될 당시 국내에 있지 아니하였으므로, 위 고소사건을 수사한 검사가 乙의 소재불명을 이유로 기소중지결정을 하였다. 이 경우 甲이 乙의 위조사실을 재심사유로 하는 것은 적법한가?

[판결요지] "민사소송법 제422조(법451조) 제2항의 요건은 남소의 폐해를 방지하기 위한 것이므로 같은 법조 제1항 제4호 내지 제7호 소정의 재심사유에 있어서 위 제2항의 요건이 불비되어 있는 때에는 당해 사유를 이유로 한 재심의 소 자체가 부적법한 것이 되므로 위 제4호 내지 제7호 소정의 재심사유 자체에 대하여 그 유무의 판단에 나아갈 것도 없이 각하되어야 하는 것이고 반면에 위 제2항 소정의 요건에 해당하는 사실이 존재하는 경우에는 당해 요건 사실, 즉 그 판단들이나 처분 등에 관한 판단내용 자체에 대해서는 그 당부를 따질 것 없이 재심의 소는 적법요건을 갖춘 것으로 보아야 하나 여기에서 나아가 위 제4호 내지 제7호 소정의 재심사유의 존부에 대해서는 위에서 본 판결이나 처분내용에 밝혀진 판단에 구애받음이 없이 독자적으로 심리판단을 할 수 있는 것이다.

그리고 위에서 본 제2항 소정의 적법요건 해당사실은 같은 제1항 제4호 내지 제7호 소정의 재심의 소를 제기한 당사자가 유죄의 확정판결을 받아 그 판결이 확정되었다는 것을 증명하거나 또는 유죄의 확정판결을 받을 가능성이 있었는데 피의자가 사망하거나 공소시효가 완성되었거나 기소유예처분을 받았거나 해서 유죄의 확정판결을 받을 수 없었다는 것을 증명해야 한다.

그런데 피의자의 소재불명을 이유로 검사가 기소중지결정을 한 경우에는 위에서 본 기소유예처분의 경우와는 달리 위에서 본 제2항의 요건에 해당하지 않는다."

[해 설]
① 재심의 소와 재심사유

재심이란, 판결확정 후 당해 판결을 내린 법원에 그 취소를 구하는 비상의 불복절차를 말한다(법451조). 재심은 법적 안정성보다도 구체적 타당성을 위해 확정판결의 취소를 인정한 것이므로, 중요한 하자가 있는 경우에 인정해야 하고 법에 재심사유가 규정되어 있다(법451조). 재심사유를 한정열거적이라고 보는 해석(대판 1990.3.13, 89누6464)도 있지만, 예시열거적이라고 해석해야 할 것이다. 해석에 의한 확대가능성의 예로는, 대리권 흠결이나 사해재심이 있다.

재심사유 중의 법451조1항1호 내지 4호는 당해 사유와 판결의 결론의 관계라는 인과관계를 묻지 않는 사유이지만, 나머지는 인과관계가 필요하다. 당사자는 상소에 의하여 재심사유를 주장하였거나, 이를 알고도 주장하지 아니한 때에는 재심의 소를 제기할 수 없는데(법451조1항 단서), 이를 재심사유의 보충성이라 한다.

② 재심사유의 종류
ⅰ) 법451조1항1호 내지 3호, 11호

절대적 상고이유에 상당하는 사유이다. 적법한 법원에서 재판받아야 하는 점, 그리고 절차권을 보호해야 한다는 점을 고려한 것이다. 1호 재심사유의 예로는, "법원조직법 제7조 제1항에 의하면 대법원의 심판권은 대법관 전원의 3분의 2 이상의 합의체에서 행하되, 다만 같은 항 각 호의 경우에 해당하는 경우가 아니면 대법관 3인 이상으로 구성된 부에서 사건을 먼저 심리하여 의견이 일치된 경우에 한하여 그 부에서 심판할 수 있도록 하고 있으며, 같은 항 제3호는 '종전에 대법원에서 판시한 헌법·법률·명령 또는 규칙의 해석적용에 관한 의견을 변경할 필요가 있음을 인정하는 경우'를 규정하고 있으므로, 재심대상판결에서 판시한 법률 등의 해석적용에 관한 의견이 그 전에 선고된 대법원판결에서 판시한 의견을 변경하는 것임에도 대법관 전원의 3분의 2에 미달하는 대법관만으로 구성된 부에서

240 제13장 상소와 재심

재심대상판결을 심판하였다면 이는 민사소송법 제451조 제1항 제1호의 '법률에 의하여 판결법원을 구성하지 아니한 때'의 재심사유에 해당한다"(대판(전) 2011.7.21, 2011재다199).

그 밖에 우편집배원의 배달착오로 상고이유서를 제출하지 않아 상고가 기각된 경우에도 3호사유에 해당된다(대판 1997.8.29, 95재누91). 다만, 무권대리인이 한 소송행위가 판결확정 후에 추인되면 재심사유도 소멸한다(법451조1항3호 단서).

ⅱ) 법 451조1항4호 내지 7호

판결의 기초자료에 범죄와 관련된 중대한 하자가 있는 경우를 정한다. 이러한 사유는 각각의 행위에 대해 유죄의 확정이 요구된다(법451조2항). 사안에서와 같이 법451조2항에 의해 유죄가 확정되지 않은 경우에는 당해 재심의 소를 각하해야 하는지 기각해야 하는지 문제된다. 대상판결은 재심의 소의 적법요건에 해당하므로 그 흠결 시에는 재심의 소를 각하해야 한다는 점을 명확히 판시하고 있다.

다만, 유죄가 확정된다 하더라도 대상판결에서 보듯이 "재심사유의 존부에 대해서는 위에서 본 판결이나 처분내용에 밝혀진 판단에 구애받음이 없이 독자적으로 심리판단을 할 수 있다."고 해석해야 한다. 즉, 유죄가 확정되었다고 하여도 재심의 소를 기각할 수 있다. 왜냐하면 재심법원은 범죄사실의 유무에 대한 실질적 판단에 관해서는 자유로운 입장이기 때문이다.

ⅲ) 법 451조1항8호 내지 10호

판결의 기초가 된 재판이나 행정처분이 변경된 경우(8호), 직권조사사항인지 변론주의에 따르는 사항인지 여부에 관계없이 당사자가 제출한 공격방어방법을 판결이유 중에 판단하지 않았다는 판단유탈(9호), 그리고 이미 확정한 판결과 저촉하는 경우(10호)가 있다. 그러나 심리불속행 상고기각판결에 대해 판단유탈, 대법원 판례위반 등의 사유를 들어 재심청구를 할 수 없다(대판 2009.2.12, 2008재다502). 또한 "민사소송법 제451조 제1항 제10호의 재심사유는 재심대상판결의 기판력과 전에 선고한 확정판결의 기판력과의 충돌을 조정하기 위하여 마련된 것이므로 그 규정의 '재심을 제기할 판결이 전에 선고한 확정판결과 저촉되는 때'란 전에 선고한 확정판결의 효력이 재심대상판결 당사자에게 미치는 경우로서 양 판결이 저촉되는 때를 말하고, 전에 선고한 확정판결이 재심대상판결과 내용이 유사한 사건에 관한 것이라고 하여도 당사자들을 달리하여 판결의 기판력이 재심대상판결의 당사자에게 미치지 아니하는 때에는 위 규정의 재심사유에 해당하는 것으로 볼 수 없다"(대판(전) 2011.7.21, 2011재다199).

③ 유죄의 증명

ⅰ) 유죄의 증명방법

재심원고는 법451조2항에 의해 대상판결에서 보듯이 "유죄의 확정판결을 받아 그 판결이 확정되었다는 것을 증명하거나 또는 유죄의 확정판결을 받을 가능성이 있었는데 피의자가 사망하거나 공소시효가 완성되었거나 기소유예처분을 받았거나 해서 유죄의 확정판결을 받을 수 없었다는 것"을 증명해야 한다. 전자의 확정유죄판결 이외의 경우란 모두 범죄의 혐의는 충분한데 유죄의 확정판결을 얻을 수 없는 것을 말한다.

ⅱ) 판례의 입장

사안에서와 같이 고소 당시 피고소인이 행방불명인 경우에는, 이미 대판 1959.7.23, 4291민상444에서 "증거흠결 이외의 이유에 인하여 유죄의 확정판결을 얻지 못한 경우 속에는 피의자의 소재불명으로 범죄수사 불능인 경우는 들지 않는다."라고 판시하고 있었다. 소재불명의 경우에는 증거흠결 이외의 이유인지 여부를 판단하는 것 자체가 곤란하므로 재심사유로서의 요건을 갖추지 못한다고 하는 판례의 입장은 타당하다. 또한 검사의 문서위조의 불기소이유에 있어 피의자에게는 범죄의 혐의가 없으나 문서가 누군가에 의해 위조된 것이라는 기재가 있다는 사정(대판 1964.5.12, 63다859)도 유죄증명이 될 수 없다. 나아가 재심원고는 검사의 불기소처분이 있었던 사실뿐만 아니라 공소시효가 완성되지 아니 하였다면 그 피의자가 유죄의 확정판결을 받았을 가능성도 증명해야 한다(대판 1990.8.14, 89다카6812).

참고판례 16-[판례13]

부 록

2016년도 중요판례

[판례1] (1) 사망자를 피고로 하는 소제기 상태에서 선고된 제1심 판결의 효력은?

(2) 이 경우 상속인들에 의한 항소나 소송수계신청은 적법한가?

(3) 소제기 후 소장부본이 송달되기 전에 피고가 사망한 경우에는 어떻게 되는가?

(1) 사망자를 피고로 하는 소제기는 원고와 피고의 대립당사자 구조를 요구하는 민사소송법상의 기본원칙이 무시된 부적법한 것으로서 실질적 소송관계가 이루어질 수 없으므로, 그와 같은 상태에서 제1심 판결이 선고되었다 할지라도 그 판결은 당연무효이며,

(2) 그 판결에 대한 사망자인 피고의 상속인들에 의한 항소나 소송수계신청은 부적법하다(대법원 1970.3.24. 선고 69다929 판결, 대법원 1971.2.9. 선고 69다1741 판결, 대법원 2003.9.26. 선고 2003다37006 판결 등 참조).

(3) 이러한 법리는 소제기 후 소장부본이 송달되기 전에 피고가 사망한 경우에도 마찬가지로 적용된다(대판 2015.1.29, 2014다34041).

[판례2] 소제기 당시 이미 사망한 당사자와 상속인을 공동원고로 표시한 손해배상청구의 소가 제기된 경우의 소송물은?

소제기 당시 이미 사망한 당사자와 그 상속인이 공동원고로 표시된 손해배상청구의 소가 제기된 경우, 이미 사망한 당사자 명의로 제기된 소 부분은 부적법하여 각하되어야 할 것일 뿐이고(대법원 1979.7.24.자 79마173 결정 참조), 이와 같은 소의 제기로써 그 상속인이 자기 고유의 손해배상청구권뿐만 아니라 이미 사망한 당사자의 손해배상청구권에 대한 자신의 상속분에 대해서까지 함께 권리를 행사한 것으로 볼 수는 없다(대판 2015.8.13, 2015다209002).

[판례3] (1) 당사자가 소송대리인에게 소송위임을 한 다음 소제기 전 사망하였는데 소송대리인이 이를 모르고 사망한 당사자를 원고로 표시하여 소를 제기한 경우, 소제기가 적법한가?

(2) 이때 상속인들이 소송절차를 수계하여야 하는가?

(3) 당사자가 사망하였으나 소송대리인이 있어 소송절차가 중단되지 아니한 경우, 판결이 상속인들 전원에 대하여 효력이 있는가?

(4) 이 경우 항소는 소송수계절차를 밟은 다음에 제기하여야 하는가?

(5) 제1심 소송대리인이 상소제기에 관한 특별수권이 있는 경우, 항소심에서 소송수계절차를 거치면 되는가?

(1) 당사자가 사망하더라도 소송대리인의 소송대리권은 소멸하지 아니하므로(민사소송법 제95조 제1호), 당사자가 소송대리인에게 소송위임을 한 다음 소제기 전에 사망하였는데 소송대리인이 당사자가 사망한 것을 모르고 그 당사자를 원고로 표시하여 소를 제기하였다면 이러한 소의 제기는 적법하고, 시효중단 등 소제기의 효력은 상속인들에게 귀속된다.

(2) 이 경우 민사소송법 제233조 제1항이 유추적용되어 사망한 사람의 상속인들은 그 소송절차를 수계하여야 한다.

(3) 한편 당사자가 사망하였으나 소송대리인이 있는 경우에는 소송절차가 중단되지 아니하고(민사소송법 제238

(6) 상속인들에게서 항소심소송을 위임받은 소송대리인이 소송수계절차를 취하지 아니한 채 사망한 당사자 명의로 항소장 등을 제출한 경우, 상속인들이 항소심에서 수계신청을 하고 소송대리인의 소송행위를 추인하면 하자가 치유되는가?

(7) 이때 추인이 묵시적으로 가능한가?

조, 제233조 제1항), 그 소송대리인은 상속인들 전원을 위하여 소송을 수행하게 되며, 판결은 상속인들 전원에 대하여 효력이 있다(대법원 1995.9.26. 선고 94다54160 판결 등 참조).

(4) 이 경우 심급대리의 원칙상 판결정본이 소송대리인에게 송달되면 소송절차가 중단되므로 항소는 소송수계절차를 밟은 다음에 제기하는 것이 원칙이다.

(5) 다만, 제1심 소송대리인이 상소제기에 관한 특별수권이 있어 상소를 제기하였다면 그 상소제기시부터 소송절차가 중단되므로 항소심에서 소송수계절차를 거치면 된다.

(6) 그리고 소송절차 중단 중에 제기된 상소는 부적법하지만 상소심법원에 수계신청을 하여 그 하자를 치유시킬 수 있으므로(대법원 1980.10.14. 선고 80다623 판결), 상속인들로부터 항소심 소송을 위임받은 소송대리인이 소송수계절차를 취하지 아니한 채 사망한 당사자 명의로 항소장 및 항소이유서를 제출하였더라도, 상속인들이 항소심에서 수계신청을 하고 소송대리인의 소송행위를 적법한 것으로 추인하면 그 하자는 치유된다 할 것이고,

(7) 추인은 묵시적으로도 가능하다(대판 2016.4.2, 2014다210449).

[판례4] (1) 채권자대위소송에서 제3채무자가 채권자의 채무자에 대한 권리의 발생원인이 된 법률행위가 무효라거나 변제 등으로 소멸하였다는 등의 사실을 주장하여 채권자의 채무자에 대한 권리가 인정되는지를 다툴 수 있는가?

(2) 이 경우 법원은 채권자의 채무자에 대한 권리가 인정되는지에 관하여 직권으로 심리·판단하여야 하는가?

(1) 채권자대위소송에 있어서 대위에 의하여 보전될 채권자의 채무자에 대한 권리가 인정되지 아니할 경우에는 채권자가 스스로 원고가 되어 채무자의 제3채무자에 대한 권리를 행사할 당사자적격이 없게 되므로 그 대위소송은 부적법하여 각하할 수밖에 없다(대법원 1994.11.8. 선고 94다31549 판결 등 참조). 따라서 채권자가 채권자대위소송을 제기한 경우, 제3채무자는 채무자가 채권자에 대하여 가지는 항변권이나 형성권 등과 같이 그 권리자에 의한 행사를 필요로 하는 사유를 들어 채권자의 채무자에 대한 권리가 인정되는지 여부를 다툴 수 없지만, 채권자의 채무자에 대한 권리의 발생원인이 된 법률행위가 무효라거나 위 권리가 변제 등으로 소멸하였다는 등의 사실을 주장하여 채권자의 채무자에 대한 권리가 인정되는지 여부를 다투는 것은 가능하고,

(2) 이 경우 법원은 제3채무자의 위와 같은 주장을 고려하여 채권자의 채무자에 대한 권리가 인정되는지 여부에 관하여 직권으로 심리·판단하여야 한다(대판 2015.9.10, 2013다55300).

[판례5] (1) 채권자가 수익자를 상대로 사해행위 취소 및 원상회복으로 소유권이전등기의 말소를 명하는 판결을 받았으나 말소등기를 마치지 않은 경우, 소송당사자가 아닌 다른 채권자가 채무자를 대위하여 말소등기를 신청할 수 있는가?

(2) 이때 다른 채권자의 등기신청으로 말소등기가 마쳐진 경우, 등기에 절차상의 흠이 존재하는가?

(3) 사해행위 취소 및 원상회복으로 소유권이전등기의 말소를 명한 판결의 소송당사자가 아닌 다른 채권자가 위 판결에 따라 채무자를 대위하여 마친 말소등기는 실체관계에 부합하는 등기로서 유효한가?

(1) 사해행위 취소의 효력은 채무자와 수익자 사이의 법률관계에 영향을 미치지 아니하고, 사해행위 취소로 인한 원상회복판결의 효력도 그 소송의 당사자인 채권자와 수익자 또는 전득자에게만 미칠 뿐 채무자나 다른 채권자에게 미치지 아니하므로, 어느 채권자가 수익자를 상대로 사해행위 취소 및 원상회복으로 소유권이전등기의 말소를 명하는 판결을 받았으나 말소등기를 마치지 아니한 상태라면 그 소송의 당사자가 아닌 다른 채권자는 위 판결에 기하여 채무자를 대위하여 그 말소등기를 신청할 수 없다.

(2) 그럼에도 불구하고 다른 채권자의 위와 같은 등기신청으로 말소등기가 마쳐졌다면 그 등기에는 절차상의 흠이 존재한다.

(3) 그러나 채권자가 사해행위 취소의 소를 제기하여 승소한 경우 그 취소의 효력은 민법 제407조에 의하여 모든 채권자의 이익을 위하여 미치므로(대법원 2012.12.26. 선고 2011다60421 판결, 대법원 2013.4.26. 선고 2011다37001 판결 참조) 수익자는 채무자의 다른 채권자에 대하여도 사해행위의 취소로 인한 소유권이전등기의 말소등기의무를 부담하는 점, 위와 같은 등기절차상의 흠을 이유로 말소된 소유권이전등기가 회복되더라도 다른 채권자가 사해행위취소판결에 따라 사해행위가 취소되었다는 사정을 들어 수익자를 상대로 다시 소유권이전등기의 말소를 청구하면 수익자는 그 말소등기를 해 줄 수밖에 없어서 결국 말소된 소유권이전등기가 회복되기 전의 상태로 돌아가는데 이와 같은 불필요한 절차를 거치게 할 필요가 없는 점 등에 비추어 보면, 사해행위 취소 및 원상회복으로 소유권이전등기의 말소를 명한 판결의 소송당사자가 아닌 다른 채권자가 위 판결에 기하여 채무자를 대위하여 마친 말소등기는 그 등기절차상의 흠에도 불구하고 실체관계에 부합하는 등기로서 유효하다고 볼 수 있다(대판 2015.11.17, 2013다84995).

[판례6] 정기금판결에 대한 변경의 소에서 종전 확정판결의 결론이 위법·부당하다는 등의 사정을 이유로 정기금의 액수를 바꾸어 달라고 하는 것이 허용되는가?

민사소송법 제252조 제1항은 "정기금의 지급을 명한 판결이 확정된 뒤에 그 액수산정의 기초가 된 사정이 현저하게 바뀜으로써 당사자 사이의 형평을 크게 침해할 특별한 사정이 생긴 때에는 그 판결의 당사자는 장차 지급할 정기금 액수를 바꾸어 달라는 소를 제기할 수 있다."라고 규정하고 있다. 이러한 정기금판결에 대한 변경의 소는 판결 확정 뒤에 발생한 사정변경을 그 요건으로 하는 것이므로, 단순히 종전 확정판결의 결론이 위법·부당하다는 등의 사정을 이유로 본조에 따라 정기금의 액수를 바꾸어 달라고 하는 것은 허용될 수 없다 (대판 2016.3.10, 2015다243996).

[판례7] 토지의 전 소유자가 무단 점유자를 상대로 제기한 부당이득반환청구소송의 변론종결 후에 토지의 소유권을 취득한 사람이 위 소송에서 확정된 정기금판결에 대하여 변경의 소를 제기하는 것이 적법한가?

정기금판결에 대한 변경의 소는 정기금판결의 확정 뒤에 발생한 현저한 사정변경을 이유로 확정된 정기금판결의 기판력을 예외적으로 배제하는 것을 목적으로 하므로, 확정된 정기금판결의 당사자 또는 민사소송법 제218조 제1항에 의하여 그 확정판결의 기판력이 미치는 제3자만이 정기금판결에 대한 변경의 소를 제기할 수 있다고 봄이 타당하다.

한편 토지의 소유자가 소유권에 기하여 그 토지의 무단 점유자를 상대로 차임 상당의 부당이득반환을 구하는 소송을 제기하여 무단 점유자가 그 점유토지의 인도 시까지 매월 일정 금액의 차임 상당 부당이득을 반환하라는 판결이 확정된 경우, 이러한 소송의 소송물은 채권적 청구권인 부당이득반환청구권이므로, 위 소송의 변론종결 후에 위 토지의 소유권을 취득한 사람은 민사소송법 제218조 제1항에 의하여 위 확정판결의 기판력이 미치는 변론을 종결한 뒤의 승계인에 해당한다고 볼 수 없다(대법원 1993.2.12. 선고 92다25151 판결 참조).

따라서 토지의 전 소유자가 제기한 부당이득반환청구소송의 변론종결 후에 그 토지의 소유권을 취득한 사람에 대해서는 위 소송에서 내려진 정기금지급을 명하는 확정판결의 기판력이 미치지 아니하므로, 이러한 토지의 새로운 소유자가 그 토지의 무단 점유자를 상대로 다시 부당이득반환청구의 소를 제기하지 아니하고, 그 토지의 전 소유자가 앞서 제기한 위 부당이득반환청구소송에서 내려진 정기금판결에 대하여 변경의 소를 제기하는 것은 부적법하다(대판 2016.6.28, 2014다31721).

[판례8] 甲 등이 乙 주식회사와 甲 등 소유의 토지 위에 아파트를 신축하되 일부 세대를 공사대금 명목으로 乙 회사에 대물변제하기로 약정하고, 아파트 개별 세대에 관하여 甲 등 각자를 1/5 지분의 소유자로 하여 소유권보존등기를 마친 상태에서 乙 회사로부터 아파트를 분양받아 점유하고 있는 丙을 상대로 소유권에 기한 방해배제청구로서 건물인도를 구하는 소(제1차 인도소송)를 제기하였으나, 丙이 분양에 관한 처분권한을 가진 乙 회사와 매매계약을 체결하여 아파트를 매수하였으므로

확정판결의 기판력은 전소의 변론종결 전에 당사자가 주장하였거나 주장할 수 있었던 모든 공격방어방법에 미치는 것이고, 다만 그 변론종결 후에 새로 발생한 사유가 있어 전소판결과 모순되는 사정 변경이 있는 경우에는 그 기판력의 효력이 차단된다(대법원 1992.10.27. 선고 91다24847, 24854(병합) 판결 등 참조]. 그리고 여기에서 변론종결 후에 발생한 새로운 사유라 함은 새로운 사실관계를 말하는 것일 뿐 기존의 사실관계에 대한 새로운 증거자료가 있다거나 새로운 법적 평가 또는 그와 같은

이를 점유할 정당한 권원이 있다는 이유로 패소판결이 선고되어 확정되었다. 그 후 乙 회사가 丙을 상대로 매매계약의 무효확인을 구하는 소를 제기하여 매매계약이 乙 회사를 대리할 정당한 권한이 있는 사람에 의하여 체결되었다는 증거가 없어 무효라는 취지의 판결이 선고되어 확정되자, 다시 甲 등이 丙을 상대로 공유물에 대한 보존행위로서 건물인도를 구하는 소(제2차 인도소송)를 제기한 사안에서, 제2차 인도소송은 제1차 인도소송의 확정판결의 기판력에 저촉되는가?

법적 평가가 담긴 다른 판결이 존재한다는 등의 사정은 그에 포함되지 아니한다.

이 사건 소의 소송물과 제1차 인도소송의 소송물은 모두 소유권에 기한 방해배제를 구하는 건물인도청구권으로서 동일하다. 그리고 이 사건 매매계약이 정당한 권한이 있는 사람에 의하여 체결되어 피고 1이 이 사건 아파트 503호를 점유할 정당한 권원이 있는지 여부는 제1차 인도소송의 변론종결 전에 존재하던 사유로서, 원고 및 선정자 2, 선정자 3을 비롯한 토지주들이 제1차 인도소송에서 공격방어방법으로 주장할 수 있었던 사유에 불과하고, 그에 대한 법적 평가가 담긴 무효확인소송의 확정판결이 제1차 인도소송의 변론종결 이후에 있었다고 하여 이를 변론종결 후에 발생한 새로운 사유로 볼 수도 없다. 그러므로 이 사건 소(제2차 인도소송)는 제1차 인도소송의 확정판결의 기판력에 저촉되어 허용될 수 없고, 그 기판력은 이 사건 아파트 503호의 공유 지분을 포함하여 소외 2를 포괄적으로 승계한 선정자 4에게도 미친다(대판 2016.8.30, 2016다222149).

[판례9] 甲이 乙 종친회와 토지거래허가구역 내 토지 매수 계약을 체결한 후 乙 종친회를 상대로 소유권이전등기청구 등의 소를 제기하여 소유권이전등기절차의 이행청구는 기각되고 토지거래허가신청절차의 이행청구는 인용한 판결이 확정되었는데, 변론종결 전에 위 토지가 토지거래허가구역에서 해제되었음에도 甲이 이를 주장하지 아니하여 전소법원은 위 토지가 허가구역 내에 위치함을 전제로 판결하였고, 그 후 甲이 토지거래허가를 받은 다음 乙 종친회를 상대로 소유권이전등기절차의 이행을 구하는 소를 제기한 사안에서, 후소가 전소확정판결의 기판력에 반하는가?

확정판결의 기판력은 소송물로 주장된 법률관계의 존부에 관한 판단에 미치는 것이므로 동일한 당사자 사이에서 전소의 소송물과 동일한 소송물에 대한 후소를 제기하는 것은 전소확정판결의 기판력에 저촉되어 허용될 수 없다. 또한 동일한 소송물에 대한 후소에서 전소변론종결 이전에 존재하고 있던 공격방어방법을 주장하여 전소확정판결에서 판단된 법률관계의 존부와 모순되는 판단을 구하는 것은 전소확정판결의 기판력에 반하는 것이고, 전소에서 당사자가 그 공격방어방법을 알지 못하여 주장하지 못하였는지 나아가 그와 같이 알지 못한 데 과실이 있는지 여부는 묻지 아니한다(대법원 1980.5.13. 선고 80다473 판결, 대법원 1992.10.27. 선고 91다24847, 24854 (병합) 판결 등 참조).

이 사건 소의 소송물과 이 사건 전소의 소송물은 모두 이 사건 매매계약을 원인으로 하는 소유권이전등기청구권으로서 동일하므로 이 사건 소는 이 사건 전소확정판결의 기판력에 저촉되어 허용될 수 없고, 비록 이 사건 전소는 이 사건 토지가 토지거래허가구역 내에 위치하고 있음을 전제로 한 반면 이 사건 소는 이 사건 토지에 대한 토지거래허가구역 지정이 해제되었음을 전제로 한다고 하더라도 마찬가지이다.

또한 이 사건 토지가 토지거래허가구역에서 해제되어 이 사건 매매계약이 확정적으로 유효하게 되었다는 사정은 이 사건 전소의 변론종결 전에 존재하던 사유이므로, 원고가 그러한 사정을 알지 못하여 이 사건 전소에서 주장하지 못하였다고 하더라도 이를 이 사건 소에서 새로이 주장하여 이 사건 전소에서의 법률관계의 존부에 관한 판단, 즉 이 사건 매매계약에 기한 원고의 피고에 대한 소유권이전등기청구권의 존부에 대한 판단과 모순되는 판단을 구하는 것은 이 사건 전소확정판결의 기판력에 반하는 것이다.

그리고 원고가 이 사건 전소의 변론종결 후인 2010.2.17. 이 사건 토지에 대한 토지거래허가를 받았으나, 그 허가는 이 사건 토지가 토지거래허가구역에서 해제됨으로써 토지거래허가의 대상에서 제외된 후에 이루어진 것이어서 이 사건의 결론에 영향을 미치는 사정변경이라고 할 수 없다(대판 2014.3.27, 2011다49981).

[판례10] (1) 주위적 피고에 대한 주위적·예비적 청구 중 주위적 청구 부분이 받아들여지지 아니할 경우 그와 법률상 양립할 수 없는 관계에 있는 예비적 피고에 대한 청구를 받아들여 달라는 취지로 결합하여 소를 제기할 수 있는가? (2) 처음에는 주위적 피고에 대한 주위적·예비적 청구만 하였다가 청구를 결합하기 위하여 예비적 피고를 추가할 수 있는가? (3) 이 경우 주위적 피고에 대한 예비적 청구와 예비적 피고에 대한 청구를 병합하여 통상의 공동소송으로 보아 심리·판단할 수 있는가? (4) 주위적 피고에 대하여 실질적으로 선택적 병합 관계에 있는 두 청구를 주위적·예비적으로 순위를 붙여 청구한 경우에도 그대로 적용되는가?	(1) 민사소송법 제70조 제1항 본문이 규정하는 '공동소송인 가운데 일부에 대한 청구'를 반드시 '공동소송인 가운데 일부에 대한 모든 청구'라고 해석할 근거는 없으므로, 주위적 피고에 대한 주위적·예비적 청구 중 주위적 청구 부분이 받아들여지지 아니할 경우 그와 법률상 양립할 수 없는 관계에 있는 예비적 피고에 대한 청구를 받아들여 달라는 취지로 주위적 피고에 대한 주위적·예비적 청구와 예비적 피고에 대한 청구를 결합하여 소를 제기하는 것도 가능하고(대법원 2014.3.27. 선고 2009다104960, 104977 판결 참조), (2) 처음에는 주위적 피고에 대한 주위적·예비적 청구만을 하였다가 그 청구 중 주위적 청구 부분이 받아들여지지 아니할 경우 그와 법률상 양립할 수 없는 관계에 있는 예비적 피고에 대한 청구를 받아들여 달라는 취지로 예비적 피고에 대한 청구를 결합하기 위하여 예비적 피고를 추가하는 것도 민사소송법 제70조 제1항 본문에 의하여 준용되는 민사소송법 제68조 제1항에 의하여 가능하다. (3) 이 경우 주위적 피고에 대한 예비적 청구와 예비적 피고에 대한 청구가 서로 법률상 양립할 수 있는 관계에 있으면 양 청구를 병합하여 통상의 공동소송으로 보아 심리·판단할 수 있다(대법원 2009.3.26. 선고 2006다47677 판결 참조).

(4) 그리고 이러한 법리는 원고가 주위적 피고에 대하여 실질적으로 선택적 병합 관계에 있는 두 청구를 주위적·예비적으로 순위를 붙여 청구한 경우에도 그대로 적용된다(대판 2015.6.11, 2014다232913).

[판례11] (1) 재심의 소에 공동소송적 보조참가인이 참가한 후 피참가인이 공동소송적 보조참가인의 동의 없이 한 재심의 소취하의 효력은?

(2) 통상의 보조참가인이 제기한 재심의 소에 공동소송적 보조참가인이 참가한 후, 피참가인의 재심의 소취하로 재심의 소제기가 무효로 되거나 부적법하게 되는가?

(3) 민사소송법 제76조 제1항 단서가 공동소송적 보조참가인에게도 적용되는가?

(1) 재심의 소를 취하하는 것은 통상의 소를 취하하는 것과는 달리 확정된 종국판결에 대한 불복의 기회를 상실하게 하여 더 이상 확정판결의 효력을 배제할 수 없게 하는 행위이므로, 이는 재판의 효력과 직접적인 관련이 있는 소송행위로서 그 확정판결의 효력이 미치는 공동소송적 보조참가인에 대하여는 불리한 행위라고 할 것이다. 따라서 재심의 소에 공동소송적 보조참가인이 참가한 후에는 피참가인이 재심의 소를 취하하더라도 공동소송적 보조참가인의 동의가 없는 한 효력이 없다.

(2) 이는 재심의 소를 피참가인이 제기한 경우나 통상의 보조참가인이 제기한 경우에도 마찬가지이다. 특히 통상의 보조참가인이 재심의 소를 제기한 경우에는 피참가인이 통상의 보조참가인에 대한 관계에서 재심의 소를 취하할 권능이 있더라도 이를 통하여 공동소송적 보조참가인에게 불리한 영향을 미칠 수는 없으므로 피참가인의 재심의 소취하로 인하여 재심의 소제기가 무효로 된다거나 부적법하게 된다고 볼 것도 아니다.

(3) 통상의 보조참가인은 참가 당시의 소송상태를 전제로 하여 피참가인을 보조하기 위하여 참가하는 것이므로 참가할 때의 소송의 진행 정도에 따라 피참가인이 할 수 없는 행위를 할 수 없다(민사소송법 제76조 제1항 단서 참조). 공동소송적 보조참가인 또한 판결의 효력을 받는 점에서 민사소송법 제78조, 제67조에 따라 필수적 공동소송인에 준하는 지위를 부여받기는 하였지만 원래 당사자가 아니라 보조참가인의 성질을 가지므로 위와 같은 점에서는 통상의 보조참가인과 마찬가지라고 보아야 한다(대판 2015.10.29, 2014다13044).

[판례12] (1) 채권자대위소송 계속 중 다른 채권자가 동일한 채무자를 대위하여 채권자대위권을 행사하면서 공동소송참가신청을 한 경우, 참가신청은 적법한가?

(2) 원고가 일부 청구임을 명시하여 피대위채권의 일부만을 청구한 것으로 볼 수 있는 경우, 참가인의 공동소송참가신청은 적법한가?

(1) 채권자대위소송이 계속 중인 상황에서 다른 채권자가 동일한 채무자를 대위하여 채권자대위권을 행사하면서 공동소송참가신청을 할 경우, 양 청구의 소송물이 동일하다면 민사소송법 제83조 제1항이 요구하는 '소송목적이 한쪽 당사자와 제3자에게 합일적으로 확정되어야 할 경우'에 해당하므로 그 참가신청은 적법하다.

(2) 이때 양 청구의 소송물이 동일한지는 채권자들이 각기 대위행사하는 피대위채권이 동일한지에 따라 결정되

고, 채권자들이 각기 자신을 이행 상대방으로 하여 금전의 지급을 청구하였더라도 채권자들이 채무자를 대위하여 변제를 수령하게 될 뿐 자신의 채권에 대한 변제로서 수령하게 되는 것이 아니므로 이러한 채권자들의 청구가 서로 소송물이 다르다고 할 수 없다. 여기서 원고가 일부 청구임을 명시하여 피대위채권의 일부만을 청구한 것으로 볼 수 있는 경우에는 참가인의 청구금액이 원고의 청구금액을 초과하지 아니하는 한 참가인의 청구가 원고의 청구와 소송물이 동일하여 중복된다고 할 수 있으므로 소송목적이 원고와 참가인에게 합일적으로 확정되어야 할 필요성을 인정할 수 있어 참가인의 공동소송참가신청을 적법한 것으로 보아야 할 것이다(대판 2015.7.23, 2013다30301, 30325).

| [판례13] (1) 확정된 재심판결에 대하여 재심의 소를 제기할 수 있는가?
(2) 원래의 확정판결을 취소한 재심판결에 대한 재심의 소에서, 원래의 확정판결에 대하여 재심사유를 인정한 종전 재심법원의 판단에 재심사유가 있어 종전 재심청구에 관하여 다시 심리한 결과 원래의 확정판결에 재심사유가 인정되지 않을 경우 법원이 취할 조치는? | (1) 민사소송법 제451조 제1항은 '확정된 종국판결'에 대하여 재심의 소를 제기할 수 있다고 규정하고 있는바, 재심의 소에서 확정된 종국판결도 위 조항에서 말하는 '확정된 종국판결'에 해당하므로 확정된 재심판결에 위 조항에서 정한 재심사유가 있을 때에는 확정된 재심판결에 대하여 재심의 소를 제기할 수 있다.
(2) 민사소송법 제454조 제1항은 "재심의 소가 적법한지 여부와 재심사유가 있는지 여부에 관한 심리 및 재판을 본안에 관한 심리 및 재판과 분리하여 먼저 시행할 수 있다."고 규정하고, 민사소송법 제459조 제1항은 "본안의 변론과 재판은 재심청구이유의 범위 안에서 하여야 한다."고 규정하고 있는바, 확정된 재심판결에 대한 재심의 소에서 그 재심판결에 재심사유가 있다고 인정하여 본안에 관하여 심리한다는 것은 그 재심판결 이전의 상태로 돌아가 전 소송인 종전 재심청구에 관한 변론을 재개하여 속행하는 것을 말한다. 따라서 원래의 확정판결을 취소한 재심판결에 대한 재심의 소에서 원래의 확정판결에 대하여 재심사유를 인정한 종전 재심법원의 판단에 재심사유가 있어 종전 재심청구에 관하여 다시 심리한 결과 원래의 확정판결에 재심사유가 인정되지 않을 경우에는 재심판결을 취소하고 종전 재심청구를 기각하여야 하며, 그 경우 재심사유가 없는 원래의 확정판결 사건의 본안에 관하여 다시 심리와 재판을 할 수는 없다고 보아야 한다(대판 2015.12.23 2013다17124). |

2017년도 중요판례

[판례1] (1) 폐쇄된 등기부상의 등기에 대하여 그 말소를 구할 수 있는가?

(2) 진정한 권리자의 권리실현을 위하여 폐쇄등기에 대하여 말소등기를 마쳐야 할 필요가 있는 경우, 폐쇄등기 자체를 대상으로 하는 것이 아니라, 원인 없이 이전된 진정한 권리자의 등기를 회복하는 데에 필요하여 '현재의 등기기록에 옮겨 기록되었을 위와 같은 이전등기'를 대상으로 말소등기절차의 이행을 구할 소의 이익이 있는가?

(1) 등기관이 부동산등기법 제33조에 따라 등기기록에 등기된 사항 중 현재 효력이 있는 등기만을 새로운 등기기록에 옮겨 기록한 후 종전 등기기록을 폐쇄하는 경우, 새로운 등기기록에는 기록되지 못한 채 폐쇄된 등기기록에만 남게 되는 등기(이하 '폐쇄등기'라 한다)는 현재의 등기로서의 효력이 없고, 폐쇄된 등기기록에는 새로운 등기사항을 기록할 수도 없다. 따라서 폐쇄등기 자체를 대상으로 하여 말소등기절차의 이행을 구할 소의 이익은 없다.

(2) 그러나 부동산등기법 제33조가 등기기록에 등기된 사항 중 현재 효력이 있는 등기만을 새로운 등기기록에 옮겨 기록할 수 있도록 정하고 있는 것은 등기실무의 편의를 고려한 것이고, 이로 인하여 진정한 권리자의 권리구제가 곤란하게 되어서는 안 된다. 등기가 원인 없이 순차 이전된 상태에서 현재 효력이 있다고 보이는 등기만을 새로운 등기기록에 옮겨 기록한 후 종전 등기기록을 폐쇄함으로써 진정한 권리자의 등기와 그로부터 원인 없이 이전된 등기가 폐쇄등기로 남게 되는 경우와 같이, 새로운 등기기록에 옮겨 기록되지는 못하였지만 진정한 권리자의 권리실현을 위해서 말소등기를 마쳐야 할 필요가 있는 때에는 등기가 폐쇄등기로 남아 있다는 이유로 말소등기절차의 이행을 구하는 소의 이익을 일률적으로 부정할 수 없다.

폐쇄등기 자체를 대상으로 하는 것이 아니라, 원인 없이 이전된 진정한 권리자의 등기를 회복하는 데에 필요하여 '현재의 등기기록에 옮겨 기록되었을 위와 같은 이전 등기'를 대상으로 말소등기절차의 이행을 구하는 소는 특별한 사정이 없는 한 허용되어야 한다. 이러한 사건에서 말소등기절차의 이행을 명하는 판결이 확정되고 현재의 등기기록에 이미 기록되어 있는 등기 중 진정한 권리자의 등기와 양립할 수 없는 등기가 모두 말소되면, 등기관은 직권으로 위 말소등기절차의 이행을 명하는 판결에서 말소등기청구의 대상이 된 위 등기를 현재의 등기기록에 옮겨 기록한 다음 그 등기에서 위 확정판결에 기한 말소등기를 실행할 수 있다고 보아야 한다. 부동산등기법에 이에 관한 명시적 규정을 두고 있지 않지만, 부동산등기법 제32조 제2항을 유추하여 위와 같은 결론을 도출할 수 있다. 위 규정은 '등기관이 등기의 착오나 빠진 부분이 등기관의 잘못으로 인한 것임을 발견한 경우에는 지체 없이 그 등기를 직권으로 경정하여야 한다.'고 정하고 있는데, 폐쇄등기와 관련하여 위와 같은 요건을 갖춘 경우에 등기관은 당사자들의 권리를 구제하기 위하여 새로운 등기기록에 진정한 권리자의 등기를 회복하는 데에 필요한 등기도 함께 옮겨 기록하였어야 함에도 이를 누락한 것으로 볼 수 있기 때문이다.

이러한 법리는 토지분할 과정에서 분할 전 토지의 등기기록에는 남아 있으나 분할 후 새로운 등기기록을 사용하는 토지의 등기기록에는 옮겨 기록되지 못한 등기에도 마찬가지로 적용된다(대법원 2016.1.28. 선고 2011다41239 판결 참조)(대판 2017.9.12, 2015다242849).

| [판례2] 집합건물의 관리단으로부터 관리업무를 위임받은 위탁관리회사가 구분소유자 등을 상대로 자기 이름으로 소를 제기하여 관리비를 청구할 당사자적격이 있는가? | 재산권에 관한 소송에서 소송물인 권리 또는 법률관계에 관한 관리처분권을 가지는 권리주체가 관련 소송을 제3자에게 위임하여 하게 하는 것은 임의적 소송신탁에 해당하므로 원칙적으로 허용되지 않는다. 다만 민사소송법 제87조가 정한 변호사대리의 원칙이나 신탁법 제6조가 정한 소송신탁의 금지 등을 회피하기 위한 탈법적인 것이 아니고, 이를 인정할 합리적인 이유와 필요가 있는 경우에는 예외적·제한적으로 허용될 수 있다. 집합건물의 관리단이 관리비의 부과·징수를 포함한 관리업무를 위탁관리회사에 포괄적으로 위임한 경우에는, 통상적으로 관리비에 관한 재판상 청구를 할 수 있는 권한도 함께 수여한 것으로 볼 수 있다. 이 경우 위탁관리회사가 관리업무를 수행하는 과정에서 체납관리비를 추심하기 위하여 직접 자기 이름으로 관리비에 관한 재판상 청구를 하는 것은 임의적 소송신탁에 해당한다. 그러나 다수의 구분소유자가 집합건물의 관리에 관한 비용 등을 공동으로 부담하고 공용부분을 효율적으로 관리하기 위하여 구분소유자로 구성된 관리단이 전문 관리업체에 건물 관리업무를 위임하여 수행하도록 하는 것은 합리적인 이유와 필요가 있고, 그러한 관리방식이 일반적인 거래현실이며, 관리비의 징수는 업무수 |

행에 당연히 수반되는 필수적인 요소이다. 또한 집합건물의 일종인 일정 규모 이상의 공동주택에 대해서는 주택관리업자에게 관리업무를 위임하고 주택관리업자가 관리비에 관한 재판상 청구를 하는 것이 법률의 규정에 의하여 인정되고 있다[구 주택법(2015.8.11. 법률 제13474호로 개정되기 전의 것) 제43조 제2항, 제5항, 제45조 제1항]. 이러한 점 등을 고려해 보면 관리단으로부터 집합건물의 관리업무를 위임받은 위탁관리회사는 특별한 사정이 없는 한 구분소유자 등을 상대로 자기 이름으로 소를 제기하여 관리비를 청구할 당사자적격이 있다(대판 2016.12.15, 2014다87885, 87892).

[판례3] 집합건물의 소유 및 관리에 관한 법률 제41조 제1항에 따라 구분소유자들이 공용부분의 변경에 해당하는 난방방식의 변경공사에 동의한다는 서면을 입주자대표회의에 제출한 경우, 입주자대표회의가 구분소유자들에 대하여 해당 업무의 처리에 따른 비용을 재판상 청구할 수 있는가? (원심은 난방방식 변경공사는 공용부분의 변경에 관한 사항에 해당하므로 구분소유자 및 의결권의 각 4분의 3 이상의 결의가 있거나 구분소유자 및 의결권의 각 5분의 4 이상의 서면에 의한 합의를 통해 아파트 관리단의 결의로써 결정하여야 하는 사항인데, 아파트입주자대표회의는 관리단이 아니므로 관리단으로부터 공용부분 변경에 따른 분담금채권을 양수하지 아니한 이상 구분소유자들을 상대로 그 분담금을 청구할 권한이 없다고 판단)

집합건물의 관리단이 집합건물법 제15조 제1항에서 정한 특별결의나 집합건물법 제41조 제1항에서 정한 서면이나 전자적 방법 등에 의한 합의의 방법으로 입주자대표회의에 공용부분 변경에 관한 업무를 포괄적으로 위임한 경우에는, 공용부분 변경에 관한 업무처리로 인하여 발생하는 비용을 최종적으로 부담하는 사람이 구분소유자들이라는 점을 고려해 보면 통상적으로 그 비용에 관한 재판상 또는 재판외 청구를 할 수 있는 권한도 함께 수여한 것으로 볼 수 있다.

이 경우 입주자대표회의가 공용부분 변경에 관한 업무를 수행하는 과정에서 체납된 비용을 추심하기 위하여 직접 자기 이름으로 그 비용에 관한 재판상 청구를 하는 것은 임의적 소송신탁에 해당한다.

임의적 소송신탁은 원칙적으로는 허용되지 않지만, 민사소송법 제87조에서 정한 변호사대리의 원칙이나 신탁법 제6조에서 정한 소송신탁의 금지 등을 회피하기 위한 탈법적인 것이 아니고, 이를 인정할 합리적인 이유와 필요가 있는 경우에는 예외적·제한적으로 허용될 수 있다(대법원 2012.5.10. 선고 2010다87474 판결, 대법원 2016.12.15. 선고 2014다87885 판결 등 참조).

그런데 구분소유자들의 비용부담 아래 그 구분소유자들로 구성되는 집합건물의 관리단이 입주자대표회의에 위임하여 공용부분 변경에 관한 업무를 수행하도록 하는 데에는 합리적인 이유와 필요가 있고, 그러한 업무처리방식이 일반적인 거래현실이며, 공용부분 변경에 따른 비용의 징수는 그 업무수행에 당연히 수반되는 필수적인 요소라고 할 것이고, 공동주택에 대해서는 주택관리업자에게 관리업무를 위임하고 주택관리업자가 관리비에 관한 재판상 청구를 할 수 있는 것이 법률의 규정에 의하여 인정되고 있다[구 주택법(2015.8.11. 법률 제13474호로 개정되기 전의 것) 제43조 제2항, 제5항, 제45조 제1항].

이러한 점 등을 고려해 보면, 집합건물법 제15조 제1항에서 정한 특별결의나 집합건물법 제41조 제1항에서 정한 서면이나 전자적 방법 등에 의한 합의의 방법으로 집합건물의 관리단으로부터 공용부분 변경에 관한 업무를 위임받은 입주자대표회의는 특별한 사정이 없는 한 구분소유자들을 상대로 자기 이름으로 소를 제기하여 공용부분 변경에 따른 비용을 청구할 권한이 있다고 할 것이다(대판 2017.3.16, 2015다3570).

[판례4] 당사자가 민법에 따른 소멸시효기간을 주장한 경우, 법원이 직권으로 상법에 따른 소멸시효기간을 적용하는 것은 변론주의에 반하는가?	민사소송절차에서 변론주의 원칙은 권리의 발생·변경·소멸이라는 법률효과 판단의 요건이 되는 주요사실에 관한 주장·증명에 적용된다. 따라서 권리를 소멸시키는 소멸시효 항변은 변론주의 원칙에 따라 당사자의 주장이 있어야만 법원의 판단대상이 된다. 그러나 이 경우 어떤 시효기간이 적용되는지에 관한 주장은 권리의 소멸이라는 법률효과를 발생시키는 요건을 구성하는 사실에 관한 주장이 아니라 단순히 법률의 해석이나 적용에 관한 의견을 표명한 것이다. 이러한 주장에는 변론주의가 적용되지 않으므로 법원이 당사자의 주장에 구속되지 않고 직권으로 판단할 수 있다. 당사자가 민법에 따른 소멸시효기간을 주장한 경우에도 법원은 직권으로 상법에 따른 소멸시효기간을 적용할 수 있다(대판 2017.3.22, 2016다258124).
[판례5] (1) 청구원인에 관한 주장이 불분명한 경우에 그 주장이 무엇인지에 관하여 석명을 구하면서 이에 대하여 가정적으로 항변한 경우에도 주요사실에 대한 주장이 있다고 볼 수 있는가? (2) 항변이 있다고 볼 수 있는지 판단할 때 고려할 사항은?	(1) 주요사실에 대한 주장은 당사자가 이를 직접적으로 명백히 한 경우뿐만 아니라 당사자의 변론을 전체적으로 관찰하여 그 주장을 한 것으로 볼 수 있는 경우에도 주요사실의 주장이 있다고 보아야 한다(대법원 1999.7.27. 선고 98다46167 판결, 대법원 2001.2.23. 선고 2000다70804 판결 등 참조). (2) 또한 청구원인에 관한 주장이 불분명한 경우에 그 주장이 무엇인지에 관하여 석명을 구하면서 이에 대하여 가정적으로 항변한 경우에도 주요사실에 대한 주장이 있다고 볼 수 있다. 이러한 경우 항변이 있다고 볼 수 있는지는 당사자들이 진술한 내용이나 취지뿐만 아니라 상대방이 당사자의 진술을 어떻게 이해하였는지

도 함께 고려해서 합리적으로 판단하여야 한다(대판 2017.9.12, 2017다865).

[판례6] (1) 甲이 乙의 언니인 丙에게 돈을 대여하면서 그중 일부를 乙 명의의 계좌로 송금하였다는 등의 이유로 乙은 丙과 연대하여 위 대여금 일부를 지급할 의무가 있다고 주장하는 소를 제기하였는데, 제1심은 乙이 소장부본을 송달받고도 답변서를 제출하지 아니하자, 변론 없이 甲의 주장은 그 자체로 이유 없다고 보아 甲의 청구를 기각하는 판결을 선고할 수 있는가?
(2) 甲이 이에 불복하여 항소하면서 乙에 대한 청구원인사실을 불법행위로 인한 손해배상청구로 변경하자, 원심은 발송송달의 방법으로 변론기일통지서를 송달한 후 乙이 불출석한 상태에서 변론기일을 진행하여 그 기일에 변론을 종결한 다음, 민사소송법 제150조 제3항, 제1항에 따라 乙이 청구원인사실을 자백한 것으로 보아 불법행위로 인한 손해배상책임을 인정할 수 있는가?

(1) 무변론판결은 원고의 청구를 인용할 경우에만 가능하고, 원고의 청구가 이유 없음이 명백하더라도 변론 없이 하는 청구기각판결은 인정되지 아니한다.
(2) 제1심이 무변론으로 甲의 청구를 기각함으로써 乙이 변론에 참여하여 의견을 제시할 기회가 차단되어 사실상 심급의 이익을 박탈당하는 결과가 된 사정에다가 원심에서 변론기일통지서가 발송송달의 방법으로 송달되어 乙이 원심 변론기일에 참여할 기회를 제대로 갖지 못한 사정까지 감안하면, 원심으로서는 바로 乙의 자백간주판결을 할 것이 아니라 이에 앞서 제1심이 무변론판결을 선고하면서 甲의 청구를 기각한 연유는 무엇인지, 거기에 절차상 흠은 없는지, 소송경과를 전체적으로 보아 乙이 甲의 주장사실에 대하여 다툰 것으로 인정할 여지는 없는지 등을 심리하여 보고, 필요하다면 서면 등을 통하여 甲의 주장에 대한 乙의 입장을 밝힐 것을 촉구하는 등 석명권을 적절히 행사함으로써 진실을 밝혀 구체적 정의를 실현하려는 노력을 게을리하지 말았어야 하는데도, 심리를 세밀히 하거나 적절한 소송지휘권을 행사하는 등의 방법으로 甲의 주장사실에 대한 乙의 입장을 밝혀 보지도 아니한 채 乙이 변론기일에 출석하지 아니하자 곧바로 변론을 종결하고 제1심판결과 전혀 다른 결론의 판결을 선고한 원심의 조치에는 석명권을 적정하게 행사하지 아니하여 필요한 심리를 다하지 아니하거나 자백간주의 법리를 오해한 잘못이 있다(대판 2017.4.26, 2017다201033).

[판례7] 채무자와 수익자 사이의 소송절차에서 확정판결 등을 통해 마쳐진 소유권이전등기가 사해행위 취소로 인한 원상회복으로써 말소되는 경우, 그것이 확정판결 등의 효력에 반하거나 모순되는 것인가?
(무자력상태의 채무자가 소송절차를 통해 수익자에게 자신의 책임재산을 이전하기로 하여, 수익자가 제기한 소송에서 자백하는 등의 방법으로 패소판결 또는 그와 같은 취지의 화해권고결정 등을 받아 확정시키고, 이에 따라 수익자 앞으로 책임재산에 대한 소유권이전등기 등이 마쳐진 경우, 채무자와 수익자 사이의 이전합의가 사해행위가 되는가?)

채권자가 사해행위의 취소와 함께 수익자 또는 전득자로부터 책임재산의 회복을 명하는 사해행위 취소의 판결을 받은 경우 수익자 또는 전득자가 채권자에 대하여 사해행위의 취소로 인한 원상회복의무를 부담하게 될 뿐, 채권자와 채무자 사이에서 취소로 인한 법률관계가 형성되는 것은 아니다. 따라서 위와 같이 채무자와 수익자 사이의 소송절차에서 확정판결 등을 통해 마쳐진 소유권이전등기가 사해행위 취소로 인한 원상회복으로써 말소된다고 하더라도, 그것이 확정판결 등의 효력에 반하거나 모순되는 것이라고는 할 수 없다(대판 2017.4.7, 2016다204783).
(무자력상태의 채무자가 소송절차를 통해 수익자에게 자신의

책임재산을 이전하기로 하여, 수익자가 제기한 소송에서 자백하는 등의 방법으로 패소판결 또는 그와 같은 취지의 화해권고결정 등을 받아 확정시키고, 이에 따라 수익자 앞으로 책임재산에 대한 소유권이전등기 등이 마쳐졌다면, 이러한 일련의 행위의 실질적인 원인이 되는 채무자와 수익자 사이의 이전합의는 다른 일반채권자의 이익을 해하는 사해행위가 될 수 있다)

[판례8] (1) 확정된 '조정을 갈음하는 결정'은 창설적 효력을 갖는가?

(2) 확정된 '조정을 갈음하는 결정'에 인정되는 확정판결과 동일한 효력이 미치는 범위 및 소송절차 진행 중에 조정을 갈음하는 결정이 확정된 경우, 소송물 외의 권리관계에도 효력이 미치기 위한 요건은?

(3) 당사자가 표시한 문언에 의하여 객관적인 의미가 명확하게 드러나지 않는 경우, 법률행위의 해석 방법 및 이러한 법리가 소송당사자 사이에 조정을 갈음하는 결정이 확정된 후 결정사항의 해석에 관하여 다툼이 있는 경우에도 마찬가지로 적용되는가?

(1) 조정을 갈음하는 결정에 대하여 이의신청 기간 내에 이의신청이 없으면 그 결정은 재판상의 화해와 같이 확정판결과 동일한 효력이 있고(민사조정법 제30조, 제34조 참조) 이는 창설적 효력을 가지므로, 당사자 사이에 종전의 다툼 있는 법률관계를 바탕으로 한 권리의무관계는 소멸하고 결정된 내용에 따른 새로운 권리의무관계가 성립한다.

(2) 확정된 조정을 갈음하는 결정에 인정되는 확정판결과 동일한 효력은 소송물인 권리관계의 존부에 관한 판단에만 미치므로, 소송절차 진행 중에 조정을 갈음하는 결정이 확정된 경우에 소송물 외의 권리관계에도 효력이 미치려면 특별한 사정이 없는 한 권리관계가 결정사항에 특정되거나 결정 중 청구의 표시 다음에 부가적으로 기재됨으로써 결정의 기재내용에 의하여 소송물인 권리관계가 되었다고 인정할 수 있어야 한다. 특히 조정을 갈음하는 결정은 당사자 사이에 합의가 성립되지 아니한 경우에 조정담당판사나 수소법원이 직권으로 당사자의 이익이나 그 밖의 모든 사정을 고려하여 신청취지 내지 청구취지에 반하지 않는 한도에서 사건의 공평한 해결을 위하여 하는 결정이므로(민사조정법 제30조 참조), 그 효력이 소송물 외의 권리관계에 미치는지는 더욱 엄격하게 보아야 한다.

(3) 당사자가 표시한 문언에 의하여 법률행위의 객관적인 의미가 명확하게 드러나지 않는 경우에는 문언의 내용과 법률행위가 이루어진 동기 및 경위, 당사자가 법률행위에 의하여 달성하려는 목적과 진정한 의사, 거래의 관행 등을 종합적으로 고려하여 사회정의와 형평의 이념에 맞도록 논리와 경험의 법칙, 그리고 사회일반의 상식과 거래의 통념에 따라 합리적으로 해석하여야 한다. 이러한 법리는 소송의 당사자 사이에서 조정을 갈음하는 결정이 확정된 후 결정사항의 해석에 관하여 다툼이 있는 경우에도 마찬가지로 적용된다(대판 2017.4.26, 2017다200771).

[판례9] (1) 가등기담보 등에 관한 법률 제3조, 제4조를 위반하여 담보가등기에 기한 본등기가 이루어진 경우, 본등기의 효력(무효) 및 이때 무효인 본등기가 실체적 법률관계에 부합하는 유효한 등기가 될 수 있는가?

(2) 위 규정을 위반하여 무효인 본등기가 마쳐진 후 가등기에 기한 본등기를 이행한다는 내용의 화해권고결정이 확정된 경우, 확정된 화해권고결정이 있다는 사정만으로 무효인 본등기가 실체관계에 부합하는 유효한 등기라고 주장할 수 있는가?

(3) 그러한 화해권고결정에 기하여 다시 본등기를 마친 경우 본등기의 효력은?

(1) 가등기담보 등에 관한 법률(이하 '가등기담보법'이라고 한다) 제3조, 제4조의 각 규정에 비추어 볼 때, 위 각 규정을 위반하여 담보가등기에 기한 본등기가 이루어진 경우 본등기는 무효라고 할 것이고, 다만 가등기권리자가 가등기담보법 제3조, 제4조에 정한 절차에 따라 청산금의 평가액을 채무자 등에게 통지한 후 채무자에게 정당한 청산금을 지급하거나 지급할 청산금이 없는 경우에는 채무자가 통지를 받은 날부터 2개월의 청산기간이 지나야 위 무효인 본등기는 실체적 법률관계에 부합하는 유효한 등기가 될 수 있을 뿐이다.

(2) 그러므로 가등기담보법의 규정을 위반하여 무효인 본등기가 마쳐진 후 가등기에 기한 본등기를 이행한다는 내용의 화해권고결정이 확정되었다고 하더라도, 그러한 화해권고결정의 내용이 가등기담보법 제3조, 제4조가 정한 청산절차를 갈음하는 것으로 채무자 등에게 불리하지 않다고 볼 만한 특별한 사정이 없는 한, 위와 같이 확정된 화해권고결정이 있다는 사정만으로는 무효인 본등기가 실체관계에 부합하는 유효한 등기라고 주장할 수 없다.

(3) 나아가 그러한 화해권고결정에 기하여 다시 본등기를 마친다고 하더라도 본등기는 가등기담보법의 위 각 규정을 위반하여 이루어진 것이어서 여전히 무효라고 할 것이다(대판 2017.8.18, 2016다30296).

[판례10] 새로운 청구를 심리하기 위하여 종전의 소송자료를 대부분 이용할 수 없고 별도의 증거제출과 심리로 소송절차를 현저히 지연시키는 경우, 법원이 청구의 변경을 허용하지 않는 결정을 할 수 있는가?

민사소송법 제1조 제1항은 "법원은 소송절차가 공정하고 신속하며 경제적으로 진행되도록 노력하여야 한다."라고 하여 민사소송의 이상을 공정·신속·경제에 두고 있고, 그중에서도 신속·경제의 이념을 실현하기 위해서는 당사자에 의한 소송지연을 막을 필요가 있다. 이에 따라 원고는 청구의 기초가 바뀌지 않는 한도에서 변론을 종결할 때까지 청구의 취지 또는 원인을 바꿀 수 있지만, 소송절차를 현저히 지연시키는 경우에는 허용되지 않는다(민사소송법 제262조 제1항). 청구의 변경이 있는 경우에 법원은 새로운 청구를 심리하기 위하여 종전의 소송자료를 대부분 이용할 수 없고 별도의 증거제출과 심리로 소송절차를 현저히 지연시키는 경우에는 이를 허용하지 않는 결정을 할 수 있다(대판 2017.5.30, 2017다211146).

[판례11] 피고보조참가인 2(이하 '참가인 2'라고 한다)는 2010.10.11. 피고보조참가인 주식회사 크레타건설(이

특정 소송사건에서 한쪽 당사자를 보조하기 위하여 보조참가를 하려면 소송의 결과에 대하여 이해관계가 있

하 '참가인 회사'라고 한다)에 대한 약 269억 원의 채권을 청구채권으로 하여 참가인 회사의 피고에 대한 약 257억 원의 대여금 및 이에 대한 이자 등의 채권 중 청구채권 금액에 이르기까지의 금액을 압류 및 전부하는 이 사건 전부명령을 받았고, 위 전부명령은 2010.11.2. 확정되었다. 이러한 피고보조참가인은 원고가 피고를 상대로 (주위적 청구로) 제기한 이 사건 대여금의 지급을 구하는 소에서 피고측에 보조참가할 수 있는가?

어야 한다. 여기서 이해관계란 사실상·경제상 또는 감정상의 이해관계가 아니라 법률상의 이해관계를 말하는 것으로, 그 소송의 판결의 기판력이나 집행력을 당연히 받는 경우 또는 적어도 그 판결을 전제로 하여 보조참가를 하려는 자의 법률상 지위가 결정되는 관계에 있는 경우를 의미한다.

참가인 2는 이 사건 대여금채권의 불가분채권자임을 주장하면서 피고에 대하여 대여금의 지급을 구하는 원고의 주위적 청구의 결과에 대하여 법률상 이해관계가 있다(대판 2017.6.22, 2014다225809).

[판례12] 甲 소유의 부동산과 채무자인 乙 소유의 부동산을 공동저당의 목적으로 하여 丙 은행 앞으로 선순위근저당권이 설정된 후 甲 소유의 부동산에 관하여 丁 앞으로 후순위근저당권이 설정되었는데, 甲 소유의 부동산에 관하여 먼저 경매절차가 진행되어 丙 은행이 채권 전액을 회수하였고, 이에 丁이 甲 소유의 부동산에 대한 후순위저당권자로서 물상보증인에게 이전된 근저당권으로부터 우선하여 변제를 받을 수 있다고 주장하며 丙 은행 등을 상대로 근저당권설정등기의 이전을 구하자, 甲이 乙에 대해 취득한 구상금채권이 상계로 소멸하였다고 주장하며 乙이 丙 은행을 상대로 근저당권설정등기의 말소를 구하는 독립당사자참가신청을 할 수 있는가?

민사소송법 제79조 제1항에 규정된 독립당사자참가는 다른 사람 사이에 소송이 계속 중일 때 소송대상의 전부나 일부가 자기의 권리라고 주장하거나, 소송결과에 따라 권리가 침해된다고 주장하는 제3자가 당사자로서 소송에 참가하여 세 당사자 사이에 서로 대립하는 권리 또는 법률관계를 하나의 판결로써 서로 모순 없이 일시에 해결하려는 것이다. 그러므로 독립당사자참가 중 권리주장참가는 원고의 본소청구와 참가인의 청구가 주장 자체에서 양립할 수 없는 관계라고 볼 수 있는 경우에 허용될 수 있고, 사해방지참가는 본소의 원고와 피고가 소송을 통하여 참가인의 권리를 침해할 의사가 있다고 객관적으로 인정되고 그 소송의 결과 참가인의 권리 또는 법률상 지위가 침해될 우려가 있다고 인정되는 경우에 허용될 수 있다(독립당사자참가요건을 갖추지 못하여 부적법하다고 보아 독립당사자참가신청을 각하한 사례)(대판 2017.4.26, 2014다221777).

[판례13] (1) 원고 패소의 제1심 판결에 대하여 원고가 항소한 후 항소심에서 예비적 청구를 추가한 경우, 항소심이 주위적 청구에 대한 항소가 이유 없다고 판단한 때에는 예비적 청구에 대하여 제1심으로서 판단하여야 하는가?
(2) 주위적 청구를 배척하면서 예비적 청구에 대하여 판단하지 아니한 경우, 상소가 제기되면 판단이 누락된 예비적 청구 부분도 상소심으로 이심되는가?

(1) 원고 패소의 제1심 판결에 대하여 원고가 항소한 후 항소심에서 예비적 청구를 추가하면 항소심이 종래의 주위적 청구에 대한 항소가 이유 없다고 판단한 경우에는 예비적 청구에 대하여 제1심으로 판단하여야 한다.
(2) 한편 예비적 병합의 경우에는 수개의 청구가 하나의 소송절차에 불가분적으로 결합되어 있기 때문에 주위적 청구를 배척하면서 예비적 청구에 대하여 판단하지 아니한 경우 그 판결에 대한 상소가 제기되면 판단이 누락된 예비적 청구 부분도 상소심으로 이심이 되고 그 부분이 재판의 탈루에 해당하여 원심에 계속 중이라고 볼 것은 아니다(대판 2017.3.30, 2016다253297).

[판례14] 원고가 피고를 상대로 약정금의 지급을 구하며 제기한 전소에서 원고의 소송인수신청에 따라 1심 법원이 2011.9.30. 甲을 원고 인수참가인으로 하여 소송 인수결정을 하였고, 이에 따라 원고가 같은 날 피고의 승낙을 얻어 전소에서 탈퇴한 후 甲이 소송을 계속 수행하다가 전소의 1심 법원이 2012.6.8. 甲의 소를 각하하는 판결을 선고하였으며, 2013.5.23. 항소가 기각된 후 대법원이 2014.10.27. 상고기각판결을 함으로써 전소판결이 확정되었으나, 그 확정된 날부터 6개월 이내인 2015.1.19. 원고가 피고를 상대로 다시 동일한 약정금의 지급을 구하는 후소를 제기한 사안에서, 원고가 전소를 제기함으로써 발생한 시효중단의 효력은 위와 같은 확정판결에도 불구하고 그대로 유지되는가?

소송탈퇴는 소취하와는 그 성질이 다르며, 탈퇴 후 잔존하는 소송에서 내린 판결은 탈퇴자에 대하여도 그 효력이 미친다(민사소송법 제82조 제3항, 제80조 단서). 이에 비추어 보면 인수참가인의 소송목적 양수 효력이 부정되어 인수참가인에 대한 청구기각 또는 소각하 판결이 확정된 날부터 6개월 내에 탈퇴한 원고가 다시 탈퇴 전과 같은 재판상의 청구 등을 한 때에는, 탈퇴 전에 원고가 제기한 재판상의 청구로 인하여 발생한 시효중단의 효력은 그대로 유지된다고 봄이 타당하다(대판 2017.7.18, 2016다35789).

2018년도 중요판례

[판례1] 원고가 고의 또는 중대한 과실 없이 행정소송으로 제기하여야 할 사건을 민사소송으로 잘못 제기한 경우, 수소법원이 취하여야 할 조치는?	수소법원으로서는 만약 그 행정소송에 대한 관할을 동시에 가지고 있다면 이를 행정소송으로 심리·판단하여야 하고, 그 행정소송에 대한 관할을 가지고 있지 아니하다면 당해 소송이 이미 행정소송으로서의 전심절차와 제소기간을 도과하였거나 행정소송의 대상이 되는 처분 등이 존재하지도 아니한 상태에 있는 등 행정소송으로서 소송요건을 결하고 있음이 명백하여 행정소송으로 제기되었더라도 어차피 부적법하게 되는 경우가 아닌 이상 이를 부적법한 소라고 하여 각하할 것이 아니라 관할법원에 이송하여야 한다(대판 2018.7.26, 2015다221569).
[판례2] 제1심에서 피고에 대하여 공시송달로 재판이 진행되어 피고에 대한 청구가 기각되었는데, 원고가 항소한 항소심에서 피고가 공시송달이 아닌 방법으로 송달받고도 다투지 아니한 경우, 자백간주가 성립하는가?	제1심에서 피고가 원고 청구원인을 다툰 것으로 볼 수 없으므로, (원고가 제기한 항소심에서) 피고가 공시송달이 아닌 방법으로 송달받고도 다투지 아니한 경우에는 민사소송법 제150조의 자백간주가 성립된다(대판 2018.7.12, 2015다36167).
[판례3] 노인요양원이나 노인요양센터에 당사자능력이 인정되는가?	민사소송법 제51조는 '당사자능력은 이 법에 특별한 규정이 없으면 민법, 그 밖의 법률에 따른다.'고 정하고, 제52조는 '법인이 아닌 사단이나 재단은 대표자 또는 관리인이 있는 경우에는 그 사단이나 재단의 이름으로 당사자가 될 수 있다.'고 정하고 있다. 따라서 권리능력이 있는 자연인과 법인은 원칙적으로 민사소송의 주체가 될 수 있는 당사자능력이 있으나, 법인이 아닌 사단과 재단은 대표자 또는 관리인이 있는 경우에 한하여 당사자능력이 인정된다. 노인요양원이나 노인요양센터는 일반적으로 노인성질환 등으로 도움을 필요로 하는 노인을 위하여 급식·요양과 그 밖에 일상생활에 필요한 편의를 제공함을 목적으로 하는 시설, 즉 노인의료복지시설을 가리킨다. 이는 법인이 아님이 분명하고 대표자 있는 비법인 사단 또는 재단도 아니므로, 원칙적으로 민사소송에서 당사자능력이 인정되지 않는다(대판 2018.8.1, 2018다227865).
[판례4] 피고(임차인)가 임대차계약의 종료로 원고(임대인 겸 소유자)에게 임차건물을 인도해야 하는데 A에게	장래에 채무의 이행기가 도래할 예정인 경우에도 채무불이행사유가 언제까지 존속할 것인지가 불확실하여 변

임차건물의 열쇠를 건네주어 점유·사용케 하자 원고가 피고를 상대로 임차건물의 인도와 차임에 해당하는 부당이득과 손해배상을 구한 사안에서, 채무자의 태도나 채무의 내용과 성질에 비추어 채무의 이행기가 도래하더라도 채무자의 이행을 기대할 수 없다고 판단되는 경우에는 미리 청구할 필요가 있는가?

론종결 당시에 확정적으로 채무자가 책임을 지는 기간을 예정할 수 없다면 장래의 이행을 명하는 판결을 할 수 없다(대법원 1987.9.22. 선고 86다카2151 판결 등 참조). 그러나 채무의 이행기가 장래에 도래할 예정이고 그때까지 채무불이행사유가 계속 존속할 것이 변론종결 당시에 확정적으로 예정되어 있다면, 장래의 이행을 명하는 판결을 할 수 있다.

A가 피고의 양해를 얻어 임차건물을 점유한 이래 건물인도를 거부하고 있고, 피고가 여전히 원고에게 건물에 대한 인도의무를 부담하고 있는 이상 피고의 불법행위로 인한 원고의 손해는 원고가 임차건물을 인도받을 때까지 계속해서 발생할 것이 확정적으로 예정되어 있다고 볼 여지가 있다(대판 2018.7.26, 2018다227551).

[판례5] (1) 법원이 소송계속 중 일방 당사자에 대한 파산선고사실을 알지 못한 채 파산관재인이나 상대방의 소송수계가 이루어지지 아니한 상태 그대로 소송절차를 진행하여 선고한 판결의 효력은?
(2) 파산선고 당시 파산채권에 관한 소송이 계속 중인 경우, 당사자가 파산채권이 이의채권이 되지 아니한 상태에서 미리 소송수계신청을 할 수 있는가?

(1) 소송계속 중 일방 당사자에 대하여 파산선고가 있었는데, 법원이 파산선고사실을 알지 못한 채 파산관재인이나 상대방의 소송수계가 이루어지지 아니한 상태 그대로 소송절차를 진행하여 판결을 선고하였다면, 그 판결은 소송에 관여할 수 있는 적법한 소송수계인이 법률상 소송행위를 할 수 없는 상태에서 심리되어 선고된 것이어서, 마치 대리인에 의하여 적법하게 대리되지 아니하였던 경우와 마찬가지로 위법하다.
(2) 파산선고 당시 파산채권에 관한 소송이 계속 중인 경우 파산채권자는 파산사건의 관할법원에 채권신고를 하여야 하고, 채권조사절차에서 이의가 없어 파산채권이 신고한 내용대로 확정되면 계속 중이던 소송은 부적법하게 된다. 만일 채권조사절차에서 이의가 제기되면 파산채권자가 이의자 전원을 소송 상대방으로 하여 소송절차를 수계하여야 하나(채무자회생법 제464조), 집행권원이 있는 이의채권의 경우에는 이의자가 파산채권자를 상대방으로 하여 소송절차를 수계하여야 한다(채무자회생법 제466조). 이처럼 파산선고 당시 계속 중이던 파산채권에 관한 소송은 파산관재인이 당연히 수계하는 것이 아니라 파산채권자의 채권신고와 그에 대한 채권조사의 결과에 따라 처리되므로, 당사자는 파산채권이 이의채권이 되지 아니한 상태에서 미리 소송수계신청을 할 수 없고, 이와 같은 소송수계신청은 부적법하다(대판 2018.4.24, 2017다287587).

[판례6] (1) 파산선고 전에 채무자가 채권자를 상대로 채무부존재 확인의 소를 제기하였으나 소장부본이 송달

(1) 원고와 피고의 대립당사자 구조를 요구하는 민사소송법의 기본원칙상 사망한 사람을 피고로 하여 소를 제

되기 전에 채무자에 대하여 파산선고가 이루어진 경우, 이 소는 적법한가?

(2) 이 경우 파산관재인의 소송수계신청이 허용되는가?

기하는 것은 실질적 소송관계가 이루어질 수 없어 부적법하다. 소제기 당시에는 피고가 생존하였으나 소장부본이 송달되기 전에 사망한 경우에도 마찬가지이다. 사망한 사람을 원고로 표시하여 소를 제기하는 것 역시 특별한 경우를 제외하고는 적법하지 않다.

(2) 파산선고 전에 채권자가 채무자를 상대로 이행청구의 소를 제기하거나 채무자가 채권자를 상대로 채무부존재 확인의 소를 제기하였더라도, 만약 그 소장부본이 송달되기 전에 채권자나 채무자에 대하여 파산선고가 이루어졌다면 이러한 법리는 마찬가지로 적용된다. 파산재단에 관한 소송에서 채무자는 당사자적격이 없으므로, 채무자가 원고가 되어 제기한 소는 부적법한 것으로서 각하되어야 하고(채무자 회생 및 파산에 관한 법률 제359조), 이 경우 파산선고 당시 법원에 소송이 계속되어 있음을 전제로 한 파산관재인의 소송수계신청 역시 적법하지 않으므로 허용되지 않는다(대판 2018.6.15, 2017다289828).

[판례7] (1) 파산선고 후 파산채권자가 채권자취소의 소를 제기한 경우에도 파산관재인은 소송수계를 하여 부인의 소로 변경할 수 있는가?

(2) 이 경우 채권자취소소송이 항소심에 계속 중일 때와 제1심에 계속 중일 때는 어떻게 다른가(파산법원의 전속관할이라는 채무자회생법 제396조 제3항은 적용되는가)?

(1) 파산채권자가 파산선고 후에 제기한 채권자취소의 소가 부적법하더라도 파산관재인은 이러한 소송을 수계한 다음 청구변경의 방법으로 부인권을 행사할 수 있다고 보아야 한다. 이 경우 법원은 파산관재인이 수계한 소송이 부적법한 것이었다는 이유만으로 소송수계 후 교환적으로 변경된 부인의 소마저 부적법하다고 볼 것은 아니다.

(2) 파산채권자가 제기한 채권자취소소송이 항소심에 계속된 후에는 파산관재인이 소송을 수계하여 부인권을 행사하더라도 채무자회생법 제396조 제3항이 적용되지 않고 항소심 법원이 소송을 심리·판단할 권한을 계속 가진다(대법원 2017.5.30. 선고 2017다205073 판결 참조). 그러나 제1심 법원에 계속 중이던 채권자취소소송을 파산관재인이 수계하여 부인의 소로 변경한 경우에는 채무자회생법 제396조 제3항이 적용된다(대판 2018.6.15, 2017다265129).

[판례8] 당사자 일방이 한 진술에 잘못이 분명한 경우에도, 상대방이 이를 원용하였다면 선행자백이 성립하는가?

자백은 당사자가 자기에게 불이익한 사실을 인정하는 진술로서 상대방 당사자의 진술내용과 일치하거나 상대방 당사자가 이를 원용하는 경우에 성립하는 것이고, 상대방이 이를 원용하지 아니하여 당사자 쌍방의 주장이 일치된 바 없다면 이를 자백(선행자백)이라고 볼 수 없다. 그리고 당사자 일방이 한 진술에 잘못된 계산이나 기재, 기타 이와 비슷한 표현상의 잘못이 있고, 잘못이 분명한 경우에는 비록 상대방이 이를 원용하였다고 하더라도 당사자 쌍방의 주장이 일치한다고 할 수 없으므로 자백(선행자백)이 성립할 수 없다(대판 2018.8.1, 2018다229564).

[판례9] 원고가 1997년 피고를 상대로 최초 소송을 제기하여 승소 확정판결을 받았고, 2007년 시효중단을 위하여 다시 소송을 제기하여 이행권고결정을 확정받았으며, 2016년 재차 시효중단을 위한 이 사건 소송을 제기한 사안에서, 승소 확정판결을 받은 당사자가 시효중단을 목적으로 동일한 청구의 소를 다시 제기할 수 있는가?

[다수의견] 확정된 승소판결에는 기판력이 있으므로, 승소 확정판결을 받은 당사자가 그 상대방을 상대로 다시 승소 확정판결의 전소와 동일한 청구의 소를 제기하는 경우 그 후소는 권리보호의 이익이 없어 부적법하다. 하지만 예외적으로 확정판결에 의한 채권의 소멸시효기간인 10년의 경과가 임박한 경우에는 그 시효중단을 위한 소는 소의 이익이 있다(대법원 1987.11.10. 선고 87다카1761 판결, 대법원 2006.4.14. 선고 2005다74764 판결 등 참조).

이러한 법리는 현재에도 여전히 타당하다. 다른 시효중단사유인 압류·가압류나 승인 등의 경우 이를 1회로 제한하고 있지 않음에도 유독 재판상 청구의 경우만 1회로 제한되어야 한다고 보아야 할 합리적인 근거가 없다. 또한 확정판결에 의한 채무라 하더라도 채무자가 파산이나 회생제도를 통해 이로부터 전부 또는 일부 벗어날 수 있는 이상, 채권자에게는 시효중단을 위한 재소를 허용하는 것이 균형에 맞다(대판(전) 2018.7.19, 2018다22008).

[판례10] 시효중단을 위한 소송의 형태로는 이행소송 외에 '새로운 방식의 확인소송'도 허용되는가?

[다수의견] 종래 대법원은 시효중단사유로서 재판상의 청구에 관하여 반드시 권리 자체의 이행청구나 확인청구로 제한하지 않을 뿐만 아니라, 권리자가 재판상 그 권리를 주장하여 권리 위에 잠자는 것이 아님을 표명한 것으로 볼 수 있는 때에는 널리 시효중단사유로서 재판상의 청구에 해당하는 것으로 해석하여 왔다. 이와 같은 법리는 이미 승소 확정판결을 받은 채권자가 그 판결상 채권의 시효중단을 위해 후소를 제기하는 경우에도 동일하게 적용되므로, 채권자가 전소로 이행청구를 하여 승소 확정판결을 받은 후 그 채권의 시효중단을 위한 후소를 제기하는 경우, 그 후소의 형태로서 항상 전소와 동일한 이행청구만이 시효중단사유인 '재판상의 청구'에 해당한다고 볼 수는 없다.

시효중단을 위한 후소로서 이행소송 외에 전소판결로 확정된 채권의 시효를 중단시키기 위한 조치, 즉 '재판상의 청구'가 있다는 점에 대하여만 확인을 구하는 형태의 '새로운 방식의 확인소송'이 허용되고, 채권자는 두 가지 형태의 소송 중 자신의 상황과 필요에 보다 적합한 것을 선택하여 제기할 수 있다고 보아야 한다(대판 (전) 2018.10.18, 2015다232316).

[판례11] (1) 판결이유 중의 판단인데도 상계 주장에 관한 법원의 판단에 기판력을 인정한 취지는?

(2) 상계 주장에 관한 법원의 판단에 기판력이 인정되려면 반대채권과 수동채권을 기판력의 관점에서 동일하게 취급하여야 할 필요성이 인정되어야 하는가?

(3) 소송상 상계항변은 상계에 관한 법원의 실질적 판단이 이루어지는 경우에야 비로소 실체법상 상계의 효과가 발생하는가?

(4)'소구채권 자체를 부정하여 원고의 청구를 배척한 판결'과 '소구채권의 존재를 인정하면서도 상계항변을 받아들인 결과 원고의 청구를 기각한 판결'은 기판력의 범위가 서로 다르고, 후자의 경우 피고에게 상소의 이익이 있는가?

(5) 법원이 수동채권의 전부 또는 일부의 존재를 인정하는 판단을 한 다음 상계항변에 대한 판단으로 나아가 반대채권의 존재를 인정하지 않고 상계항변을 배척하는 판단을 한 경우, 반대채권이 부존재한다는 판결이유 중의 판단에 관하여 기판력이 발생하는 범위는? 이러한 법리는 반대채권의 액수가 소구채권의 액수보다 더 큰 경우에도 마찬가지로 적용되는가?

(6) 피고가 상계항변으로 2개 이상의 반대채권을 주장하였는데 법원이 그중 어느 하나의 반대채권의 존재를 인정하여 수동채권의 일부와 대등액에서 상계하는 판단을 하고 나머지 반대채권들은 모두 부존재한다고 판단하여 그 부분 상계항변을 배척한 경우, 나머지 반대채권들이 부존재한다는 판단에 관하여 기판력이 발생하는 전체 범위가 '상계를 마친 후의 수동채권의 잔액'을 초과할 수 있는가?

(7) 이러한 법리는 피고가 주장하는 2개 이상의 반대채권의 원리금 액수 합계가 법원이 인정하는 수동채권의 원리금 액수를 초과하는 경우에도 마찬가지로 적용되는가?

(8) 이때 '상계를 마친 후의 수동채권의 잔액'은 수동채권 '원금'의 잔액만을 의미하는가?

(1) 민사소송법 제216조는, 제1항에서 판결이유 중의 판단에는 원칙적으로 기판력이 미치지 않는다고 하는 한편, 그 유일한 예외로서 제2항에서 상계를 주장한 청구가 성립되는지 아닌지의 판단은 상계하고자 대항한 액수에 한하여 기판력을 가진다고 규정하고 있다. 위와 같이 상계 주장에 관한 법원의 판단에 기판력을 인정한 취지는, 만일 이에 대하여 기판력을 인정하지 않는다면, 원고의 청구권의 존부에 대한 분쟁이 나중에 다른 소송으로 제기되는 반대채권(또는 자동채권, 이하 '반대채권'이라고만 한다)의 존부에 대한 분쟁으로 변형됨으로써 상계 주장의 상대방은 상계를 주장한 자가 반대채권을 이중으로 행사하는 것에 의하여 불이익을 입을 수 있게 될 뿐만 아니라, 상계 주장에 대한 판단을 전제로 이루어진 원고의 청구권의 존부에 대한 전소의 판결이 결과적으로 무의미하게 될 우려가 있게 되므로, 이를 막기 위함이다.

(2) 상계 주장에 관한 판단에 기판력이 인정되는 경우는, 상계 주장의 대상이 된 수동채권이 소송물로서 심판되는 소구채권이거나 그와 실질적으로 동일하다고 보이는 경우(가령 원고가 상계를 주장하면서 청구이의의 소를 제기하는 경우 등)로서 상계를 주장한 반대채권(자동채권)과 그 수동채권을 기판력의 관점에서 동일하게 취급하여야 할 필요성이 인정되는 경우를 말한다.

(3) 상계항변은 일종의 예비적 항변으로서, 소송상 상계의 의사표시에 의해 확정적으로 그 효과가 발생하는 것이 아니라 당해 소송에서 수동채권의 존재 등 상계에 관한 법원의 실질적 판단이 이루어지는 경우에 비로소 실체법상 상계의 효과가 발생한다.

(4) 따라서 원고의 소구채권 자체가 인정되지 않는 경우 더 나아가 피고의 상계항변의 당부를 따져볼 필요도 없이 원고 청구가 배척될 것이므로, '원고의 소구채권 그 자체를 부정하여 원고의 청구를 기각한 판결'과 '소구채권의 존재를 인정하면서도 상계항변을 받아들인 결과 원고의 청구를 기각한 판결'은 민사소송법 제216조에 따라 기판력의 범위를 서로 달리하고, 후자의 판결에 대하여 피고는 상소의 이익이 있다.

(5) 확정된 판결의 이유 부분의 논리구조상 법원이 당해

소송의 소송물인 수동채권의 전부 또는 일부의 존재를 인정하는 판단을 한 다음 피고의 상계항변에 대한 판단으로 나아가 피고가 주장한 반대채권의 존재를 인정하지 않고 상계항변을 배척하는 판단을 한 경우에, 그와 같이 반대채권이 부존재한다는 판결이유 중의 판단의 기판력은 특별한 사정이 없는 한 '법원이 반대채권의 존재를 인정하였더라면 상계에 관한 실질적 판단으로 나아가 수동채권의 상계적상일까지의 원리금과 대등액에서 소멸하는 것으로 판단할 수 있었던 반대채권의 원리금 액수'의 범위에서 발생한다고 보아야 한다. 그리고 이러한 법리는 피고가 상계항변으로 주장하는 반대채권의 액수가 소송물로서 심판되는 소구채권의 액수보다 더 큰 경우에도 마찬가지로 적용된다.

(6) 수동채권 중 상계로 소멸하는 것으로 판단된 부분은 피고가 주장하는 반대채권들 중 그 존재가 인정되지 않은 채권들에 관한 분쟁이나 그에 관한 법원의 판단과는 관련이 없어 기판력의 관점에서 동일하게 취급할 수 없으므로, 그와 같이 반대채권들이 부존재한다는 판단에 대하여 기판력이 발생하는 전체 범위는 위와 같이 상계를 마친 후의 수동채권의 잔액을 초과할 수 없다고 보아야 한다.

(7) 그리고 이러한 법리는 피고가 주장하는 2개 이상의 반대채권의 원리금 액수의 합계가 법원이 인정하는 수동채권의 원리금 액수를 초과하는 경우에도 마찬가지로 적용된다.

(8) 이때 '부존재한다고 판단된 반대채권'에 관하여 법원이 그 존재를 인정하여 수동채권 중 일부와 상계하는 것으로 판단하였을 경우를 가정하더라도, 그러한 상계에 의한 수동채권과 당해 반대채권의 차액 계산 또는 상계충당은 수동채권과 당해 반대채권의 상계적상의 시점을 기준으로 하였을 것이고, 그 이후에 발생하는 이자, 지연손해금 채권은 어차피 그 상계의 대상이 되지 않았을 것이므로, 위와 같은 가정적인 상계적상 시점이 '실제 법원이 상계항변을 받아들인 반대채권'에 관한 상계적상 시점보다 더 뒤라는 등의 특별한 사정이 없는 한, 앞에서 본 기판력의 범위의 상한이 되는 '상계를 마친 후의 수동채권의 잔액'은 수동채권의 '원금'의 잔액만을 의미한다고 보아야 한다(대판 2018.8.30, 2016다46338, 46345).

[판례12] 주위적 청구와 동일한 목적물에 관하여 동일한 청구원인을 내용으로 하면서 주위적 청구를 양적·질적으로 일부 감축하여 하는 청구는 소송상 예비적 청구가 되는가?	예비적 청구는 주위적 청구와 서로 양립할 수 없는 관계에 있어야 하므로, 주위적 청구와 동일한 목적물에 관하여 동일한 청구원인을 내용으로 하면서 주위적 청구를 양적·질적으로 일부 감축하여 하는 청구는 주위적 청구에 흡수되는 것일 뿐 소송상 예비적 청구라고 할 수 없다(대판 2017.10.31, 2015다65042).
[판례13] (1) 청구의 선택적 병합에서 선택적 청구 중 하나만을 기각하고 다른 선택적 청구에 대하여 아무런 판단을 하지 아니한 것은 위법한가? (2) 선택적으로 병합된 수 개의 청구를 모두 기각한 항소심판결에 대하여 원고가 상고한 경우, 상고심법원이 어느 하나의 청구에 관한 상고가 이유 있다고 인정할 때 파기하여야 하는 범위는?	(1) 청구의 선택적 병합은, 양립할 수 있는 여러 개의 청구권에 기초해서 같은 내용의 이행을 구하거나 양립할 수 있는 여러 개의 형성권에 기하여 같은 형성적 효과를 구하는 경우에, 어느 한 청구가 인용될 것을 해제조건으로 여러 개의 청구에 관한 심판을 구하는 병합형태이다. 이와 같은 선택적 병합의 경우에는 여러 개의 청구가 하나의 소송절차에서 불가분적으로 결합되어 있기 때문에, 선택적 청구 중 하나만을 기각하고 다른 선택적 청구에 대하여 아무런 판단을 하지 않는 것은 위법하다. (2) 선택적으로 병합된 수 개의 청구를 모두 기각한 항소심판결에 대하여 원고가 상고한 경우에 상고심법원이 선택적 청구 중 어느 하나의 청구에 관한 상고가 이유 있다고 인정할 때에는 원심판결을 전부 파기하여야 한다(대판 2018.6.15, 2016다229478).
[판례14] (1) 행정소송사건에서 참가인이 한 보조참가가 행정소송법 제16조가 규정한 제3자의 소송참가에 해당하지 않는 경우에도, 민사소송법 제78조에 규정된 공동소송적 보조참가인가? (2) 이때 참가인이 상소를 할 경우, 피참가인이 상소취하나 상소포기를 할 수 있는가?	(1) 행정소송사건에서 참가인이 한 보조참가가 행정소송법 제16조가 규정한 제3자의 소송참가에 해당하지 않는 경우에도, 판결의 효력이 참가인에게까지 미치는 점 등 행정소송의 성질에 비추어 보면 그 참가는 민사소송법 제78조에 규정된 공동소송적 보조참가라고 볼 수 있다. (2) 민사소송법 제78조의 공동소송적 보조참가에는 필수적 공동소송에 관한 민사소송법 제67조 제1항, 즉 "소송목적이 공동소송인 모두에게 합일적으로 확정되어야 할 공동소송의 경우에 공동소송인 가운데 한 사람의 소송행위는 모두의 이익을 위하여서만 효력을 가진다."라고 한 규정이 준용되므로, 피참가인의 소송행위는 모두의 이익을 위하여서만 효력을 가지고, 공동소송적 보조참가인에게 불이익이 되는 것은 효력이 없으므로, 참가인이 상소를 할 경우에 피참가인이 상소취하나 상소포기를 할 수는 없다(대판 2017.10.12, 2015두36836).
[판례15] (1) 주관적·예비적 공동소송에서 일부 공동소송인에 대해서만 판결을 하거나 남겨진 당사자를 위하여 추가판결을 하는 것이 허용되는가?	(1) 주관적·예비적 공동소송은 동일한 법률관계에 관하여 모든 공동소송인이 서로 간의 다툼을 하나의 소송절차로 한꺼번에 모순 없이 해결하는 소송형태로서 모든

(2) 주위적 공동소송인과 예비적 공동소송인 중 어느 한 사람이 상소를 제기한 경우, 다른 공동소송인에 관한 청구 부분도 상소심의 심판대상이 되는가?

(3) 주관적·예비적 공동소송에서 공동소송인 중 일부가 소를 취하하거나 일부 공동소송인에 대한 소를 취하할 수 있는가?

(4) 이 경우 소를 취하하지 않은 나머지 공동소송인에 관한 청구 부분이 여전히 법원의 심판대상이 되는가?

공동소송인에 대한 청구에 관하여 판결을 하여야 하고(민사소송법 제70조 제2항), 그중 일부 공동소송인에 대해서만 판결을 하거나 남겨진 당사자를 위하여 추가판결을 하는 것은 허용되지 않는다.

(2) 주관적·예비적 공동소송에서 주위적 공동소송인과 예비적 공동소송인 중 어느 한 사람이 상소를 제기하면 다른 공동소송인에 관한 청구 부분도 확정이 차단되고 상소심에 이심되어 심판대상이 된다.

(3) 민사소송법은 주관적·예비적 공동소송에 대하여 필수적 공동소송에 관한 규정인 제67조 내지 제69조를 준용하도록 하면서도 소의 취하의 경우에는 예외를 인정하고 있다(제70조 제1항 단서). 따라서 공동소송인 중 일부가 소를 취하하거나 일부 공동소송인에 대한 소를 취하할 수 있고,

(4) 이 경우 소를 취하하지 않은 나머지 공동소송인에 관한 청구 부분은 여전히 심판의 대상이 된다(대판 2018.2.13, 2015다242429).

[판례16] (1) 원고가 피고와의 정산합의에 따른 청구를 하였다가 1심에서 패소한 뒤 항소심에서 새로이 정산합의를 하면서 항소를 취하하기로 하였는데, 새로운 정산합의에 따른 이행이 되지 않자 그 이행을 청구하는 것으로 청구의 교환적 변경을 할 수 있는가?

(2) 당사자 사이에 항소취하 합의가 있었는데 항소취하서가 제출되지 않은 상태에서 청구의 교환적 변경신청이 있는 경우 항소심 법원이 취할 조치는?

(3) 청구의 교환적 변경이 적법하게 이루어진 경우, 항소심 법원의 심판대상은 무엇인가?

(4) 이때 항소심 법원은 항소각하판결을 할 수 있는가?

(1) 당사자 사이에 항소취하의 합의가 있는데도 항소취하서가 제출되지 않는 경우 상대방은 이를 항변으로 주장할 수 있고, 이 경우 항소심 법원은 항소의 이익이 없다고 보아 그 항소를 각하함이 원칙이다. 청구의 교환적 변경은 기존 청구의 소송계속을 소멸시키고 새로운 청구에 대하여 법원의 판단을 받고자 하는 소송법상 행위이다. 항소심의 소송절차에는 특별한 규정이 없으면 제1심의 소송절차에 관한 규정이 준용되므로(민사소송법 제408조), 항소심에서도 청구의 교환적 변경을 할 수 있다(대법원 1984.2.14. 선고 83다카514 판결 등 참조).

(2) 청구의 변경신청이나 항소취하는 법원에 대한 소송행위로서, 청구취지의 변경은 서면으로 신청하여야 하고(민사소송법 제262조 제2항), 항소취하는 서면으로 하는 것이 원칙이나 변론 또는 변론준비기일에서 말로 할 수도 있다(같은 법 제393조 제2항, 제266조 제3항). 항소심에서 청구의 교환적 변경신청이 있는 경우 그 시점에 항소취하서가 법원에 제출되지 않은 이상 법원은 특별한 사정이 없는 한 민사소송법 제262조에서 정한 청구변경의 요건을 갖추었는지에 따라 허가 여부를 결정하면 된다.

(3) 항소심에서 청구의 교환적 변경이 적법하게 이루어지면, 청구의 교환적 변경에 따라 항소심의 심판대상이었던 제1심 판결이 실효되고 항소심의 심판대상은 새로

운 청구로 바뀐다.

(4) 이러한 경우 항소심은 제1심 판결이 있음을 전제로 한 항소각하 판결을 할 수 없고, 사실상 제1심으로서 새로운 청구의 당부를 판단하여야 한다(대판 2018.5.30, 2017다21411).

[판례17] 원고의 청구를 일부기각하는 제1심 판결에 대하여 피고는 항소하였으나 원고는 항소나 부대항소를 하지 않았는데, 항소심이 피고의 항소를 일부인용하여 제1심 판결의 피고 패소 부분 중 일부를 취소하고 그 부분에 대한 원고의 청구를 기각한 경우, 제1심 판결 중 원고패소 부분에 대하여 상고할 수 있는가?

원고의 청구를 일부기각하는 제1심 판결에 대하여 피고는 항소하였으나 원고는 항소나 부대항소를 하지 아니한 경우, 제1심 판결의 원고패소 부분은 피고의 항소로 인하여 항소심으로 이심되나, 항소심의 심판대상은 되지 않는다. 항소심이 피고의 항소를 일부인용하여 제1심 판결의 피고패소 부분 중 일부를 취소하고 그 부분에 대한 원고의 청구를 기각하였다면, 이는 제1심에서의 피고패소 부분에 한정된 것이며 제1심 판결 중 원고패소 부분에 대하여는 항소심이 판결을 하지 않아서 이 부분은 원고의 상고대상이 될 수 없다. 따라서 원고의 상고 중 상고대상이 되지 아니한 부분에 대한 상고는 부적법하여 이를 각하하여야 한다(대판 2017.12.28, 2014다229023).

판례색인

사항색인

저자 약력

김 상 수

고려대학교 법과대학 졸업
일본 나고야대학 대학원 법학석사, 법학박사
나고야대학 법학부 조교수
동국대학교 법과대학 교수
변호사시험 위원
변리사시험 위원
공인노무사시험 위원
입법고시 위원
5급행정고시 위원
(현) 서강대학교 법학전문대학원 교수
(현) 서강대학교 법학전문대학원장

CASE NOTE 민사소송법

초판발행	2019년 2월 28일
지은이	김상수
펴낸이	안종만·안상준
편 집	정수정
기획/마케팅	조성호
표지디자인	김연서
제 작	우인도·고철민
펴낸곳	(주) **박영사**
	서울특별시 종로구 새문안로3길 36, 1601
	등록 1959. 3. 11. 제300-1959-1호(倫)
전 화	02)733-6771
f a x	02)736-4818
e-mail	pys@pybook.co.kr
homepage	www.pybook.co.kr
I S B N	979-11-303-3309-0 93360

copyright©김상수, 2019, Printed in Korea

정 가   19,000원